中公教育 | 严格依据中国银保监会公务员录用考试大纲编写

国家公务员录用考试专业教材

银保监财会类专业知识

中公教育财经考试研究院◎编著

人民日报出版社

北 京

图书在版编目(CIP)数据

银保监财会类专业知识 /中公教育财经考试研究院编著. — 北京:人民日报出版社,2019.7(2022.6 重印)

国家公务员录用考试专业教材

ISBN 978-7-5115-6110-7

Ⅰ.①银… Ⅱ.①中… Ⅲ.①公务员–招聘–考试–中国–自学参考资料 ②银行监管–公务员–招聘–考试–中国–自学参考资料 ③保险业–金融监管–公务员–招聘–考试–中国–自学参考资料 Ⅳ.①D630.3

中国版本图书馆 CIP 数据核字(2019)第 137120 号

书　　名：国家公务员录用考试专业教材·银保监财会类专业知识
　　　　　GUOJIA GONGWUYUAN LUYONG KAOSHI ZHUANYE JIAOCAI·YINBAOJIAN
　　　　　CAIKUAILEI ZHUANYE ZHISHI

编　　著：中公教育财经考试研究院

出 版 人：刘华新

责任编辑：李　欣　刘　影

出版发行：人民日报出版社

社　　址：北京金台西路 2 号

邮政编码：100733

发行热线：(010) 65369509　65369527　65369846　65363528

邮购热线：(010) 65369530　65363527

网　　址：www.peopledailypress.com

经　　销：新华书店

印　　刷：河北品睿印刷有限公司

开　　本：889mm×1194mm　　　1/16

字　　数：732 千字

印　　张：30.5

版次印次：2019 年 7 月第 1 版　　2022 年 6 月第 1 版第 4 次印刷

书　　号：ISBN 978-7-5115-6110-7

定　　价：60.00 元

如发现编校差错或印装问题,请拨打售后服务电话 010–82838515

银保监会简介

中国银行保险监督管理委员会(简称"中国银保监会")为国务院直属正部级事业单位,主要职责是依法依规对全国银行业和保险业实行统一监督管理,维护银行业和保险业合法、稳健运行。全系统在全国设有省、市、县三级派出机构。

银保监会系统 2022 年度公务员录用考试说明

一、考试流程安排

2022 年度中国银保监会系统计划招录 2047 人。其中:会机关 18 人,银保监局 387 人,银保监分局 1338 人,银保监监管组 304 人。本次招录由中共中央组织部统一组织,按照报名、资格审查、笔试、面试、体检、考察、公示、备案等程序进行。应届毕业生和社会在职人员均可报考。

(1)笔试。根据考录工作安排,中国银保监会 2022 年度公务员录用考试的全部职位列为特殊专业职位。报考中国银保监会的考生,需参加中央公务员主管部门统一组织的公共科目笔试(行政职业能力测验、申论)和专业科目笔试。专业科目笔试根据报考职位不同,分为银保监财经类、银保监财会类、银保监法律类、银保监计算机类和银保监综合类五类。笔试成绩按照行政职业能力测验、申论、专业科目笔试成绩分别占 25%、25%、50% 的比例合成,并按照笔试合成成绩从高到低的顺序确定进入面试的人员名单。会机关和银保监局入围面试考生数与录用计划数的比例为 4:1,银保监分局和银保监监管组入围面试考生数与录用计划数的比例为 3:1。2022 年度专业科目笔试时间为 2021 年 11 月 27 日。

(2)面试。中国银保监会录用考试 2022 年度面试于 2022 年 3 月 5 日—6 日进行,采取现场面试方式,确因疫情原因无法参加现场面试的,招录单位将视情安排录像面试或网络视频面试。面试在全国设若干考点,考生可在报考单位指定考点参加面试。按照笔试合成成绩和面试成绩各占 50% 的比例合成综合成绩,并根据综合成绩从高到低的顺序,确定参加体检和考察的人选。

二、考试内容

考生应掌握经济金融基础知识及所报考职位类别重点测查的专业知识,并具备良好的知识运用能力。

(1)银保监财经类考试侧重考查与银行保险监管相关的经济金融知识,包括微观经济学、宏观经济学、货币银行学、商业银行业务与经营知识、金融监管理论与实践、国际金融学、保险学等。

(2)银保监财会类考试侧重考查与银行保险监管相关的财务管理及会计核算等知识,包括会计基础知识、会计准则及其实务应用、财务管理及管理会计相关知识、审计相关知识等。

(3)银保监法律类考试侧重考查与银行保险监管相关的法律知识,包括法学基本理论、宪法、行政法、民商法、经济法、刑法、国际法等。

（4）银保监计算机类考试侧重考查信息技术理论与实务，包括信息系统架构、软件工程与项目管理、数据库与数据挖掘分析、网络技术及应用、信息安全及信息科技风险管理等。

（5）银保监综合类考试侧重考查与银行保险监管相关的经济金融知识和统计学、管理学、语言文学等学科知识。

三、试题题型和分值比例

试题均为客观题，以选择题（单项选择题或多项选择题）的方式考查。

专业笔试满分100分，主要考查所报考职位应当具备的经济金融基础知识、相关专业知识和英语水平。经济金融基础知识占比10%，专业知识占比80%，英语占比10%。

本书特色

一、依据真题，分析考点

本书的研发主要针对银保监财会类职位，中公教育财经考试研究院通过对历年真题考点进行分析研究，编写了本教辅资料。本书根据银保监财会类考试大纲及学科本身的特点，分为经济学、金融学、保险学、财务会计、财务管理、审计和英语七篇内容。

二、结构清晰，重点明确

本书在每章设置知识体系和本章导学版块，在理顺每章知识结构的同时突出重难点，明确各章学习目标，力求帮助考生提高备考效率。

银保监财会类专业题目分析

2017—2021年银保监财会类笔试试卷均分为四部分内容：经济金融基础知识单项选择题、银保监财会类专业单项选择题、银保监财会类专业多项选择题、英语阅读理解题。下面将详细分析银保监财会类笔试题型及内容。

一、经济金融基础知识单项选择题（0.5分/题，20题）

经济金融基础知识主要内容及具体考点分布如下表所示：

主要内容	具体考点
微观经济学	需求变动、均衡状态、边际效用递减规律、预算线、恩格尔曲线、利润最大化、停止营业点、帕累托最优、市场失灵等
宏观经济学	国民收入核算、产品市场和货币市场的一般均衡、失业、通货膨胀、菲利普斯曲线、宏观经济政策等
货币与利息	货币的产生、货币职能等
金融市场与金融工具	国际债券、期权等

主要内容	具体考点
我国的金融机构与金融制度	金融调控监管机构职责等
中央银行与货币政策	中央银行业务、派生存款、货币乘数、货币政策及其目标等
金融风险、银行业监管与国际金融	金融风险的管理策略、宏观审慎监管、金融深化、金融救助、金融监管体制、银行业监管的基本方法、外汇、国际收支失衡、蒙代尔政策搭配理论、国际货币体系等
商业银行业务与经营	商业银行资产负债管理方法、巴塞尔资本协议、不良贷款、中间业务、表外业务、商业银行的风险计量方法等
保险学	风险与保险、保险意识、保险金额、保险利益、保险的主要品种等

银保监会的各专业科目笔试中，均考查了经济金融基础知识。该部分试题具有以下特点：①分值较低，考点基础，得分较为容易；②考查范围较广，考点涉及多方面内容。基于以上特点，考生需要全面掌握经济金融相关的基础知识。

例题

1. 某商品价格下降对其互补品最直接的影响是（　　　　）。

A. 互补品的需求曲线向右移动

B. 互补品的需求曲线向左移动

C. 互补品的供给曲线向右移动

D. 互补品的价格上升

1.【答案】A。解析：A项当选，B项不选。某商品价格下降，消费者对其需求量增加，该商品互补品的需求量也会相应增加，因此互补品的需求曲线向右移动。

C项不选。某商品价格下降，生产者对该商品的供给量减少，该商品互补品的供给量也会相应减少，因此互补品的供给曲线向左移动。

D项不选。某商品价格下降会影响到其互补品的数量，但不会直接影响价格。

故本题选A。

2. 货币主义认为，菲利普斯曲线所表示的失业和通货膨胀之间的交替关系（　　　　）。

A. 只存在于长期　　　　　　　　　　　B. 只存在于短期

C. 长短期均存在　　　　　　　　　　　D. 长短期均不存在

2.【答案】B。解析：在短期，菲利普斯曲线是一条向右下方倾斜的曲线，表示失业和通货膨胀之间存在着交替关系；在长期，菲利普斯曲线是一条垂直于横轴的直线，表示无论价格水平怎样变动，失业率均为自然失业率且保持不变，经济处于充分就业状态，失业和通货膨胀之间不存在交替关系。故本题选B。

3. 在凯恩斯的三个货币需求动机中，对利率最敏感的是（　　　　）。

A. 交易动机　　　　　　　　　　　　　B. 投机动机

C. 预防动机　　　　　　　　　　　　　D. 利他动机

3.【答案】B。解析：凯恩斯的三个货币需求动机是交易动机、预防动机和投机动机。

(1)交易动机是指个人和企业需要货币是为了进行正常的交易活动。出于交易动机的货币需求量主要取决于收入，收入越高，交易数量越大。交易数量越大，所交换的商品和劳务的价格越高，从而为应付日常开支所需的货币量就越大。

(2)谨慎动机或预防动机是指为预防意外支出而持有一部分货币的动机,如个人或企业为应付事故、失业、疾病等意外事件而需要事先持有一定数量的货币。西方经济学家认为,个人对货币的预防需求量主要取决于其对意外事件的看法,但从全社会看,这一货币需求量大体上也和收入成正比,是收入的增函数。

(3)投机动机是指人们为了抓住有利的购买有价证券的机会而持有一部分货币的动机。对货币的投机性需求取决于利率,并与利率成反方向变化。

故本题选B。

4. 保险人承担赔偿或给付保险金责任的最高限额称为( )。

A. 保险费　　　　　　　　　　　　　B. 保险价值

C. 保险价格　　　　　　　　　　　　D. 保险金额

4.【答案】D。解析:A项不选。保险费是投保人根据保险合同的有关规定,为被保险人或受益人取得因约定保险事故发生所造成经济损失的补偿所预先支付的费用。

B项不选。保险价值又称保险价额,是指保险标的在某一特定时期内以金钱估计的价值总额,是确定保险金额和确定损失赔偿的计算基础。

C项不选。保险价格又称保险费率,是保险人按照单位保险金额向投保人收取保险费的标准,即收取的保费与提供的保险金额之间的比率。

D项当选。保险金额是保险人承担赔偿或者给付保险金责任的最高限额。

故本题选D。

二、银保监财会类专业单项选择题（1分/题,60题）

题型	考点	具体考点
单项选择题	财务会计	借贷记账法、会计信息质量要求、存货、固定资产、无形资产、金融工具、长期股权投资、收入、或有事项、所得税、会计政策与会计估计变更、财务报告
	财务管理	财务管理目标、资本成本、营运资金管理、投资项目评价方法、筹资管理、股利政策、财务分析、作业成本法、相对价值评估模型、风险与收益、全面预算、责任会计
	审计	函证、风险评估、风险应对、内部控制、舞弊、审计报告、实质性分析程序、审计证据

在银保监财会类专业知识单项选择题中,对财务会计、财务管理和审计三个部分考查的比重都很大,题目有一定的难度。其中,对财务会计和财务管理的考查难度处于初级会计专业技术资格考试和中级会计专业技术资格考试难度之间。

例题

1. 下列错账能通过试算平衡发现的是( )。

A. 某笔经济业务重复登记

B. 某笔会计分录的借贷双方登记不同金额

C. 编制会计分录时,账户借贷方向互相颠倒

D. 某笔经济业务被漏记

1.【答案】B。解析：A、C、D 三项会使借贷双方同时发生增减变动,不能通过试算平衡发现错账。B 项,账户的借贷金额不同会导致试算不平衡,即可通过试算平衡发现错误。故本题选 B。

2. 下列能充分考虑资金时间价值和投资风险价值的理财目标是(　　)。

A. 企业价值最大化　　　　　　　　B. 每股利润最大化

C. 资本利润率最大化　　　　　　　D. 利润最大化

2.【答案】A。解析：D 项,利润最大化的缺陷包括以下内容:①没有考虑利润实现时间和资金时间价值;②没有考虑风险问题;③没有反映创造的利润与投入资本之间的关系;④可能导致企业短期财务决策倾向,影响企业长远发展。B、C 两项,除了反映所创造利润与投入资本之间的关系外,每股收益最大化(又称每股利润最大化、资本利润率最大化)与利润最大化目标的缺陷基本相同。故本题选 A。

3. 一般而言,当审计证据的相关性与可靠程度较高时,所需要审计证据的数量(　　)。

A. 不变　　　　　　　　　　　　　B. 较少

C. 较多　　　　　　　　　　　　　D. 视情况而定

3.【答案】B。解析：一般而言,当审计证据的相关性与可靠程度较高时,所需要审计证据的数量较少;反之,所需审计证据的数量较多。故本题选 B。

4. 甲公司的投资性房地产采用公允价值模式计量。2014 年 2 月 10 日,该公司将一项固定资产转换为投资性房地产。该固定资产的账面余额为 300 万元,已提折旧 60 万元,该固定资产的公允价值为 200 万元。转换日投资性房地产的入账价值为(　　)万元。

A. 200　　　　　　B. 300　　　　　　C. 240　　　　　　D. 140

4.【答案】A。解析：转换日账务处理如下(单位:万元):

借:投资性房地产——成本　　　　　　　　　　　　　　　　　　　　　200

　　累计折旧　　　　　　　　　　　　　　　　　　　　　　　　　　　60

　　公允价值变动损益　　　　　　　　　　　　　　　　　　　　　　　40

　　贷:固定资产　　　　　　　　　　　　　　　　　　　　　　　　　300

故本题选 A。

5. 项目投资中如果其 $NPV<0$,则说明该项目的收益率(　　)预定的贴现率。

A. 无任何关系　　　　　　　　　　B. 大于

C. 小于　　　　　　　　　　　　　D. 等于

5.【答案】C。解析：预定的贴现率是投资者所期望的最低投资收益率。净现值为正,说明该项目的实际投资收益率大于所要求的收益率;净现值为负,说明该项目的实际投资收益率小于所要求的收益率。故本题选 C。

三、银保监财会类专业多项选择题（1分/题，20题）

题型	考点	具体考点
多项选择题	财务会计	借贷记账法、会计信息质量要求、固定资产、收入、所得税、会计政策变更
	财务管理	财务分析与评价、营运资金管理、股票回购、资本成本、责任成本、金融市场、期权价值评估
	审计	风险评估、职业道德、审计抽样、审计程序、审计意见类型

在银保监财会类专业知识多项选择题中,对财务会计、财务管理和审计三个部分考查的比重都很大,这三个部分的分值无太大差别,题目有一定的难度。相对于单项选择题来说,多项选择题的正确答案数量不确定,因此,要求考生对专业知识有更深层次的理解。

例题

1. 在借贷记账法下,期末结账以后,一般有余额的账户有( )。

A. 资产类账户 B. 负债类账户

C. 收入类账户 D. 费用类账户

1.【答案】AB。解析:期末,收入类账户、费用类账户转入"本年利润"账户,结转后无余额。资产类账户,期末余额一般在借方,有些账户可能无余额。负债类账户,期末余额一般在贷方,有些账户可能无余额。故本题选 AB。

2. 影响债券发行价格的因素包括( )。

A. 市场利率 B. 债券面值

C. 票面利率 D. 债券期限

2.【答案】ABCD。解析:影响债券发行价格的因素包括债券面值、票面利率、市场利率、债券期限、利息支付频率。故本题选 ABCD。

3. 下列属于非标准审计报告的有( )。

A. 保留意见的审计报告

B. 否定意见的审计报告

C. 无法表示意见的审计报告

D. 带强调事项段或其他事项段的无保留意见的审计报告

3.【答案】ABCD。解析:非标准审计报告是指带强调事项段或其他事项段的无保留意见的审计报告和非无保留意见的审计报告。非无保留意见是指保留意见、否定意见或无法表示意见。故本题选 ABCD。

4. 下列属于流转税范围的有( )。

A. 增值税 B. 消费税 C. 所得税 D. 关税

4.【答案】ABD。解析:流转税主要包括增值税、消费税和关税。故本题选 ABD。

5. 下列各项中,能纳入企业现金预算范围的有( )。

A. 资本性现金支出 B. 资本化借款利息

C. 经营性现金支出 D. 经营性现金收入

5.【答案】ACD。解析:现金预算中的预计现金流入是指经营性现金收入;现金预算中的预计现金流出包括经营性现金支出和资本性现金支出。A、C、D 三项均为现金预算中的独立项目。B 项,资本化借款利息已经包含在资本性现金支出中,不再单列项目反映。故本题选 ACD。

四、英语阅读理解题（0.5 分/题，20 题）

2017—2021 年的英语阅读理解题目均为四篇,考查的内容涵盖范围较广,可能涉及商业、科技、人文等各种题材。对于英语阅读理解的备考,考生在平时要多阅读,在增加词汇量的同时扩展知识面,通过做题熟练运用解题方法,提高答题效率。详细的考情分析见正文"第七篇 英语"。

例题

Insurance is the sharing of risks. Nearly everyone is exposed to risk of some sort. The house owner, for example, knows that his property can be damaged by fire, the ship owner knows that his vessel may be lost at sea; the breadwinner knows that he may die at an early age and leave his family the poorer. On the other hand, not every house is damaged by fire nor every vessel lost at sea. If these persons each put a small sum of money into a pool, there will be enough to meet the needs of the few who do suffer loss, In other words, the losses of the few are met from the contributions of the money. This is the basis of insurance, Those who pay the contribution are known as "insured" and those who administer the pool of contributions as "insurers".

Not all risks can be covered by insurance. Broadly speaking, the ordinary risks of business and speculation cannot be covered. The risk that buyers will not buy goods at the prices offered is not of a kind that can be statistically estimated, and risks can only be insured against if they can be so estimated.

The legal basis of all insurance is the "policy". This is a printed form of contract. It states that in return for the regular payment by the insured of a certain sum of money, called the "premium", which is usually paid every year, the insurer will pay a sum of money or compensation for loss, if the risk actually happens. The wording of policies, particularly in marine insurance, often seems very old-fashioned, but there is a sound reason of this. Over a large number of years, many law cases have been brought to clear up the meanings of doubtful phrases in policies. The law courts have given these phrases a definite and indisputable meaning, and to avoid future disputes the phrases have continued to be used in polices even when they have passed out of normal use in speech.

1. According to this passage, insurance is possible because _____ .

A. only a small proportion of the insured suffer loss

B. everyone at some time suffers loss

C. nearly everyone suffers loss

D. only insured people suffer loss

2. The phrase "the pool of contributions" in the first paragraph means _____ .

A. the money paid by the insurers

B. the cost of administering insurance

C. the money paid by the insured

D. the amount of each premium

3. The insurance of businesses' ordinary risks is not possible because _____ .

A. such risks are very expensive

B. such risks cannot be estimated precisely

C. such risks are too high

D. the premium would be too high

4. Old-fashioned wording is sometimes used in insurance policies because _____ .

A. law courts have decided not to use fashionable words

B. it is widely accepted by all the insured

C. it enables ordinary people to understand it easily

D. the meaning of such wording has been agreed upon

5. It seems that the author thinks the insurance is _____ .

A. a form of gambling

B. a way of making money quickly

C. useful and necessary

D. old-fashioned

1.【答案】A。解析：细节题。根据第一段倒数第二句"the losses of the few are met from the contributions of the money"可知，少数人的损失由缴款(保费)弥补。A项"only a small proportion"表示只有一小部分投保人遭受损失，与文章所表达的意思相符。B项"everyone"、C项"nearly everyone"范围过大。D项，文中并未提及只有投保人才遭受损失，且此表述不合逻辑。故本题选A。

2.【答案】C。解析：含义题。根据第一段最后一句"Those who pay the contribution are known as 'insured' and those who administer the pool of contributions as 'insurers'"可知A项错误。B项"the cost of administering insurance"是对"those who administer the pool of contributions"的曲解，故错误。premium一词出现在第三段第三句，不在定位范围。故本题选C。

3.【答案】B。解析：细节题。第二段第二句"Broadly speaking, the ordinary risks of business and speculation cannot be covered."指出"商业和投机的普通风险是无法涵盖的"这一事实，紧接着下一句说明了原因，即"The risk that buyers will not buy goods at the prices offered is not of a kind that can be statistically estimated"，因此B项正确。A、C、D三项均属无中生有。故本题选B。

4.【答案】D。解析：细节题。根据第三段第六句"The law courts have given these phrases a definite and indisputable meaning"可知，D项为正确答案。其中"be agreed upon"是该句关键词"definite and indisputable"的同义替换。A项与原文意思相反，B项说法过于绝对，原文并未提及"ordinary people"，因此C项错误。故本题选D。

5.【答案】C。解析：推断题。从文章第一段"Insurance is the sharing of risks. Nearly everyone is exposed to risk of some sort.(保险就是分担风险。几乎每个人都面临着某种风险。)"可知，作者认为保险是有用的且必要的。C项正确。A项"a form of gambling(赌博的一种形式)"，B项"a way of making money quickly(快速赚钱的方法)"，均属于无中生有，排除。D项"old-fashioned"虽然文中有所提及，但其指的是"the wording of policies"，并不是指保险本身，排除。故本题选C。

目录

第三篇　保险学

第四篇　财务会计

第五篇　　财务管理

第六篇　　审　计

第七篇　英　语

第一篇

经济学

第一章　微观经济学

知识体系

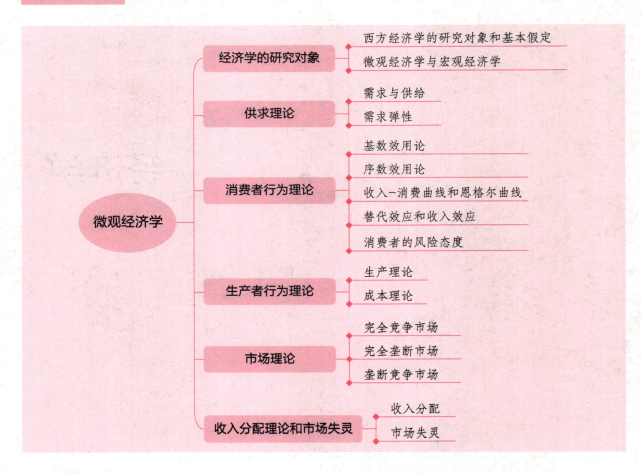

本章导学

　　从近几年考试来看,银保监财会类职位专业科目考试对微观经济学知识的考查存在涉及面广、考查题量比较稳定等特点,一般题量为3—4道。本章的重难点有供求理论、消费者行为理论和市场理论,考生应做到熟记基本概念,准确理解相关理论。

中公教育

第一节　经济学的研究对象

一、西方经济学的研究对象和基本假定

资源的稀缺性是关于经济学研究对象的基础性概念。人类的一切经济活动都是为了满足欲望以及由这些欲望引起的对各种产品和劳务的需求,人的欲望和需求是无穷无尽的,而满足这些需要的经济资源(包括它们生产的产品)在一定时期内总是有限的,这就是稀缺性。因此,按照传统说法,经济资源的配置与利用是西方经济理论的研究对象。

西方经济学的基本假定是"合乎理性的人",即假定从事经济活动的人,不管是居民、厂商还是政府,都是理性人。"理性人"的基本特征是每一个从事经济活动的人都是利己的。

二、微观经济学与宏观经济学

以资源配置和利用为对象划分,现代西方经济理论总体上分为微观经济学和宏观经济学两大部分。微观经济学以单个经济单位为考察对象,运用个量分析方法,研究单个经济单位的经济行为以及相应的经济变量如何决定,分析的是资源配置问题。由于资源配置在市场经济中是通过价格机制决定的,故微观经济理论又被称为价格理论。宏观经济学以整个国民经济活动为考察对象,运用总量分析方法,研究社会总体经济问题以及相应的经济变量如何决定,研究这些经济变量的相互关系。这些变量中的关键变量是国民收入,因此,宏观经济理论又被称为国民收入决定理论。

第二节　供求理论

一、需求与供给

（一）商品的需求和供给与商品自身的价格

在现实经济生活中,一种商品的需求和供给受到多种因素的影响,但由于商品的价格是决定其需求数量和供给数量的最基本因素,所以为了简化分析,假定其他因素保持不变,仅仅分析一种商品的价格与该商品的需求量和供给量的关系,可以得到需求定理和供给定理。需求与供给的具体内容如下表所示:

项目	需求	供给
含义	需求是指消费者在一定时期内在各种可能的价格水平下愿意而且能够购买的某种商品的数量	供给是指生产者在一定时期内在各种可能的价格水平下愿意而且能够提供出售的某种商品的数量

（续表）

项目	需求	供给
线性函数与对应曲线	线性需求函数通常的形式为 $Q_d = \alpha - \beta P$ 其中，P 为商品的价格，Q_d 为商品的需求量，α、β 为常数，且 α、$\beta > 0$。该函数所对应的需求曲线如下图所示，为一条向右下方倾斜的直线 P $Q_d = f(P)$ O Q	线性供给函数通常的形式为 $Q_s = -\delta + \gamma P$ 其中，P 为商品的价格，Q_s 为商品的供给量，δ、γ 为常数，且 δ、$\gamma > 0$。该函数所对应的供给曲线如下图所示，为一条向右上方倾斜的直线 P $Q_s = f(P)$ O Q
需求定理与供给定理	需求定理是指在其他因素保持不变的条件下，一种商品的价格上升，则对该商品的需求量减少；一种商品的价格下降，则对该商品的需求量增加。简言之，商品的需求量和价格成反方向变动 需求定理并不是对所有商品都是有效的，吉芬商品、炫耀性商品以及投机性商品等不符合需求定理	供给定理是指在其他因素保持不变的条件下，一种商品的价格上升，则该商品的供给量增加；一种商品的价格下降，则该商品的供给量减少。简言之，商品的供给量和价格成同方向变动 生活中也存在不符合供给定理的情况，例如劳动力的供给、囤积居奇等

（二）影响需求和供给的其他因素

1. 影响需求数量的因素

除了商品自身的价格，其他因素对需求数量产生的影响如下表所示：

影响因素	内容
相关商品的价格	（1）替代商品的价格越高，该商品的需求数量越大；替代商品的价格越低，该商品的需求数量越小。例如：牛肉和羊肉 （2）互补商品的价格越高，该商品的需求数量越小；互补商品的价格越低，该商品的需求数量就越大。例如：汽车和汽油
消费者的收入水平	消费者的收入水平提高，该商品的需求数量增加；消费者的收入水平下降，该商品的需求数量减少
消费者的偏好	消费者对某商品偏好程度增强，该商品的需求数量增加；消费者对某商品偏好程度减弱，该商品的需求数量减少
消费者对商品价格的预期	消费者预期未来某商品价格会上升，就会增加对该商品现期的需求数量；消费者预期未来某商品价格会下降，就会减少对该商品现期的需求数量
消费人数的变化	一个商品市场上消费者人数的增减会直接影响该市场上需求数量的多少

2. 影响供给数量的因素

除了商品自身的价格，其他因素对供给数量产生的影响如下表所示：

影响因素	内容
生产的成本	某种商品的生产成本下降,该商品的供给数量增加;某种商品的生产成本升高,该商品的供给数量降低
生产的技术水平	一般情况下,生产某种商品的技术水平的提高可以降低生产成本,从而会增加该种商品的供给数量;反之则供给数量减少
相关商品的价格	(1)某商品价格不变,其替代品的价格上升,该商品的供给数量减少;反之则供给数量增加 (2)某商品价格不变,其互补品的价格上升,该商品的供给数量增加;反之则供给数量减少
生产者对未来的预期	生产者对未来的预期看好,则增加商品供给;生产者对未来的预期悲观,则减少商品供给
生产者数量	一个商品市场上生产者数量增加,会使该产品的供给数量增加;反之则供给数量减少

相关商品包括替代品和互补品。如果两种商品之间可以相互替代以满足消费者的某种需求,就称这两种商品互为替代品。如果两种商品必须同时使用才能满足消费者的某种需求,就称这两种商品互为互补品。

(三)需求(供给)的变动和需求量(供给量)的变动的区别

需求(供给)的变动是整个需求(供给)状态的变化,而需求量(供给量)的变动并不表现为整个需求(供给)状态的变化,具体内容如下表所示:

项目	需求(供给)的变动	需求量(供给量)的变动
概念	除商品自身价格以外的其他因素变化所导致的商品需求(供给)数量的变化	在其他因素保持不变的条件下,仅由商品自身价格变化所导致的商品需求(供给)数量的变化
图形表示	需求(供给)曲线位置的移动: (1)在某商品价格不变的情况下,当发生对需求有利的变化,如消费者收入增加、替代品价格上升、互补品价格下降或者消费者对商品偏好增强时,需求曲线将向右上方移动;反之则向左下方移动 (2)在某商品价格不变的情况下,当发生对供给有利的变化,如生产成本降低、生产技术提高、互补品价格上升或者生产者对未来预期乐观时,供给曲线将向右下方移动;反之则向左上方移动	商品的价格-需求(供给)数量组合点沿着同一条既定的需求(供给)曲线的移动: (1)在其他条件不变的情况下,商品价格上升,商品的价格-需求数量组合点沿着既定的需求曲线向上移动;反之则向下移动 (2)在其他条件不变的情况下,商品价格上升,商品的价格-供给数量组合点沿着既定的供给曲线向上移动;反之则向下移动

例题

在其他条件不变的情况下,当包子的价格上升而馒头的价格不变时,包子与馒头的需求量会分别发生怎样的变化?(　　)

A. 上升;不变　　　　　　　　　　B. 下降;上升

C. 上升;下降　　　　　　　　　　D. 下降;下降

【答案】B。解析:包子与馒头互为替代品,包子的价格上升,包子的需求量会下降;当作为替代品的馒头的价格不变时,馒头的需求量会上升。故本题选B。

(四)市场均衡的含义及均衡价格的决定

市场均衡是指生产者愿意而且能够提供的商品量恰好等于消费者愿意而且能够购买的商品量的

状态。供给曲线和需求曲线的交叉点就是市场的均衡点。当市场达到均衡时,买者是支付意愿最高的人,卖者是成本最低的人。

一种商品的均衡价格是指该种商品的市场需求量和市场供给量相等时的价格。在均衡价格水平下的相等的供求数量被称为均衡数量。

假设需求曲线和供给曲线均为线性,即:

$$需求函数\ Q_d = \alpha - \beta P$$
$$供给函数\ Q_s = -\delta + \gamma P$$
$$均衡条件\ Q_d = Q_s$$

此时可以求出均衡价格和均衡数量。

(五)市场均衡的变动

市场均衡主要受两方面因素的影响:一是需求的变动;二是供给的变动。二者对市场均衡的影响如下表所示:

影响情形	市场均衡的变动
供给不变,需求变动	需求增加,均衡价格和均衡数量增加;需求减少,均衡价格和均衡数量减少
需求不变,供给变动	供给增加,均衡价格下降,均衡数量增加;供给减少,均衡价格上升,均衡数量减少
需求和供给同时发生变动	这两种因素共同作用下的均衡价格及均衡数量,取决于需求和供给变动的幅度

供求定理:在其他条件不变的情况下,需求变动分别引起均衡价格和均衡数量的同方向变动;供给变动引起均衡价格的反方向变动,引起均衡数量的同方向变动。

二、需求弹性

(一)弹性的一般含义

一般说来,只要两个经济变量之间存在着函数关系,我们就可用弹性来表示因变量对自变量变化的反应的敏感程度。在经济学中,弹性系数是指两个经济变量变动的百分比之比。设 X 为自变量,Y 为因变量,E 为弹性系数,则有公式如下:

$$E = Y变动的百分比/X变动的百分比 = (\Delta Y/Y)/(\Delta X/X) = (\Delta Y/\Delta X) \cdot (X/Y)$$

(二)需求的价格弹性

1. 需求价格弹性的定义及分类

需求的价格弹性表示在一定时期内一种商品的需求量变动对于该商品的价格变动的反应程度。或者说,表示在一定时期内当一种商品的价格变化1%时,所引起的该商品的需求量变化的百分比。E_d 表示需求的价格弹性系数,其公式如下:

$$E_d = -需求量变动的百分比/价格变动的百分比 = -(\Delta Q/Q)/(\Delta P/P) = -(\Delta Q/\Delta P) \cdot (P/Q)$$

不同商品的需求价格弹性是不同的,根据它们的弹性系数绝对值的大小可分为以下五种类型:

(1)完全无弹性。当 $E_d = 0$ 时,需求完全无弹性,无论价格怎样变动,需求量都不会变动。其需求曲线是与纵轴平行的一条垂线。这是一种现实中罕见的情况。通常认为像棺材、火葬、特效药这样的商品或劳务接近于这类商品。

(2)弹性无穷大。当 $E_d = \infty$ 时,需求弹性无穷大,它表示在既定的价格水平上,需求量是无限的;

而一旦高于既定价格,需求量为零,说明商品的需求变动对其价格变动异常敏感。其需求曲线是与横轴平行的一条水平线。这也是一种现实中罕见的极端情况。

（3）单位弹性。当$E_d=1$时,即需求是单位弹性,它表示需求量与价格按同一比率发生变动,即价格每升降1%,需求量就相应减增1%。其需求曲线为直角双曲线。这种情况在现实中也极罕见。

（4）缺乏弹性。当$E_d<1$时,即需求缺乏弹性,它表示需求量变动的比率小于价格变动的比率,即价格每升降1%,需求量减增的变动小于1%。生活必需品,如粮、油等大多属于此类商品。

（5）富有弹性。当$E_d>1$时,即需求富有弹性,它表示需求量变动的比率大于价格变动的比率,即价格每升降1%,需求量减增的变动大于1%。奢侈品和价格昂贵的享受性劳务多属于这类商品。

2. 影响需求价格弹性的因素

影响需求价格弹性的因素包括以下四种:

（1）消费者对商品的需求强度。通常,消费者对商品的需求强度大且比较稳定,则需求弹性小,如生活必需品;对商品的需求强度小且不稳定,则需求弹性大,如奢侈品。

（2）商品的替代品数目和可替代程度。一般说来,一种商品的替代品越多,可替代程度越高,其需求弹性就越大;反之,则需求弹性越小。

（3）商品用途的广泛性。一般而言,一种商品的用途越多,其需求弹性就越大;反之,则需求弹性越小。

（4）时间、地域差别、消费习惯、商品质量、售后服务等因素,也会影响需求的价格弹性。

（三）需求的收入弹性

需求的收入弹性表示在一定时期内,消费者对某种商品的需求量的变动对于消费者收入量变动的反应程度。或者说,表示在一定时期内,当消费者收入变化1%时所引起的商品需求量变化的百分比。E_m表示需求的收入弹性系数,其公式如下:

$$E_m=需求量变动的百分比/收入变动的百分比$$

$$=(\Delta Q/Q)/(\Delta I/I)=(\Delta Q/\Delta I)\cdot(I/Q)$$

$E_m>0$的商品为正常品,因为$E_m>0$意味着该商品的需求量与消费者收入水平呈同方向变化。在正常品中,$E_m<1$的商品为必需品,$E_m>1$的商品为奢侈品。

$E_m<0$的商品为劣等品,因为$E_m<0$意味着该商品的需求量与消费者收入水平呈反方向变化。

（四）需求的交叉价格弹性

需求的交叉价格弹性表示在一定时期内,一种商品的需求量的变动对它的相关商品的价格的变动的反应程度。或者说,表示在一定时期内,当一种商品的价格变化1%时所引起的另一种商品的需求量变化的百分比。如果以X、Y代表两种商品,用E_{XY}代表X商品的需求量对Y商品价格变动的反应程度,则需求的交叉价格弹性公式如下:

$$E_{XY}=X商品需求量变动的百分比/Y商品价格变动的百分比$$

$$=(\Delta Q_X/Q_X)/(\Delta P_Y/P_Y)=(\Delta Q_X/\Delta P_Y)\cdot(P_Y/Q_X)$$

需求的交叉价格弹性可以是正值,也可以是负值,它取决于所考察的两种商品的相关关系。两种商品之间的相关关系可以分为以下三种:

（1）替代关系。$E_{XY}>0$,一种商品的价格与它的替代品的需求量之间成同方向变动。存在替代关系的商品称为替代品。

（2）互补关系。$E_{XY}<0$，一种商品的价格与它的互补品的需求量之间成反方向变动。存在互补关系的商品称为互补品。

（3）无相关关系。$E_{XY}=0$，一种商品的需求量不会对另一种商品的价格变动作出任何反应。

第三节　消费者行为理论

一、效用

效用是消费者消费物品或劳务所获得的满足程度，并且这种满足程度纯粹是一种消费者的主观心理感觉。针对"满足程度"即效用大小的度量问题，西方经济学家先后提出了基数效用和序数效用的概念。

二、基数效用论

（一）基数效用论的基本观点

基数效用论者认为，效用如长度、重量等概念一样，可以具体衡量并加总求和，具体的效用量之间的比较是有意义的。

基数效用论采用的是边际效用分析法，认为效用大小是可以测量的，其计数单位就是效用单位。其假设条件包括以下三点：①效用量可以具体衡量；②边际效用递减；③货币边际效用不变。

总效用（TU）是指消费者在一定时间内，从一定数量的商品的消费中所得到的效用量的总和。假定消费者从消费 X 和 Y 两种商品中获得效用，获得效用的总量与消费 X 和 Y 的数量有关，则效用函数表达式：$TU=f(X,Y)$。平均效用（AU）是指消费若干数量的商品或劳务时，平均每单位商品或劳务可提供的效用。如果以 x 表示消费某商品 X 的数量，用 y 表示消费某商品 Y 的数量，则 $AU_X=TU/x$。边际效用（MU）是指消费者在一定时间内增加（或减少）一单位商品的消费所得到的效用量的增（减）量。边际效用的表达式：$MU_X=\Delta TU/\Delta x$，$MU_Y=\Delta TU/\Delta y$。其中，MU_X 的含义是当 Y 不变时，增加一单位 X 能给消费者增加多少效用。MU_Y 的含义类同。

（二）边际效用递减规律

在其他商品消费数量保持不变的情况下，随着消费者在一定时间内对某种商品消费量的增加，他从每增加一单位商品的消费中所获得的效用增量呈逐渐递减的趋势，即消费者消费后一单位商品所获得的效用增量小于他消费前一单位所获得的效用增量。总效用有可能达到一个极大值，此时边际效用为零；若继续增加该商品的消费量，边际效用会变为负值，从而减少总效用。这种现象被称为边际效用递减规律。

（三）预算约束的含义

在现实生活中，对某一消费者而言，在一定时期内的收入水平和他所面对的物品的价格都是一定的，他不可能超越这一现实而任意提高自己的消费水平，也就是说他的购买受到收入和价格的制约。消费者只能根据商品的价格在其有限的收入约束下选择最优的商品组合，商品的价格和消费者本人

的收入相结合共同构成了消费者的预算约束。消费者的预算约束一般用预算线来表示。

（四）基数效用论下的消费者均衡

消费者均衡是指研究单个消费者如何把有限的货币收入分配在各种商品的购买中以获得最大的效用。在一定的价格和预算约束条件下,购买各种物品使总效用达到极大值或者使消费者得到最大满足的必要条件:消费者所购买的各种物品的边际效用之比等于它们的价格之比。用数学公式表述如下:$MU_X/P_X = MU_Y/P_Y = \lambda$。其中,$MU_X$、$MU_Y$、$P_X$、$P_Y$分别表示商品 X 和 Y 的边际效用和单位价格;λ 表示单位货币的边际效用。这一原则的基本思想:当消费者用每一单位货币买到的边际效用相等时,消费者就从购买的消费品中获得最大满足或效用;否则,消费者就没有获得最大效用,因而要改变购买量。

三、序数效用论

（一）序数效用论的基本观点

序数效用论者认为,效用的大小是无法具体衡量的,效用之间的比较只能通过顺序或等级来表示。序数效用论的关于消费者偏好的假定包括以下三点:①偏好的完全性;②偏好的可传递性;③偏好的非饱和性。

（二）无差异曲线

序数效用论者用无差异曲线分析方法来考察消费者行为。无差异曲线是用来表示消费者偏好相同的两种商品的所有组合的曲线。或者说,它是表示能够给消费者带来相同的效用水平或满足程度的两种商品的所有组合的曲线。无差异曲线具有以下三个基本特征:

（1）在同一坐标平面上的任意两条无差异曲线之间,可以有无数条无差异曲线。

（2）在同一坐标平面上的任意两条无差异曲线均不会相交。此特征是由偏好的可传递性决定的。

（3）无差异曲线是凸向原点的。这取决于商品的边际替代率递减规律。

下图为某消费者的无差异曲线图。

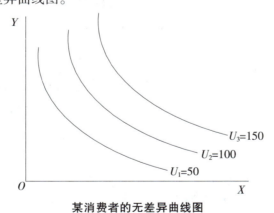

某消费者的无差异曲线图

需要注意的是,凸向原点属于无差异曲线的一般形状。在两种极端情况下,相应的无差异曲线有着特殊的形状:第一,完全替代品的情况。完全替代品指两种商品之间的替代比例是固定不变的。在此情况下,无差异曲线是一条斜率不变的直线。第二,完全互补品的情况。完全互补品指两种商品必须按固定不变的比例同时被使用。这种情况下的无差异曲线为直角形状。

（三）边际替代率及其递减法则

边际替代率是指在维持满足程度不变的前提下,为增加一单位某种商品而需要相应减少的另一种商品的数量。如果用 X 商品代替 Y 商品，ΔX 表示 X 商品的增加量，ΔY 表示 Y 商品的减少量，则 X 商品对 Y 商品的边际替代率可用下式表示：$MRS_{XY}=-\Delta Y/\Delta X$。由于 ΔX 是增加量，ΔY 是减少量，两者的符号肯定是相反的，所以，为了使 MRS_{XY} 的计算结果是正值，以便于比较，就在公式中加了一个负号。

商品的边际替代率递减规律是指在维持效用水平不变的前提下，随着一种商品的消费数量的连续增加，消费者为得到每一单位的这种商品所需要放弃的另一种商品的消费数量是递减的。

（四）预算线

预算线又称为预算约束线、消费可能线或价格线。预算线表示在消费者的收入和两种商品的价格给定的条件下，以消费者的全部收入所能购买到的两种商品的各种组合。消费者的预算线反映的是消费者的收入约束。

假定以 I 表示消费者的既定收入，以 P_X 和 P_Y 分别表示商品 X 和商品 Y 的既定价格，以 X 和 Y 分别表示商品 X 和商品 Y 的数量，那么相应的预算等式如下：

$$P_X X+P_Y Y=I$$

下图为预算线图。

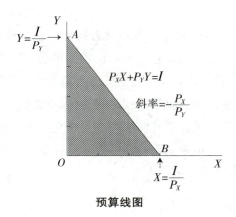

预算线图

（五）序数效用论下的消费者均衡

在已知消费者的偏好和预算线约束的前提下，消费者的最优购买行为必须满足两个条件：第一，最优的商品购买组合必须是消费者最偏好的商品组合；第二，最优的商品购买组合必须位于给定的预算线上。此时，无差异曲线与预算线相切，切点 E 达到消费者支出允许范围内所获取的最大效用水平。

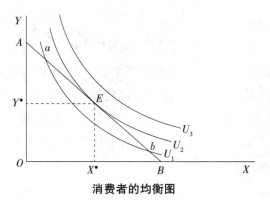

消费者的均衡图

消费者效用最大化的均衡条件是 $MRS_{XY} = \dfrac{P_X}{P_Y}$，它表示在一定的预算约束下，为了实现最大的效用，消费者应该选择最优的商品组合，使得两商品的边际替代率等于两商品的价格之比。也可以这样理解：在消费者的均衡点上，消费者愿意用一单位的某种商品去交换的另一种商品的数量（MRS_{XY}），应该等于该消费者在市场上用一单位的这种商品能够交换得到的另一种商品的数量（即 $\dfrac{P_X}{P_Y}$）。

四、消费者剩余

在消费者购买商品时，一方面，消费者对每一单位商品所愿意支付的最高价格取决于这一单位商品的边际效用。由于商品的边际效用是递减的，所以，消费者对某种商品所愿意支付的最高价格是逐步下降的。但是，另一方面，需要区分的是，消费者对每一单位商品所愿意支付的最高价格并不等于该商品在市场上的实际价格。事实上，消费者在购买商品时是按实际的市场价格支付的。于是，在消费者愿意支付的最高价格和实际的市场价格之间就产生了一个差额，这个差额便构成了消费者剩余的基础。

五、收入-消费曲线和恩格尔曲线

收入-消费曲线是在消费者偏好和商品价格不变的条件下，与消费者的不同收入水平相联系的消费者效用最大化的均衡量的轨迹。

恩格尔曲线表示消费者在每一收入水平对某商品的需求量。收入和需求量的关系，实际上也是收入和用于某方面的支出的关系。恩格尔曲线是用19世纪德国统计学家恩格尔的名字命名的。恩格尔的统计分析表明，随着人们收入的增加，用于食品的支出部分在人们生活支出中所占的比例将下降，用于住宅和穿着方面的支出比例将基本不变，用于其他方面的支出比例会增加。这种分析的结果被称为恩格尔定律。由于食品支出同收入的比率会随收入提高而下降，因此，这一比率常被用来衡量国家和地区的富裕程度，即恩格尔系数。

六、替代效应和收入效应

一种商品的价格发生变化，会对消费者产生两种影响：一是使消费者的实际收入水平发生变化；二是使商品的相对价格发生变化。这两种变化都会改变消费者对该种商品的需求量。其中，由商品的价格变动引起实际收入水平变动，进而引起的商品需求量的变动，称为收入效应。由商品的价格变动引起商品相对价格的变动，进而引起的商品需求量的变动，称为替代效应。

（一）正常物品的替代效应和收入效应

对于正常物品来说，替代效应与价格成反方向的变动，收入效应也与价格成反方向的变动，在两者的共同作用下，总效应必定与价格成反方向的变动。正因为如此，正常物品的需求曲线是向右下方倾斜的。

（二）低档物品的替代效应和收入效应

低档物品的替代效应与价格成反方向的变动，收入效应与价格成同方向的变动，而且，在大多数情况下，收入效应的作用小于替代效应的作用，所以，总效应与价格成反方向的变动，相应的需求曲线是向右下方倾斜的。

（三）吉芬物品的替代效应和收入效应

吉芬物品是指消费者的需求量与商品的价格成同方向变动的低档物品。作为低档商品,吉芬物品的替代效应与价格成反方向的变动,收入效应则与价格成同方向的变动。吉芬物品的特殊性就在于,它的收入效应的作用很大,以至于超过了其替代效应的作用,从而使得总效应与价格成同方向的变动。这也是吉芬物品的需求曲线向右上方倾斜的原因。

七、消费者的风险态度

西方经济学家将消费者对待风险的态度分为三类:风险回避者、风险爱好者和风险中立者。这三类风险态度的判断标准如下:假定消费者在无风险的情况下所能获得的确定性收入与他在有风险的情况下能够获得的期望收入值相等,如果消费者对确定性收入的偏好大于有风险条件下期望收入的偏好,那么该消费者是风险回避者;如果消费者对确定性收入的偏好小于有风险条件下期望收入的偏好,那么该消费者是风险爱好者;如果消费者对确定性收入的偏好等于有风险条件下期望收入的偏好,那么该消费者是风险中立者。

第四节　生产者行为理论

一、生产理论

微观经济学的生产理论可以分为短期生产理论和长期生产理论。短期是指生产者来不及调整全部生产要素的数量,至少有一种生产要素的数量是固定不变的生产周期。长期是指生产者可以调整全部生产要素的数量的生产周期。

（一）短期生产理论

1. 短期生产函数

短期内,假设资本投入量不变,用 $\overline{K}$ 表示,只有劳动投入量可变,用 L 表示,则短期生产函数如下:

$$Q=f(L,\overline{K})$$

2. 总产量、平均产量和边际产量

总产量(TP)是指投入一定量的可变生产要素以后所得到的产出量总和。

平均产量(AP)是指平均每单位可变生产要素投入的产出量,如果用 X 表示某生产要素投入量,那么 $AP=TP/X$。

边际产量(MP)是指增加或减少一单位可变生产要素投入量所带来的产出量的变化,如果用 ΔTP 表示总产量的增量,ΔX 表示可变生产要素的增量,那么 $MP=\Delta TP/\Delta X$。

3. 边际报酬递减规律

边际报酬递减规律成立的两个基本前提条件:一是生产技术是给定的;二是其他要素投入量是固定不变的。对短期生产函数来说,边际产量表现出的先上升而最终下降的特征,被称为边际报酬递减规律,有时也被称为边际产量递减规律或边际收益递减规律。

在技术水平不变的条件下,在连续等量地把某一种可变生产要素增加到其他一种或几种数量不变的生产要素上去的过程中,当这种可变生产要素的投入量小于某一特定值时,增加该要素投入所带来的边际产量是递增的;当这种可变要素的投入量连续增加并超过这个特定值时,增加该要素投入所带来的边际产量是递减的。这就是边际报酬递减规律。边际报酬递减规律是短期生产的一条基本规律。

4. 短期生产的三个阶段

根据产量变化的特征,可以将短期生产划分为三个阶段,如下图所示。

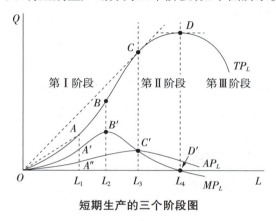

短期生产的三个阶段图

第Ⅰ阶段:劳动投入量从零增加到 L_3 的区间。在这一阶段平均产量递增,边际产量大于平均产量。这一特征表明,和可变投入劳动相比,不变投入资本太多,因而增加劳动量是有利的,劳动量的增加可以使资本的作用得到充分发挥。任何有理性的厂商通常不会把可变投入的使用量限制在这一阶段内。

第Ⅱ阶段:L_3 到 L_4 的区间,这一阶段总产量继续以递减的幅度增加,一直达到最大值。相应地,边际产量继续递减,直至等于零。平均产量在最大值处与边际产量相等并转而递减,是这一阶段的起点。此阶段的显著特点是平均产量递减,边际产量小于平均产量。

第Ⅲ阶段:劳动投入量从 L_4 开始继续增加的区间。这一阶段总产量递减,边际产量为负值。这一特征表明,和不变投入资本相比,可变投入劳动太多,这时即使劳动要素是免费的,厂商也不愿意增加劳动投入量在第三阶段经营,而是通过减少劳动投入量来增加总产量。

由此可见,在短期生产中,厂商既不会将生产停留在第Ⅰ阶段,也不会将生产扩展至第Ⅲ阶段。实际上,厂商都是在第Ⅱ阶段进行生产。第Ⅱ阶段是理性厂商短期生产的决策区间,或称生产要素的合理投入区间。

（二）长期生产理论

1. 长期生产函数的形式

在长期内,所有生产要素的投入量都是可变的,多种可变生产要素的长期生产函数可用下式表示:$Q=f(X_1,X_2,\cdots\cdots,X_n)$。式中,$Q$ 为产量;$X_i(i=1,2,\cdots\cdots,n)$ 为第 i 种可变生产要素的投入数量。该生产函数表示:长期内,在技术水平不变的条件下,由 n 种可变生产要素投入量的一定组合所能生产的最大产量。假定生产者仅使用劳动和资本两种最重要的可变生产要素来生产一种产品,则两种可变生产要素的长期生产函数:$Q=f(L,K)$。式中,L 为可变要素劳动的投入量;K 为可变要素资本的投入量;Q 为产量。

2. 等产量曲线和等成本线

等产量曲线是指在给定的技术条件下,生产同一产量的两种可变生产要素投入量的各种不同的组合轨迹。等产量曲线具有四个特点:①同一曲线表示相同产量;②等产量曲线越高,产量越大;③两条曲线不相交;④凸向原点。

等成本线是指在既定成本和生产要素价格条件下,生产者可以购买到的两种生产要素的各种不同数量组合的轨迹。

3. 边际技术替代率及其递减法则

边际技术替代率是指在产量不变的情况下,当某种生产要素增加一单位时,与另一种生产要素所减少的投入数量的比率。

边际技术替代率递减法则是指在维持产量不变的前提下,当一种生产要素的投入量不断增加时,每一单位的这种生产要素所能替代的另一种生产要素的数量是递减的。其主要原因在于,任何一种产品的生产技术都要求各要素投入之间有适当的比例,这意味着要素之间的替代是有限的。

4. 生产均衡

生产均衡分为两种情况:一种是既定成本条件下的产量最大化;另一种是既定产量下的成本最小化。均衡条件是等成本线与等产量曲线相切。

5. 规模报酬

规模报酬分析涉及的是企业的生产规模变化与所引起的产量变化之间的关系。企业只有在长期内才可能变动全部生产要素,进而变动生产规模,因此,企业的规模报酬分析属于长期生产理论问题。

在生产理论中,通常是用全部的生产要素都以相同的比例发生变化来定义企业的生产规模的变化。相应地,规模报酬变化是指在其他条件不变的情况下,企业内部各种生产要素按相同比例变化时所带来的产量变化。

企业的规模报酬变化可以分为以下三种情况:①产量增加的比例大于各种生产要素增加的比例,称为规模报酬递增;②产量增加的比例等于各种生产要素增加的比例,称为规模报酬不变;③产量增加的比例小于各种生产要素增加的比例,称为规模报酬递减。

二、成本理论

(一)成本的相关概念

1. 机会成本

机会成本是指如果一种生产要素被用于某一特定用途,它便放弃了在其他替代用途上可能获取的种种收益,所放弃的收益中最大的收益就是这一特定用途的机会成本。

2. 显性成本与隐性成本

显性成本是指企业从事一项经济活动时所花费的货币支出,包括雇员工资、购买原材料、燃料及添置或租用设备的费用、利息、保险费、广告费以及税金等。这些成本都会在企业的会计账册上反映出来,因此,又称为会计成本。

隐性成本是指企业使用自有生产要素时所花费的成本。这种成本之所以称为隐性成本是因为看起来企业使用企业主自有生产要素时不用花钱,即不发生货币费用支出。然而,不付费用使用自有要素不等于没有成本。因为这些要素如不自用,完全可以给别人使用而得到报酬。这种报酬是企业使

用自有要素的机会成本。

经济成本不仅包含会计成本即显性成本,还包括隐性成本。人们在经济活动中,不但隐性成本要合于机会成本原则,显性成本也要合于机会成本原则,因此,通常把会计成本加隐性成本当成经济成本。

(二)短期成本

1. 短期成本的分类

在短期内,厂商的成本有不变成本和可变成本之分。具体地讲,厂商的短期成本有以下七种:总不变成本、总可变成本、总成本、平均不变成本、平均可变成本、平均总成本和边际成本。

总不变成本(TFC),是厂商在短期内为生产一定数量的产品对不变生产要素所支付的总成本。

总可变成本(TVC),是厂商在短期内为生产一定数量的产品对可变生产要素支付的总成本。

总成本(TC),是厂商在短期内为生产一定数量的产品对全部生产要素所支出的总成本。

平均不变成本(AFC),是厂商在短期内平均每生产一单位产品所支付的不变成本。

平均可变成本(AVC),是厂商在短期内平均每生产一单位产品所支付的可变成本。

平均总成本(AC),是厂商在短期内平均每生产一单位产品所支付的全部成本。

边际成本(MC),是厂商在短期内增加一单位产量时所增加的总成本。

2. 短期成本曲线

$TC=TFC+TVC$,总成本等于总不变成本加上总可变成本。总不变成本反映在图形上是一条横线,不随产量增加而增加。因此,总成本的变动完全来自总可变成本,总成本曲线等于总可变成本向上平移,相当于总不变成本的距离。

边际成本、平均可变成本、平均成本曲线都呈现 U 形特征,造成这种形状的原因是可变投入要素的边际收益率递增或递减,MC 曲线反映的是 TC 曲线上每一点的斜率。

MC 曲线穿过 AVC、AC 的最低点,即当 $MC=AVC$ 时,AVC 达到最小值;当 $MC=AC$ 时,AC 达到最小值。

3. 短期成本变动的决定因素:边际报酬递减规律

边际报酬递减规律是短期生产的一条基本规律,它决定了短期成本曲线的特征。在边际报酬递减规律作用下,短期边际产量和短期边际成本之间存在着一定的对应关系。这种对应关系可以表述如下:在短期生产中,边际产量的递增阶段对应的是边际成本的递减阶段,边际产量的递减阶段对应的是边际成本的递增阶段,与边际产量的最大值相对应的是边际成本的最小值。正因为如此,在边际报酬递减规律作用下的 MC 曲线表现出先降后升的 U 形特征。

(三)长期成本

在长期生产中,厂商可以根据产量的要求调整全部的生产要素投入量,甚至进入或退出一个行业,因此,厂商所有的成本都是可变的。厂商的长期成本可以分为长期总成本、长期平均成本和长期边际成本。

1. 长期总成本(LTC)

长期总成本是厂商在长期中在各种产量水平上,通过改变生产要素的投入量所能达到的最低总成本。它反映的是理智的生产者在利润最大化的驱动下,通过改变生产要素的投入在不同产量点上产生的成本的最低发生额。长期总成本曲线是短期总成本曲线的包络线,即长期总成本曲线与每条短期总成本曲线相切,从下方将无数条短期总成本曲线包围起来。

2. 长期平均成本（LAC）

长期平均成本表示厂商在长期内按产量平均计算的最低总成本，是无数条短期平均成本曲线的包络线。LAC 曲线呈现出 U 形的特征，只有在 LAC 曲线的最低点上，LAC 曲线才相切于相应的 SAC 曲线的最低点。因此，长期平均成本曲线的最低点被称为最佳生产规模，它意味着厂商通过选择最适宜的生产规模来使单位产品成本降到最低。

3. 长期边际成本（LMC）

长期边际成本表示厂商在长期内增加一单位产量所引起的最低总成本的增量。长期边际成本曲线呈 U 形，它与长期平均成本曲线相交于长期平均成本曲线的最低点。根据 LMC 曲线的形状特征，可以进一步解释 LTC 曲线的形状特征。因为 LMC 曲线呈先降后升的 U 形，且 LMC 值又是 LTC 曲线上相应的点的斜率，所以 LTC 曲线的斜率必定要随着产量的增加表现出先递减达到拐点以后再递增的特征。

（四）规模经济和范围经济

1. 长期成本曲线与规模经济

规模经济是指厂商扩大生产规模而使经济效益得到提高，此时产出增加倍数大于成本增加倍数。规模不经济是指厂商扩大生产规模而使经济效益下降，此时产出增加倍数小于成本增加倍数。在企业生产规模由小到大的扩张过程中，往往先出现规模经济，主要原因是劳动分工、专业化以及技术因素，此时会导致 LAC 曲线下降；然而，当规模继续扩大时，会出现规模不经济，此时会导致 LAC 曲线上升。显然，规模经济和规模不经济都是由于厂商变动自己的企业生产规模所引起的，故又被称为内在经济或内在不经济。在规模经济和规模不经济的作用下，LAC 曲线表现出先下降后上升的 U 形特征。

2. 范围经济与范围不经济

范围经济是指多产品企业的联合产出超过单一产品企业产出的总和，即联合生产超过分别生产；否则，便属于范围不经济。大型企业往往同时具有范围经济和规模经济，但两者并无必然联系。规模经济通常是指大规模生产同种产品而形成的经济；范围经济一般是指利用相同技术设备生产多种产品而形成的经济。一个拥有巨大规模经济的企业，有可能不存在范围经济；反过来，一个拥有巨大范围经济的企业，不一定存在规模经济。

如果以 SC 代表范围经济，$C(X)$ 为生产产品 X 的长期成本，$C(Y)$ 为生产产品 Y 的长期成本，$C(X,Y)$ 为这两种产品的联合长期生产成本，则范围经济可以表示如下：

$$SC = [C(X)+C(Y)-C(X,Y)]/C(X,Y)$$

若 $SC>0$，存在范围经济；若 $SC<0$，存在范围不经济。

第五节　市场理论

一、市场理论的相关基本概念

（一）厂商和市场的类型

市场是物品买卖双方相互作用并得以决定其交易价格和交易数量的一种组织形式或制度安排。

在经济分析中,根据不同的市场结构的特征,将市场划分为完全竞争市场、垄断竞争市场、寡头市场和垄断市场四种类型。决定市场类型划分的主要因素有以下四个:第一,市场上厂商的数目;第二,厂商所生产的产品的差别程度;第三,单个厂商对市场价格的控制程度;第四,厂商进入或退出一个行业的难易程度。其中,前两个是最基本的决定因素。市场类型的划分和特征如下表所示:

市场类型	厂商数目	产品差别程度	个别厂商控制价格程度	厂商进入产业难易	现实中接近的行业
完全竞争	很多	无差别	没有	完全自由	农业
垄断竞争	很多	有些差别	有一些	比较自由	零售业
寡头	几个	有或没有差别	相当有	有限	汽车制造业
垄断	一个	唯一产品,无替代品	很大,但常受政府管制	很困难,几乎不可能	公用事业

（二）厂商的收益与利润

1. 厂商的收益

厂商收益是指厂商销售其产品所取得的货币收入。它包括以下概念:

（1）总收益（TR）,指厂商出售一定数量的产品后所取得的全部收入,它等于产品单价（P）乘以销售数量（Q）,即 $TR = P \cdot Q$。

（2）平均收益（AR）,指厂商销售每单位产品所得到的平均收入,它等于总收益除以总产销量,也就是单位产品的市场价格,即 $AR = TR/Q = P \cdot Q/Q = P$。$AR = P$ 在任何市场形态下均成立。

（3）边际收益（MR）,指每增加或减少一单位商品的销售所引起的总收益的变动量,可用公式表示如下:$MR = \Delta TR/\Delta Q$,或 $MR = dTR/dQ$。

2. 厂商的利润

利润是总收益与总成本的差额,当总收益超过总成本时,此超过额为厂商的利润;当总成本超过总收益时,此超过额为厂商的亏损。它包括以下概念:

（1）会计利润,指销售总收益与会计成本的差额。会计利润=收益-会计成本。

（2）经济利润,指销售总收益与企业经营的总成本之间的差额,也称超额利润。经济利润=收益-经济成本。

（3）正常利润,指经济成本超过会计成本的部分,即厂商投入经营活动的各项资源的机会成本超过会计成本的部分的总额,它是指厂商对自己所提供的企业家才能的报酬支付。正常利润=经济成本-会计成本。

3. 利润函数及利润最大化条件

利润是产量的函数,即 $\pi = TR - TC$,其中 $TR = P \cdot Q$,$TC = f(Q) + b$。

$MR = MC$ 定义为利润最大化的基本条件,它适用任何类型的厂商行为。在任何市场结构中求厂商获得利润最大时的均衡产量和均衡价格,就是求 MR 与 MC 相等时的产量和价格。利润最大化的一阶条件即必要条件为 $d\pi/dQ = 0$,因此有 $MR = MC$;二阶条件即充分条件为 $d^2\pi/dQ^2 < 0$,则 $dMR/dQ - dMC/dQ < 0$,表明边际收益的增加率小于边际成本的增加率。

二、完全竞争市场

（一）完全竞争市场的条件

完全竞争市场必须具备四个条件：第一，市场上有大量的买者和卖者；第二，市场上每个厂商提供的商品都是完全同质的；第三，所有的资源具有完全的流动性；第四，信息是完全的。

（二）完全竞争厂商的需求曲线和收益曲线

完全竞争厂商的需求曲线是一条由既定市场价格水平出发的水平线。这意味着，厂商只能被动接受给定的市场价格。厂商的收益就是厂商的销售收入。由于完全竞争厂商面临的是由市场供求情况决定的价格，厂商的总收益曲线为从原点出发的一条向右上方倾斜的直线。在完全竞争市场上，厂商是价格的接受者，其价格是常数，因此厂商每销售一单位产品所获得的边际收益等于价格。完全竞争厂商的平均收益曲线与边际收益曲线和需求曲线三线合一，是一条与横轴平行的水平线，即 $AR=MR=P$。

（三）完全竞争厂商的短期均衡

在短期，完全竞争厂商是在既定的生产规模下，通过对产量的调整来实现 $MR=SMC$ 的利润最大化原则的。在厂商 $MR=SMC$ 的短期均衡点上，其利润可以大于零，或者小于零，或者等于零。当厂商的利润小于零（即亏损）时，厂商需要根据平均收益与平均可变成本的大小关系，来决定是否继续生产。

当 $AR>AVC$ 时，厂商虽然亏损，但仍继续生产。

当 $AR<AVC$ 时，厂商必须停止生产。

当 $AR=AVC$ 时，厂商处于生产与不生产的临界点，这一点恰好是 AVC 曲线和 SMC 曲线的交点，该均衡点被称为停止营业点。

三、完全垄断市场

（一）完全垄断市场的存在条件

完全垄断市场是指整个行业中只有唯一的一个厂商的市场组织。完全垄断市场的存在条件如下：

（1）市场上只有一个卖者，它控制着整个行业的全部供给。在垄断市场上，厂商和行业两个概念完全重合，行业中唯一的厂商是垄断厂商，而这个垄断厂商就代表了一个行业。

（2）垄断厂商的产品没有十分近似的替代品，它与其他产品的替代性是非常低的。由于垄断厂商控制全部供给，且产品具有永久特色，所以垄断厂商是价格的决定者。

（3）不许有新厂商进入，垄断厂商控制着市场周围的种种进入障碍。这些进入障碍，有的是由政府征收关税、颁发特许证、给予专利以及提供其他形式的保护而形成的，有的是对某些自然资源的控制而形成的，有的是因为某些行业需要巨额投资或者高精尖技术而形成的，等等。

（二）垄断厂商的需求曲线和收益曲线

完全垄断市场中只有一个厂商，所以，市场的需求曲线就是垄断厂商所面临的需求曲线，它是一条向右下方倾斜的曲线。厂商所面临的需求状况直接影响厂商的收益，这便意味着厂商的需求曲线的特征将决定厂商的收益曲线的特征。垄断厂商的需求曲线是向右下方倾斜的，其中相应的平均收益（AR）曲线、边际收益（MR）曲线和总收益（TR）曲线的一般特征如下：第一，由于厂商的平均收益总

是等于商品的价格,所以,垄断厂商的 AR 曲线和需求曲线重叠,是同一条向右下方倾斜的曲线。第二,由于 AR 曲线是向右下方倾斜的,则根据平均量和边际量之间的相互关系可以推知,垄断厂商的边际收益总是小于平均收益。因此,MR 曲线位于 AR 曲线的左下方,且 MR 曲线也向右下方倾斜。第三,由于每一销售量上的边际收益值就是相应的 TR 曲线的斜率,所以,当 MR>0 时,TR 曲线的斜率为正;当 MR<0 时,TR 曲线的斜率为负;当 MR=0 时,TR 曲线达最大值点。

(三)价格歧视

在有些情况下,垄断厂商会对同一种产品收取不同的价格,这种做法往往会增加垄断厂商的利润。以不同价格销售同一种产品,被称为价格歧视。垄断厂商实行价格歧视,必须具备以下基本条件:第一,市场的消费者具有不同的偏好,且这些不同的偏好可以被区分开;第二,不同的消费者群体或不同的销售市场是相互隔离的。价格歧视可以分为一级、二级和三级价格歧视。

1. 一级价格歧视

如果厂商对每一单位产品都按消费者所愿意支付的最高价格出售,这就是一级价格歧视。一级价格歧视下的资源配置是有效率的,尽管此时垄断厂商剥夺了全部的消费者剩余。

2. 二级价格歧视

二级价格歧视只要求对不同的消费数量段规定不同的价格。实行二级价格歧视的垄断厂商利润会增加,部分消费者剩余被垄断者占有。

3. 三级价格歧视

垄断厂商对同一种产品在不同的市场(或对不同的消费群)收取不同的价格,这就是三级价格歧视。三级价格歧视要求厂商在需求价格弹性小的市场上制定较高的产品价格,在需求价格弹性大的市场上制定较低的产品价格。实际上,对价格变化反应不敏感的消费者制定较高的价格,而对价格变化反应敏感的消费者制定较低的价格,是有利于垄断者获得更大的利润的。

四、垄断竞争市场

(一)垄断竞争市场的条件

垄断竞争是指一个市场中有许多厂商生产和销售有差别的同种产品,是比较接近于完全竞争市场的市场结构。垄断竞争厂商一般存在于日用品工业、食品工业、零售商业、手工业等行业中。在垄断竞争市场理论中,把市场上大量生产非常接近的同种产品的厂商的总和称作生产集团。垄断竞争市场的存在条件有三点:一是生产集团中有大量的企业生产有差别的同种产品,这些产品彼此之间都是非常接近的替代品;二是一个生产集团中的企业数量非常多,以至于每个厂商都认为自己的行为影响很小,不会引起竞争对手的注意和反应,因而自己也不会受到竞争对手的报复措施的影响;三是厂商进出行业比较容易,从而厂商数目也较多。应当说,行业内厂商数目和产品差别程度一样是决定市场竞争程度的因素。厂商越易进入行业,行业内厂商越多,市场的竞争性就越强。

(二)垄断竞争厂商的需求曲线

垄断竞争厂商向右下方倾斜的需求曲线是比较平坦的,比较接近完全竞争厂商的水平需求曲线。垄断厂商所面临的需求曲线有两种,它们通常被区分为单个厂商单独采取行动时所面临的需求曲线(d 需求曲线)和市场份额曲线(D 需求曲线),其具体内容如下:

(1)d 需求曲线表示:在垄断竞争生产集团中的某个厂商改变产品的价格,而其他厂商的产品价格都保持不变时,该厂商的产品价格和销售量之间的关系。

(2)D需求曲线表示:在垄断竞争生产集团中的某个厂商改变产品价格,而且集团内的其他所有厂商也使产品价格发生相同变化时,该厂商的产品价格和销售量之间的关系。

五、寡头市场

寡头市场又称寡头垄断市场,它是指少数几家厂商控制整个市场的产品生产和销售的一种市场组织。寡头市场被认为是一种较为普遍的市场组织,西方国家中不少行业都表现出寡头垄断的特点。其特征如下:

(1)厂商数极少,新的厂商加入该行业比较困难。

(2)产品既可同质,也可存在差别,厂商之间存在激烈竞争。

(3)厂商之间互相依存,每个厂商在作出决策时都必须特别注意这一决策对其对手的影响。

(4)厂商行为具有不确定性。由于厂商之间相互依存,任何一个厂商作出决策所可能产生的结果,取决于竞争对手的反应,而这种反应是厂商无法预测的,这就产生了厂商行为的不确定性。

第六节　收入分配理论和市场失灵

一、收入分配

(一)经济效率

微观经济学关心的是资源配置问题,因此经济效率指的是配置效率。多数经济学家认为,社会应当寻求那些不伤害任何人而能改善一些人境遇的变化,如果所有满足这一条件的变化都得以实现,没有再做此类改变的任何余地,这种状态就称为经济效率。微观经济学所采用的一个非常著名的标准,通常称为帕累托最优。帕累托最优是指资源分配的一种状态,在不使任何人境况变坏的情况下,而不可能再使某些人的处境变好。利用帕累托最优状态标准,可以对资源配置状态的任意变化作出"好"与"坏"的判断:如果既定的资源配置状态的改变使得至少有一个人的状况变好,而没有使任何人的状况变坏,则认为这种资源配置状态的变化是"好"的;否则认为是"坏"的。帕累托改进是指以帕累托标准来衡量为"好"的状态改变。一方面,帕累托最优是指没有进行帕累托改进的余地的状态;另一方面,帕累托改进是达到帕累托最优的路径和方法。

(二)收入分配不均及其对策

1. 收入分配不均的衡量:洛伦兹曲线和基尼系数

洛伦兹曲线是由美国统计学家洛伦兹提出的用来表明社会收入分配状况并反映社会收入分配平均程度的一种曲线(如右图)。横轴OH表示人口(按收入由低到高分组)的累积百分比,纵轴OM表示收入的累积百分比,弧线OL为洛伦兹曲线。洛伦兹曲线的弯曲程度具有重要意义。一般来说,它反映了收入分配的不平等程度。弯曲程度越大,收入分配程度越不平等;弯曲程度越小,收入分配程度越平等。

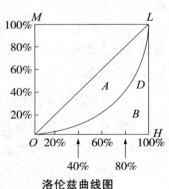

洛伦兹曲线图

基尼系数是意大利经济学家基尼根据洛伦兹曲线所作出的判断收入分配平均程度的指标。收入分配越不平等,洛伦兹曲线就越向横轴凸出,与完全平等线 OL 之间的面积也越大。因此,可以将洛伦兹曲线与45°线之间的部分 A 叫作"不平等面积";当收入分配达到完全不平等时,洛伦兹曲线成为折线 OHL,OHL 与45°线之间的面积 $A+B$ 就是"完全不平等面积"。不平等面积与完全不平等面积之比,称为基尼系数,是衡量一个国家贫富差距的标准。若设 G 为基尼系数,则 $G=A/(A+B)$,显然,基尼系数不会大于1,也不会小于0,即有 $0 \leqslant G \leqslant 1$。

2. 政府调节收入分配不均的对策:税收和社会保障

平等和效率既难以兼得,又必须兼顾。在效率优先原则下,尽量实现公平,让不平等保持在一个相对合理的限度内。为此,需要政府用税收和社会保障政策来影响社会收入分配,以协调公平和效率的关系。政府通过税收手段,在一定程度上可以实现收入分配的平等,但是,作用并不明显。因为富人可以用各种办法逃税。此外,对高收入者征收累进税,不利于有能力的人充分发挥自己的才干,对社会来说也是一种损失。

如果说税收政策是通过对富人征收重税来实现收入分配平等化的话,那么,社会保障政策则是通过给穷人提供补助来实现收入分配的均等化。社会保障政策的实施,对改善穷人的地位和生活条件,提高他们的实际收入水平,起到了相当大的作用;对社会的安定和经济的发展也是有利的。但是,这些政策也导致了社会生产效率降低和政府财政负担加重等问题。

二、市场失灵

(一)市场失灵的含义

市场失灵,是指由于市场机制不能充分发挥作用,而导致资源配置缺乏效率或资源配置失当的情况。

(二)市场失灵的主要原因

导致市场失灵的主要原因有垄断、外部性、公共物品和信息不对称。

1. 垄断与市场失灵

不完全竞争市场上,生产者不再是完全价格接受者,资源已不可能在部门之间自由流动,导致生产者的生产产量不是最大量,市场价格也不是最低价格,市场机制很难充分发挥作用,资源不可能实现最优配置。

2. 外部性与市场失灵

外部性是指某个人或某个企业的经济活动对其他人或其他企业造成了影响,但是却没有因此付出代价或得到利益。外部性可以分为负外部性(外部不经济)和正外部性(外部经济)。负外部性是指某人或某企业的经济活动对其他人造成损害,但是该人或该企业并没有赔偿损害(私人成本<社会成本)。正外部性是指某人或某企业的经济活动给其他人带来好处,但是该人或该企业却没有获得补偿(私人利益<社会利益)。外部性导致资源配置失当,即使在完全竞争条件下,由于外部性的影响,整个经济的资源配置也不可能达到帕累托最优状态。

例题

养蜂的生产者与栽种果树的生产者之间存在外部性,且其外部影响的效果是(　　)。

A. 正的　　　　　　　　　　　　　　B. 负的

C. 相互抵消的　　　　　　　　　　　D. 可以收支结算的

【答案】A。**解析:**外部性指的是企业或个人向市场外的其他人强加的成本或利益,但是这一行为并没有反映在市场价格中。外部性分为正外部性和负外部性,前者是指某一经济主体的活动对其他经济主体产生了正面的经济影响,使这些经济主体的福利和利益增加却又不能通过市场体系或价格体系得到报酬,亦称外部经济;后者指当某个市场主体的经济活动使其他市场主体或社会成员的利益受损,而又并不为此进行相应的赔偿,这种活动所导致的外部影响就是负外部性的,亦称外部不经济。蜜蜂可以为果树授粉,提高果树产量和质量,同时也为蜂农创造了经济收益。故本题选A。

3. 公共物品与市场失灵

公共物品,是满足社会公共需要的物品。公共物品有两个重要特征:非竞争性和非排他性。前者是指消费者对某一公共物品的消费并不影响他人对该公共物品的使用;后者是指公共物品可以由任何消费者进行消费,其中任何一个消费者都不会被排斥在外。

公共物品分为两大类:纯公共物品和准公共物品。纯公共物品是指具有完全的非竞争性和完全的非排他性的物品,如国防,这类公共物品只能由政府提供。准公共物品是指具有有限的非竞争性和非排他性的物品,如收费公路。

由于纯公共物品存在非竞争性和非排他性,消费者更愿意采取"搭便车"行为,低报或瞒报自己对公共物品的偏好,导致市场产量远远低于最优产量。

4. 信息不对称与市场失灵

信息不对称是指市场上买卖双方掌握的信息量不一样,信息不对称会导致逆向选择和道德风险。在买卖双方信息不对称的条件下,质量差的商品往往将质量好的商品挤出市场,这种现象叫作逆向选择。道德风险也称败德行为,是指交易双方达成协议后,协议的一方利用信息不对称,通过改变自己的行为来损坏对方的利益。

(三)政府干预措施

政府干预措施如下表所示:

市场失灵原因	政府干预措施
垄断	(1)政府可以通过法律手段来限制垄断和反对不正当竞争,比如制定《中华人民共和国反不正当竞争法》《中华人民共和国反垄断法》 (2)政府对垄断进行干预的另一种手段是对垄断行业进行公共管制,主要是对垄断行业的产品或服务的价格进行管制,或规定限价,或规定利润率
外部性	(1)使用税收和补贴手段 ①政府对负外部性的企业可以使用税收手段 ②政府对正外部性的企业给予政府补贴 (2)政府也可以通过合并相关企业使外部性得以"内部化" (3)明晰产权 外部性之所以存在并导致资源配置失当,是由于产权界定不清晰 科斯定理:只要财产权是明确的,并且交易成本是零或者很小,那么无论在开始时将财产权赋予谁,市场均衡的最终结果都是有效率的,实现资源配置的帕累托最优。进一步看,还可以认为,一旦考虑到交易成本,产权的初始界定就会对经济运行的效率产生十分重要的影响。从而可以引申出一个重要结论,即不同的产权制度,会导致不同的资源配置效率
公共物品	政府承担公共物品主要提供者的职责。例如政府提供国防、治安、消防和公共卫生
信息不对称	政府对许多商品的说明、质量标准和广告都作出了具体的法律规定,还通过多种方式为消费者提供信息服务

第二章　宏观经济学

知识体系

宏观经济学
- 国民收入核算
  - 国内生产总值
  - 国民收入的基本理论
- 产品市场和货币市场的一般均衡
  - 产品市场的均衡：IS曲线
  - 货币市场的均衡：LM曲线
  - IS-LM模型（产品-货币市场同时均衡）
- 总需求-总供给模型
  - 总需求
  - 总供给
  - 总供求模型
- 失业、通货膨胀和通货紧缩
  - 失业率及失业的分类
  - 通货膨胀的概念、原因及治理
  - 通货紧缩的概念、原因及治理
- 宏观经济政策实践
  - 宏观经济政策目标
  - 财政政策和货币政策
  - 财政政策与货币政策的分工及影响
  - 供给管理政策

本章导学

从近几年考试来看,银保监财会类职位专业科目考试对宏观经济学的考查题量为2—4道,且考点相对集中。本章的重难点有国民收入核算、失业、通货膨胀和宏观经济政策实践,考生需要熟记相关概念并理解有关理论知识。

第一节　国民收入核算

一、国内生产总值

（一）国内生产总值的内涵

国民收入核算是以整个国民经济或社会再生产为对象的宏观核算。国民收入核算中最核心的一个指标是国内生产总值（Gross Domestic Product，简称GDP）。国内生产总值是指在一定时期内（一个季度或一年），一个国家或地区的经济中所生产出的全部最终产品和劳务的价值。它不仅可以反映一个国家的经济表现，还可以反映一国的国力与财富，被公认为衡量国家经济状况的最佳指标。

这一定义含有以下几方面内涵：

其一，GDP是一个市场价值的概念，各种最终产品的价值都是用货币衡量的。

其二，GDP测度的是最终产品的价值，中间产品价值不计入GDP，否则会造成重复计算。

其三，GDP是一定时期内（往往为一年）所生产而不是所售卖掉的最终产品价值。

其四，GDP是计算期内（如2012年）生产的最终产品价值，因而是流量而不是存量。

其五，GDP是一国范围内生产的最终产品的市场价值，这里它是一个地域概念。

其六，GDP一般仅指市场活动导致的价值，只有进入市场流通活动的产品与劳务才能计入GDP。

（二）国内生产总值的核算方法

1. 用支出法核算国内生产总值

用支出法核算GDP，就是核算经济社会（指一个国家或一个地区）在一定时期内消费、投资、政府购买以及净出口这几方面支出的总和。

消费支出（指居民个人消费，用字母 C 表示）包括购买耐用消费品（如小汽车、电视机、洗衣机等）、非耐用消费品（如食物、衣服等）和劳务（如医疗、旅游、理发等）的支出。建造住宅的支出不包括在内。

投资指增加或更换资本资产（包括厂房、住宅、机械设备及存货）的支出（用字母 I 表示）。投资包括固定资产投资和存货投资两大类。固定资产投资指新厂房、新设备、新商业用房以及新住宅的增加。存货投资是企业掌握的存货价值的增加（或减少）。用支出法计算GDP时的投资，指的是总投资。

政府对物品和劳务的购买（G）是指各级政府购买产品和劳务的支出。

净出口指进出口的差额。用 X 表示出口，用 M 表示进口，则（$X-M$）就是净出口。

把上述四个项目加总，用支出法计算GDP的公式如下：$GDP = C+I+G+(X-M)$。

2. 用收入法核算国内生产总值

总产出是由生产过程中投入的生产要素所创造的，需要向这些生产要素支付报酬，这些报酬就成为生产要素所有者的收入。由于把利润看成产品卖价扣除工资、利息、地租等成本支出后的余额，即利润是收入的一部分，因此，产出＝收入。此外，产出等于支出，则总产出＝总收入＝总支出。收入法是把生产要素在生产中所得到的各种收入加总来计量GDP。由于要素的收入从企业角度看即产品的

成本(包括企业利润),所以这种方法又称成本法。用收入法计算 GDP 的公式如下:GDP = 工资+利息+利润+租金+间接税和企业转移支付+折旧。

二、衡量国民收入的其他指标

国民生产总值、国民生产净值、国内生产净值、国民收入、生产要素报酬和个人可支配收入等都是国民收入的衡量指标。其概念和相互关系如下表所示:

国民收入的衡量指标	概念和相互关系
国民生产总值 (GNP)	国民生产总值是指在一定时期内,一国公民所生产的全部最终产品与服务的价值总和。GNP 计算采用的是"国民原则",GNP = GDP+本国公民在国外生产的最终产品的价值总和-外国公民在本国生产的最终产品的价值总和
国民生产净值 (NNP)	国民生产净值一般以市场价格计算,它等于国民生产总值减去固定资产折旧后的余额。用公式可以表示如下:NNP = GNP-资本折旧
国内生产净值 (NDP)	国内生产净值是一个国家(地区)所有常住单位在一定时期内运用生产要素净生产的全部最终产品(包括物品和劳务)的市场价值。用公式可以表示如下:NDP = GDP-资本折旧
国民收入 (NI)	国民收入指按生产要素报酬计算的国民收入。用公式可以表示如下:NI = NDP-间接税-企业转移支付+政府补助金
生产要素报酬 (PI)	生产要素报酬意义上的国民收入并不会全部成为个人的收入。用公式可以表示如下:PI = NI-公司未分配利润-公司所得税及社会保险税(费)+政府给个人的转移支付
个人可支配收入 (DPI)	税后的个人收入才是个人可支配收入,用公式可以表示如下:DPI = PI-个人所得税

三、国民收入的基本公式

(一)两部门经济

两部门指一个假设的经济社会,其中只有消费者(家庭)和企业(即厂商)。由于 $C+I=Y=C+S$,得到 $I=S$,该式就是储蓄-投资恒等式,即两部门经济的国民收入核算恒等式。这种恒等关系就是两部门经济中的总供给($C+S$)和总需求($C+I$)的恒等关系。

(二)三部门经济

在居民户和企业之外,再加上政府部门的经济活动就构成了三部门经济。由于 $C+I+G=Y=C+S+T$,公式两边消去 C,得 $I+G=S+T$ 或 $I=S+(T-G)$,该式就是储蓄-投资恒等式,即三部门经济的国民收入核算恒等式。在这里,($T-G$)可看作政府储蓄,因为 T 是政府净收入,G 是政府购买性支出,两者差额即政府储蓄,可以是正值或负值。这样,$I=S+(T-G)$ 的公式,也就表示储蓄(私人储蓄和政府储蓄的总和)和投资的恒等。

(三)四部门经济

上述三部门经济加上一个国外部门就构成了四部门经济。由于 $C+I+G+(X-M)=Y=C+S+T+K_r$,公式两边消去 C,得 $I+G+(X-M)=S+T+K_r$ 或 $I=S+(T-G)+(M-X+K_r)$,该式就是储蓄-投资恒等式,即四部门经济的国民收入核算恒等式。其中,S 代表居民私人储蓄,K_r 代表本国居民对外国人的转移支付,而($M-X+K_r$)则可代表外国对本国的储蓄。当($M+K_r$)>X 时,外国对本国的收入大于支出,于是就有了储蓄;反之,则有负储蓄。

四、名义 GDP、实际 GDP 和潜在 GDP

名义 GDP 是指用当年价格计算出的一年所生产的全部最终产品的市场价值。

实际 GDP 是用从前某一年作为基期的价格计算的全部最终产品的市场价值。GDP 变动有两方面的原因:一是所生产的产品和劳务的数量变动;二是产品和劳务的价格变动。由于名义 GDP 核算中未剔除价格变动即通货膨胀的影响,而实际 GDP 核算中剔除了价格变动的影响,因此实际 GDP 更有价值。两者之间的关系就是,实际 GDP = 名义 GDP/GDP 平减指数,这里的 GDP 平减指数是名义 GDP 与实际 GDP 的比率,反映通货膨胀水平。

潜在 GDP 也称潜在产出或潜在国民收入、潜在的国内生产总值,是指一国在一定时期内,可供利用的经济资源在充分利用的条件下所能生产的最大产量,也就是该国在充分就业状态下所能生产的国内生产总值。这里的 GDP 反映了一国在该时期内的最大产出能力。

五、国民收入的基本理论

(一)凯恩斯定律

社会总需求变动时,只会引起产量和收入变动,使供求相等,而不会引起价格变动,这种情况被称为凯恩斯定律。这一定律被认为只适用于短期分析,即分析在短期中收入和就业如何决定。在此情况下,经济社会的产量,或者说国民收入就决定于总需求。和总需求相等的产出称为均衡产出或收入,也就是经济社会的收入正好等于全体居民和企业想要有的支出。

(二)凯恩斯的消费理论

1. 凯恩斯消费理论的三个假设

凯恩斯消费理论是建立在三个假设或者说三个前提下的:①边际消费倾向递减规律,即随着人们收入的增长,消费也随之增长,但消费支出在收入中所占比重却在不断减少;②收入是决定消费的最重要的因素,其他因素都可看作在短期内变化不大或影响轻微,因此可以把消费看作收入的函数;③平均消费倾向会随着收入的增加而减少。

2. 消费函数

关于收入和消费的关系,凯恩斯认为存在一条基本心理规律:随着收入的增加,消费也会增加,但是消费的增加不及收入的增加多,消费和收入的这种关系称作消费函数或消费倾向。增加的消费与增加的收入这两者的比例,即增加一单位收入中用于增加消费部分的比率,称为边际消费倾向(MPC);任一收入水平上消费支出在收入中的比率,称为平均消费倾向(APC)。边际消费倾向总是大于 0 而小于 1,但平均消费倾向则可能大于、等于或小于 1,因为消费可能大于、等于或小于收入。

3. 储蓄函数

储蓄是收入中未被消费的部分,因为消费随收入增加而增加的比率是递减的,可知储蓄随收入增加而增加的比率递增。储蓄与收入的这种关系就是储蓄函数。储蓄增量对收入增量的比率,称为边际储蓄倾向(MPS);任一收入水平上储蓄在收入中所占的比率称为平均储蓄倾向(APS)。

4. 消费函数和储蓄函数的关系

由于储蓄被定义为收入和消费之差,因此二者存在以下关系:①消费函数和储蓄函数互为补数;

②若 APC 和 MPC 都随收入增加而递减,但 $APC>MPC$,则 APS 和 MPS 都随收入增加而递增,但 $APS<MPS$;③APS 和 APC 之和恒等于 1,MPS 和 MPC 之和也恒等于 1。

（三）其他消费理论

1. 莫迪利安尼的生命周期消费理论

莫迪利安尼的生命周期理论认为,各个家庭的消费取决于他们在整个生命周期内所获得的收入与财产,也就是说消费取决于家庭所处的生命周期阶段。在人口构成没有发生实际重大变化的情况下,从长期来看边际消费倾向是稳定的,消费支出与可支配收入和实际国民生产总值之间存在一种稳定的关系。如果人口构成比例发生变化,边际消费倾向也会发生变化,如果社会上年轻人和老年人的比例增大,则消费倾向会提高,如果中年人口的比例增大,则消费倾向会降低。

2. 弗里德曼持久收入理论

弗里德曼的持久收入理论认为,消费者的消费支出不是根据他的当前收入决定的,而是根据他的持久收入决定的。

第二节　产品市场和货币市场的一般均衡

一、产品市场的均衡：IS 曲线

IS 曲线是描述产品市场均衡时,利率与国民收入之间关系的曲线。在这条曲线上的任何一点都代表一定利率与收入的组合,在这样的组合下,投资与储蓄是相等的,即 $I=S$,从而产品市场是均衡的。在产品市场达到均衡时,收入和利率的各种组合的点的轨迹就形成了 IS 曲线。在两部门经济中,IS 曲线是指投资与储蓄相等的情况下,利率与收入之间反方向变动关系的曲线,这表明 IS 曲线一般是一条向右下方倾斜的曲线,如下图所示。IS 曲线表示产出均衡条件下国民收入和利率所应保持的关系,所以,只有 IS 曲线上的点对应的国民收入才是均衡收入。所有不在 IS 曲线上的点都是非均衡点,IS 曲线右边的点意味着 $I<S$,而 IS 曲线左边的点意味着 $I>S$。

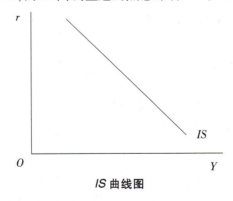

IS 曲线图

二、货币市场的均衡：LM 曲线

（一）货币需求的动机

货币的需求源于人们对货币的流动偏好。人们出于以下三类动机而产生货币需求。

1. 交易动机

交易动机是指个人和企业需要货币是为了进行正常的交易活动。出于交易动机的货币需求量主要取决于收入,收入越高,交易量越大。

2. 谨慎动机或预防动机

谨慎动机或预防动机是指为预防意外支出而持有一部分货币的动机。这一货币需求量大体上也和收入成正比,是收入的增函数。

如果用L_1表示交易动机和谨慎动机所产生的全部实际货币需求量,这种货币需求量和收入的关系可表示如下:

$$L_1 = L_1(Y) = kY$$

式中,k 为出于上述两种动机所需货币量同实际收入的比例关系;Y 表示收入。

3. 投机动机

投机动机是指人们为了抓住有利的购买有价证券的机会而持有一部分货币的动机。对货币的投机需求取决于利率。这一货币需求量和利率的关系可表示如下:

$$L_2 = L_2(r) = -hr$$

式中,L_2 表示货币的投机需求;r 表示利率;h 表示货币投机需求的利率系数;负号表示货币投机需求与利率变动呈负相关。

三种动机引起的货币需求量受社会制度、相关环境以及人们心理等因素的影响。在这些因素既定的条件下,货币需求可以概括如下:

$$L = L_1(Y) + L_2(r) = kY - hr$$

（二）货币的流动性陷阱

1. 流动性陷阱

流动性陷阱是指当利率极低时,人们不管手中有多少货币,都愿意持在手中,而不愿购买有价证券,这种情况又称凯恩斯陷阱。

2. 产生货币流动性陷阱的原因

货币是流动性或灵活性最大的资产,可随时交易,用于应付不测之需,可随时用于投资(如下图)。

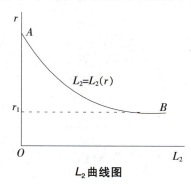

L_2曲线图

上图中,L_2曲线表示满足投机动机的货币需求曲线。它起初向右下方倾斜,表示货币的投机需求量(L_2)随利率(r)的下降而增加;当利率为r_1时,投机动机引起的货币需求为无限大,L_2曲线呈水平状,表示"流动性陷阱"。

（三）货币供给

货币供给是一个存量概念,它是一个国家在某一时点上所保持的不属于政府和银行的所有硬币、纸币和银行存款的总和。货币供给一般由中央银行外生给定,一定时期内为常数,因而是一个外生变量,其大小与利率高低无关,货币供给曲线在以货币供给量为横轴、利率为纵轴的坐标系中是一条垂直于横轴的直线。货币供给有狭义和广义之分。狭义的货币供给是指流通中的硬币、纸币和银行活期存款的总和。狭义的货币供给加上定期存款就是广义的货币供给。这里的货币供给指名义货币经过价格总水平折算后的实际货币。名义货币量与实际货币量的关系如下:

$$m = \frac{M}{P}$$

式中,m 表示实际货币量;M 表示名义货币量;P 表示价格指数。

（四）LM 曲线的含义

LM 曲线表示在货币市场达到均衡,即 $kY - hr = m$ 时,均衡国民收入和均衡利率的组合。或者说,LM 曲线是表明这样一条曲线,在它上面的每一点代表一定利率与收入的组合,在这样的组合下货币需求与货币供给是相等的,即货币市场均衡(如下图)。

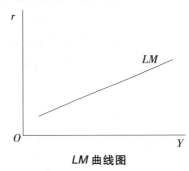

LM 曲线图

三、影响 IS 曲线和 LM 曲线移动的因素

货币供给增加、货币需求减少(如物价下降),则 LM 曲线向右下方移动;货币供给减少、货币需求增加(如物价上升),则 LM 曲线向左上方移动。

投资边际效率上升、国民边际消费倾向提高,则 IS 曲线向右上方移动;投资边际效率下降、边际消费倾向下降,则 IS 曲线向左下方移动。

四、IS-LM 模型（产品-货币市场同时均衡）

（一）两个市场同时均衡时的利率和收入

产品市场和货币市场同时均衡时的利率和收入分别为均衡利率和均衡收入。运用 IS-LM 模型考虑产品市场和货币市场同时均衡,如下图所示。

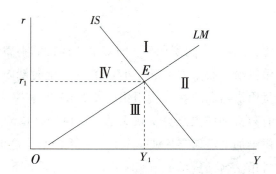

产品市场和货币市场的一般均衡图

在 IS 曲线和 LM 曲线的交点 E 处同时实现了产品市场和货币市场的均衡,交点 E 代表的收入和利率是能使两个市场同时实现均衡的收入和利率。

(二)非均衡状态

只要投资、储蓄、货币需求和供给的关系不变,任何失衡情况的出现也都是不稳定的,最终会趋向均衡。

如上图,坐标平面分为四个区域,Ⅰ、Ⅱ、Ⅲ、Ⅳ,这四个区域中都存在产品市场和货币市场的非均衡状态。

区域Ⅰ:在产品市场上,$I<S$ 有超额产品供给;在货币市场上,$L<M$ 有超额货币供给。

区域Ⅱ:在产品市场上,$I<S$ 有超额产品供给;在货币市场上,$L>M$ 有超额货币需求。

区域Ⅲ:在产品市场上,$I>S$ 有超额产品需求;在货币市场上,$L>M$ 有超额货币需求。

区域Ⅳ:在产品市场上,$I>S$ 有超额产品需求;在货币市场上,$L<M$ 有超额货币供给。

各个区域中存在的各种不同的组合的 IS 和 LM 非均衡状态,会得到调整,IS 不均衡会导致收入变动:投资大于储蓄会导致收入上升,投资小于储蓄会导致收入下降;LM 不均衡会导致利率变动:货币需求大于货币供给会导致利率上升,货币需求小于货币供给会导致利率下降。这种调整最终都会趋向均衡利率和均衡收入。

(三)均衡收入和利率的变动

在 IS 和 LM 曲线的交点上同时实现了产品市场和货币市场的均衡。然而,这一均衡不一定是充分就业的均衡。例如在下图中,IS 和 LM 交点 E 所决定的均衡收入和利率是 Y_1 和 r_1,但充分就业的收入则是 Y^*,均衡收入低于充分就业收入。在此情况下,仅靠市场的自发调节,无法实现充分就业均衡,这就需要国家用财政政策或货币政策进行调节。

(1)财政政策是政府变动支出和税收来调节国民收入,如果政府增加支出,或降低税收,或二者双管齐下,IS 曲线就会向右上方移动。当 IS 曲线上移到 IS′ 曲线和 LM 曲线相交于 E′ 点时,就会达到充分就业的收入水平。

(2)货币政策是指货币当局(中央银行)用变动货币供应量的办法来改变利率和收入,当中央银行增加货币供给时,LM 曲线向右下方移动。当移动到 LM′ 曲线和 IS 曲线相交于 E″ 点时,也会达到充分就业的收入水平。

当然,国家也可以同时改变税收(T)、政府支出(G)和货币供给量(M)来同时改变 IS 曲线和 LM 曲线的位置,使二者相交于 Y^* 垂直线上,以实现充分就业。

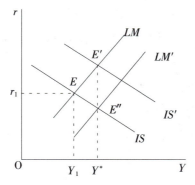

均衡收入和均衡利率的变动图

第三节　总需求-总供给模型

一、总需求

（一）总需求的概述

总需求是指在其他条件不变的情况下,在某一给定的价格水平上,一个国家或地区各种经济主体愿意购买的产品总量。

总需求的影响因素包括以下几点:①利率。在其他条件不变的情况下,利率上升会引起企业投资和居民购买住宅和耐用消费品的数量的减少,从而使总需求减少;反之亦然。②货币供给量。在其他条件不变的情况下,货币供给量增加,会导致总需求增加;反之亦然。③政府购买。在其他条件不变的情况下,政府购买增加,会促使总需求增加;反之亦然。④税收。在其他条件不变的情况下,税收减少会使企业和居民的收入增加,从而导致总需求增加;反之亦然。⑤预期,包括企业对利润的预期、居民对收入的预期。如果企业对未来利润的预期是增长的,则会扩大投资。如果居民对未来收入预期是增长的,也会增加消费。这些都会导致总需求增加。反之亦然。⑥价格总水平。在其他条件不变的情况下,价格总水平下降,会导致总需求上升;反之亦然。

（二）总需求曲线

总需求函数是以产量(国民收入)所表示的需求总量和价格水平之间的关系。总需求曲线通常向右下方倾斜。价格总水平对消费、投资和出口需求的影响:①财富效应。由价格总水平的变动引起居民收入及财富的实际购买力的反向变动,从而导致总需求反向变动的现象。②利率效应。由价格总水平的变动引起利率变动,并与投资、消费及总需求成反方向变动的现象。③出口效应。由价格总水平通过汇率变动影响出口需求的变动并与总需求成反方向变动的现象。

二、总供给

（一）总供给的概述

在其他条件不变的情况下,一定时期内,在一定价格水平上,一个国家或地区的生产者愿意向市场提供的产品总量。

总供给的影响因素包括以下几项：①决定总供给的基本因素是价格和成本；②决定总供给的其他因素有技术进步、工资水平变动、能源及原材料价格变动等。另外，预期也是一个重要影响因素。

（二）总供给曲线

总供给曲线包括长期和短期两种。长期总供给曲线是一条垂直于横轴的直线。从长期看，总供给变动与价格总水平无关，长期总供给只取决于劳动、资本与技术，以及经济体制等因素。短期总供给曲线一般是一条向右上方倾斜的曲线。

三、总供求模型

总需求曲线与短期总供给曲线相交的总产出为均衡总产出，价格为均衡价格总水平。从短期来看，总供给曲线不变，总需求曲线向右移动会引起价格总水平上涨，这就是需求拉动型通货膨胀的基本类型。从长期看，影响价格总水平的是总需求。

第四节　失业、通货膨胀和通货紧缩

一、失业

（一）失业率

失业率是衡量宏观经济运行状况的另一个重要指标，失业是有劳动能力的人想工作而找不到工作的社会现象。就业者和失业者的总和就是劳动力。失业者占劳动力的百分比称为失业率，用公式表示如下：失业率＝失业人数劳动力数量×100%，其中劳动力＝就业人数＋失业人数。

（二）失业的分类

失业主要包括以下三类：

（1）摩擦性失业是指在生产过程中由于难以避免的摩擦而造成的短期、局部性失业，如劳动力流动性不足、工种转换的困难等导致的失业。

（2）结构性失业指由经济结构变化等原因造成的失业。其特点是既有失业，又有职位空缺，失业者或没有适当技术，或居住地点不当，因此无法填补现有的职位空缺，因而也可看作摩擦性失业中比较极端的形式。

（3）周期性失业又称需求不足的失业，即凯恩斯所说的非自愿失业。周期性失业是由于整体经济的支出和产出水平下降，即经济需求下降而造成的失业，它一般出现在经济周期的衰退或萧条阶段。

（三）自然失业率

自然失业率为经济社会在正常情况下的失业率，它是劳动市场处于供求稳定状态时的失业率，这里的稳定状态是指既不会造成通货膨胀也不会导致通货紧缩的状态。自然失业率的高低取决于劳动力市场的完善程度、经济状况等多种因素。

（四）奥肯定律

奥肯定律用来描述 GDP 变化和失业率变化之间存在的一种相当稳定的关系。奥肯定律是指失业率每高于自然失业率 1 个百分点，实际 GDP 将低于潜在 GDP 2 个百分点。

（1）表明失业率与实际国民收入增长率之间成反方向变动的关系。

（2）失业率与实际国民收入增长率之间 1∶2 的关系只是一个平均数，是根据经验统计资料得出来的，在不同的时期并不完全相同。

（3）奥肯定律主要适用于没有实现充分就业的情况，即周期性失业情况下的失业率。

奥肯定律的一个重要结论是，实际 GDP 必须保持与潜在 GDP 同样快的增长，以防止失业率的上升。如果政府想让失业率下降，那么，该经济社会的实际 GDP 的增长必须快于潜在 GDP 的增长。

二、通货膨胀

（一）通货膨胀的概念与衡量指标

1. 概念

通货膨胀指在一定时期内，经济社会的价格水平持续和显著地上涨。通货膨胀的程度通常用通货膨胀率来衡量。通货膨胀率被定义为从一个时期到另一个时期价格水平变动的百分比。用公式表示如下：$\pi_t = (P_t - P_{t-1})/P_{t-1}$。式中，$\pi_t$ 为 t 时期的通货膨胀率；P_t 和 P_{t-1} 分别为 t 时期和 $(t-1)$ 时期的价格水平。

2. 衡量指标

衡量通货膨胀水平的常用指标有以下三个：

（1）GDP 平减指数，又称"GDP 价格指数"、"GDP 折算指数"或"GDP 紧缩指数"。GDP 平减指数是用来衡量物价在基年和本年度之间所发生的变化的一个具有广泛基础的价格指数。

（2）消费者物价指数（CPI），又称生活费用价格指数，指通过计算城市居民日常消费的生活用品和劳务的价格水平变动而得到的指数。它衡量一个国家消费者生活成本的变动情况，通过设定一个消费品系列或者"消费品篮子"，来比较两个时期消费品价格的变化所带来的影响。

（3）生产者物价指数（PPI）是衡量工业企业产品出厂价格变动趋势和变动程度的指数，是反映某一时期生产领域价格变动情况的重要经济指标，也是制定有关经济政策和国民经济核算的重要依据。

（二）通货膨胀的原因

1. 需求拉动型通货膨胀

总需求超过总供给所引起的一般价格水平的持续显著上涨，又称"超额需求通货膨胀"，解释为"过多货币追求过少的商品"。

消费需求、投资需求或来自政府的需求、国外需求，都会导致需求拉动型通货膨胀。引起需求扩大的因素有两大类：一类是消费需求、投资需求的扩大，政府支出的增加、减税，净出口增加；另一类是货币因素，即货币供给量的增加或实际货币需求量的减少，导致总需求增加。

2. 成本推动型通货膨胀

在没有超额需求的情况下，由于供给方面成本提高所引起的一般价格水平持续和显著地上涨，又称"成本通货膨胀或供给通货膨胀"。根据推动成本不同又可以分为工资推动的通货膨胀及利润推动的通货膨胀（这里的利润通常为垄断利润）。

3. 结构型通货膨胀

在没有需求拉动和成本推动、只有经济结构因素变动的情况下，也会出现一般价格水平的持续上涨，称为结构型通货膨胀。

（三）通货膨胀的治理

综合国际国内的一般经验，常见的治理通货膨胀的措施如下表所示：

措施		内容
紧缩性需求政策	紧缩性财政政策	（1）减少政府支出：①削减购买性支出；②削减转移性支出 （2）增加税收
	紧缩性货币政策	（1）提高法定存款准备金率 （2）提高再贴现率 （3）公开市场卖出业务 （4）直接提高利率
紧缩性收入政策	工资-物价指导线	政府根据长期劳动生产率的平均增长率来确定工资和物价的增长标准，并要求各部门将工资-物价的增长控制在这一标准之内
	以税收为基础的收入政策	政府规定一个恰当的物价和工资增长率，然后运用税收的方式来处罚物价和工资超过恰当增长率的企业和个人
	工资-价格管制及冻结	政府强行规定工资、物价的上涨幅度，甚至有时候暂时将物价和工资进行冻结
其他治理措施	收入指数化	将工资、利息等各种名义收入部分或全部地与物价指数联系，使其自动随物价指数升降
	币制改革	政府下令废除旧币，发行新币，变更钞票面值，对货币流通秩序采取一系列强硬的保障性措施等。它一般是针对恶性通货膨胀而采取的措施

三、通货紧缩

（一）通货紧缩的概念

通货紧缩是指经济中货币供应量少于客观需求量，社会总需求小于总供给，导致单位货币升值、价格水平普遍持续下降的经济现象。与通货膨胀一样，通货紧缩也是货币供求失衡、物价不稳定的一种表现，对整个经济增长同样有着不利的影响。

（二）通货紧缩的原因

通货紧缩的原因主要有以下四点：

（1）货币供给减少。受政策时滞影响，在通货膨胀时期紧缩的货币政策和财政政策没有及时调整，导致投资和需求的下降，进而影响社会有效供给。

（2）有效需求不足。当实际利率较高时，消费和投资就会出现大幅下降，导致有效需求不足，进而物价持续下跌；金融机构贷款意愿下降，提高利率，社会总需求减少，导致物价下跌；制度变迁和转型等体制因素，导致居民消费行为发生变化，储蓄倾向上升，消费倾向下降，即期支出大量地转化为远期支出，进而引起有效需求不足，导致物价下降。

（3）供需结构不合理。经济中存在不合理的扩张和投资，造成了不合理的供给结构和过多的无效供给，当积累到一定程度时必然加剧供给之间的矛盾，导致供过于求，产品价格下跌。

（4）国际市场的冲击。对于开放度较高的国家，在国际经济不景气的情况下，国内市场也会受到

很大的影响。主要表现为出口下降,外资流入减少,导致国内供给增加、需求减少,进而使产品价格下降。

(三)通货紧缩的治理

1. 扩张性的财政政策

扩张性的财政政策主要包括减税和增加财政支出两种方法。减税涉及税法和税收制度的改变,不是一种经常性的调控手段,但在对付较严重的通货紧缩时也会被采用。财政支出是总需求的重要组成部分,因此,增加财政支出可以直接增加总需求。同时,增加财政支出还可能通过投资的乘数效应带动私人投资的增加。

2. 扩张性的货币政策

扩张性的货币政策有多种方式,如扩大中央银行基础货币的投放、增加对中小金融机构的再贷款、加大公开市场操作的力度、适当下调利率和存款准备金等。适当增加货币供应,促进信用的进一步扩张,从而使货币供应量与经济正常增长对货币的客观需求基本平衡。在保持币值稳定的基础上,对经济增长所必需的货币给予足够的供应。

3. 加快产业结构的调整

对于因生产能力过剩等长期因素造成的通货紧缩,要治理通货紧缩,必须对产业结构进行调整,主要是推进产业结构的升级,培育新的经济增长点,同时形成新的消费热点。对于生产过剩的部门或行业要控制其生产,减少产量。同时,对其他新兴行业或有发展前景的行业应采取措施鼓励其发展,以增加就业机会,增强社会购买力。产业组织结构的调整也是在中长期内治理通货紧缩的有效手段。

4. 其他措施

除了以上措施外,对工资和物价的管制政策也是治理通货紧缩的手段之一。此外,通过对股票市场进行干预也可以起到一定的作用。

例题

当经济面临通货紧缩时,政府可以采取的宏观调控政策不包括( )。

A. 扩张性财政政策　　　　　　　B. 降低利率

C. 扩张性货币政策　　　　　　　D. 提高法定存款准备金率

【答案】D。

四、菲利普斯曲线

菲利普斯曲线表示了失业率与通货膨胀率之间的替换关系,即失业率高,则通货膨胀率低;失业率低,则通货膨胀率高。

在短期内,菲利普斯曲线是一条向右下方倾斜的曲线,表示失业和通货膨胀之间存在着交替关系。在短期中引起通货膨胀率上升的扩张性财政政策与货币政策是可以起到减少失业的作用的。换句话说,调节总需求的宏观经济政策在短期是有效的。

在长期内,菲利普斯曲线是一条垂直于横轴的直线,表示在长期中,无论价格水平怎样变动,失业率均为自然失业率且保持不变,经济处于充分就业,失业和通货膨胀之间不存在交替关系。从长期来看,政府运用扩张性政策不但不能降低失业率,还会使通货膨胀率不断上升。

第五节　宏观经济政策实践

一、宏观经济政策目标

经济政策是指国家或政府为了增进社会经济福利而制定的解决经济问题的指导原则和措施。它是政府为了达到一定的经济目的而对经济活动有意识的干预。因此,任何一项经济政策的制定都是根据一定的经济目标而进行的。一般认为宏观经济政策有充分就业、价格稳定、经济持续均衡增长和国际收支平衡四大目标。宏观经济政策可分为需求管理政策和供给管理政策,前者包括财政政策和货币政策,后者包括人力政策和收入政策等。

二、财政政策

（一）财政政策的种类

财政政策是指国家根据一定时期内政治、经济、社会发展的任务而规定的财政工作的指导原则,通过财政支出与税收政策来调节总需求。

根据财政政策在调控经济活动上所起的作用,财政政策的类型可以从以下两个角度划分。

1. 根据财政政策调节经济周期的作用划分

根据财政政策调节经济周期的作用划分,财政政策可分为自动稳定的财政政策和相机抉择的财政政策。

（1）自动稳定的财政政策是指财政制度本身存在一种内在的、不需要政府采取其他干预行为就可以随着经济社会的发展,自动调节经济运行的机制,也被称为财政自动稳定器。主要表现在两个方面:①个人所得税和企业所得税的累进所得税的自动稳定作用;②政府福利支出的自动稳定作用。

（2）相机抉择的财政政策是指政府根据一定时期的经济社会状况,主动灵活地选择不同类型的反经济周期的财政政策工具,干预经济运行,实现财政政策目标。该政策包括以下两类:①汲水政策是指在经济萧条时期进行公共投资,以增加社会有效需求,使经济恢复活力的政策;②补偿政策是指政府有意识地从当时经济状态的反方向调节经济变动的财政政策。

2. 根据财政政策在调节国民经济总量和结构中的不同功能划分

财政政策可分为扩张性财政政策、紧缩性财政政策和中性财政政策。

（1）扩张性财政政策,通过财政收支活动来增加和刺激社会总需求的政策。在社会总需求不足的情况下,政府通常采用扩张性财政政策,通过减税、增加财政支出等手段扩大需求。

（2）紧缩性财政政策,通过财政收支活动来减少和抑制社会总需求的政策。在社会总需求大于社会总供给的情况下,政府通常采用紧缩性财政政策,通过增加税收、减少财政支出等手段抑制社会需求。

（3）中性财政政策,也称为均衡性财政政策,经济稳定增长时期,政府实施财政收支基本平衡或者动态平衡财政政策,既不产生扩张效应,也不产生紧缩效应,保持经济稳定发展。

（二）财政政策的手段

财政政策的手段主要包括税收、预算、国债、购买性支出和财政转移支付等。例如减少税收可以

刺激消费,增加政府的支出能够刺激生产,这两种方式都可以刺激经济增长。为达到财政政策目标可运用经济、法律和行政手段。经济措施主要指财政杠杆;法律措施指通过立法来规范各种财政分配关系和财政收支行为,对违法活动予以法律制裁;行政措施指运用政府机关的行政权力予以干预。

三、货币政策

货币政策是中央银行通过银行制度规定的,可以控制货币供给量,进而调节利率以便影响投资和整个经济以达到经济目标的行为。货币政策一般分为扩张性的货币政策和紧缩性的货币政策。

货币政策工具是指中央银行为实现货币政策目标所运用的策略手段,主要包括以下三种:①变动法定存款准备金率;②变更再贴现率;③公开市场业务。

四、财政政策与货币政策的配合

财政政策与货币政策是政府宏观调控的两大政策,都是需求管理的政策。由于市场需求的载体是货币,所以调节市场需求也就是调节货币供给。换言之,需求管理政策的运作离不开对货币供给的调节(或使之增加,或使之缩减)。这就是财政政策与货币政策配合的基础。

(一)凯恩斯主义的"补偿性财政货币政策"

凯恩斯主义的"补偿性财政货币政策",是指根据经济的冷热,实行紧缩和扩张政策。这种财政政策并不需要保持逐年的财政预算平衡,在萧条年份会有赤字,在繁荣年份会有盈余,因此仍可以在长期中实现财政预算平衡。

(二)萨缪尔森的财政政策和货币政策"松紧搭配"

萨缪尔森的财政政策和货币政策"松紧搭配",是权衡经济中最需要注意的紧迫问题。根据财政政策与货币政策各自适用性的特点,或采用松财政政策与紧货币政策的搭配,或采用紧财政政策与松货币政策的搭配。当然,特定的经济形势也会要求"双松"或"双紧"。"松紧搭配"的政策所带来的政策效应是不同的,具体如下表所示:

政策搭配	产出	利率
扩张性财政政策和紧缩性货币政策	不确定	上升
紧缩性财政政策和紧缩性货币政策	减少	不确定
紧缩性财政政策和扩张性货币政策	不确定	下降
扩张性财政政策和扩张性货币政策	增加	不确定

五、财政政策与货币政策的分工及影响

财政政策与货币政策的分工及影响如下表所示:

政策种类	对利率的影响	对消费的影响	对投资的影响	对GDP的影响
财政政策(减少所得税)	上升	增加	减少	增加
财政政策(增加政府开支,包括政府购买和转移支付)	上升	增加	减少	增加
财政政策(投资补贴)	上升	增加	增加	增加
货币政策(扩大货币供给)	下降	增加	增加	增加

财政政策和货币政策影响的侧重点不同:①财政政策重在调控结构,货币政策重在调控总量;②财政政策侧重经济增长,货币政策侧重物价稳定;③财政政策着重利益公平分配,货币政策着重提高经济效率。

六、供给管理政策

供给管理政策不是指如何促进经济长期增长的政策,而是指在短期内如何从供给方面采取一些政策措施来消除较大经济波动带来的失业和通胀。

(一)收入政策和人力政策

收入政策和人力政策是从供给方面分别用来对付通货膨胀和失业的政策措施。

收入政策是用来限制垄断企业和工会对物价和工资操纵的一种重要政策,即实行以管制工资-物价为主要内容的政策。它包括以下措施:①工资-物价指导线;②政府权威性劝说;③实行工资-物价的硬性管制;④以税收为基础的收入政策。

人力政策是用以改进劳动市场状况,消除劳动市场不完全性,以便克服失业和通货膨胀进退两难的困境的政策。这种政策通常包括以下措施:①发展多吸收劳动力的服务部门;②由政府直接雇用私人企业不愿招雇的工人和非熟练工人,让他们从事社会有益事业,并使这些处境不利的工人通过有用经验的传授和劳动习惯的养成而能够干那些正规的永久性的工作;③加强劳动力的重新训练;④指导和协助失业人员寻找工作,以增加就业机会;⑤增大劳工在地区或者职业方面的流动性等。

(二)供给学派的政策主张

20世纪70年代兴起的供给学派的政策思想是作为凯恩斯主义学派的总需求管理政策的对立面出现的供给管理政策主张,其主张强调激励的作用,认为激励意味着对工作、储蓄、投资和企业家才能足够的报酬。为了增强激励,供给学派提出了一套供给管理的政策思想,其核心是减税,特别是要降低边际税率。降低了税收,就会提高资产报酬率、鼓励储蓄和投资,提高劳动生产率,降低产品成本,缓和通货膨胀,并导致消费、产出和就业增加。

第二篇

金融学

第一章 货币与利息

知识体系

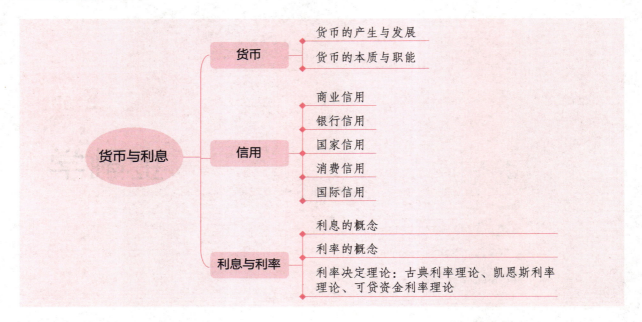

本章导学

　　从近几年考试来看,银保监财会类职位专业科目考试对货币与利息的考查比较基础,主要涉及基本概念和相关理论的基本主张。本章的重难点是货币和利率决定理论,考生在复习时应以熟记为主。

第一节 货币

一、货币的产生与发展

　　货币是交换过程的必然产物。因此,货币的产生根源在于商品。

　　货币形式的发展是人类社会发展的重要标志。早期的铸币材料为贱金属,后发展为贵金属。现在世界各国流通的都是不兑现的银行券和纸币,统称为货币符号或价值符号。由金属货币向纸制货币形态转化,对人类社会来说是一个重要的里程碑。它标志着商品经济或市场经济的发展突破了金属货币限制,特别是贵金属货币材料的束缚,进入了符号货币时代。

二、货币的本质与职能

（一）货币的本质

货币是商品,但货币不是普通的商品,而是固定地充当一般等价物,并体现一定的社会生产关系的特殊商品。

（二）货币的职能

货币的本质是通过货币的职能充分地表现出来的。在发达的商品经济条件下,货币一般具有五种职能,具体内容如下表所示:

职能	表现
价值尺度	价值尺度是货币衡量和表现商品价值大小的职能。价值尺度是货币最重要、最基本的职能 货币执行价值尺度职能时具有观念性的特点
流通手段	流通手段是货币在商品流通中充当交换媒介的职能 执行流通手段职能的货币必须是现实的货币,作为流通手段的货币可以是不足值的,也可以是无内在价值的价值符号
贮藏手段	贮藏手段是指当货币暂时退出流通而处于静止状态被当作独立的价值形态和社会财富而保存起来的职能。发挥贮藏作用的货币必须具有价值、足值,必须是现实的货币,主要是金属货币,必须是退出流通领域处于静止状态的货币
支付手段	当货币作为价值运动的独立形式进行单方面转移时,就执行支付手段的职能,如发放工资、偿还欠款等 信用货币是从货币在执行支付手段的职能中产生的
世界货币	货币作为世界货币,执行以下职能:①作为国际支付手段,用于平衡国际贸易差额;②作为国际购买手段,用于购买外国商品;③作为国际资本和一般财富转移的手段,用于投资、对外援助和战争赔款等

例题

货币本质上是一种所有者与市场关于交换权的契约,根本上是所有者相互之间的约定,货币具有多种职能,在支付租金、赋税等的时候发挥的职能是(　　　)。

A. 价值尺度　　　　　B. 流通手段　　　　　C. 支付手段　　　　　D. 贮藏手段

【答案】C。解析:货币被用来清偿债务或支付赋税、租金、工资等,就是货币执行支付手段的职能。故本题选C。

三、货币流通规律

货币流通规律指一定时间内商品流通过程中所需货币量的规律。流通中所需要的货币量取决于三个因素:①流通中的商品总量;②商品的价格水平,投入市场的商品数量和它们的价格水平的乘积即商品价格总额,它和一定时期流通中所需的货币量成正比;③同一货币的流通速度,即一定时期内同一单位货币的平均流通次数,它和一定时期内流通中所需的货币量成反比。用公式表示如下:

流通中所需要的货币量=待实现的商品价格总额/货币流通速度(同一单位货币的平均周转次数)

在货币充当支付手段后,一定时期内流通中所需要的货币量会发生变化。用公式表示如下:

一定时期内流通中所需的货币量=（待售商品总额−赊售商品总额+到期支付总额−
彼此抵销的支付总额）/货币流通速度

第二节　信用

信用就是以偿还和付息为特征的借贷行为。一般认为,当商品交换出现延期支付、货币执行支付手段职能时,信用就产生了。

信用的基本形式有商业信用、银行信用、国家信用、消费信用和国际信用,具体内容如下表所示:

种类	具体内容
商业信用	企业在正常的经营活动和商品交易中由于延期付款或预收账款所形成的企业常见的信贷关系
银行信用	由商业银行或其他金融机构授给企业或消费者个人的信用
国家信用	以国家和地方政府为债务人的一种信用形式,它的主要方式是通过金融机构等承销商发行公债,在借贷资本市场上借入资金,公债的发行单位则要按照规定的期限向公债持有人支付利息
消费信用	由商业企业、商业银行以及其他信用机构以商品形态向消费者个人提供的信用
国际信用	一个国家官方(主要指政府)和非官方(如商业银行、进出口银行、其他经济主体)向另外一个国家的政府、银行、企业或其他经济主体提供的信用,属于国际借贷行为

第三节　利息与利率

一、利息的概念

利息是指在借贷活动中,债务人支付给债权人的超过借贷本金的那部分货币资金,是债务人为取得货币使用权所付出的代价。或者说,它是债权人让渡货币的使用权所获得的报酬。

二、利率的概念

利息率,简称利率,是借贷期内利息额同借贷资本总额的比率。

三、利率决定理论

(一)古典利率理论

古典利率理论也称真实利率理论,它建立在萨伊法则和货币数量论的基础之上,认为工资和价格的自由伸缩可以自动地达到充分就业。在充分就业的所得水准下,储蓄与投资的真实数量都是利率的函数。这种理论认定,社会存在着一个单一的利率水平,使经济体系处于充分就业的均衡状态,这种单一利率不受任何货币数量变动的影响。

古典学派认为,利率由储蓄与投资的相互作用决定。储蓄(S)为利率(i)的递增函数,投资(I)为利率的递减函数。该理论的隐含假定是,当实体经济部门的储蓄等于投资时,整个国民经济达到均衡状态,因此,该理论属于"纯实物分析"的框架。

（二）凯恩斯利率理论

凯恩斯利率理论包含以下三个内容：

（1）凯恩斯利率理论又称流动性偏好理论，该理论认为，利率水平主要取决于货币数量（货币供给）和公众的流动性偏好（货币需求）两个因素。凯恩斯认为，货币供给是外生变量，由中央银行直接控制，因此货币供给独立于利率的变动，在图上表现为一条垂线。货币需求是内生变量，取决于公众的流动性偏好。公众的流动性偏好的动机包括三种，即交易动机、预防动机和投机动机。

（2）均衡利率取决于货币需求曲线与货币供给曲线的交点。

（3）流动性陷阱。当利率下降到某一水平时，市场就会产生未来利率会上升的预期，这样货币投机需求就会达到无穷大，这时无论中央银行供应多少货币，都会被相应的投机需求所吸收，从而使利率不能继续下降而"锁定"在这一水平，这就是"流动性陷阱"。

（三）可贷资金利率理论

可贷资金利率理论是新古典学派的利率理论，是为修正凯恩斯的流动性偏好利率理论而提出的。实际上可将其看成古典利率理论和凯恩斯利率理论的一种综合。可贷资金利率理论认为，利率由可贷资金的供求决定，利率取决于商品市场和货币市场的共同均衡，任何使可贷资金的供给曲线和需求曲线移动的因素都将改变均衡利率水平。

按照可贷资金利率理论，借贷资金的需求与供给均包括两个方面：借贷资金的需求来自某期间投资流量和该期间人们希望保有的货币金额；借贷资金的供给来自同一期间的储蓄流量和该期间货币供给量的变动。

第二章　金融市场与金融工具

知识体系

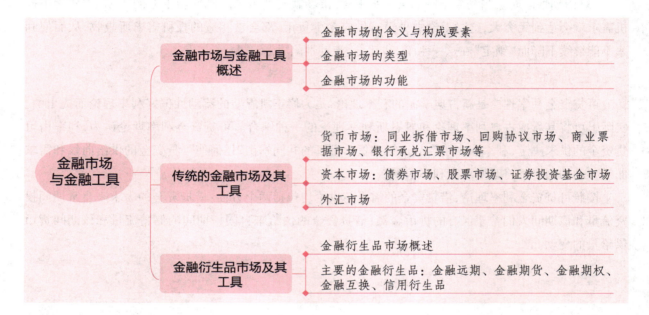

本章导学

从近几年考试来看,金融市场与金融工具在银保监财会类职位专业科目考试中的考查比较常规,以金融市场和金融工具的基本概念为主。本章的重难点是传统的金融市场及其工具和金融衍生品市场及其工具,考生需要熟练掌握相关内容。

第一节　金融市场与金融工具概述

一、金融市场的含义与构成要素

(一)金融市场的含义

金融市场是创造和交易金融资产的市场,是以金融资产为交易对象而形成的供求关系和交易机制的总和。金融市场是要素市场的一种。现代金融市场往往是无形的市场。

（二）金融市场的构成要素

尽管各国各地区金融市场的组织形式和发达程度有所不同，但都包含四个基本的构成要素，即金融市场主体、金融市场客体、金融市场中介和金融市场价格。

金融市场的四个构成要素之间是相互联系、相互影响的。其中，金融市场主体和金融市场客体是构成金融市场最基本的要素，是金融市场形成的基础。金融市场中介和金融市场价格则是伴随金融市场交易产生的，它们也是金融市场中不可或缺的构成要素，对促进金融市场的繁荣和发展具有重要意义。

1. 金融市场主体

金融市场主体是指在金融市场上交易的参与者。一般来说，金融市场主体包括家庭、企业、政府、金融机构、金融调控及监管机构。

2. 金融市场客体

金融市场客体即金融工具，是指金融市场上的交易对象或交易标的物。

（1）金融工具的分类。金融工具的分类有三种方式，具体内容如下表所示：

划分标准	类别	具体内容
按期限不同	货币市场工具	商业票据、国库券、银行承兑汇票、大额可转让定期存单、同业拆借、回购协议等
	资本市场工具	中长期国债、企业债券、股票等
按性质不同	债权凭证	主要指债券
	所有权凭证	主要指股票
按与实际金融活动的关系	原生金融工具	商业票据、股票、债券、基金等
	衍生金融工具	期货合约、期权合约、互换合约等金融衍生工具

（2）金融工具的性质。金融工具具有四个方面的性质：

第一，期限性。期限性是指金融工具中的债权凭证一般有约定的偿还期，即规定发行人到期必须履行还本付息义务。

第二，流动性。流动性是指金融工具在金融市场上能够迅速地转化为现金而不致遭受损失的能力。

第三，收益性。收益性是指金融工具的持有者可以获得一定的报酬和价值增值。它包括两个方面：①金融工具定期的股息和利息收益；②投资者出售金融工具时获得的价差。

第四，风险性。风险性是指金融工具的持有人面临的预定收益甚至本金遭受损失的可能性。金融工具的风险一般来自两个方面：①信用风险；②市场风险。

金融工具的上述四个性质之间存在着一定的联系。一般而言，金融工具的期限性与收益性、风险性成正比，与流动性成反比。而流动性与收益性成反比，即流动性越强的金融工具，越容易在金融市场上迅速变现，所要求的风险溢价就越小，其收益水平往往也越低。同时，收益性与风险性成正比，高收益的金融工具往往具有高风险，反之亦然。

3. 金融市场中介

金融市场中介是指在金融市场上充当交易媒介，从事交易或促使交易完成的组织、机构或个人。它与金融市场主体一样，都是金融市场中的参与者，但金融市场中介参与金融市场活动的目的是获取佣金,其本身并非真正的资金供给者或需求者。

金融市场中介在金融市场上发挥着促进资金融通、降低交易成本、构造和维持市场运行的作用。同时,金融市场中介也是金融创新活动的活跃主体。

4. 金融市场价格

金融市场价格表现为各种金融工具的价格。价格机制在金融市场中发挥着极为关键的作用,是金融市场高速运行的基础。在一个有效的金融市场中,金融工具的价格能及时、准确、全面地体现该工具所代表的资产的价值,反映各种公开信息,引导市场资金的流向。

二、金融市场的类型

金融市场是一个由许多子市场构成的庞大的市场体系,内含丰富的种类。各种类型的子市场的组成和关系就是通常所说的金融市场结构。

金融市场可以按照不同的标准分类,具体内容如下表所示:

划分标准	金融市场类型
交易标的物	货币市场、资本市场、外汇市场、衍生品市场、保险市场和黄金市场等
交易中介	直接金融市场和间接金融市场
交易程序	发行市场(一级市场、初级市场)和流通市场(二级市场、次级市场)
有无固定场所	有形市场和无形市场
本原和从属关系	传统金融市场和金融衍生品市场
地域范围	国内金融市场(包括全国性金融市场、地区性金融市场)和国际金融市场

三、金融市场的功能

金融市场最基本的功能是满足社会再生产过程中的投、融资需求,促进资本的集中与转换。具体来看,金融市场主要有融通货币资金、优化资源配置、风险分散与风险管理、经济调节、交易及定价、反映经济运行等功能。

第二节　传统的金融市场及其工具

一、货币市场

货币市场是指交易期限在 1 年以内,以短期金融工具为媒介进行资金融通和借贷的交易市场,主要包括同业拆借市场、回购协议市场、商业票据市场、银行承兑汇票市场、短期政府债券市场和大额可转让定期存单市场等。货币市场中交易的金融工具一般都具有期限短、流动性高、对利率敏感等特点,具有"准货币"特性。

(一)同业拆借市场

同业拆借市场,是指金融机构之间以货币借贷方式进行短期资金融通活动的市场。同业拆借的

资金主要用于弥补银行短期资金的不足、票据清算的差额以及解决临时性资金短缺需要,亦称"同业拆放市场",是金融机构之间进行短期、临时性头寸调剂的市场。

（二）回购协议市场

回购协议市场,是指通过证券回购协议进行短期资金借贷所形成的市场。证券回购协议,是指证券资产的持有者在卖出一定数量的证券资产的同时,与买方签订的在未来某一特定日期按照约定的价格购回所卖证券资产的协议。

（三）商业票据市场

商业票据是公司为了筹措资金,以贴现的方式出售给投资者的一种短期无担保的信用凭证。商业票据发行者一般都是规模较大、信誉良好的公司。商业票据市场就是这些公司发行商业票据并进行交易的市场。

（四）银行承兑汇票市场

汇票是由出票人签发的,委托付款人在见票后或票据到期时,无条件支付一定金额给收款人或持票人的信用凭证。由银行作为汇票的付款人,承诺在汇票到期日支付汇票金额的票据,称为银行承兑汇票,以此为交易对象的市场就是银行承兑汇票市场。

（五）短期政府债券市场

短期政府债券是一国政府部门为满足短期资金需求而发行的一种期限在1年以内的债务凭证。广义的短期政府债券不仅包括国家财政部门发行的债券,还包括地方政府及政府代理机构所发行的债券;狭义的短期政府债券则仅指国库券。一般所说的短期政府债券市场就是国库券市场。

（六）大额可转让定期存单（CDs）市场

大额可转让定期存单（CDs）是银行发行的有固定面额、可转让流通的存款凭证。它产生于美国,由花旗银行首先推出,是银行业为逃避金融法规约束而创造的金融创新工具。

与传统的定期存单相比,大额可转让定期存单具有以下特点:①不记名,可在市场上流通并转让;②一般面额固定且较大;③不可提前支取,只能在二级市场上流通转让;④利率既有固定的,也有浮动的,一般高于同期限的定期存款利率。

二、资本市场

资本市场是融资期限在1年以上的长期资金交易市场。资本市场的交易对象主要有政府中长期公债、公司债券和股票等有价证券以及银行中长期贷款。在我国,资本市场主要包括债券市场、股票市场和证券投资基金市场。

（一）债券市场

债券是债务人依照法定程序发行,承诺按约定的利率和日期支付利息,并在约定日期偿还本金的书面债务凭证。它反映了筹资者和投资者之间的债权债务关系。作为资本市场上最为重要的工具之一,债券具有以下特征:①偿还性;②流动性;③收益性;④安全性。

根据发行主体的不同,债券可分为政府债券、公司债券和金融债券。根据偿还期限的不同,债券可分为短期债券、中期债券和长期债券。根据利率是否固定,债券可分为固定利率债券、浮动利率债券和可调利率债券。根据利息支付方式的不同,债券可分为附息债券、一次还本付息债券、贴现债券和零息债券。根据有无担保,债券又可分为信用债券和担保债券等。

国际债券是指一国借款人在国际证券市场上以外国货币为面值、向外国投资者发行的债券。一般来说,国际债券分为外国债券和欧洲债券两类。外国债券是市场所在地的非居民在一国债券市场上以该国货币为面值发行的国际债券。例如扬基债券(在美国发行的以美元计价的外国债券)、武士债券(在日本发行的以日元计价的外国债券)、猛犬债券(在英国发行的以英镑计价的外国债券)等。欧洲债券与传统的外国债券不同,是市场所在地非居民在面值货币国家以外的若干个市场同时发行的国际债券。

(二)股票市场

股票是由股份有限公司签发的、用以证明股东所持股份的凭证,它表明股票持有者对公司的部分资本拥有所有权。股票是代表对一定经济利益分配请求权的资本证券,是资本市场上流通的一种重要工具。

股票市场是股票发行和流通的市场,可分为一级市场和二级市场。一级市场就是股票的发行市场,是股份公司发行新股票筹集资本的市场。二级市场即股票的流通市场,是指对已发行的股票进行买卖和转让的市场。股票的发行是流通的基础;流通市场的存在又保证了股票的流动性,为投资者提供了交易变现的途径,保证了股票发行市场的正常运行。

(三)证券投资基金市场

证券投资基金通过发行基金股份或收益凭证,将投资者分散的资金集中起来,由专业管理人员分散投资于股票、债券或其他金融资产,并将投资收益分配给基金持有者。证券投资基金市场是指各类基金的发行、赎回及转让所形成的市场。

证券投资基金市场具有以下特征:①经营成本低;②分散投资降低了投资风险;③专家管理增加了投资收益机会,服务专业化;④投资者按投资比例享受收益。

构成基金的要素有多种,因此可以依据不同的标准对基金进行分类:

(1)根据运作方式的不同,基金分为封闭式基金、开放式基金。

(2)根据法律形式的不同,基金分为契约型基金、公司型基金等。

(3)根据投资对象的不同,基金分为股票基金、债券基金、货币市场基金、混合型基金等。

(4)根据投资目标的不同,基金分为成长型基金、收入型基金和平衡型基金。

三、外汇市场

外汇是一种以外国货币表示的用于国际结算的支付手段,通常包括可自由兑换的外国货币和外币支票、汇票、本票、存单等。广义的外汇还包括外币有价证券,如股票、债券等,实际上包括了一切外币金融资产。

外汇市场是进行外汇买卖的场所或营运网络,由外汇需求者、外汇供给者及买卖中介机构组成。

第三节　金融衍生品市场及其工具

一、金融衍生品市场概述

金融衍生品又称金融衍生工具，是从原生性金融工具（股票、债券、存单、货币等）派生出来的金融工具，其价值依赖于基础标的资产。与传统金融工具相比，金融衍生品有以下特征：①杠杆比例高；②高风险性；③全球化程度高。

金融衍生品在形式上表现为一系列的合约，合约中载明交易品种、价格、数量、交割时间及地点等。目前较为普遍的金融衍生品合约有金融远期、金融期货、金融期权、金融互换和信用衍生品等。

二、主要的金融衍生品

（一）金融远期

金融远期合约是最早出现的一类金融衍生品，合约的双方约定在未来某一确定日期，按确定的价格买卖一定数量的某种金融资产。在合约有效期内，合约的价值随标的资产市场价格的波动而变化。远期合约是一种非标准化的合约类型，没有固定的交易场所。这一特点使得远期合约拥有自由灵活的优点，但也降低了远期合约的流动性，加大了投资者的交易风险。目前比较常见的远期合约主要有远期利率协议、远期外汇合约和远期股票合约。

（二）金融期货

金融期货是指交易双方在集中性的交易场所，以公开竞价的方式所进行的标准化金融期货合约的交易。金融期货合约就是协议双方同意在未来某一约定日期，按约定的条件买入或卖出一定标准数量的金融工具的标准化协议。主要的期货合约有外汇期货、利率期货、股指期货等。

（三）金融期权

金融期权是 20 世纪 70 年代以来国际金融创新发展的最主要产品。金融期权实际上是一种契约，它赋予合约的购买人在规定的期限内按约定价格买入或卖出一定数量的某种金融资产的权利。为了取得这一权利，期权合约的买方必须向卖方支付一定数额的费用，即期权费。按照买方权利的不同，期权合约可分为看涨期权和看跌期权两种。看涨期权的买方有权在某一确定的时间或确定的时间内，以确定的价格购买相关资产；看跌期权的买方则有权在某一确定时间或确定的时间内，以确定的价格出售相关资产。

对看涨期权的买方来说，当市场价格高于合约的执行价格时，他会行使期权，取得收益；当市场价格低于执行价格时，他会放弃合约，亏损金额即为期权费。对看跌期权的买方来说，情况则恰好相反。从理论上说，期权买方在交易中的潜在亏损是有限的（仅限于所支付的期权费），而可能取得的盈利却是无限的；相反，期权卖方在交易中所取得的盈利是有限的（仅限于所收取的期权费），而可能遭受的损失却是无限的。

例题

期权是指在未来一定时期可以买卖的权利,是买方向卖方支付一定数量的金额后拥有的在未来一段时间内或未来某一特定日期以事先规定好的价格向卖方购买或出售一定数量的特定标的物的权利,但不负有必须买进或卖出的义务。下列关于期权的说法,错误的是(   )。

A. 交易双方的收益和风险对等

B. 期权的交易对象是选择权

C. 只有期权的买方有选择权而卖方没有

D. 期权买方可以放弃行使期权

【答案】A。解析:期权交易双方的权利义务并不对等,期权的买方拥有权利而不具有义务,而期权的卖方只有义务而没有权利。故本题选A。

(四)金融互换

金融互换是两个或两个以上的交易者按事先商定的条件,在约定的时间内交换一系列现金流的交易形式。金融互换可分为货币互换、利率互换和交叉互换等类型。

互换合约实质上可以分解为一系列远期合约组合。当交易终止时,只需交易的一方支付差额即可。互换的期限通常在 2 年以上,有的甚至在 15 年以上。

(五)信用衍生品

信用衍生品是一种将信用风险从其他风险类型中分离出来,并从一方转让给另一方的金融合约。

信用衍生品是衍生工具中较为复杂的品种,其涵盖了信用风险、市场风险的双重内容,并且组合技术具有兼顾股权、债权的特点,在设计、操作以及风险管理上均呈现出高度复杂的特点。

信用违约互换(Credit Default Swap,简称CDS)是最常用的一种信用衍生产品。合约规定,信用风险保护买方向信用风险保护卖方定期支付固定的费用或者一次性支付保险费,当信用事件发生时,卖方向买方赔偿因信用事件所导致的基础资产面值的损失部分。

第三章　我国的金融机构与金融制度

知识体系

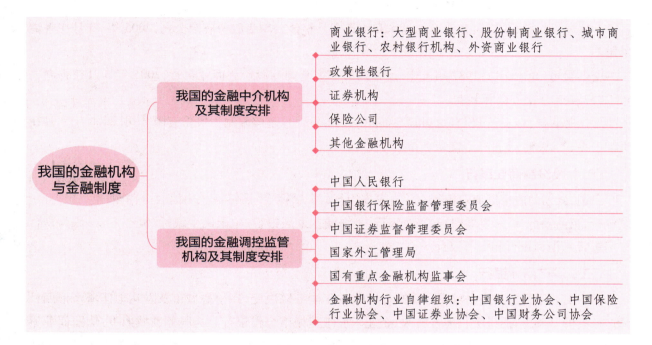

本章导学

从近几年考试来看,银保监财会类职位专业科目考试对我国的金融机构与金融制度的考查内容较基础,以银行和银保监的相关概念和职责范围为主。本章的重难点是金融中介机构和金融调控监管机构,特别是商业银行和银保监会的相关知识,考生需要准确理解、熟练掌握。

第一节　我国的金融中介机构及其制度安排

目前,我国的金融中介机构主要包括商业银行、政策性银行、证券机构、保险公司、金融资产管理公司、农村信用社、信托投资公司、财务公司、金融租赁公司和小额贷款公司等。

一、商业银行

在我国的金融机构体系中,商业银行是主体,并且以银行信贷为主的间接融资在社会总融资中占主导地位。目前,我国的商业银行体系分为以下几个方面。

(一)大型商业银行

中国工商银行(ICBC):1984年成立,承接中国人民银行原先办理的工商信贷和储蓄业务;2005年整体改制为股份有限公司;2006年10月在上海和香港同步上市。

中国农业银行(ABC):1979年恢复,2010年7月15日在上交所挂牌交易,7月16日H股开始交易。

中国银行(BOC):1912年成立,2004年8月整体改制为股份有限公司,2006年6月在香港上市,同年7月在上交所上市。

中国建设银行(CCB):1954年成立,2004年9月整体改制为股份有限公司,2005年10月在香港上市。

交通银行(BOCOM):1987年重建,是我国第一家全国性股份制商业银行;2005年6月在香港上市,2007年5月在上交所上市。

中国邮政储蓄银行(PSBC):2007年成立,2012年1月整体改制为股份有限公司,2016年9月在香港上市,2019年12月在上交所上市。

(二)股份制商业银行

目前,我国的股份制商业银行主要有平安银行(原为深圳发展银行)、中信银行、中国光大银行、华夏银行、招商银行、广东发展银行、兴业银行、上海浦东发展银行、中国民生银行、恒丰银行(原为烟台住房银行)、浙商银行和渤海银行。

(三)城市商业银行

城市商业银行的前身是城市合作银行。1995年国务院决定,在中心城市及发达地区城市信用社清产核资的基础上,通过吸收地方财政、企业入股组建城市合作银行。其服务领域如下:依照商业银行经营原则为地方经济发展服务,为中小企业发展服务。1998年,城市合作银行全部改名为城市商业银行。

(四)农村银行机构

目前,我国的农村银行机构主要包括农村商业银行、农村合作银行和村镇银行三种形式。

(五)外资商业银行

自1979年首家外资金融机构在我国设立代表处以来,外资银行已成为我国金融体系中的一支重要力量和我国引进外资的一条重要渠道。

二、政策性银行

政策性银行是由政府出资创立、参股或保证的,以配合、贯彻政府社会经济政策或意图为目的,在特定的业务领域内,规定有特殊的融资原则,不以营利为目的的金融机构。

我国以国家开发银行先行试点,对政策性银行进行改革,即要逐步改革政策性金融的运作机制和方式,对政策性金融业务要实行公开透明的招标制,由财政给予必要的贴息等风险补偿,各家银行都要按照竞争原则承担政策性金融业务,通过优质服务和良好的管理提高竞争能力。因国家开发银行2008年开始商业化改革,故此处不计入。

（一）中国进出口银行

中国进出口银行于1994年4月成立，总行设在北京。中国进出口银行的注册资本金为33.8亿元人民币，由国家财政全额拨付。

中国进出口银行实行自主、保本经营和企业化管理的经营方针。

中国进出口银行的主要业务范围：办理进出口信贷；办理对外承包工程和境外投资贷款；提供对外担保；转贷外国政府和金融机构提供的贷款；办理中国政府对外优惠贷款；等等。

（二）中国农业发展银行

中国农业发展银行于1994年4月成立，总行设在北京。中国农业发展银行的注册资本金为200亿元人民币，由国家财政全额拨付。

中国农业发展银行实行独立核算，自主、保本经营，企业化管理的经营方针。

中国农业发展银行的业务范围主要是向承担粮棉油收储任务的国有粮食收储企业和供销社棉花收储企业提供粮棉油收购、储备和调销贷款。此外，还办理中央和省级政府财政支农资金的代理拨付，为各级政府设立的粮食风险基金设立专户并代理拨付。

三、证券机构

我国证券机构主要包括证券公司、证券交易所、证券登记结算公司、证券投资咨询公司、投资基金管理公司等，以下主要介绍三种。

（一）证券公司

证券公司又称证券商，是经证券主管部门批准设立的在证券市场上经营证券业务的非银行金融机构。证券公司的主要职能：推销政府债券、企业债券和股票；代理买卖和自营买卖已上市流通的各类有价证券，参与企业收购、兼并；充当企业财务顾问等。

我国的证券公司前期大多是集承销、经纪、自营三种业务于一身的综合性经营机构。

（二）证券交易所

目前，我国经国务院批准设立的证券交易所有三家，即上海证券交易所、深圳证券交易所和北京证券交易所。证券交易所的职能：提供证券交易的场所和设施；制定证券交易所的业务规则；接受上市申请、安排证券上市；组织、监督证券交易；对会员和上市公司进行监督；设立证券登记结算公司；管理和公布市场信息及中国证监会许可的其他职能。

（三）证券登记结算公司

证券交易必然带来证券所有权的转移和资金流动，为确保过户准确和资金及时、足额到账，证券交易所一般都附设证券登记结算公司。证券登记结算公司在每个交易日结束后负责清算。证券登记结算公司的具体职能：对证券和资金进行清算、交收和过户，使买入者得到证券，卖出者得到资金。我国的证券交易所已实现了无纸化和电子化交易，建立了相应的高效、快捷、安全的结算系统，每日的结算和交收于次日上午开市前即可完成，即目前两市均实行"T+1"的交割方式完成清算交易。

四、保险公司

保险公司是指以经营保险业务为主的非银行金融机构，是金融机构体系的重要组成部分。

五、其他金融机构

（一）金融资产管理公司

金融资产管理公司是在特定时期，政府为解决银行业不良资产而设立的专门收购和集中处置银行业不良资产的机构。

金融资产管理公司以最大限度保全被剥离资产、尽可能减少资产处置过程中的损失为主要经营目标，依法独立承担民事责任。

（二）农村信用社

我国农村信用社是以社员互助合作、民主管理和服务社区社员为特点的具有法人资格的金融机构，是我国金融体系的重要组成部分。农村信用社实行自主经营、独立核算、自负盈亏的经营方针。

（三）信托投资公司

信托是指在信任的基础上，委托人将其财产权委托给受托人，受托人按委托人的意愿，以自己的名义，为受益人的利益或者特定目的，对信托财产进行管理或者处分的行为。信托是随着商品经济的发展而出现的一种财产管理制度，其本质是"受人之托，代人理财"。

（四）财务公司

我国的财务公司也称企业集团财务公司，是以加强企业集团资金集中管理和提高企业集团资金使用效率为目的，为企业集团成员单位提供财务管理服务的非银行金融机构。财务公司是我国金融体系的重要组成部分。

（五）金融租赁公司

金融租赁公司是专门承办融资租赁业务的非银行金融机构。融资租赁是指出租人根据承租人对租赁物和供货人的选择或认可，将其从供货人处取得的租赁物按合同约定出租给承租人占有、使用，向承租人收取租金的交易活动。适用于融资租赁交易的租赁物为固定资产。

（六）小额贷款公司

小额贷款公司是由自然人、企业法人与其他社会组织投资设立，不吸收公众存款，经营小额贷款业务的有限责任公司或股份有限公司。

第二节　我国的金融调控监管机构及其制度安排

为保证金融安全和金融稳定发展，促进社会资源优化配置，各国政府都成立了专门的金融调控监管机构，对金融业和金融市场进行宏观调控和监管。

我国的金融调控监管机构主要有中国人民银行、中国银行保险监督管理委员会、中国证券监督管理委员会、国家外汇管理局、国有重点金融机构监事会、金融机构行业自律组织等。

一、中国人民银行

中国人民银行于 1948 年 12 月 1 日在石家庄由原解放区的三大分银行，即华北银行、北海银行、西

北农民银行合并组建而成。1949年2月中国人民银行总行迁至北京。

1983年9月,国务院决定中国人民银行从1984年1月1日起专门行使中央银行职能。

（一）中国人民银行的性质与地位

中国人民银行是我国的中央银行。中国人民银行在国务院领导下,制定和执行货币政策,防范和化解金融风险,维护金融稳定。

中国人民银行享有人民币发行的垄断权,管理人民币流通,它是发行的银行;中国人民银行代表政府进行金融宏观调控,维护国家金融稳定与安全,经理国库,是政府的银行;中国人民银行负责全国支付、清算系统的正常运行,承担最后贷款人的责任,是银行的银行。

中国人民银行的性质决定了它的特殊地位。根据法律规定,它在国务院的领导下依法独立执行货币政策,履行职责,开展业务,不受地方政府、各级政府部门、社会团体和个人的干涉。中国人民银行具有相对独立性:财政不得向中国人民银行透支;中国人民银行不得直接认购、包销国债和其他政府债券;不得向地方政府、各级政府部门提供贷款。

（二）中国人民银行的职责

中国人民银行贯彻落实党中央关于金融工作的方针政策和决策部署,在履行职责过程中坚持和加强党对金融工作的集中统一领导。其主要职责如下:

（1）拟订金融业改革、开放和发展规划,承担综合研究并协调解决金融运行中的重大问题、促进金融业协调健康发展的责任。牵头国家金融安全工作协调机制,维护国家金融安全。

（2）牵头建立宏观审慎管理框架,拟订金融业重大法律法规和其他有关法律法规草案,制定审慎监管基本制度,建立健全金融消费者保护基本制度。

（3）制定和执行货币政策、信贷政策,完善货币政策调控体系,负责宏观审慎管理。

（4）牵头负责系统性金融风险防范和应急处置,负责金融控股公司等金融集团和系统重要性金融机构基本规则制定、监测分析和并表监管,视情责成有关监管部门采取相应监管措施,并在必要时经国务院批准对金融机构进行检查监督,牵头组织制定实施系统重要性金融机构恢复和处置计划。

（5）承担最后贷款人责任,负责对因化解金融风险而使用中央银行资金机构的行为进行检查监督。

（6）监督管理银行间债券市场、货币市场、外汇市场、票据市场、黄金市场及上述市场有关场外衍生产品;牵头负责跨市场跨业态跨区域金融风险识别、预警和处置,负责交叉性金融业务的监测评估,会同有关部门制定统一的资产管理产品和公司信用类债券市场及其衍生产品市场基本规则。

（7）负责制定和实施人民币汇率政策,推动人民币跨境使用和国际使用,维护国际收支平衡,实施外汇管理,负责国际国内金融市场跟踪监测和风险预警,监测和管理跨境资本流动,持有、管理和经营国家外汇储备和黄金储备。

（8）牵头负责重要金融基础设施建设规划并统筹实施监管,推进金融基础设施改革与互联互通,统筹互联网金融监管工作。

（9）统筹金融业综合统计,牵头制定统一的金融业综合统计基础标准和工作机制,建设国家金融基础数据库,履行金融统计调查相关工作职责。

（10）组织制定金融业信息化发展规划,负责金融标准化组织管理协调和金融科技相关工作,指导金融业网络安全和信息化工作。

（11）发行人民币,管理人民币流通。

（12）统筹国家支付体系建设并实施监督管理。会同有关部门制定支付结算业务规则,负责全国支付、清算系统的安全稳定高效运行。

（13）经理国库。

（14）承担全国反洗钱和反恐怖融资工作的组织协调和监督管理责任,负责涉嫌洗钱及恐怖活动的资金监测。

（15）管理征信业,推动建立社会信用体系。

（16）参与和中国人民银行业务有关的全球经济金融治理,开展国际金融合作。

（17）按照有关规定从事金融业务活动。

（18）管理国家外汇管理局。

（19）完成党中央、国务院交办的其他任务。

（20）职能转变。完善宏观调控体系,创新调控方式,构建发展规划、财政、金融等政策协调和工作协同机制,强化经济监测预测预警能力,建立健全重大问题研究和政策储备工作机制,增强宏观调控的前瞻性、针对性、协同性。围绕党和国家金融工作的指导方针和任务,加强和优化金融管理职能,增强货币政策、宏观审慎政策、金融监管政策的协调性,强化宏观审慎管理和系统性金融风险防范职责,守住不发生系统性金融风险的底线。按照简政放权、放管结合、优化服务、职能转变的工作要求,进一步深化行政审批制度改革和金融市场改革,着力规范和改进行政审批行为,提高行政审批效率。加快推进"互联网+政务服务",加强事中事后监管,切实提高政府服务质量和效果。继续完善金融法律制度体系,做好"放管服"改革的制度保障,为稳增长、促改革、调结构、惠民生提供有力支撑,促进经济社会持续平稳健康发展。

二、中国银行保险监督管理委员会

1998年11月18日,国务院批准设立中国保险监督管理委员会(以下简称原中国保监会);2003年4月,全国人民代表大会批准设立中国银行业监督管理委员会(以下简称原中国银监会)。2018年3月17日,根据国务院机构改革方案,决定将原中国银监会和原中国保监会的职责整合,组建中国银行保险监督管理委员会(以下简称中国银保监会),作为国务院直属事业单位。

（一）中国银保监会的性质

中国银保监会是国务院直属正部级事业单位,它依法依规对全国银行业和保险业实行统一监督管理,维护银行业和保险业合法、稳健运行。原中国银监会和中国保监会的职责整合,由中国银保监会具体履行。

（二）中国银保监会的主要职责

中国银保监会贯彻落实党中央关于银行业和保险业监管工作的方针政策和决策部署,在履行职责过程中坚持和加强党对银行业和保险业监管工作的集中统一领导。其主要履行下列职责:

（1）依法依规对全国银行业和保险业实行统一监督管理,维护银行业和保险业合法、稳健运行,对派出机构实行垂直领导。

（2）对银行业和保险业改革开放和监管有效性开展系统性研究。参与拟订金融业改革发展战略规划,参与起草银行业和保险业重要法律法规草案以及审慎监管和金融消费者保护基本制度。起草

银行业和保险业其他法律法规草案,提出制定和修改建议。

（3）依据审慎监管和金融消费者保护基本制度,制定银行业和保险业审慎监管与行为监管规则。制定小额贷款公司、融资性担保公司、典当行、融资租赁公司、商业保理公司、地方资产管理公司等其他类型机构的经营规则和监管规则。制定网络借贷信息中介机构业务活动的监管制度。

（4）依法依规对银行业和保险业机构及其业务范围实行准入管理,审查高级管理人员任职资格。制定银行业和保险业从业人员行为管理规范。

（5）对银行业和保险业机构的公司治理、风险管理、内部控制、资本充足状况、偿付能力、经营行为和信息披露等实施监管。

（6）对银行业和保险业机构实行现场检查与非现场监管,开展风险与合规评估,保护金融消费者合法权益,依法查处违法违规行为。

（7）负责统一编制全国银行业和保险业监管数据报表,按照国家有关规定予以发布,履行金融业综合统计相关工作职责。

（8）建立银行业和保险业风险监控、评价和预警体系,跟踪分析、监测、预测银行业和保险业运行状况。

（9）会同有关部门提出存款类金融机构和保险业机构紧急风险处置的意见和建议并组织实施。

（10）依法依规打击非法金融活动,负责非法集资的认定、查处和取缔以及相关组织协调工作。

（11）根据职责分工,负责指导和监督地方金融监管部门相关业务工作。

（12）参加银行业和保险业国际组织与国际监管规则制定,开展银行业和保险业的对外交流与国际合作事务。

（13）负责国有重点银行业金融机构监事会的日常管理工作。

（14）完成党中央、国务院交办的其他任务。

（15）职能转变。围绕国家金融工作的指导方针和任务,进一步明确职能定位,强化监管职责,加强微观审慎监管、行为监管与金融消费者保护,守住不发生系统性金融风险的底线。按照简政放权要求,逐步减少并依法规范事前审批,加强事中事后监管,优化金融服务,向派出机构适当转移监管和服务职能,推动银行业和保险业机构业务和服务下沉,更好地发挥金融服务实体经济功能。

三、中国证券监督管理委员会

1992年10月,国务院证券委员会和中国证券监督管理委员会（以下简称中国证监会）成立。根据1998年国务院机构改革方案,决定将国务院证券委员会与中国证监会合并。

依据有关法律法规,中国证监会在对证券市场实施监督管理中履行下列职责:

（1）研究和拟定证券期货市场的方针政策、发展规划;起草证券期货市场的有关法律、法规;制定证券期货市场的有关规章制度。

（2）统一管理证券期货市场,按规定对证券期货监督机构实行垂直领导。

（3）监督股票、可转换债券、证券投资基金的发行、交易、托管和清算;批准企业债券的上市;监管上市国债和企业债券的交易活动。

（4）监督境内期货合约上市、交易和清算;按规定监督境内机构从事境外期货业务。

（5）监管上市公司及其按法律法规必须履行有关义务的股东的证券市场行为。

（6）管理证券期货交易所；按规定管理证券期货交易所的高级管理人员；归口管理证券业、期货业协会。

（7）监管证券期货经营机构、证券投资基金管理公司、证券登记结算公司、期货结算机构、证券期货投资咨询机构、证券资信评级机构；审批基金托管机构的资格并监管其基金托管业务；制定有关机构高级管理人员任职资格的管理办法并组织实施；指导中国证券业、期货业协会开展证券期货从业人员资格管理工作。

（8）监管境内企业直接或间接到境外发行股票、上市以及在境外上市的公司到境外发行可转换债券；监管境内证券、期货经营机构到境外设立证券、期货机构；监管境外机构到境内设立证券、期货机构，从事证券、期货业务。

（9）监管证券期货信息传播活动，负责证券期货市场的统计与信息资源管理。

（10）会同有关部门审批会计师事务所、资产评估机构及其成员从事证券期货中介业务的资格，并监管其相关的业务活动。

（11）依法对证券期货违法违规行为进行调查、处罚。

（12）归口管理证券期货行业的对外交往和国际合作事务。

（13）国务院交办的其他事项。

四、国家外汇管理局

国家外汇管理局成立于1979年3月。1982年12月，国务院决定国家外汇管理局与中国银行分离，划归中国人民银行领导，改称中国人民银行外汇管理局。随着我国对外开放和综合国力的不断增强，外汇管理工作日益重要，随后改称中国人民银行外汇管理局为国家外汇管理局。1983年9月，国务院决定中国人民银行专门行使中央银行职能，国家外汇管理局及其分局在中国人民银行的领导下，统一管理国家外汇。

国家外汇管理局的主要职责如下：

（1）研究提出外汇管理体制改革和防范国际收支风险、促进国际收支平衡的政策建议；研究逐步推进人民币资本项目可兑换、培育和发展外汇市场的政策措施，向中国人民银行提供制订人民币汇率政策的建议和依据。

（2）参与起草外汇管理有关法律法规和部门规章草案，发布与履行职责有关的规范性文件。

（3）负责国际收支、对外债权债务的统计和监测，按规定发布相关信息，承担跨境资金流动监测的有关工作。

（4）负责全国外汇市场的监督管理工作；承担结售汇业务监督管理的责任；培育和发展外汇市场。

（5）负责依法监督检查经常项目外汇收支的真实性、合法性；负责依法实施资本项目外汇管理，并根据人民币资本项目可兑换进程不断完善管理工作；规范境内外外汇账户管理。

（6）负责依法实施外汇监督检查，对违反外汇管理的行为进行处罚。

（7）承担国家外汇储备、黄金储备和其他外汇资产经营管理的责任。

（8）拟订外汇管理信息化发展规划和标准、规范并组织实施，依法与相关管理部门实施监管信息共享。

（9）参与有关国际金融活动。

（10）承办国务院及中国人民银行交办的其他事宜。

五、国有重点金融机构监事会

2000年3月15日，国务院颁布实施《国有重点金融机构监事会暂行条例》，并决定向3家政策性银行，4家国有商业银行，交通银行，4家国有资产管理公司，3家保险公司，中国银河证券有限责任公司等16家国有重点金融机构派出监事会。

国有重点金融机构监事会对国务院负责，代表国家对国有重点金融机构的资产质量及国有资产保值增值状况实施监督。它有别于国家金融监管机构，只对国有重点金融机构实行有限监管，重点监督国有重点金融机构资产的保值增值行为；而国家监管机构对金融机构的市场准入、业务运营、风险防范和市场退出进行全面监管。监事会与国有重点金融机构是监督与被监督的关系，监事会不参与、不干预国有重点金融机构的经营决策和经营管理活动。

监事会以财务监督为核心，根据有关法律、行政法规和财政部的有关规定，对国有重点金融机构的财务活动及主要责任人的经营管理行为进行监督，确保国有资产及其权益不受侵犯。

监事会履行以下职责：

（1）检查国有重点金融机构贯彻执行国家有关金融、经济的法律、法规和行政规章制度的情况。

（2）检查国有重点金融机构的财务，查阅其财务会计资料及与经营管理活动有关的其他资料，验证其财务报告、资金营运报告的真实性、合法性。

（3）检查国有重点金融机构的经营效益、利润分配、国有资产保值增值、资金营运等情况。

（4）检查国有重点金融机构的董事、行长（经理）等主要负责人的经营行为，并对其经营管理业绩进行评价，提出奖惩、任免建议。

根据《国有重点金融机构监事会暂行条例》的规定，监事会一般每年对国有重点金融机构定期检查2次，并可以根据实际需要不定期地对国有重点金融机构进行专项检查。

六、金融机构行业自律组织

（一）中国银行业协会

中国银行业协会成立于2000年5月，是由银行业金融机构自愿组成、为实现会员共同意愿、按照其章程开展活动的银行业自律组织，是经中国人民银行和民政部批准成立，并在民政部登记注册的非营利性社会团体法人。凡中国银保监会批准设立的、具有独立法人资格的全国性银行业金融机构以及在华外资金融机构均可自愿加入协会。各省（自治区、直辖市）及各计划单列市辖内银行业金融机构可自愿结成地方性银行业自律组织，地市及其以下原则上不设立银行业自律组织。银行业协会及其业务接受中国银保监会及其派出机构的指导和监督。

中国银行业协会以促进会员单位实现共同利益为宗旨，履行自律、维权、协调、服务职能，维护银行业合法权益，维护银行业市场秩序，提高银行业从业人员素质，提高为会员服务的水平，促进银行业的健康发展。

（二）中国保险行业协会

中国保险行业协会（以下简称中保协）成立于2001年2月23日，是中国保险业的全国性自律组织，是自愿结成的非营利性社会团体法人，中保协的业务主管单位是中国银保监会，登记管理机关是中华人民共和国民政部。保险公司应当加入保险行业协会。保险代理人、保险经纪人、保险公估机构可以加入保险行业协会。

中保协的宗旨：深入贯彻毛泽东思想、邓小平理论、"三个代表"重要思想、科学发展观、习近平新时代中国特色社会主义思想，依据《中华人民共和国保险法》，督促会员自律，维护行业利益，促进行业发展，为会员提供服务，促进市场公开、公平、公正，全面提高保险业服务经济发展和社会稳定的能力。

（三）中国证券业协会

中国证券业协会成立于 1991 年 8 月 28 日，是依据《中华人民共和国证券法》等有关法规设立的证券业自律性组织，接受中国证监会、国家民政部的业务指导、监督、管理。中国证券业协会会员包括证券公司、基金公司、投资咨询公司、证券交易所、登记结算机构以及符合条件的证券营业机构地方性社团等。

中国证券业协会的宗旨：遵守国家宪法、法律、法规和经济方针政策，遵守社会道德风尚，坚持中国共产党的领导，在国家对证券业实行集中统一监督管理的前提下，进行证券业自律管理；发挥政府与证券行业间的桥梁和纽带作用；为会员服务，维护会员的合法权益；维持证券业的正当竞争秩序，促进证券市场的公开、公平、公正，推动证券市场的健康稳定发展。

（四）中国财务公司协会

中国财务公司协会于 1994 年 8 月正式成立，其前身是成立于 1988 年 4 月的全国财务公司联合会。中国财务公司协会是中国企业集团财务公司的行业自律性组织，由中国企业集团财务公司自愿结成，接受中国银保监会的业务指导和国家民政部的监督管理。

中国财务公司协会的宗旨：遵守国家宪法、法律法规和国家政策，遵守社会道德风尚，认真履行"自律、维权、协调、服务"的职责，促进会员单位实现共同利益，推动财务公司行业规范、稳健发展。

第四章　中央银行与货币政策

知识体系

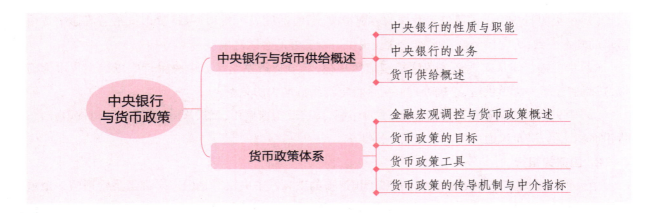

本章导学

从近几年考试来看,银保监财会类职位专业科目考试对中央银行与货币政策的考查题量不大,且考点集中,主要考查货币政策体系的相关内容。本章的重难点是货币政策体系,内容涉及货币政策体系的基本概念和主要理论学说,考生需要熟记并准确掌握。

第一节　中央银行与货币供给概述

一、中央银行的性质与职能

（一）中央银行的性质

中央银行是金融管理机构,它代表国家管理金融、制定和执行金融方针政策,主要采用经济手段对金融经济领域进行调节和控制。中央银行是一国最高的货币金融管理机构,在各国金融体系中居于主导地位。

当代各国的中央银行均居于本国金融体系的领导和核心地位,其主要任务是制定和实施国家金融政策,并代表国家监督和管理全国金融业。中央银行不能首先考虑自身的经济利益,而是要考虑国家的宏观经济问题;中央银行的业务目标不是实现盈利,而是实现国家的宏观经济目标;中央银行不是一个办理货币信用业务的经济实体,不是经营型银行,而是国家金融管理机关,是管理型银行。

（二）中央银行的职能

中央银行作为国家干预经济的重要机构,它的职能是由其性质决定的。从不同的角度,中央银行职能可以有多种划分方法。按照其性质一般划分为五大类:政府职能、银行职能、监督职能、开发职能和研究职能。按照其职能的重要性划分为最重要的和一般的职能。我国一般按照其在国民经济中的地位划分为发行的银行、银行的银行和国家的银行三类。

1. 发行的银行

中央银行是发行的银行,指中央银行垄断货币发行,具有货币发行的特权、独占权,是一国唯一的货币发行机构。中央银行作为发行的银行,具有以下几个基本职能:

(1)中央银行应根据国民经济发展的客观情况,适时适度发行货币,保持货币供给与流通中货币需求的基本一致,为国民经济稳定持续增长提供一个良好的金融环境。

(2)中央银行应从宏观经济角度控制信用规模,调节货币供给量。中央银行应以稳定货币为前提,适时适度增加货币供给,正确处理好货币稳定与经济增长的关系。

(3)中央银行应根据货币流通需要,适时印刷、铸造或销毁票币,调拨库款;调剂地区间货币分布、货币面额比例,满足流通中货币支取的不同要求。

2. 国家的银行

中央银行是国家货币政策的执行者和干预经济的工具。中央银行是国家宏观经济管理的一个重要部门,但在一定程度上又超脱于国家政府的其他部门,与一般政府机构相比独立性更强。这种地位使中央银行成为国家管理宏观经济的重要工具。

(1)政府是中央银行的存款户。中央银行为政府开立存款账户,并在此基础上开展业务:代理国库,代理政府办理出纳,代理政府债券的发行、认购和还本付息等。

(2)政府是中央银行的贷款户。各国中央银行都有支持政府、为政府融资的任务。当国家财政需要时,中央银行可以通过下列方式对政府提供信贷支持:①直接给国家财政以贷款;②购买国家债券。

(3)其他。主要包括保管外汇和黄金,进行外汇、黄金的买卖和管理;制定和执行货币政策;制定并监督执行有关金融管理法规;代表政府参加国际金融组织和从事国际金融活动;等等。

3. 银行的银行

中央银行是银行的银行,指中央银行通过办理存、放、汇等业务,作商业银行与其他金融机构的最后贷款人,履行以下几项职责:

(1)集中保管存款准备金。

(2)充当最后贷款人。

(3)主持全国银行间的清算业务。

(4)主持外汇头寸抛补业务。

二、中央银行的业务

1. 中央银行的负债业务

中央银行的负债业务是中央银行资产业务的基础。

中央银行的负债业务主要有以下几项:

(1)货币发行。中央银行的货币发行是其调控经济金融运行的重要资金来源。中央银行发行的

货币即通常所说的钞票或现金,是基础货币的主要构成部分,是中央银行的最大负债项目之一。

（2）代理国库。中央银行凭借财政部开设于中央银行的专门账户代理财政收入支出,履行代理国库职责,财政金库存款成为中央银行的重要资金来源之一。

（3）集中存款准备金。中央银行集中商业银行与其他金融机构的存款准备金,旨在满足流动性与清偿能力要求。调控信贷规模和货币供给量、便利资金清算以维护金融体系安全与稳定,而这一最大的存款资金自然成为中央银行充当最后贷款人、实施货币政策的基础。

2. 中央银行的资产业务

中央银行的资产业务主要有以下几项:

（1）贷款。中央银行的贷款对象是商业银行、政府。中央银行为缓解商业银行短期资产不足的困难、补充其流动性而对商业银行发放贷款。中央银行对政府发放弥补资金短期缺口的贷款。

（2）再贴现。中央银行着眼于国民经济宏观调控,依照再贴现条件审查商业银行的再贴现申请,买进符合条件的票据,并按再贴现率对商业银行投放货币资金。

（3）证券买卖。中央银行为调控货币供应量,适时地开展公开市场业务,采用直接买卖、回购协议等方式买卖政府中长期债券、国库券等有价证券。

（4）国际储备。中央银行为稳定币值、稳定汇价,调节国际收支,保管黄金、外汇等储备资产。

（5）其他资产业务。中央银行在其主要资产业务之外还根据具体情况办理其他类型的资产业务。

3. 中央银行的中间业务

资产清算业务是中央银行的主要中间业务,这类业务可以划分为以下三种:

（1）集中办理票据交换。票据交换工作一般在票据交换所进行,参与票据交换所交换票据的银行均是"清算银行"或"交换银行",它们都必须依据票据交换所有关章程的规定承担一定的义务（缴纳一定交换保证金、在中央银行开立往来存款账户用以结清交换差额、分摊交换有关费用）才能拥有入场交换票据的权利。

（2）结清交换差额。中央银行开立有往来存款账户（独立于法定存款准备金账户）的各清算银行,其票据交换所的最后差额即由该账户上资金的增减来结清。

（3）办理异地资金转移。中央银行的资金清算工作既通过其分支机构组织同城票据交换与资金清算,又办理全国范围内的异地资金转移。

三、货币供给概述

货币供给是指一定时期内一国或货币区的银行体系向经济体中投入、创造、扩张（或收缩）货币的金融过程。货币供给包括货币供给行为和货币供应量两个方面。现代信用制度下的货币供应量的决定因素主要有两个:基础货币和货币乘数。货币供应量等于基础货币与货币乘数的乘积。

（一）基础货币

基础货币,又称储备货币、高能货币或强力货币,通常是指流通中的现金和商业银行在央行的准备金存款之和。之所以称其为高能货币,是因为一定量的这类货币被银行作为准备金持有后可引致数倍的存款货币。

基础货币（B）包括现金（C）和准备金（R）。准备金又包括活期存款准备金（R_t）、定期存款准备金（R_t）和超额存款准备金（R_e）。所以,全部基础货币方程式可表示为以下形式:

$$B = C + R_r + R_t + R_e$$

中央银行投放基础货币有以下三条渠道：①对商业银行等金融机构的再贷款和再贴现；②收购黄金、外汇等储备资产投放的货币；③通过公开市场业务等投放货币。

（二）货币乘数

货币乘数是指货币供给过程中，中央银行的基础货币供应量与社会货币最终形成量之间的扩张倍数。货币乘数（m）可表示如下：

$$m = \frac{1+c}{c+r+e}$$

上式中，c 为现金漏损率（现金比率），e 为超额存款准备金率，r 为法定存款准备金率。其中，中央银行决定法定存款准备金率和影响超额存款准备金率，商业银行决定超额存款准备金率，储户决定现金漏损率。

（三）多倍存款创造

当中央银行向银行体系供给 1 元准备金时，存款的增加是准备金的数倍，这是银行运用中央银行发放的货币和准备金使得货币供应量增加的行为，这个过程被称为多倍存款创造。多倍存款创造需要具备两个基本条件：部分准备金制度和非现金结算制度。

通常来说，影响商业银行创造存款能力的因素主要有以下三个：

（1）法定存款准备金率。法定存款准备金率越小，商业银行创造派生存款的能力越强。

（2）超额存款准备金率。超额存款准备金率越小，商业银行创造派生存款的能力越强。

（3）现金漏损率。现金漏损率越小，商业银行创造派生存款的能力越强。

第二节　货币政策体系

一、金融宏观调控与货币政策概述

（一）金融宏观调控

宏观调控是国家的经济职能，是国家对宏观经济运行的干预。金融宏观调控是宏观调控的重要组成部分。具体讲，金融宏观调控是以中央银行或货币当局为主体，以货币政策为核心，借助各种金融工具调节货币供给量或信用量，影响社会总需求进而实现社会总供求均衡，促进金融与经济协调稳定发展的机制与过程。金融宏观调控的内容包括金融宏观调控主体、金融宏观调控对象、金融宏观调控目标、金融宏观调控手段、金融宏观调控机制和金融宏观调控效应等。

金融宏观调控的类型包括计划调控、政策调控、法律调控和行政调控四种。计划调控和行政调控是计划经济体制下金融宏观调控的主要形式；政策和法律调控是市场经济体制下金融宏观调控的主要形式。我国转轨经济中，政策调控和法律调控的色彩日趋浓厚，计划调控和行政调控只是政策调控和法律调控的补充形式。

（二）货币政策的含义和基本特征

1. 货币政策的含义

货币政策是中央银行为实现特定的经济目标而采取的各种控制、调节货币供应量或信用量的方针、政策、措施的总称。其构成要素主要有货币政策目标、实现目标所运用的政策工具和预期达到的政策效果等。从确定目标、运用工具到实现预期的政策效果，这中间还存在着一些作用环节，其中主要有中介目标和政策传导机制等。

2. 货币政策的基本特征

货币政策具有以下基本特征：①货币政策是宏观经济政策；②货币政策是调节社会总需求的政策；③货币政策主要是间接调控政策；④货币政策是长期连续的经济政策。

二、货币政策的目标

（一）货币政策最终目标体系

货币政策最终目标体系主要包括以下内容：

（1）物价稳定。物价稳定是指在经济运行中物价总水平在短期内不发生显著的波动，进而维持国内币值的稳定。

（2）充分就业。充分就业是指有能力并愿意参加工作的人，都能在较合理的条件下，随时找到适当的工作。经济学中的充分就业并不等于社会劳动力的100%就业，它通常将两种失业排除在外：一是摩擦性失业，即由短期内劳动力供求失调或季节性原因而造成的失业；二是自愿失业，即工人不愿意接受现行的工资水平而造成的失业。这两部分失业在社会中所占的比重非常小。

（3）经济增长。其含义是国民生产总值要求保持较高的增长速度，不能停滞，更不能出现负增长。

（4）国际收支平衡。国际收支平衡是一国国际收支中的收入和支出处于基本持平的状态。

（二）货币政策最终目标之间的矛盾性

货币政策目标之间的矛盾性主要表现在以下四个方面：

（1）稳定物价与充分就业之间的矛盾。

（2）稳定物价与经济增长之间的矛盾。

（3）稳定物价与国际收支平衡之间的矛盾。

（4）经济增长与国际收支平衡之间的矛盾。

三、货币政策工具

货币政策工具是指中央银行直接控制的，能够通过金融途径影响经济单位的经济活动，进而实现货币政策目标的经济手段。因此，货币政策工具一般体现为中央银行的业务活动。

货币政策工具主要有一般性货币政策工具、选择性货币政策工具和补充性货币政策工具。

（一）一般性货币政策工具

一般性货币政策工具，又称经常性、常规性货币政策工具，即传统的三大货币政策工具，俗称"三大法宝"的<u>存款准备金政策、再贴现政策和公开市场业务</u>。

1. 存款准备金政策

存款准备金政策是指中央银行对商业银行等存款货币机构的存款规定存款准备金率，强制性地要求商业银行等存款货币机构按规定比例上缴存款准备金;中央银行通过调整法定存款准备金以增加或减少商业银行的超额准备,从而影响货币供应量的一种政策措施。法定存款准备金率调高,货币供应量减少;法定存款准备金率调低,货币供应量增加。

存款准备金政策作为货币政策工具的优点:①中央银行具有完全的自主权,在三大货币政策工具中,最易实施;②对货币供应量的作用迅速;③对松紧信用较公平。其缺点:①作用猛烈,缺乏弹性,不宜作为中央银行日常调控货币供给的工具;②政策效果在很大程度上受超额存款准备金的影响。

2．再贴现政策

再贴现政策就是中央银行通过提高或降低再贴现率(包括中央银行掌握的其他基准利率,如其对存款货币银行的贷款利率等)来影响商业银行的信贷规模和市场利率,调节商业银行资产规模和社会货币供应量,以实现货币政策目标的一种手段。

再贴现政策的优点:①与法定存款准备金率工具相比,再贴现工具的弹性相对较大,作用力度也相对缓和;②有利于中央银行发挥最后贷款人的作用;③以票据融资,风险较小。其缺点是再贴现的主动权在商业银行,不在中央银行。

3．公开市场业务

公开市场业务(也称公开市场操作)是指中央银行在金融市场上公开买卖有价证券,以改变商业银行等存款货币机构的准备金,进而影响货币供应量和利率,实现货币政策目标的一种货币政策手段。中央银行在公开市场上买入有价证券,投放货币,使商业银行的超额存款准备金和公众手持现金增加,流通中的货币供给量增加;中央银行卖出有价证券,减少货币供给,流通中的货币供给量减少。另外,公开市场业务的操作还会改变市场利率,从而对经济产生影响。

公开市场业务的优点:①主动权在中央银行;②富有弹性,可对货币进行微调,也可大调,但不会像法定存款准备金政策那样作用猛烈;③中央银行买卖证券可同时交叉进行,故很容易逆向修正货币政策;④可以稳定证券市场。其缺点:①时滞较长;②干扰因素较多,会带来政策效果的不确定性。

（二）选择性货币政策工具

传统的三大货币政策都属于对货币总量的调节,以影响整个宏观经济。在一般性政策工具以外,还可以有选择地对某些特殊领域的信用加以调节和影响,其中包括消费者信用控制、证券市场信用控制、不动产信用控制、优惠利率等。

1．消费者信用控制

消费者信用控制是指中央银行对不动产以外的各种耐用消费品的销售融资予以控制,具体包括规定分期付款购买耐用消费品的首付最低金额、还款最长期限、使用的耐用消费品种类等。在消费信用膨胀和通货膨胀时期,中央银行采取消费信用控制,能起到抑制消费需求和物价上涨的作用。

2．证券市场信用控制

证券市场信用控制是指中央银行对有关证券交易的各种贷款进行限制,目的在于限制过度投机。例如,可以规定一定比例的证券保证金,并随时根据证券市场状况进行调整,其目的在于限制利用借款购买有价证券的比重。

3. 不动产信用控制

不动产信用控制是指中央银行对金融机构在房地产方面放款的限制措施，以抑制房地产投资。例如，对金融机构的房地产贷款规定最高限额、最长期限以及首次付款和分摊还款的最低金额。

4. 优惠利率

优惠利率是指中央银行对国家重点发展的经济部门或产业规定较低的贷款利率，目的在于刺激这些部门和行业的生产，调动它们的积极性，以实现产业结构和产品结构的调整和优化。

（三）补充性货币政策工具

除了以上所述的一般性货币政策工具和选择性货币政策工具以外，中央银行还可根据本国的具体情况和不同时期的具体需要，运用一些其他的补充性货币政策工具。补充性货币政策工具又可分为直接信用控制和间接信用指导。

1. 直接信用控制

直接信用控制是指中央银行以行政命令或其他方式，从质和量两个方面，直接对金融机构尤其是存款货币银行的贷款数量和贷款方式进行控制。比较重要的手段有信用分配、利率最高限额的管制、流动性比率管制和直接干预等。

2. 间接信用指导

间接信用指导是指中央银行通过道义劝告、窗口指导等办法间接影响存款货币银行的信用创造。

四、货币政策的传导机制与中介指标

（一）货币政策的传导机制

中央银行制定货币政策后，在这一政策正式贯彻和达到调节目标之间有一个内在机制在起作用，即货币政策的传导机制。货币政策的传导机制就是货币政策各项措施的实施，通过经济体系内的各种变量，影响到整个社会经济活动的过程。这个机制实际上包含两个方面：一是内部传导机制，即从货币工具选定、操作到金融体系货币供给收缩或扩张的内部作用过程；二是由中介指标发挥外部影响即对总支出起作用的过程。该机制理论主要有两大具有代表性的主流学派：凯恩斯学派和货币主义学派。

1. 货币政策的传导机制理论

如何运用货币政策工具最终实现既定的货币政策目标，既涉及货币政策的传导机制，也与中介指标的选择有关。而有关传导机制的观点往往是构成货币政策中介指标选择的理论基础。

（1）凯恩斯学派的货币政策传导机制。凯恩斯学派的货币政策传导机制理论认为货币供应量（M）的增加或减少将引起利率（r）的下降或上升。在资本边际效率一定的条件下，利率的下降将引起投资（I）的增加，利率的上升将引起投资的减少。投资的增加或减少，又将通过乘数作用引起社会总支出（E）和社会总收入（Y）的同方向变动。其基本传导过程如下：

$$M \rightarrow r \rightarrow I \rightarrow E \rightarrow Y$$

在这个传导机制发挥作用的过程中，关键环节是利率。货币供应量的调整首先影响利率的升降，然后才使投资乃至总支出发生变化，进而影响总收入的变化。

（2）货币主义学派的货币政策传导机制。与凯恩斯学派不同，货币主义学派认为，利率在货币传导机制中不起重要作用，而更强调货币供应量在整个传导机制上的直接效果。弗里德曼的现代货币数量论强调货币供应量变动直接影响名义收入（y）。用符号表示如下：

$$M \rightarrow E \rightarrow I \rightarrow y$$

$M \rightarrow E$ 表示货币供应量的变化直接影响支出。货币供给量不通过利率途径而直接影响支出的原因在于货币需求有其内在的稳定性，当作为外生变量的货币供给改变，由于货币需求并不改变，公众手持货币量会超过他们所愿意持有的货币量，从而必然增加支出。

$E \rightarrow I$ 表示变化了的支出用于投资的过程。这是一个资产结构的调整过程，因为不同取向的投资会相应引起不同资产相对收益率的变动，这就引起资产结构的调整。

由于 M 作用于支出 E，导致资产结构调整，并最终引起名义收入 y 的变动。货币主义者认为，货币供给短期内对价格和实际产量均可发生影响；但就长期来说，则只会影响物价水平，即货币是中性的。

显然，与凯恩斯学派强调利率在货币传导机制中的作用不同，货币学派强调的是货币供应量的作用。该学派认为，货币政策的影响主要不是通过利率间接来影响投资和收入，而是因为货币供应量超过了人们的意愿持有量，从而直接影响社会的支出和名义收入。

2. 货币政策的一般传导过程

在市场经济条件下，货币政策作用的一般过程由三个基本环节组成：

（1）从中央银行到各金融机构和金融市场。中央银行运用各种货币政策工具，影响各金融机构的超额准备金和金融市场的融资条件，控制各金融机构的贷款能力和金融市场的资金融通。

（2）从金融机构和金融市场到企业和个人的投资与消费。受中央银行货币政策工具调节的影响，金融机构的信贷能力与金融市场的运行出现变化，使企业、机构与个人随之调整自己的投资和消费。

（3）从企业和个人的投资、消费到产量、物价和就业的变动。个人投资消费行为的变化，必然会引起产量、物价和就业的变动，最终影响宏观经济的运行。

（二）货币政策的中介目标和操作指标

1. 货币政策的中介目标

货币政策的中介目标又称货币政策的中介指标、中间变量等，它是介于货币政策工具变量（操作目标）和货币政策目标变量（最终目标）之间的变量指标。

货币政策中介目标通常有两类：一类是总量目标，如货币供应量等；另一类是利率指标，如长期利率等。

2. 货币政策可供选择的中介目标

中央银行可以按照可控性、可测性和相关性三项原则选择相应的中介目标。货币政策的中介目标体系一般包括利率和货币供应量。

（1）利率。利率作为货币政策的中介目标的理由如下：①可控性强；②中央银行在任何时候都能观察到市场利率的水平及结构，可以随时进行分析和调整；③与最终目标的相关性强。

（2）货币供应量。货币供应量能够成为货币政策中介目标是因为其符合中介目标的选择标准。

现代货币数量论者认为宜以货币供应量或其变动率为主要中介目标，主要原因在于：货币供应量的变动能直接影响经济活动；货币供应量及其增减变动能够为中央银行所直接控制；与货币政策联系最为直接，货币供应量增加，表示货币政策松弛，反之则表示货币政策紧缩；货币供应量作为指标不易将政策性效果与非政策性效果相混淆，因而具有准确性的优点。

目前将货币供应量作为中介目标所面临的问题:随着金融产品的不断创新,货币的范围在逐渐扩大并有超出中央银行控制的趋势;货币供应量与经济活动之间的稳定关系也在逐渐破裂,例如金融资产的财富效应会刺激人们的需求欲望,导致总需求的扩大,而这是中央银行无法控制的。

由于我国金融经济的发展,2010年中央经济工作会议首次提出"社会融资总规模"概念,逐步尝试以社会融资规模指标作为相关性、可测性和可控性更好的货币政策的中间目标,这是一种探索和创新,适合我国融资结构的变化,符合金融宏观调控的市场化方向。

社会融资规模是指实体经济(境内非金融企业和住户)从金融体系获得的资金。其中,增量指标是指一定时期内(每月、每季或每年)获得的资金额,存量指标是指一定时期末(月末、季末或年末)获得的资金余额。社会融资规模是从金融机构资产方和金融市场发行方进行统计的,从全社会资金供给的角度反映金融对实体经济的支持。也就是说,社会融资规模是金融体系的资产,是实体经济的负债,其内容涵盖了金融性公司资产负债表中资产方的多数项目。

3. 货币政策的操作指标

操作指标也称近期目标,介于货币政策工具和中介目标之间。中央银行正是借助货币政策工具作用于操作指标,进而影响中介目标并实现货币政策的最终目标。

操作指标的选择同样要符合可测性、可控性和相关性三个标准。除此之外,操作指标的选择在很大程度上还取决于中介目标的选择。具体而言,如果以总量指标为中介目标,则操作指标也应该选取总量指标;如果以利率为中介目标,则操作指标的选择就应该以利率指标为宜。从主要工业化国家中央银行的操作实践来看,被选作操作指标的主要有短期利率、基础货币和银行体系的存款准备金。

(1)短期利率。短期的市场利率即能够反映市场资金供求状况、变动灵活的利率。在具体操作中,主要是使用银行间同业拆借利率。

(2)基础货币。基础货币(或称高能货币)是指处于流通领域为公众所持有的现金和商业银行所持有的准备金总和。从数量关系上说,货币供应量等于基础货币与货币乘数之积。因此,基础货币的增加和减少,是货币供应量倍数伸缩的基础。

(3)存款准备金率。银行体系的存款准备金是由银行体系的库存现金与其在中央银行的存款准备金组成。存款准备金率也可以当作货币政策的中介目标,是因为其变动一般较容易为中央银行测度、控制,并对货币政策的最终目标的实现产生影响。

例题

1. 货币政策的四个最终目标中,呈现正相关关系的是(　　)。

A. 充分就业与物价稳定

B. 物价稳定与经济增长

C. 经济增长与国际收支平衡

D. 充分就业与经济增长

1.【答案】D。解析:A、B、C三项中所列举的货币政策最终目标的组合,都呈现负相关关系。故本题选D。

2. 中央银行提高法定存款准备金率时,在市场上引起的反应为(　　)。

A. 商业银行可用资金增多,贷款上升,导致货币供应量增多

B. 商业银行可用资金增多,贷款下降,导致货币供应量减少

C. 商业银行可用资金减少,贷款上升,导致货币供应量增多

D. 商业银行可用资金减少,贷款下降,导致货币供应量减少

2.【答案】D。解析:存款准备金政策是指中央银行对商业银行等存款货币机构的存款规定存款准备金率,强制性地要求商业银行等存款货币机构按规定比例上缴存款准备金。法定存款准备金率调高,商业银行向中央银行上缴存款准备金增加,自身可用资金就会减少,贷款下降,进而减少货币供应量。故本题选 D。

第五章　金融风险、银行业监管与国际金融

知识体系

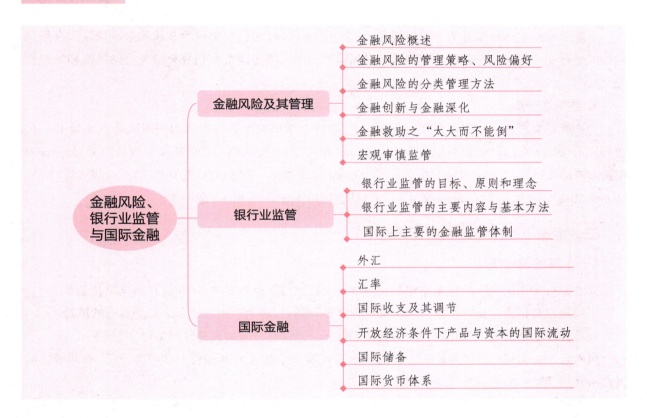

本章导学

从近几年考试来看,银保监财会类职位专业科目考试对金融风险、银行业监管与国际金融的考查力度不小,重点比较突出,对国际金融的考查较多。本章的重难点是金融风险和国际金融,考生需要熟练掌握,准确记忆。

第一节　金融风险及其管理

一、金融风险概述

(一)金融风险的含义

金融风险是指有关主体在从事金融活动的过程中,因某些因素发生意外变动而蒙受经济损失的

可能性。

（二）金融风险的类型

按照认识角度的不同，可以将金融风险划分为不同的类型。

1. 按性质分类

金融风险按性质可分为系统性金融风险和非系统性金融风险。系统性金融风险是指发生波及地区性和系统性的金融动荡或造成严重损失的金融风险，通常涉及整个金融体系。非系统性金融风险属于个别事件，对其他经济主体不产生影响或影响不大，一般不会产生连锁反应。

2. 按主体分类

金融风险按主体可划分为金融机构风险、企业金融风险、居民金融风险和国家金融风险。金融风险按区域可划分为国内金融风险和国际金融风险。金融风险按层次可划分为微观金融风险和宏观金融风险等。

3. 按形态分类

为国际社会所普遍接受和采用的分类方法，是将金融风险按形态划分为信用风险（Credit Risk）、市场风险（Market Risk，包括利率风险 Interest-rate Risk、汇率风险 Exchange Risk 和投资风险 Investment Risk）、流动性风险（Liquid Risk）、操作风险（Operational Risk）、法律风险（Law Risk）与合规风险（Compliance Risk）、国家风险（Country Risk）和声誉风险（Reputational Risk）等。

二、金融风险的管理策略、风险偏好

（一）风险管理策略

商业银行常用的风险管理策略包括风险规避、风险分散、风险对冲、风险转移和风险补偿等。

风险规避是指商业银行拒绝或退出某一业务或市场，以避免承担该业务或市场具有的风险。

风险分散是指通过多样化的投资来分散和降低非系统性风险的风险管理策略。

风险对冲是指通过投资或购买与标的资产收益波动负相关的某种资产或衍生产品，来冲销标的资产潜在的风险损失的一种风险管理策略。

风险转移是指投资者通过购买某种金融产品或采取某些合法的经济措施将风险转移给愿意和有能力承接的主体的一种风险管理策略，如购买保险。

风险补偿是指风险损失发生之前通过金融交易的价格补偿来获得风险回报，以及在损失发生之后通过抵押、质押、保证、保险等获得补偿。

（二）风险偏好

风险偏好是商业银行在追求实现战略目标的过程中，愿意承担的风险类型和总量，它是统一全行经营管理和风险管理的认知标准，是风险管理的基本前提。

三、金融风险的分类管理方法

（一）信用风险的管理

1. 机制管理

机制管理就是建立起针对信用风险的管理机制。对商业银行而言，信用风险的主要管理机制如下：①审贷分离机制；②授权管理机制；③额度管理机制。

2. 过程管理

过程管理就是针对信用由提供到收回的全过程,在不同的阶段采取不同的管理方法。对商业银行而言,主要有以下三个方面:

(1)事前管理。事前管理在于商业银行在贷款的审查与决策阶段的管理。

(2)事中管理。事中管理在于商业银行在贷款的发放与回收阶段的管理。

(3)事后管理。事后管理在于商业银行在贷款完全回收以后的管理。

(二)市场风险的管理

1. 利率风险的管理

利率风险的管理方法主要有以下五种:①选择有利的利率;②调整借贷期限;③缺口管理;④持续期管理;⑤利用利率衍生产品交易。

2. 汇率风险的管理

汇率风险的管理方法主要有以下五种:①选择有利的货币;②提前或推迟收付外币;③进行结构性套期保值;④做远期外汇交易;⑤做货币衍生产品交易。

3. 投资风险的管理

投资风险的管理主要是指对股票投资风险和金融衍生产品投资风险的管理。

股票投资风险的管理方法主要有以下四种:①根据对股票价格未来走势的预测买卖股票;②根据风险分散原理进行股票的分散投资,建立起相应的投资组合,并不断调整投资组合;③根据风险分散原理,在存在知识与经验、时间或资金等投资瓶颈的情况下,购买股票型投资基金;④同样根据风险分散原理,做股指期货交易或股指期权交易。

金融衍生品可供选择的方法有三种:①加强制度建设;②进行限额管理;③进行风险敞口的对冲与套期保值。

(三)操作风险的管理

1. 操作风险管理工具

操作风险管理工具和手段主要有操作风险与控制自评估(RCSA)、关键风险指标(KRI)、损失数据库(LD)等。

2. 业务连续性管理

业务连续性管理是指为有效应对突发事件导致的重要业务运营中断,建设应急响应、恢复机制和管理能力框架,保障重要业务持续运营的一整套管理过程,包括组织架构、策略、预案体系、资源保障、演练和应急处置等。

(四)其他风险的管理

1. 流动性风险的管理

流动性风险管理主要着眼于以下几方面:①保持资产的流动性;②保持负债的流动性;③进行资产和负债流动性的综合管理,实现资产与负债在期限或流动性上的匹配。

2. 法律风险与合规风险的管理

法律风险与合规风险管理的主要机制和方法:①加强文化建设;②加强组织与制度建设;③加强人力资源管理;④加强过程管理。

3. 国家风险的管理

国家层面的风险管理应从国家层面和企业层面入手。

（1）国家层面的管理方法。由于国家风险牵涉其他国家，因此，国家层面应当运用经济、政治、外交等多种手段，为本国居民管理其所承受的国家风险创造良好的条件和环境。例如，与他国签订双边投资促进与保护协定；设立官方的保险或担保公司对国家风险提供保险或担保；积极参与各国际组织、区域性组织的多边投资保护协定的谈判活动，将对外投资保护工作纳入国际保护体系；加强外交对对外经贸活动的支持；金融监管当局在金融监管中要求商业银行对有关国家的债权保持最低准备金等。

（2）企业层面的管理方法。金融机构及其他企业管理国家风险的主要方法有：将国家风险管理纳入全面风险管理体系；建立国家风险评级与报告制度；建立国家风险预警机制；设定科学的国际贷款的审贷程序，在贷款决策中必须评估借款人的国家风险；对国际贷款实行国别限额管理、国别差异化的信贷政策、辛迪加形式的联合贷款和寻求第三者保证等；在二级市场上转让国际债权；实行经济金融交易的国别多样化；与东道国政府签订"特许协定（Concession Agreement）"；投保国家风险保险；实行跨国联合的股份化投资，发展当地举足轻重的战略投资者或合作者；等等。

4. 声誉风险的管理

针对因自己操作失误或违反有关法律法规而产生的公众负面评价，金融机构应当严于律己，加强操作风险或法律风险、合规风险的管理，借以规避或控制这类声誉风险。

针对因外部的恶意中伤而产生的误导，金融机构应当建立声誉危机应急处置机制，一旦此类情况发生，就及时启动应急处置机制，在合适的范围内，以合适的渠道和合适的方法澄清事实真相，以正视听，避免炒作，并追究恶意中伤者的法律责任。

四、金融创新与金融深化

（一）金融创新

金融创新是指金融领域内部通过各种要素的重新组合和创造性变革所创造或引进的新事物。金融创新包括金融市场、金融制度、金融业务、金融工具和金融组织机构的创新。

金融创新有以下几方面影响：①金融创新丰富了金融市场交易，使得金融工具更加多样化、灵活化，有更高的流动性；②金融创新使金融机构传统的分工格局被突破，业务全面交叉；③金融创新使一些国家被迫放宽金融管制，进一步推动金融创新；④金融创新加大了监管的难度；⑤金融创新加强了金融系统的相互联系，带来了新的风险。

（二）金融深化理论

金融深化是指政府当局应放弃对金融市场和金融体系的过分干预，放松对利率和汇率的控制，并有效地抑制通货膨胀，使金融和经济形成相互促进的良性循环。金融深化论的代表人物是美国当代经济学家麦金农和E·肖。货币化程度和金融相关比率都可以衡量金融深化的情况，但货币化程度是最基本的衡量方法。

金融深化理论主要内容如下：①确定一个合理的实际利率水平。考虑到大多数发展中国家存在较高的通货膨胀率，因此需要提高银行存款利率的名义水平，使实际收益率为正，这样才能增加公众持有货币形式储蓄的收益，从而增加对实际货币的需求。②放松对汇率的管制，纠正高估本币的现

象,改固定汇率制为浮动汇率制,让市场供求决定本币汇率水平,通过本币的适度贬值刺激本国出口,改善国际收支状况。③进行财政体制的改革,合理地规划财政税收,进而鼓励储蓄,减少不合理的财政补贴和配给,取消"信贷分配"中的特权。④其他改革措施,包括放松对金融业务和金融机构的限制,发展多种金融工具和金融市场等。

五、金融救助之"太大而不能倒"

在金融系统危机防范和金融安全网的设计中,有一种很流行的观点叫作"Too Big to Fail",即"太大而不能倒"。其基本含义是资产规模较大,在金融市场上占据显著份额,与其他各个银行或金融机构业务头寸往来频繁的银行或金融机构在出现流动性危机时,即使表现为明显的清偿力不足,考虑到如果其倒闭会给其他连带金融机构和金融市场带来冲击,并可能由此诱发整个金融系统的风险,中央银行应当予以救助以避免其倒闭。

"太大而不能倒"的弊端主要表现在以下几方面:

(1)激发金融机构的道德风险。

(2)损及市场公平竞争秩序。

(3)加重纳税人的负担,激化社会矛盾。

六、宏观审慎监管

宏观审慎监管的内涵就是其关注的五个方面的因素,包括重要的金融机构和市场、金融风险的内生性、宏观经济环境、纵向风险积累和外部风险传染。宏观审慎监管的核心是从宏观的、逆周期的视角采取措施,防范由金融体系顺周期波动和跨部分传染导致的系统风险,维护货币和金融体系的稳定。相比微观审慎监管,宏观审慎监管更关注整个金融系统的稳定。

宏观审慎监管政策的目标是一个多层次的概念。宏观审慎监管目标可分为稳定产出、就业的最终目标,关注系统性重要部门和系统性风险内生性问题、重点监管金融体系的脆弱性的直接目标,依据影响金融稳定的主要因素而设计的操作目标。

第二节　银行业监管

一、银行业监管的目标、原则和理念

(一)银行业监管的目标

监管目标是监管行为取得的最终效果或达到的最终状态。我国银行业监督管理的目标:促进银行业的合法、稳健运行,维护公众对银行业的信心。同时,提出银行业监督管理应当保证银行业公平竞争,提高银行业竞争能力。

中国银保监会在总结国内外银行业监管经验的基础上提出了四条银行监管的具体目标:①通过审慎有效的监管,保护广大存款人和金融消费者的利益;②通过审慎有效的监管,增进市场信心;③通过金融、相关金融知识的宣传教育工作和相关信息的披露,增进公众对现代金融的了解;④努力减少金融犯罪,维护金融稳定。

（二）银行业监管的基本原则

银行业监督管理机构对银行业实施监督管理,应当遵循依法、公开、公正和效率四项基本原则。

（1）依法原则指监管职权的设定和形式必须依据法律、行政法规的规定。

（2）公开原则是指监管活动除法律规定需要保密的以外,应当具有适当的透明度。公开主要有三个方面的内容:①监管立法和政策标准公开;②监管执法和行为标准公开;③行政复议的依据、标准、程序公开。

（3）公正原则是指银行业市场的参与者具有平等的法律地位,银保监会进行监管活动时应当平等对待所有参与者。公正原则包括两个方面:①实体公正;②程序公正。

（4）效率原则是指中国银保监会在进行监管活动中要合理配置和利用监管资源,提高监管效率,既要保证全面履行监管职责,确保监管目标的实现,又要努力降低监管成本,不给纳税人、被监管对象带来负担。

（三）银行业监管理念

在总结和借鉴国内外银行业监管经验的基础上,中国银保监会提出了"管法人、管风险、管内控、提高透明度"的监管理念。这一监管理念内生于中国的银行业改革、发展与监管的实践,是对当前我国银行监管工作经验的高度总结。

二、银行业监管的主要内容与基本方法

（一）银行业监管的主要内容

概括地说,银行业监管当局的监管内容主要包括市场准入监管、市场运营监管和处置有问题银行及市场退出监管。

1. 市场准入监管

市场准入监管是指银行监管当局根据法律、法规的规定,对银行机构进入市场、银行业务范围和银行从业人员素质实施管制的一种行为。银行监管当局对要求设立的新银行机构,主要是从其存在的必要性及其生存能力两个方面进行审查。

市场准入监管应当全面涵盖以下几个环节:①审批注册机构;②审批注册资本;③审批高级管理人员的任职资格;④审批业务范围。

在我国,根据《中华人民共和国商业银行法》的规定,设立银行机构必须具备以下条件:①有符合规定的银行章程;②有符合规定的注册资本额最低限额;③有具备任职专业知识和业务工作经验的董事(行长)和高级管理人员;④有健全的组织机构和管理制度;⑤有符合要求的营业场所、安全防范措施和与业务有关的其他设施。同时,设立商业银行还应当符合其他审慎性条件。

2. 市场运营监管

市场运营监管是指对银行机构日常经营进行监督管理的活动。市场运营监管的主要内容包括以下几个方面:①资本充足性;②资产安全性;③流动适度性;④收益合理性;⑤内控有效性。

3. 处置有问题银行及市场退出监管

从微观上讲,单个银行机构经营的好坏并不重要,但从整体上讲,银行机构经营状况的恶化会导致连锁反应。一个或多个银行机构出现问题甚至倒闭,容易引起存款人挤提存款,产生银行恐慌,其后果将直接威胁银行业乃至金融业的稳定,个别的、局部的金融风险演变为系统的、区域性的金融危

机。因此处置有问题银行及市场退出监管是银行监管的重要内容。

（二）银行业监管的基本方法

银行业监管的基本方法有两种,即非现场监督和现场检查。如果从银行的整体风险考虑,还应包括并表监管。在进行现场检查后,监管当局一般要对银行进行评级。

1. 非现场监督

非现场监督是监管当局针对单个银行在并表的基础上收集、分析银行机构经营稳健性和安全性的一种方式。非现场监督包括审查和分析各种报告和统计报表。这类资料应包括银行机构的管理报告、资产负债表、损益表、现金流量表及各种业务报告和统计报表。

2. 现场检查

现场检查是指通过监管当局的实地作业来评估银行机构经营稳健性和安全性的一种方式。具体来说现场检查是由监管当局具备相应的专业知识和水平的检查人员组成检查组,按统一规范的程序,带着明确的检查目标和任务,对某一银行进入现场进行的实地审核、察看、取证、谈话等活动的检查形式。现场检查与非现场监督是密切关联的银行监管方法。非现场监督体现了风险监测和预警这一监管原则,而现场检查则是验证银行的治理结构是否完善,银行提供的信息是否可靠,是从实证的角度来发现和预防风险。除了监管当局自身行使现场检查手段外,还可以委托外部审计师事务所、会计师事务所等外部力量来实现现场检查。

3. 并表监管

银行监管的一个关键因素,是监管当局要有能力在并表的基础上对银行进行监管。并表监管又称合并监管,是指在所有情况下,银行监管当局应具备了解银行和集团的整体结构,以及与其他监管银行集团所属公司的监管当局进行协调的能力。并表监管的主要对象是银行集团的整体风险状况,关注母银行与附属机构、附属机构之间的交易,以及非银行业务及境外业务可能带来的风险。并表监管业务包括境内外业务、表内外业务和本外币业务。

4. 监管评级

银行机构评级用统一的标准来识别和度量风险,是实现银行监管目标,进行有效监管的基础。目前,国际上通行的是银行统一评级制度,即"骆驼评级制度"。这一制度是美国金融监管当局为了统一对商业银行的评级标准而制定和使用的对商业银行的全面状况进行检查、评价的一种管理制度。目前,世界上很多国家的金融监管当局采用该制度对银行的经营状况进行检查和评价。检查主要围绕资本充足性、资产质量、经营管理能力、盈利水平、流动性及市场敏感性等方面进行。

三、国际上主要的金融监管体制

（一）统一监管型

按监管主体数量划分,统一监管型又称为单一全能型,即对于不同的金融机构和金融业务,无论是审慎监管还是业务监管,都由一个机构负责监管。

（二）多头监管型

多头监管型也称分业监管体制或多元监管体制,是指将金融机构和金融市场一般按照银行、证券、保险划分为三个领域,分别设置专业的监管机构负责包括审慎监管和业务监管在内的全面监管。

（三）"双峰"监管型

"双峰"监管型，是指设置两类监管机构，一类负责对所有金融机构进行审慎监管，控制金融体系的系统性金融风险；另一类负责对不同金融业务监管，从而达到双重保险作用。澳大利亚和荷兰是这种模式的代表。2013年，英国对金融体系进行改革，撤销金融监管局（FSA），分设审慎监管局（PRA）和金融行为监管局（FCA），形成了"双峰"监管模式。

（四）伞型监管

伞型监管是指金融控股公司的各个子公司根据业务不同接受不同行业监管机构的监管。美国是伞型监管模式的代表。

第三节　国际金融

一、外汇

（一）外汇的含义

外汇（Foreign Exchange）是国际汇兑的简称。准确把握外汇的含义，需要从动态和静态两个方面理解：动态含义上的外汇是指国际间为清偿债权债务，将一国货币兑换成另一国货币的过程；静态含义上的外汇是指国际间为清偿债权债务进行的汇兑活动所凭借的手段或工具，也可以说是用于国际汇兑活动的支付手段和支付工具。

外汇又有广义与狭义之分。广义的外汇泛指一国拥有的以外国货币表示的资产或证券，如以外国货币表示的纸币和铸币、存款凭证、定期存款、股票、政府公债、国库券、公司债券和息票等。《中华人民共和国外汇管理条例》规定，外汇具体包括以下几种：①外币现钞，包括纸币、铸币；②外币支付凭证或者支付工具，包括票据、银行存款凭证、银行卡等；③外币有价证券，包括债券、股票等；④特别提款权（Special Drawing Right，简称SDR），是国际货币基金组织（IMF）根据会员国认缴的份额分配的、可用于偿还国际货币基金组织债务、弥补会员国政府之间国际收支逆差的一种账面资产；⑤其他外汇资产。

狭义的外汇是指以外国货币为载体的一般等价物，或以外国货币表示的、用于清偿国际间债权债务的支付手段，其主体是在国外银行的外币存款，以及包括银行汇票、支票等在内的外币票据。

（二）外汇的种类

依据外汇的来源、兑换条件、交割期限的不同，可对外汇进行分类，具体内容如下表所示：

划分标准	外汇类别	具体内容
按来源不同	贸易外汇	通过贸易出口及其从属活动而取得的外汇
	非贸易外汇	通过对外提供服务、投资和侨汇等方式取得的外汇
按可否自由兑换	自由外汇	不需经过货币发行国批准就可随时兑换成其他国家货币的支付手段
	记账外汇	必须经过货币发行国的同意，才能兑换其他国家货币的支付手段

（续表）

划分标准	外汇类别	具体内容
按交割期限不同	即期外汇	外汇买卖成交后，在 2 个营业日内办理交割的外汇，又称现汇
	远期外汇	外汇买卖双方按照约定，在未来某一日期办理交割的外汇，又称期汇

二、汇率

（一）汇率的概念

汇率又称汇价，是指一种货币与另一种货币之间兑换或折算的比率，也是一种货币用另一种货币所表示的价格。

汇率有直接标价法和间接标价法两种标价方法。直接标价法又称应付标价法，是以一定整数单位（1，100，10000 等）的外国货币为标准，折算为若干单位的本国货币。这种标价法是以本国货币表示外国货币的价格，因此可以称为外汇汇率。目前，我国和世界其他绝大多数国家和地区都采用直接标价法。间接标价法又称应收标价法，是以一定整数单位（1，100，10000 等）的本国货币为标准，折算为若干单位的外国货币。这种标价法是以外国货币表示本国货币的价格，因此可以称为本币汇率。目前，世界上只有英国、美国等少数几个国家采用间接标价法。

在外汇交易报价中，1 个基点（BP）是指用于金融方面，债券和票据利率改变量的度量单位。一个基点等于 1 个百分点的 1%，即 0.0001。

（二）汇率的变动

1. 汇率变动的形式

（1）法定升值与法定贬值：官方汇率的变动。

法定升值是指一国官方货币当局以法令的形式，公开宣布提高本国货币的法定含金量或币值，降低外汇汇率。

法定贬值是指一国官方货币当局以法令的形式，公开宣布降低本国货币的法定含金量或币值，提高外汇汇率。

（2）升值与贬值：市场汇率的变动。

升值是指在外汇市场上，一定量的一国货币可以兑换到比以前更多的外汇。

贬值是指在外汇市场上，一定量的一国货币只能兑换到比以前少的外汇。

2. 汇率变动的决定因素

汇率变动的决定因素如下：

（1）物价的相对变动。如果一国的物价水平与其他国家的物价水平相比上涨，则该国相对通货膨胀，货币贬值；反之则相反。

（2）国际收支差额的变化。如果外汇供不应求，则外汇汇率上升，本币贬值；反之则相反。

（3）市场预期的变化。如果人们预期未来本币贬值，则抛售本币，本币贬值；反之则相反。

（4）政府干预的汇率。当外汇市场上的外汇供不应求、汇率上涨幅度过大，货币当局会向外汇市场投放外汇，收购本币，使外汇汇率回调；反之则相反。

3. 汇率变动的影响

汇率变动对经济的影响有直接和间接两种情况，具体内容如下表所示：

影响	具体内容
汇率变动的 直接经济影响	汇率变动产生的直接经济影响体现在三个方面： (1)汇率变动影响国际收支。①汇率变动会直接影响经常项目收支。本币贬值→本国出口商品与劳务的价格↓、本国进口商品与劳务的价格↑→出口↑、进口↓→经常项目收入↑、经常项目支出↓。反之，当本币升值时，影响正好相反。②汇率变动会直接影响资本与金融项目收支。本币贬值→偿还外债的本币负担↑、外国债务人偿还本币债务的负担↓→借贷资本流入↓、借贷资本流出↑→国外直接投资和证券投资的本币利润↑、外国在本国直接投资和证券投资的外国货币利润↓→直接投资和证券投资项下的资本流出↑、直接投资和证券投资项下的资本流入↓。反之，如果本币升值，则其影响正好相反 (2)汇率变动影响外汇储备。①汇率变动发生在本币与外币之间，汇率变动不会影响通常以外币计值的外汇储备价值。只有当外汇储备被国家以某种机制或形式结成本币，用于国内时，本币↑→用外汇储备结成本币的金额↓→外汇储备价值↓。②汇率变动发生在不同储备货币之间，例如美元与欧元之间，美元对欧元↑，欧元外汇储备的美元价值↓。反之则相反 (3)汇率变动形成汇率风险。汇率变动形成汇率风险，是汇率变动微观经济影响的范畴
汇率变动的 间接经济影响	汇率变动产生的间接经济影响主要是通过国际收支传导的，体现在两个方面： (1)汇率变动影响经济增长。①本币↓→商品和劳务的出口↑、商品和劳务的进口↓→出口部门和进口替代部门经济↑、所有经济部门↑。②本币↑→借贷资本、直接投资和证券投资的流出↓。如果宏观管理和金融监管得当，则实体经济和金融经济↑。而本币贬值对实体经济和金融经济的影响则恰好相反，是负面的 (2)汇率变动影响产业竞争力和产业结构。本币↓→出口部门和进口替代部门的经济↑、部门的产业竞争力↑→产业结构发生变化

三、国际收支及其调节

（一）国际收支

国际收支是指在一定时期内，一国居民与非居民所进行的全部经济交易的以一定货币计值的价值量总和。该定义是以交易为基础的，即判断是否是国际收支，核心是看是否发生了经济交易。在此，被狭义国际收支定义所不能涵盖的易货贸易、物品捐赠、以实物投入的直接投资等都被纳入国际收支。

国际收支具有这样的本质特征：①国际收支是一个流量的概念，是一定时期的发生额；②国际收支是一个收支的概念，是收入和支出的流量，收入和支出的本质是以一定货币计值的价值量；③国际收支是一个总量的概念，是整个国家在一定时期内收入和支出的总量；④国际收支是一个国际的概念，国际性的本质特征在于经济交易的主体特征，即居民与非居民。

国际收支由经常项目收支和资本项目收支构成。经常项目收支又包括贸易收支、服务收支、要素报酬收支和单方转移收支。资本项目收支又包括直接投资、证券投资和其他投资。

（二）国际收支均衡与不均衡

1. 国际收支均衡与不均衡的概念

国际收支均衡是指自主性交易的收入和支出的均衡。国际收支不均衡是指自主性交易的收入和支出的不均衡。其中，如果自主性交易的收入大于支出，则是国际收支顺差；如果自主性交易的收入小于支出，则是国际收支逆差。

2. 国际收支不均衡的类型

从不同的角度,可以将国际收支不均衡划分为不同的类型。

根据差额的性质,国际收支不均衡分为顺差、逆差。

根据产生的原因,国际收支不均衡分为收入性不均衡、货币性不均衡、周期性不均衡、结构性不均衡。一般而言,由<u>经济结构滞后引起的国际收支失衡是长期的,很难扭转</u>。

根据不同账户的状况,国际收支不均衡分为经常账户不均衡、资本与金融账户不均衡、综合性不均衡。

（三）国际收支不均衡的调节

1. 国际收支不均衡调节的政策措施

（1）宏观经济政策。

国际收支不均衡调节的宏观经济政策包括财政政策、货币政策和汇率政策。

①财政政策。在国际收支逆差时,可以采用紧的财政政策。紧的财政政策对国际收支的调节作用主要有两个方面:一是产生需求效应,即实施紧的财政政策导致进口需求减少,进口下降;二是产生价格效应,即实施紧的财政政策导致价格下跌,从而刺激出口,限制进口。在国际收支顺差时,可以采用松的财政政策。松的财政政策能对国际收支产生进口需求扩大的需求效应和价格上涨限制出口、刺激进口的价格效应。财政政策主要调节经常项目收支。

②货币政策。在国际收支逆差时,可以采用紧的货币政策。紧的货币政策对国际收支的调节作用主要有三个方面:一是产生需求效应,即实施紧的货币政策导致有支付能力的进口需求减少,进口下降;二是产生价格效应,即实施紧的货币政策导致价格下跌,从而刺激出口,限制进口;三是产生利率效应,即实施紧的货币政策导致利率提升,从而刺激资本流入,阻碍资本流出。在国际收支顺差时,可以采用松的货币政策。松的货币政策能对国际收支产生进口需求扩大的需求效应,价格上涨限制出口、刺激进口的价格效应,以及利率降低阻碍资本流入、刺激资本流出的利率效应。货币政策既调节经常项目收支,又调节资本项目收支。

③汇率政策。汇率政策就是货币当局实行本币法定贬值或法定升值,或有意在外汇市场上让本币贬值或升值。汇率政策能够产生相对价格效应。这里的相对价格是指以外币标价的本国出口价格,以本币标价的本国进口价格。在国际收支逆差时,可以采用本币法定贬值或贬值的政策。这样,以外币标价的本国出口价格下降,从而刺激出口,而以本币标价的本国进口价格上涨,从而限制进口。在国际收支顺差时,可以采用本币法定升值或升值的政策,这会使以外币标价的本国出口价格上涨,从而限制出口,以本币标价的本国进口价格下跌,从而刺激进口。汇率政策主要调节经常项目收支。

（2）微观政策措施。

当国际收支出现严重不均衡时,为了迅速扭转局面,收到立竿见影的调节效果,政府和货币当局还可以采取外贸管制和外汇管制的措施。在国际收支逆差时,就加强外贸管制和外汇管制;在国际收支顺差时,就放宽乃至取消外贸管制和外汇管制。

此外,在国际收支逆差时,还可以采取向国际货币基金或其他国家争取短期信用融资的措施或直接动用本国的国际储备。

2. 国际收支不均衡调节中内部均衡与外部均衡的兼顾

（1）内部均衡与外部均衡的不同组合。

内部均衡是指国民经济运行处于经济增长、物价稳定和充分就业的状态。外部均衡就是国际收支均衡。

内部均衡与外部均衡有四种不同组合：①内部均衡与外部均衡；②内部均衡与外部不均衡；③内部不均衡与外部均衡；④内部不均衡与外部不均衡。

内部不均衡与外部不均衡的组合内含四种情形：①经济衰退、失业与国际收支逆差；②经济衰退、失业与国际收支顺差；③通货膨胀与国际收支逆差；④通货膨胀与国际收支顺差。

（2）兼顾内部均衡与外部均衡的政策措施。

第一种组合：内部均衡与外部均衡，即内部均衡与外部均衡并存，是最理想的状态，无需采用任何政策措施调节。

第二种组合：内部均衡与外部不均衡并存，此时无需采用影响内部均衡的政策措施，只需采用调节外部不均衡的政策措施，如运用汇率政策等。

第三种组合：内部不均衡与外部均衡并存，此时只需采用调节内部均衡的政策措施，如运用财政政策或货币政策，而无需采用影响外部均衡的政策措施。

第四种组合：内部不均衡与外部不均衡并存，情况复杂，需要区别对待。

（3）蒙代尔政策搭配理论。

1962 年，蒙代尔在向 IMF 提交的研究报告中，正式提出了著名的"政策配合说"。其特色在于，强调以货币政策促进外部均衡，以财政政策促进内部均衡。蒙代尔政策的搭配如下表所示：

内部与外部状态	财政政策	货币政策
失业、逆差	扩张	紧缩
通胀、逆差	紧缩	紧缩
通胀、顺差	紧缩	扩张
失业、顺差	扩张	扩张

四、开放经济条件下产品与资本的国际流动

产品与资本国际间流动可能的三种格局：

（1）贸易盈余：出口>进口，净出口>0，产出>国内支出，储蓄>投资，资本净流出>0。

（2）贸易平衡：出口＝进口，净出口＝0，产出＝国内支出，储蓄＝投资，资本净流出＝0。

（3）贸易赤字：出口<进口，净出口<0，产出<国内支出，储蓄<投资，资本净流出<0。

五、国际储备

（一）国际储备的含义与构成

国际储备是指一国货币当局为弥补国际收支逆差，稳定本币汇率和应付紧急支付等目的所持有的国际普遍接受的资产。目前，国际货币基金组织会员国的国际储备一般可分为四种类型：货币性黄金、外汇储备、IMF 的储备头寸和特别提款权。

（1）货币性黄金。货币性黄金是指一国货币当局作为金融资产而持有的黄金。1976 年 IMF 正式

废除黄金官价,由于货币当局在执行黄金国际储备职能时不能以实物黄金对外支付,所以黄金只能算是潜在的国际储备,而非真正的国际储备。

(2)外汇储备。外汇储备主要是指各国货币当局持有的对外流动性资产,主要是银行存款和国库券等。外汇储备是国际储备最主要的组成部分,在非黄金储备中的占比高达95%以上。

(3)IMF的储备头寸。IMF的储备头寸是指在国际货币基金组织的普通账户中会员国可以自由提取使用的资产,包括会员国向基金组织缴纳份额中的25%可自由兑换货币(储备档头寸)和基金组织用去的本币两部分(超储备档头寸)。

(4)特别提款权(SDR)。特别提款权是国际货币基金组织创设的一种储备资产和记账单位,亦称"纸黄金"。

(二)国际储备的作用

国际储备是一个国家经济地位的象征,同时也反映出该国参与国际经济活动的能力。因此世界各国都保留一定的外汇储备。通常来说,国际储备的作用包括以下三点:①融通国际收支逆差,调节临时性的国际收支不平衡;②干预外汇市场,从而稳定本国货币汇率;③是一国对外举债和偿债的根本保证。

六、国际货币体系

近现代国际货币体系大致经历了三个发展阶段:第一次世界大战前的国际金本位制,第二次世界大战后的布雷顿森林体系,以及20世纪70年代以来的牙买加体系。

(一)国际金本位制

1880~1914年是国际金本位制的鼎盛时期。国际金本位制的主要内容如下:①铸币平价构成各国货币的中心汇率。在国际金本位制下,银行券代替黄金流通,可以自由兑换黄金,黄金和银行券都可以对外支付,因此决定两国货币汇率的直接基础是两国单位货币的含金量,含金量之比的铸币平价是中心汇率。②市场汇率受外汇市场供求关系的影响而围绕铸币平价上下波动,波动幅度为黄金输送点。

(二)布雷顿森林体系

布雷顿森林会议的主要内容包括以下几点:

(1)建立一个永久性的国际金融机构,即国际货币基金组织,目的是加强国际货币金融合作。

(2)实行"双挂钩"的固定汇率制度。一是美元同黄金挂钩,即其他各国认可美元的法定含金量,1美元等于0.886 71克纯金,黄金官价为每盎司黄金35美元,在其他各国中央银行以持有的美元向美国兑换黄金时,美国保证按照该法定含金量兑换;二是其他各国的货币与美元挂钩,人为规定本国货币与美元的法定平价,市场汇率围绕法定平价在上下各1%的幅度内波动,实行可调整的有明确汇率波动幅度限制的固定汇率制度。这种"双挂钩"汇率制度会出现"特里芬难题",即由于美元与黄金挂钩,而其他国家的货币与美元挂钩,美元虽然取得了国际核心货币的地位,但是各国为了发展国际贸易,必须用美元作为结算与储备货币,这样就会导致流出美国的货币在海外不断沉淀,对美国国际收支来说就会发生长期逆差;而美元作为国际货币核心的前提是必须保持美元币值稳定与坚挺,这又要求美国必须是一个长期国际贸易收支顺差国。这两个要求互相矛盾,故又称"特里芬悖论"。

(3)取消对经常账户交易的外汇管制,但是对国际资金流动作出了一定的限制。

（三）牙买加体系

"牙买加协议"规定：①浮动汇率合法化。各成员可以自由作出汇率制度方面的安排，国际货币基金组织允许其采取浮动汇率制度或其他形式的固定汇率制度。②黄金非货币化。废除黄金官价，取消成员之间或与国际货币基金组织之间以黄金清偿债务的义务。③扩大特别提款权的作用。成员之间可以使用特别提款权来偿还债务以及接受贷款。④扩大发展中国家的资金融通且增加各成员的基金份额。

美国以其超强的经济实力，在国际货币基金组织的重大决策中具有独家否决权。因此，布雷顿森林体系瓦解后，美元在牙买加体系中仍然居于主导地位，持续广泛地发挥国际货币的作用。

第六章　商业银行业务与经营

知识体系

本章导学

从近几年考试来看,基于银保监会的职责及商业银行属于银保监会监管对象的实际,银保监财会类职位专业科目考试对商业银行业务与经营均有考查,考查内容涉及各个知识点。本章的重难点有商业银行的业务和商业银行的风险管理与计量,考生在复习时应注意理解和掌握。

第一节　商业银行导论

一、商业银行的性质与功能

商业银行具有以下三项性质:①商业银行具有一般的企业特征,即追求利润最大化。②商业银行是特殊的企业。商业银行是经营货币资金的金融企业,其活动范围是货币信用领域。③商业银行不同于其他金融机构。商业银行能提供更多、更全面的金融服务,能够吸收活期存款,而其他金融机构不能吸收活期存款。

商业银行在现代经济活动中主要发挥信用中介、支付中介、信用创造和金融服务四项功能。

二、商业银行的经营原则

商业银行的经营原则包括以下三项:

(1)安全性。安全性原则是指商业银行具有管理和有效控制风险、弥补损失、保证银行稳健经营的能力。银行应首先考虑安全性,在保证安全的前提下,争取最大利润。

(2)流动性。流动性原则是指商业银行具有随时以适当的价格取得可用资金,随时满足存款人提取存款和满足客户合理的贷款及其他融资需求的能力。

(3)效益性。效益性原则是指商业银行在稳健经营的前提下,尽可能提高银行的盈利能力,力求获取最大利润,以实现银行的价值最大化目标。

第二节 商业银行的资产负债管理

一、资产负债管理的基本原理

商业银行资产负债管理的基本原理包括规模对称原理、结构对称原理、速度对称原理、目标互补原理、利率管理原理、比例管理原理。

二、资产负债管理的内容

商业银行资产负债管理的内容如下:

(1)资产管理。资产管理主要包括贷款管理、证券投资管理和现金资产管理。

(2)负债管理。负债管理主要包括存款管理和借入款管理。

三、资产负债管理的方法

目前国际银行业较为通行的资产负债管理方法主要包括三种基础管理方法(缺口分析、久期分析、外汇敞口与敏感性分析)和两种前瞻性动态管理方法(情景模拟和流动性压力测试)。五种资产负债管理方法的具体内容如下表所示:

方法	具体内容
缺口分析	缺口分析是商业银行衡量资产与负债之间重新定价期限和现金流量到期期限匹配情况的一种方法,主要用于利率敏感性缺口和流动性期限缺口分析。前者衡量一定时期内到期或需重新定价的资产与负债之间的差额,后者用于定期计算和监测同期限内到期的资产与负债差额
久期分析	久期分析是商业银行衡量利率变动对全行经济价值影响的一种方法。商业银行通过改变资产、负债的久期,实现资产负债组合的利率免疫,提高全行的市场价值和收益水平

方法	具体内容
外汇敞口与敏感性分析	外汇敞口与敏感性分析是商业银行衡量汇率变动对全行财务状况影响的一种方法。商业银行通过采用敞口限额管理和资产负债币种结构管理等方式控制外汇敞口产生的汇率风险
情景模拟	情景模拟是商业银行结合设定的各种可能情景的发生概率,研究多种因素同时作用可能产生的影响
流动性压力测试	流动性压力测试是一种以定量分析为主的流动性风险分析方法,商业银行通过流动性压力测试测算全行在遇到小概率事件等极端不利情况下可能发生的损失,从而对银行流动性管理体系的脆弱性做出评估和判断,进而采取必要措施

第三节　商业银行资本

一、商业银行资本的含义

商业银行资本是指商业银行自身拥有或者能永久支配使用的资金,即采用公认会计计算原则所核算的所有者权益,等于银行总资产与银行总负债之差。它不仅包括所有者通过初始投资、配股或股票股利等所形成的股本和溢价,而且包括商业银行在持续经营中所提留的留存收益或通过捐赠等获得的资本公积。

关于商业银行资本,有注册资本、实收资本、股权资本、监管资本和经济资本之分。其中,监管资本是金融监管当局所规定的要求商业银行必须达到的最低的资本限额,包括商业银行的核心资本和附属资本。它是1988年《巴塞尔协议》提出的,为世界各国所接受的一个资本概念。

二、银行资本充足率与《巴塞尔协议》

（一）资本充足性的含义

银行资本的充足性,主要指银行资本的数量足以吸收可能发生的意外损失,使银行在遭遇风险损失时不致破产。对商业银行来讲,资本充足的确切含义是资本适度,而不是资本多多益善。另外,资本充足的含义还包括资本构成的合理。资本充足率是衡量银行抵御风险能力的重要指标。

（二）商业银行资本充足率衡量的标准

商业银行资本充足率衡量的标准包括:①资本与存款比率;②资本与风险资产比率;③纽约公式;④综合分析法;⑤"巴塞尔协议"法。

《巴塞尔协议》是目前衡量与评估银行资本的最重要的国际性文件。《巴塞尔协议》对银行资本衡量采用了全新的方法。

（三）银行监管改革之《巴塞尔协议》的变化

资本监管是银行审慎监管的核心,为了加强银行业资本监管,提高银行抵御风险能力,巴塞尔委员会于1988年通过了《巴塞尔协议Ⅰ》,随后2004年又修订出台了《巴塞尔协议Ⅱ》,构建了资本监管的三大支柱——最低资本要求、监管当局的监督检查和市场约束,并将信用风险、市场风险、操作风险都纳入资本监管要求。2010 年 9 月 12 日，巴塞尔委员会宣布通过《巴塞尔协议Ⅲ》。《巴塞尔协议Ⅲ》引入"系统重要性银行"这一概念，对业务规模较大、业务复杂程度较高，发生重大风险事件或经营失败会对整个银行体系带来系统性风险的银行，进行特别要求。《巴塞尔协议Ⅲ》改革的主要内容包括以下几方面：

(1)扩大资本覆盖面，增强风险捕捉能力。

(2)修改资本定义，强化监管资本基础。

(3)建立杠杆率监管标准，弥补资本充足率缺陷。

(4)建立宏观审慎资本要求，反映系统性风险。

(5)建立量化流动性监管标准。

第四节　商业银行的业务

一、商业银行的负债业务

（一）存款业务

存款是银行对存款人的负债，是银行最主要的资金来源。存款业务是银行的传统业务。商业银行存款可以从不同角度进行不同的分类：

(1)按持有人不同，存款分为财政性存款、个人存款和同业存款。

(2)按来源和性质不同，存款分为原始存款和派生存款。

(3)按币种不同，存款分为本币存款和外币存款。

(4)按能否签发支票，存款分为交易存款和非交易存款。

（二）借款业务

借款业务是指商业银行向中央银行、同业银行机构等借入资金，以缓解资金周转的困难。借款业务是商业银行负债的又一种形式。借款可分为短期借款和长期借款。

1. 短期借款业务

(1)短期借款的含义。商业银行的短期借入资金，是指期限在 1 年以内的各种银行借款。其主要目的是保证正常的资金周转、满足流动性的需要。

(2)短期借款的途径。短期借款的途径包括以下两种：

①向中央银行借款，主要有再贴现与再贷款两种途径。再贴现是指商业银行资金紧张、周转发生困难时，可将贴现所得的未到期的商业票据，向中央银行申请再次贴现，以获取现款。再贷款是指商业银行向中央银行的直接借款，多为解决其季节性或临时性的资金需求，具有临时融通、短期周转的性质。

②向银行同业借款，主要有同业拆借、转贴现、转抵押、回购协议四种途径。同业拆借是商业银行之间利用资金融通中的时间差、空间差、行际差来调剂资金头寸的短期借贷，是金融机构之间的短期资金融通；转贴现指商业银行对商业票据承兑贴现后，若发生临时性准备金不足，可把已贴现、未到期的票据在二级市场上转售给其他商业银行；转抵押指商业银行准备金不足时，可将发放抵押贷款而获

得的借款客户提供的抵押品,再次向其他银行申请抵押贷款,以取得资金;回购协议指商业银行将其持有的某些资产,如国库券、政府债券等,暂时出售给其他金融机构、政府或企业,并约定在今后某一特定日期,以特定价格再购回其所出售资产的一种协议。回购协议包括隔夜回购、定期回购和开放式回购三种形式。

2. 长期借款业务

商业银行的长期借入资金,主要是指通过发行金融债券来筹集的资金,可以满足银行中长期资金来源和特定资金用途的需要。

按照发行债券的目的不同,金融债券可分为以下两类:

(1)资本性债券。资本性债券指商业银行为弥补自身资本金不足而发行的、介于一般性债券和股票之间的债券,其期限较长,一般在5年以上,属于附属资本的范畴。

(2)一般性债券。一般性债券指商业银行为筹集长期贷款、投资等业务所需资金而发行的债券。一般性债券还可进行以下分类:按照有无担保,分为信用债券和担保债券;按照债券利率是否浮动,分为固定利率债券和浮动利率债券;按照发行价格的不同,分为普通金融债券、累进利息金融债券和贴现金融债券;按照发行范围和币种的不同,分为国内金融债券和国际金融债券。

例题

同业拆借是指商业银行与( )之间进行的借款业务。

A. 商业银行　　　　　　　　　　　B. 财政部

C. 中央银行　　　　　　　　　　　D. 居民

【答案】A。

二、商业银行的资产业务

(一)贷款业务

1. 贷款的分类

贷款的分类如下表所示:

划分标准	贷款类型	具体内容
按贷款的 期限划分	活期贷款	在贷款时不确定偿还期限,可以随时由银行发出收回贷款的通知,客户也可以随时偿还的贷款
	定期贷款	具有固定偿还期限的贷款
	投资贷款	活期存款账户依照合同向银行透支的款项,它实质上是银行的一种贷款
按偿还方式 划分	一次性偿还贷款	借款人在贷款到期日一次性还清贷款本金的贷款,其利息可以分期支付,也可以在归还本金时一次性付清
	分期偿还贷款	借款人按规定期限分次偿还本金和支付利息的贷款
按贷款的保障 程度划分	信用贷款	银行完全凭借客户的信誉而无须提供抵押物或第三者保证而发放的贷款
	担保贷款	以一定财产或信用作为还款保证的贷款
	票据贴现	应客户的要求,以现金或活期存款买进客户持有的未到期的商业票据的方式发放的贷款

（续表）

划分标准	贷款类型	具体内容
按贷款发放的自主程度划分	自营贷款	银行以合法方式筹集的资金自主发放的贷款,是商业银行最主要的贷款
	委托贷款	由政府部门、企事业单位及个人等委托人提供资金,由银行根据委托人确定的贷款对象、用途、金额、期限、利率等代为发放、监督、使用并协助收回的贷款
	特定贷款	经国务院批准并对可能造成的损失采取相应的补救措施后,责成国有独资商业银行发放的贷款
按计息方式划分	固定利率贷款	在贷款期内利率保持不变的贷款
	浮动利率贷款	在贷款期内可适时调整利率的贷款

2. 贷款质量

我国自2002年开始全面实施"贷款五级分类法",将贷款分为正常、关注、次级、可疑、损失五类,后三类称为不良贷款。不良贷款率是衡量银行资产质量的最重要指标。

3. 绿色信贷

商业银行应当以绿色信贷为抓手,积极调整信贷结构。做好绿色信贷管理要从以下几方面入手:①加强绿色信贷能力建设,建立健全绿色信贷标识和统计制度,完善相关信贷管理系统,加强绿色信贷培训,培养和引进相关专业人才;②加强授信尽职调查,根据客户及其项目所处行业、区域特点,明确环境和社会风险尽职调查的内容,确保调查全面、深入、细致;③加强授信审批管理,根据客户面临的环境和社会风险的性质和严重程度,确定合理的授信权限和审批流程;④加强信贷资金拨付管理,将客户对环境和社会风险的管理状况作为决定信贷资金拨付的重要依据;⑤加强贷后管理,对有潜在重大环境和社会风险的客户,制定并实行有针对性的贷后管理措施;⑥加强对拟授信的境外项目的环境和社会风险管理,确保项目发起人遵守项目所在国家或地区有关环保、土地、健康、安全等相关法律法规。

（二）证券投资业务

1. 商业银行证券投资的功能

商业银行证券投资是指在商业银行业务活动中,为增强资产的收益性和保持相应的流动性而把资金投放于有价证券的经济行为。商业银行证券投资的功能如下:①获取收益;②分散风险;③补充流动性;④其他功能。

2. 商业银行证券投资工具

商业银行证券投资工具主要有货币市场工具、资本市场工具和创新工具。货币市场工具是指到期期限在1年以内的金融工具与证券,主要包括国库券、商业票据、大额可转让定期存单、银行承兑汇票、证券投资基金等;资本市场工具是指期限在1年以上的金融工具,包括中长期国债、中央政府机构债券、地方政府债券、公司债券、公司股票等;创新工具主要包括结构化票据、证券化资产和剥离证券等。我国商业银行证券投资的范围目前主要集中于国债和金融债两类。

（三）现金资产业务

现金资产是银行持有的库存现金以及与现金等同的可随时用于流动性支付的银行资产。商业银行现金资产包括以下四类:①库存现金,指商业银行保存在金库中的现钞和硬币;②在中央银行的存款,指商业银行存放在中央银行的资金,即存款准备金,包括法定存款准备金和超额存款准备金;③存

放同业存款,指商业银行存放在代理行和相关银行的存款;④托收中的现金,指本行通过对方银行向外地付款单位或个人收取的票据款项。

三、商业银行的中间业务

（一）中间业务概述

1. 中间业务的含义

商业银行的中间业务有狭义和广义之分。狭义上的中间业务为中介或代理的业务。广义上的中间业务是指不构成商业银行资产负债表表内资产、表内负债,形成非利息收入的业务。中间业务与资产业务、负债业务一起构成商业银行的三大业务支柱。

2. 中间业务的特点

相对传统业务而言,中间业务具有以下特点:

（1）不运用或不直接运用银行的自有资金。

（2）不承担或不直接承担市场风险。

（3）以接受客户委托为前提,为客户办理业务。

（4）以收取服务费(手续费、管理费等)、赚取价差的方式获得收益。

（5）种类多、范围广,产生的收入在商业银行营业收入中所占的比重日益上升。

3. 中间业务的作用

中间业务对商业银行的积极作用主要表现在以下几个方面:①稳定商业银行收入增长;②分散风险和提高安全性;③对传统的存贷业务发挥联动效应;④促进新信用工具的创造和新业务经营领域的开辟;⑤促进商业银行资源的有效整合。

（二）传统的中间业务

1. 支付结算业务

支付结算业务是指由商业银行为客户办理因债权债务关系引起的与货币支付、资金划拨有关的收费业务。它是在银行存款业务基础上产生的中间业务,也是我国银行业务量最大的一项中间业务。

根据中国人民银行颁布的《支付结算办法》第十六条的规定,单位、个人和银行办理支付结算必须遵守下列原则:恪守信用,履约付款;谁的钱进谁的账,由谁支配;银行不垫款。

（1）国内结算。我国现有的票据有汇票、银行本票、支票等。这三种票据的具体内容如下表所示:

票据	具体内容
汇票	汇票分为银行汇票和商业汇票。银行汇票是由出票银行签发的,由其在见票时按照实际结算金额无条件支付给收款人或持票人的票据;商业汇票是由出票人签发的,委托付款人在指定付款日期无条件支付确定金额给收款人或持票人的票据
银行本票	银行本票是银行签发的,承诺自己在见票时无条件支付确定的金额给收款人或者持票人的票据
支票	支票是出票人签发的、委托办理支票存款业务的银行在见票时无条件支付确定的金额给收款人或者持票人的票据,分为现金支票、转账支票和普通支票

我国现有的结算方式有汇兑、托收承付、委托收款等。这三种结算方式的具体内容如下表所示:

结算方式	具体内容
汇兑	汇兑是汇款人委托银行将其款项支付给收款人的结算方式,适用于单位和个人的各种款项结算,是异地结算中最广为使用的一种方式
托收承付	托收承付(异地托收承付)是收款人根据购销合同发货后,委托银行向异地付款人收取款项,付款人向银行承认付款的结算方式
委托收款	委托银行收款是指收款人向银行提供收款依据,委托银行向付款人收取款项的结算方式

(2)国际结算。目前,在进出口业务中所采用的结算方式主要有汇款、托收和信用证。

汇款是银行(汇出行)应汇款人(债务人)的要求,以一定的方式将一定的金额,以其国外联行或代理行作为付款银行(汇入行),付给收款人(债权人)的一种结算方式。汇款业务按汇款支付授权的投递方式划分,分为:①电汇,汇出行以电报、电传、环球同业银行金融电讯协会(SWIFT)方式汇出汇款;②信汇,汇出行将信汇委托书或支付委托书邮寄给汇入行;③票汇,汇出行代汇款人开立以其分行或代理行为解付行的银行即期汇票,并将该票据邮寄给收款人。

托收是指银行依据所收到的指示处理金融单据和/或商业单据所限定的单据,以便于:取得付款和/或承兑;凭以付款或承兑交单;按照其他条款和条件交单。托收结算方式分为光票托收、跟单托收和直接托收。

信用证是银行应进口商请求,开出一项凭证给出口商的,在一定条件下保证付款或者承兑并付款或者议付的一种结算方式。

2. 代理业务

代理业务指商业银行接受客户委托、代为办理客户指定的经济事务、提供金融服务并收取一定费用的业务。代理业务具有风险低、收益稳定等特点,发展潜力巨大。

代理业务主要有以下几种:①代收代付业务;②代理银行业务,根据银行的种类可进一步分为代理政策性银行业务、代理中央银行业务、代理商业银行业务;③代理证券业务;④代理保险业务;⑤其他代理业务,包括委托贷款业务、代销开放式基金、代理国债买卖等。

3. 银行卡业务

(1)银行卡的定义和功能。银行卡是由经授权的金融机构(主要指商业银行)向社会发行的具有消费信用、转账结算、存取现金等全部或部分功能的信用支付工具。银行卡主要有以下功能:①支付结算;②汇兑转账;③储蓄;④循环信贷;⑤个人信用;⑥综合服务。

(2)银行卡的分类。银行卡的分类如下表所示:

划分标准	类别
按清偿方式的不同	信用卡、借记卡
按币种的不同	人民币卡、外币卡、多币卡
按发卡对象的不同	个人卡、单位(商务)卡
按信息载体的不同	磁条卡、芯片(IC)卡

(3)银行卡业务的收入。信用卡业务的收入主要来自以下五项:①利息收入;②特约商户的销售折扣;③银行卡年费;④其他手续费和所得;⑤非正常处理事项收费。

例题

商业银行的中间业务不包括(　　)。

A. 信用卡业务　　　　　　　　　　B. 支付结算业务

C. 应收账款　　　　　　　　　　　D. 代收水电费

【答案】C。解析：传统的中间业务包括支付结算业务、代理业务和银行卡业务。代收水电费属于商业银行的代理业务。故本题选C。

四、商业银行的表外业务

表外业务是指商业银行从事的，按现行的会计准则不列入资产负债表内，不形成现实资产负债，但能够引起当期损益变动的业务。商业银行的表外业务主要有担保业务、承诺业务、交易类业务和资产证券化等。

（1）担保业务是指商业银行为客户债务清偿能力提供担保，承担客户违约风险的业务。担保业务不占用银行资金，但形成银行或有负债，当申请人不能及时完成其应尽的义务时，银行必须代为履行付款职责。

（2）承诺业务是指商业银行在未来某一日期按照事前约定的条件向客户提供约定信用的业务，主要包括贷款承诺和票据发行便利。

（3）交易类业务是指商业银行为满足客户保值或自身风险管理等方面的需要，利用各种金融工具进行的资金交易活动。

（4）广义的资产证券化是指某一资产或资产组合采取证券资产这一价值形态的资产运营方式。

第五节　商业银行的风险管理与计量

一、商业银行的风险管理

（一）商业银行风险的概念

商业银行风险是指银行在经营过程中，由于各种不确定因素的影响，使其实际收益和预期收益产生背离，从而导致银行蒙受经济损失或少获取额外收益的可能性。

（二）商业银行风险的分类

巴塞尔委员会将商业银行面临的风险主要分为以下几类，具体内容如下表所示：

风险	具体内容
信用风险	信用风险是商业银行面临的主要风险,指借款人或交易对手不能按照事先达成的协议履行义务的可能性
市场风险	市场风险是指因市场价格(包括利率、汇率、股票价格和商品价格)的不利变动而使银行表内和表外业务发生损失的风险。我国商业银行市场风险主要表现为利率风险和汇率风险

风险	具体内容
操作风险	操作风险是指由不完善或有问题的内部程序、员工和信息科技系统，及外部事件所造成损失的风险，包括法律风险，但不包括战略风险和声誉风险。操作风险具有普遍性和非营利性
流动性风险	流动性风险是指商业银行无法及时获得或以合理成本获得充足资金，用于偿付到期债务、履行其他支付义务或满足正常业务开展需要的风险。流动性风险是一种综合性风险
国家风险	国家风险是指在与非本国居民进行国际经贸与金融往来中，由于他国（或地区）经济、政治、社会变化及事件而遭受损失的可能性。国家风险通常是由债务人所在国家（或地区）的行为引起的，超出了债权人的控制范围
声誉风险	声誉风险是指由商业银行经营、管理及其他行为或外部事件导致利益相关者对商业银行负面评价的风险
法律风险	法律风险是指商业银行在日常经营活动中，由于无法满足或违反法律要求，导致不能履行合同、发生争议、诉讼或其他法律纠纷而可能给商业银行造成经济损失的风险。法律风险是一种特殊类型的操作风险
战略风险	战略风险是指商业银行在追求短期商业目的和长期发展目标的系统化管理过程中，不适当的发展规划和战略决策可能威胁银行未来发展的潜在风险

（三）商业银行的合规管理

合规风险，是指商业银行因没有遵循法律、规则和准则而可能遭受法律制裁、监管处罚、重大财务损失和声誉损失的风险。

合规管理，是合规风险管理的简称，是指银行有效识别和监控合规风险，主动预防违规行为发生的动态过程。商业银行应建立与其经营范围、组织结构和业务规模相适应的合规风险管理体系。

（四）信用评级要素分析法

要素分析法是金融机构对客户作信用风险分析时所采用的专家分析法之一，根据信用的形成要素进行定性分析，必要时配合定量计算。商业银行常用的分析方法有以下几种。

1. 5C 要素分析法

5C 要素分析法主要分析以下五个方面要素：借款人品德（Character）、经营能力（Capacity）、资本（Capital）、资产抵押（Collateral）、经济环境（Condition）。

2. 5P 要素分析法

5P 要素分析法主要分析以下五个方面要素：个人因素（Personal Factor）、资金用途因素（Purpose Factor）、还款来源因素（Payment Factor）、债权保障因素（Protection Factor）、企业前景因素（Perspective Factor）。

3. 5W 要素分析法

5W 要素分析法主要分析以下五个方面要素：借款人（Who）、借款用途（Why）、还款期限（When）、担保物（What）、如何还款（How）。

4. 4F 要素分析法

4F 要素分析法主要分析以下四个方面要素：组织要素（Organization Factor）、经济要素（Economic Factor）、财务要素（Financial Factor）、管理要素（Management Factor）。

5. CAMPARI 法

CAMPARI 法即对借款人以下七个方面进行分析:品德,即偿债记录(Character);借款人偿债能力(Ability);获利能力(Margin);借款目的(Purpose);借款金额(Amount);偿还方式(Repayment);贷款抵押(Insurance)。

6. LAPP 法

LAPP 法分析以下要素:流动性(Liquidity)、活动性(Activity)、盈利性(Profitability)和潜力(Potentialities)。

7. 骆驼评估体系

骆驼评估体系包括以下五个部分:资本充足率(Capital Adequacy Ratio)、资产质量(Asset Quality)、管理水平(Management)、收益状况(Earnings)、流动性(Liquidity)。因其英文第一个字母组合在一起为"CAMEL",正好与"骆驼"的英文名字相同而得名。

二、商业银行的风险计量

(一)信用风险的计量

商业银行通过计量不同的风险参数,可以从不同维度来反映银行承担的信用风险水平。常用的风险参数如下:

(1)违约概率(PD)。违约概率是指债务人在未来一段时间内(一般是 1 年)发生违约的可能性。在《巴塞尔协议Ⅲ》中,违约概率被具体定义为借款人内部评级 1 年期违约概率与 0.05% 中的较高者。

(2)违约损失率(LGD)。违约损失率指某一债项违约导致的损失金额占该违约债项风险暴露的比例,即损失占风险暴露总额的百分比。

(3)违约风险暴露(EAD)。违约风险暴露是指债务人发生违约时预期表内和表外项目风险暴露总额,反映了可能发生损失的总额度。

(4)有效期限(M)。有效期限是指某一债项的剩余有效期限。

(5)预期损失。预期损失是指银行承担的风险在未来一段时间内可能造成损失的均值。信用风险预期损失等于借款人的违约概率、预期损失率与违约风险暴露三者的乘积。

(6)非预期损失。非预期损失是指未来一段时间内,一定置信度下,银行承担的风险可能超过预期损失的损失水平。从风险管理角度来看,银行承担的非预期损失要靠银行持有的资本进行覆盖。

(二)市场风险的计量

市场风险的计量方法主要有缺口分析、久期分析、外汇敞口分析、风险价值法、敏感性分析与情景分析、压力测试。其中,风险价值是指在一定的持有期和给定的置信水平下,利率、汇率等市场风险要素的变化可能对敞口头寸或组合造成的潜在最大损失。

《商业银行资本管理办法(试行)》规定,商业银行可以采用标准法或内部模型法计量市场风险资本要求。市场风险加权资产为市场风险资本要求的 12.5 倍,即市场风险加权资产=市场风险资本要求×12.5。

(三)操作风险的计量

《商业银行资本管理办法(试行)》规定,商业银行可以使用基本指标法、标准法和高级计量法计量操作风险资本要求。操作风险加权资产为操作风险资本要求的 12.5 倍,即操作风险加权资产=操作风险资本要求×12.5。

基本指标法是巴塞尔委员会用于衡量操作风险的初级方法。商业银行采用基本指标法，应当以总收入为基础计量操作风险资本要求，总收入为净利息收入与净非利息收入之和。

商业银行采用标准法，应当以各业务条线的总收入为基础计量操作风险资本要求。与基本指标法不同的是，标准法将银行全部业务划分为公司金融、交易和销售、零售银行、商业银行、支付和清算、代理服务、资产管理、零售经纪和其他业务等 9 个业务条线，操作风险资本要求等于各条线 3 年总收入的平均值乘上一个固定比例再加总。

高级计量法指金融机构用定量和定性标准，通过内部操作风险计量系统计算风险资本。商业银行采用高级计量法，可根据业务性质、规模和产品复杂程度以及风险管理水平，基于内部损失数据、外部损失数据、情景分析、业务经营环境和内部控制因素建立操作风险计量模型。高级计量法是一种比较复杂的方法，银行在采用高级计量法计算操作风险资本之前必须符合一些定性和定量的标准，获得监管当局的批准。

三、商业银行的风险治理架构

风险治理是董事会、高级管理层、业务条线、风险管理部门之间在风险管理职责方面的监督和制衡机制。

董事会是商业银行的最高风险管理和决策机构，承担商业银行风险管理的最终责任。监事会对股东大会负责，是商业银行的内部监督机构。高级管理层是商业银行的执行机构，向董事会负责，承担全面风险管理的实施责任。风险管理部门在高管层（首席风险官）的领导下，负责建设完善包括风险管理政策制度、工具方法、信息系统等在内的风险管理体系，组织开展各项风险管理工作，对银行承担的风险进行识别、计量、监测、控制、缓释以及风险敞口的报告，促进银行稳健经营、持续发展。

第三篇

保险学

第一章　保险概述

知识体系

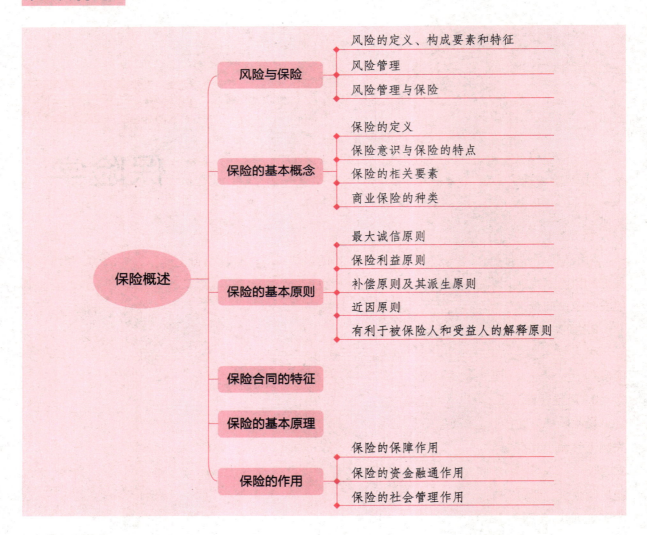

本章导学

　　从近几年考试来看,银保监财会类职位专业科目考试均对保险学知识进行了考查,考查内容较为基础。本章的重点是保险的基本原则,考生需准确理解,熟练记忆。本章中所提到的保险都是指商业保险。

第一节　风险与保险

一、风险的定义、构成要素和特征

保险学理论倾向于将风险定义为损失的不确定性。具体来说,保险学所讨论的风险是指某一主体(个人或组织)遭受因自然、生理和社会等方面的原因所引起的损失的不确定性。

风险的构成要素有风险因素、风险事故、损失。风险因素、风险事故和损失三者之间存在因果关系,可表述为:风险因素引发风险事故,风险事故导致损失。

风险的特征包括客观性、普遍性、社会性、不确定性、可测定性和发展性。

二、风险管理

（一）风险管理的基本程序

不同的风险管理主体需要掌握的风险管理的基本程序是相同的,基本程序包括风险识别、风险评估、选择风险管理工具、效果评价等环节。

（二）常用的风险管理工具

1. 风险回避

风险回避是指在充分考虑影响预定目标达成的诸多风险因素的基础上,结合决策者自身的风险偏好和风险承受能力,从而作出的中止、放弃某种决策方案或调整、改变某种决策方案以避免某种风险发生及由此带来的损失的风险处理方式。

2. 损失控制

损失控制是指风险管理者采取各种措施和方法以降低风险事件发生的各种可能性,或者减少风险事件发生时造成的损失的风险处理方式。

3. 风险转移

风险转移分为控制型风险转移和财务型风险转移。控制型风险转移是指借助减低风险单位的损失频率和缩小其损失幅度的手段将损失的法律责任转移给非保险业的另一经济单位的风险处理方式,具体形式主要有出售或租赁、分包、开脱责任合同等。财务型风险转移是指个人或组织为避免承担风险损失,而有意识地将损失或与损失有关的财务后果转嫁给另一些个人或组织去承担的一种风险管理方式,包括非保险转移和保险转移两种方式。

4. 风险自留

风险自留也称为风险承担,是由个人或组织的自有资金来应对风险所致损失的一种风险处理方式。

三、风险管理与保险

风险管理与保险的关系体现在以下两个方面:

(1)保险是风险管理的一种最为重要的方法和工具。

(2)保险公司是专业的风险管理服务机构。

第二节　保险的基本概念

一、保险的定义

《中华人民共和国保险法》规定,保险是指投保人根据合同约定,向保险人支付保险费,保险人对于合同约定的可能发生的事故因其发生所造成的财产损失承担赔偿保险金责任,或者当被保险人死亡、伤残、疾病或者达到合同约定的年龄、期限等条件时承担给付保险金责任的商业保险行为。

二、保险意识与保险的特点

保险意识是指人们关于保险的思想、观点及心理反映,它体现人们对保险概念、性质、职能作用的认识及由此产生的理论观点,以及对保险的需求、感觉和评价。

保险意识分为两大部分:保险思想,即人们关于保险的系统化、理论化认识;保险心理,即人们关于保险的不系统的、自发形成的感性认识。

商业保险与具有社会保障性质的社会保险相比较,具有三个特点,具体内容如下表所示:

特点	商业保险	具有社会保障性质的社会保险
自愿性	商业保险法律关系的确立,是投保人与保险人根据意思自治原则,在平等互利、协商一致的基础上通过自愿订立保险合同来实现的	社会保险是通过法律强制实施的
盈利性	商业保险是一种商业行为,经营商业保险业务的公司无论采取何种组织形式都以营利为目的	社会保险以保障社会成员的基本生活需要为目的
业务范围及赔偿保险金和支付保障金的原则	商业保险既包括财产保险又包括人身保险,投入相应多的保险费在保险价值范围内就可以取得相应多的保险金赔付,体现的是多投多保、少投少保的原则	社会保险仅限于人身保险,并不以投入保险费的多少来加以差别保障,体现的是社会基本保障原则

三、保险的相关要素

（一）保险合同

1. 保险合同的概念

保险合同是投保人与保险人约定保险权利义务关系的协议,是保险活动最基本的法律表现形式。

2. 保险合同的存在形式

保险合同的存在形式包括:保险人签署承诺的投保单、暂保单、保险单、保险凭证、批单、保险协议书。

（二）保险合同的当事人

保险合同的当事人如下表所示：

当事人	概念	特征
保险人（承保人）	保险人（承保人）是指与投保人订立保险合同，并承担赔偿或者给付保险金责任的保险公司	（1）保险人是保险基金的组织、管理和使用人 （2）保险人是履行赔偿损失或者给付保险金义务的人 （3）保险人应当是依法成立并允许经营保险业务的保险公司
投保人（要保人）	投保人（要保人）是指与保险人订立保险合同，并按照保险合同负有支付保险费义务的人。投保人既可以是自然人也可以是法人	（1）投保人必须具有相应的权利能力和行为能力，否则所订立的保险合同不发生法律效力 （2）投保人对保险标的必须具有保险利益 （3）投保人应承担支付保险费的义务

（三）保险合同的关系人

保险合同的关系人如下表所示：

关系人	概念	特征
被保险人	被保险人是指其财产或者人身受保险合同保障，享有保险金请求权的人，投保人可以为被保险人	（1）被保险人是受保险合同保障的人 （2）被保险人是享有保险金请求权的人
受益人	受益人是指人身保险合同中由被保险人或者投保人指定的享有保险金请求权的人。投保人、被保险人可以为受益人 注意：根据投保人的投保情况，投保人、被保险人可以为受益人。 具体来讲，当投保人为自己的利益而签订保险合同时，会出现以下两种情况：一是投保人、被保险人、受益人均为一人，如投保人以自己的身体投保生存险；二是投保人与受益人是同一人，而被保险人是另一人，如投保人为父亲投保死亡险，以自己为受益人。当投保人为他人的利益投保时，又会出现投保人是一人，被保险人与受益人是同一人的情况，如儿子为父亲投保生存险，以父亲为受益人	（1）受益人应当由被保险人或者投保人在投保时指定，并在保险合同中载明 （2）受益人是享有保险金请求权的人，如果发生给付纠纷，受益人可以独立行使诉讼权利，请求得到给付 （3）受益人如未指定，被保险人的继承人即为受益人 （4）受益人无偿享受保险利益，受益人不负交付保险费的义务，保险人也无权向受益人追索保险费 （5）受益人权利的行使时间必须在被保险人死亡之后，如果受益人先于被保险人死亡，受益权随之消灭；如果受益人为谋取保险金而杀害被保险人，其受益权即被剥夺 （6）受益人领取的保险金归受益人独立享有，不能作为被保险人的遗产处理

例题

陈先生与唐小姐结婚后，陈先生为唐小姐购买了一份保额为 50 万元的人身保险，受益人未定，陈先生、唐小姐的父母均健在，两人未有小孩。则这份人身保险的受益人包括（　　）。

A. 唐小姐

B. 陈先生、唐小姐的父母

C. 陈先生的父母

D. 唐小姐、陈先生的父母

【答案】B。解析：受益人应当由被保险人或者投保人在投保时指定，并在保险合同中载明；受益人如未指定，被保险人的继承人即为受益人。本题中陈先生为唐小姐购买的人身保险受益人未指定，则被保险人死亡时受益人有陈先生（配偶）和唐小姐的父母。故本题选 B。

（四）保险标的

保险标的是指作为保险对象的财产及其有关利益或者人的寿命和身体。

1. 投保人与保险标的的关系

投保人与保险标的之间应当具有法律上承认的利益关系。具体来讲，这种利益关系体现在两个方面：

（1）保险事故发生，投保人因保险标的遭受损失或伤害而受到损害。

（2）保险事故未发生，投保人因保险标的的安全而受益。

2. 保险标的与保险利益的关系

保险标的与保险利益既有联系又有区别。保险利益因保险标的而产生，而保险标的是保险事故可能损害的对象。

（五）保险费

保险费是投保人向保险人支付的费用，是作为保险人按照合同约定承担赔偿或者给付保险金责任的对价。

保险费是根据保险金额与保险费率计算出来的，是保险基金的来源，缴纳保险费是投保人应尽的义务，对此保险合同应当明确规定。

保险费支付办法是指采用现金支付还是转账支付，使用人民币还是外币，一次付清还是分期付款以及具体支付的时间，这些也需要在合同中明确规定。

（六）保险金额

1. 保险金额的定义及地位

保险金额是指保险人承担赔偿或者给付保险金责任的最高限额。保险金额既是计算保险费的依据，也是保险合同双方当事人享有权利、承担义务的重要依据，因此必须在保险合同中明确规定。

2. 保险金额的确定

财产保险的保险金额根据保险价值确定，不能超过投保人保险标的的保险价值。超过保险价值的，超过的部分无效。

人身保险的保险金额是由投保人和保险人双方约定的，法律一般不作限制，只受投保人本身支付保险费能力的制约，因此在人身保险中不存在保险价值，保险金额是人身保险事故出现时保险人实际支付的金额。

例题

保险金额是指保险人承担赔偿或者给付保险金责任的最高限额。关于保险合同的保险金额，下列说法不正确的是（　　）。

A. 财产保险的保险金额根据保险价值确定

B. 财产保险的保险金额不得超过保险价值

C. 人身保险的保险金额不得超过法律规定的最高限额

D. 在财产保险中，保险人赔付时一般以保险金额与保险价值的比例赔偿

【答案】C。

四、商业保险的种类

商业保险的种类如下表所示：

分类标准	种类		内容
按照实施方式分类	强制保险		强制保险又称法定保险,是由国家(政府)通过法律或行政手段强制实施的一种保险
	自愿保险		自愿保险是在自愿原则下,投保人与保险人双方在平等的基础上,通过订立保险合同而建立的保险关系
按照保险标的分类	人身保险	人寿保险	人寿保险是以被保险人的寿命作为保险标的,以被保险人的生存或死亡为给付保险金条件的一种人身保险。主要业务种类包括定期寿险、终身寿险、两全寿险、年金保险、投资连结保险、分红寿险和万能寿险
		健康保险	健康保险是以被保险人的身体为保险标的,使被保险人在疾病或意外事故所致伤害时发生的费用或损失获得补偿的一种人身保险业务。主要业务种类包括医疗保险、收入保障保险和长期护理保险等
		意外伤害保险	意外伤害保险是以被保险人的身体为保险标的,以意外伤害而致被保险人身故或残疾为给付保险金条件的一种人身保险。主要业务种类包括普通意外伤害保险、特定意外伤害保险等
	财产保险	财产损失保险	财产损失保险是以各类有形财产为保险标的的财产保险。主要业务种类包括:企业财产保险、家庭财产保险、运输工具保险、货物运输保险、工程保险、特殊风险保险和农业保险等
		责任保险	责任保险是以被保险人对第三者的财产损失或人身伤害依照法律应负的赔偿责任为保险标的的保险。主要业务种类包括公众责任保险、产品责任保险、雇主责任保险和职业责任保险等
		信用保险	信用保险是以各种信用行为为保险标的的保险。主要业务种类包括商业信用保险、出口信用保险、合同保证保险、产品保证保险、忠诚保证保险、投资保险等
按照承保方式分类	原保险		原保险是保险人与投保人之间直接签订保险合同而建立保险关系的一种保险
	再保险		再保险也称分保,是保险人将其所承保的风险和责任的一部分或全部,转移给其他保险人的一种保险
	共同保险		共同保险也称共保,是由几个保险人联合直接承保同一保险标的、同一风险、同一保险利益的保险
	重复保险		重复保险是指投保人以同一保险标的、同一保险利益、同一保险事故分别与两个或两个以上保险人订立保险合同且保险金额总和超过保险价值的一种保险

第三节　保险的基本原则

一、最大诚信原则

（一）最大诚信原则的定义

保险合同当事人订立合同及在合同有效期内,应依法向对方提供足以影响对方作出订约与履约决定的全部实质性重要事实,同时信守合同订立的约定与承诺。

（二）规定最大诚信原则的原因

在保险活动中规定最大诚信原则的原因主要有以下两个:

(1)保险信息的不对称性。在保险经营中,无论是保险合同订立时还是保险合同成立后,投保人与保险人对有关保险的重要信息的拥有程度是不对称的。投保人的告知与陈述是否属实和准确会直接影响保险人的决定。于是要求投保人基于最大诚信原则履行告知义务,尽量对保险标的的有关信息进行披露;投保人主要根据保险人为其提供的条款说明来决定是否投保以及投保何险种,所以要求保险人基于最大诚信,履行其应尽的此项义务。

(2)保险合同的附合性与射幸性。保险合同属于典型的附合合同,所以,为避免保险人利用保险条款中含糊或容易使人产生误解的文字来逃避自己的责任,保险人应履行其对保险条款的告知与说明义务。另外,保险合同又是一种典型的射幸合同,具有不确定性。

（三）最大诚信原则的内容

最大诚信原则的内容如下表所示:

内容	定义	注意事项
告知	告知,也称披露或陈述,是指合同订立前、订立时及在合同有效期内,要求当事人实事求是、尽自己所知、毫无保留地向对方所作的口头或书面陈述。具体而言,是投保人对已知或应知的与风险和标的有关的实质性重要事实向保险人作口头或书面的申报;保险人也应将对投保人利害相关的重要条款内容据实告知投保人	在国际保险市场上,一般只要求保险人做到明确列明保险合同的主要内容。我国对保险人的告知形式采用明确列明与明确说明相结合的方式,要求保险人对保险合同的主要条款尤其是责任免责条款不仅要明确列明,还要明确说明
保证	一般意义上的保证为允诺、担保,这里的保证是指保险人和投保人在保险合同中约定,投保人或被保险人在保险期限内担保对某种特定事项的作为或不作为或担保其真实性。可见,保险合同保证义务的履行主体是投保人或被保险人	保证是影响保险合同效力的重要因素,保险保证的内容是合同的组成部分。保证通常分为明示保证和默示保证
弃权	弃权是保险合同一方当事人放弃其在保险合同中可以主张的某种权利。通常是指保险人放弃合同解除权与抗辩权	构成弃权必须具备两个要件:首先,保险人需有弃权的意思表示。这种意思表示可以是明示的,也可以是默示的。其次,保险人必须知道有权利存在

（续表）

内容	定义	注意事项
禁止反言	禁止反言,也称禁止抗辩,是指保险合同一方既然已放弃其在合同中的某种权利,将来不得再向他方主张这种权利	事实上,无论是保险人还是投保人,如果弃权,将来均不得重新主张。但在保险实践中,它主要用于约束保险人。保险代理人的弃权行为即视为保险人的弃权行为,保险人不得为此拒绝承担责任 弃权与禁止反言的限定,不仅可约束保险人的行为,要求保险人为其行为及其代理人的行为负责,同时也维护了被保险人的权益,有利于保险双方权利、义务关系的平衡

二、保险利益原则

（一）保险利益的定义

保险利益是指投保人或者被保险人对保险标的所具有的法律上承认的利益。它体现了投保人与保险标的之间存在的金钱上的利益关系。

如果投保人以不具有保险利益的标的投保,保险人可单方面宣布保险合同无效;保险标的发生保险责任事故,被保险人不得因保险而获得不属于保险利益限度内的额外利益。

投保人对下列人员具有保险利益:①本人;②配偶、子女、父母;③前项以外与投保人有抚养、赡养或者扶养关系的家庭其他成员、近亲属;④与投保人有劳动关系的劳动者。

除上述规定外,被保险人同意投保人为其订立合同的,视为投保人对被保险人具有保险利益。订立合同时,投保人对被保险人不具有保险利益的,合同无效。

（二）规定保险利益原则的原因及作用

规定保险利益原则的原因如下:

（1）投保人对保险标的必须具有可保利益,将与自己无关的项目投保,企图在事故发生后获得赔偿,是违背保险损失补偿原则的,对此法律不予保护。

（2）签订保险合同时投保人需有保险利益;履行时,如果被保险人丧失保险利益,保险合同一般也随即失效。

保险利益原则的作用:①可以减少道德风险的发生;②可使危险因素相对稳定;③限制赔偿程度;④有消除赌博的可能性。

（三）保险利益的构成

保险利益是构成保险法律关系的一个要件。保险利益是保险合同有效成立的要件,保险合同有效必须建立在投保人对保险标的具有保险利益的基础上,具体构成需满足三个要件:

（1）可保利益必须是合法利益。

（2）可保利益必须是有经济价值的利益,这样才能使计算做到基本合理。

（3）可保利益必须是可以确定的和能够实现的利益。

三、补偿原则及其派生原则

（一）补偿原则的定义

补偿原则是指当被保险人发生损失时,通过保险人的补偿使被保险人的经济利益恢复到原来水平,被保险人不能因损失而得到额外收益的原则。

保险补偿原则包含两个基本含义:①只有保险事故发生造成保险标的毁损致使被保险人遭受经济损失时,保险人才承担损失补偿的责任;②被保险人可获得的补偿量仅以其保险标的遭受的实际损失为限,即保险人的补偿恰好能使保险标的在经济上恢复到保险事故发生之前的状态,而不能使被保险人获得多于损失的补偿,尤其是不能让被保险人通过保险获得额外的利益,这是保险补偿原则的量的限定。

保险补偿原则主要适用于财产保险以及其他补偿性保险合同,一般不适用于人寿保险合同。

（二）补偿原则的派生原则

补偿原则的派生原则如下表所示:

派生原则		内容
代位追偿原则		权利代位即追偿权的代位,是指在财产保险中,保险标的由于第三者责任导致保险损失,保险人向被保险人支付保险赔款后,依法取得对第三者的索赔权
		物上代位是指保险标的遭受保险责任范围内的损失,保险人按保险金额全数赔付后,依法取得该项标的的所有权
重复保险分摊原则		重复保险分摊原则是指在重复保险的情况下,当保险事故发生时,各保险人应采取适当的分摊方法分配赔偿责任,使被保险人既能得到充分的补偿,又不会超过实际损失而获得额外的利益
		必须具备的条件:同一保险标的及同一可保利益;同一保险期间;同一保险事故;与数个保险人订立数个保险合同,且保险金额总和超过保险标的的价值
	分摊方式	比例责任分摊方式,即各保险人按其所承保的保险金额与总保险金额的比例分摊保险赔偿责任。计算公式如下: 各保险人承担的赔款=损失金额×该保险人承保的保险金额/各保险人承保的保险金额总和
		限额责任分摊方式是指在没有重复保险的情况下,各保险人依其承保的保险金额而应付的赔偿限额与各保险人应付赔偿限额总和的比例承担损失赔偿责任。计算公式如下: 各保险人承担的赔款=损失金额×该保险人的赔偿限额/各保险人赔偿限额总和
		顺序责任分摊方式是由先出单的保险人首先负责赔偿,后出单的保险人只有在承保的标的损失超过前一保险人承保的保额时,才依次承担超出的部分

例题

以下不属于补偿原则相关规定的是(　　)。

A. 以被保险人的实际损失为限

B. 以投保人的保险金额为限

C. 以保险责任范围内的损失发生为前提

D. 不能让被保险人通过保险获得额外的利益

【答案】B。

四、近因原则

近因原则是判断风险事故与保险标的的损失直接的因果关系,从而确定保险赔偿责任的一项基本原则,是保险当事人处理保险案件,或法庭审理有关保险赔偿的诉讼案,在调查事件发生的起因和确定事件责任的归属时所遵循的原则。

对于单一原因造成的损失,单一原因即为近因;对于多种原因造成的损失,持续地起决定或有效作用的原因为近因。如果该近因属于保险责任范围内,保险人就应当承担保险责任。

保险中的近因原则,起源于海上保险。近因原则的里程碑案例是英国 Leyland Shipping Co. Ltd. v. Norwich Union Fire Insurance Society Ltd. 一案。

五、有利于被保险人和受益人的解释原则

《中华人民共和国保险法》第三十条规定,采用保险人提供的格式条款订立的保险合同,保险人与投保人、被保险人或者受益人对合同条款有争议的,应当按照通常理解予以解释。对合同条款有两种以上解释的,人民法院或者仲裁机构应当作出有利于被保险人和受益人的解释。

第四节　保险合同的特征

保险合同既然是合同的一种,因此具备合同的一般属性,如当事人的法律地位平等,应当遵循公平互利、协商一致、自愿订立的原则,合同的内容应当合法,当事人应当自觉履行合同等。保险合同除具有一般合同的法律特征外,还具有一些特有的法律特征,具体如下表所示:

特征	内容
保险合同是有偿合同	保险合同的有偿性主要体现在:投保人要取得保险的风险保障,必须支付相应的代价,即保险费;保险人要收取保险费,必须承诺承担保险保障责任
保险合同是保障合同	保险合同的保障主要表现在:保险合同双方当事人,一经达成协议,保险合同从约定生效时起到终止时的整个期间,投保人的经济利益受到保险人的保障
保险合同是有条件的双务合同	在保险合同中,被保险人要得到保险人对其保险标的的给予保障的权利,就必须向保险人交付保险费;而保险人收取保险费,就必须承担保险事故发生或合同届满时的赔付义务,双方的权利和义务是彼此关联的。但是,保险合同的双务性与一般双务合同并不完全相同,即保险人的赔付义务只在约定的事故发生时才履行,因而是附有条件的双务合同
保险合同是附合合同	保险合同是典型的附合合同,因为保险合同的基本条款由保险人事先拟定并经监管部门审批。投保人即使需要变更合同的某项内容,也只能采纳保险人事先准备的附加条款
保险合同是射幸合同	保险合同是一种典型的射幸合同。投保人根据保险合同支付保险费的义务是确定的,而保险人仅在保险事故发生时承担赔偿或给付义务,即保险人的义务是否履行在保险合同订立时尚不确定,而是取决于偶然的、不确定的保险事故是否发生

特征	内容
保险合同 是最大诚信合同	由于保险双方信息的不对称性,保险合同对诚信的要求远远高于其他合同。投保人的道德因素和信用状况对保险经营来说关系极大。保险合同较一般合同更需要诚信,是最大诚信合同

例题

保险合同是有条件的双务合同,这就意味着保险合同双方当事人(　　　　)。

A. 都必须遵守最大诚信

B. 相互享有权利、承担义务

C. 被保险人的行为限定在保险人规定的范围内

D. 并不必然履行给付义务

【答案】B。

第五节　保险的基本原理

保险的基本原理如下表所示:

基本原理	定义
大数法则	大数法则是指当有规律地重复一件事的次数越多时,所得的预估发生率就会越接近真实的发生率
风险分散原则	风险分散原则简单来讲就是不要把鸡蛋放在同一个篮子里。风险分散原则需要这些同质的参保对象间具有较好的独立性,不会出现大量参保对象同时发生事故的情况
风险选择原则	风险选择原则是指保险人在承保时,对投保人所投保的风险种类、风险程度和保险金额等要有充分和准确的认识,并作出承保或拒保或者有条件承保的选择。保险人对风险的选择表现在两个方面:①尽量选择同质风险的标的承保;②淘汰那些超出可保风险条件或范围的保险标的

例题

保险合同中所载明的风险一般是在(　　　　)的基础上可测算的且当事人双方均无法控制风险事故发生的纯粹风险。

A. 概率论中的大数法则

B. 高等数学

C. 利息理论和数理统计

D. 概率论和利息理论

【答案】A。解析:现代保险基于概率论中的大数法则。人们在长期实践中发现,随机现象在大量重复中往往出现几乎必然的规律。也就是说风险数量越多,实际损失的概率会越稳定,保险人就能够通过这一规律计算保险费率。故本题选 A。

第六节　保险的作用

一、保险的保障作用

保险的保障作用具体表现为财产保险的补偿功能和人身保险的给付功能。

（一）财产保险的补偿

保险是在特定灾害事故发生时，在保险的有效期和保险合同约定的责任范围以及保险金额内，按其实际损失金额给予补偿。

财产保险的补偿既包括对被保险人因自然灾害或意外事故造成的经济损失的补偿，也包括对被保险人依法应对第三者承担的经济赔偿责任的经济补偿，还包括对商业信用中违约行为造成的经济损失的补偿。

（二）人身保险的给付

人身保险的保险金额是由投保人根据被保险人对人身保险的需要程度和投保人的缴费能力，在法律允许的范围与条件下，与保险人协商约定后确定的。因此，在保险合同约定的保险事故发生、约定的年龄到达或者约定的期限届满时，保险人按照约定进行保险金的给付。

二、保险的资金融通作用

资金融通作用是指将保险资金中的闲置部分重新投入社会再生产过程中所发挥的金融中介作用。由于保险保费收入与赔付支出之间存在时间滞差和数量滞差，为保险人进行保险资金的融通提供了可能。保险资金的融通应以保证保险的赔偿或给付为前提，同时也要坚持合法性、流动性、安全性和效益性的原则。

三、保险的社会管理作用

保险的"社会管理作用"，并非指国家行政机关对社会直接管理，而是指通过经济补偿减少社会摩擦，减轻政府压力，并促进社会各领域正常运转和有序发展。商业保险作为社会保障体系的重要补充，其社会管理作用主要体现在以下几方面。

（一）缓解政府压力，完善社会保障制度

商业保险可以弥补社会保险覆盖不均和保障程度较低等缺陷，使居民在养老、医疗等方面获得更好的保障，提高生活质量，减轻政府压力，促进社会安定、和谐。

（二）减少社会摩擦，协调社会关系，维护社会安定团结

保险是一种风险均摊的经济活动，以责任保险为例，保险公司对受害方提供经济补偿，一方面维护被保险人的经济利益，另一方面对受害者的人身及财产给予保障，有利于减少社会摩擦，避免司法纠纷，提高社会运行效率，并对实现社会安定团结具有重要意义。

（三）调节资金配置，降低金融机构的运营风险

居民购买保险，实现储蓄向投资的转化，可降低银行借贷风险，有利于解决银行资产负债化的问题。此外，保险公司聚集大量闲散资金，投入资本市场，促进资金流动，提高货币资金使用率，优化金融资源配置结构，为金融业的稳步发展提供了健康的环境。

（四）加强信用管理，保证经济活动的顺利进行

通过信用保险，约束活动主体间的不诚信行为，有助于提高交易双方信用，确保经济活动顺利进行。此外，构建诚实守信的经济环境，可以刺激经济活动产生，有利于推动社会经济高速发展。

第二章　保险的主要品种

知识体系

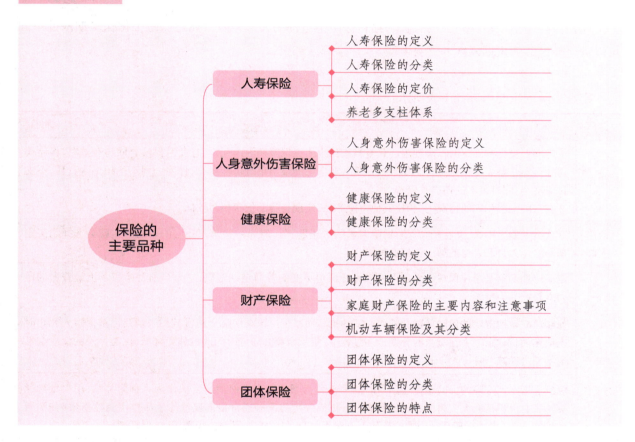

本章导学

从近几年考试来看,银保监财会类职位专业科目考试对保险的主要品种的考查比较基础,形式比较常规。本章的重难点是人寿保险和财产保险,考生需准确理解,熟练记忆。

第一节　人寿保险

一、人寿保险的定义

人寿保险是以被保险人的寿命为保险标的、以被保险人的生存或死亡为保险事故的一种保险。

在保险期间,当被保险人发生合同约定的保险事故(生存或死亡)时,由保险公司按照合同约定给付保险金。人寿保险是家庭风险规划选择中最基本和最主要的险种。

二、人寿保险的分类

人寿保险可以简单划分为普通型人寿保险、年金保险和新型人寿保险。

(一)普通型人寿保险

普通型人寿保险按照保险金给付条件的不同可以分为死亡保险、生存保险和两全寿险。

1. 死亡保险

死亡保险是指以被保险人的死亡为给付保险金条件的人寿保险。死亡保险根据保险期限的不同可以进一步区分为定期寿险和终身寿险。

(1)定期寿险。

定期寿险的主要内容如下表所示:

项目	主要内容
特点	①定期寿险具有固定的保险期限。只有当被保险人在保险期限内死亡,且此时保险合同还有效时,保险公司才会向受益人支付保险金。如果被保险人在保险期限结束时仍然生存,保险公司不承担保险责任,不支付保险金,同时也不退还已收保费 ②在保险金额相同的情况下,相比其他寿险产品,定期寿险的保费相对较低
适用人群	适合缴费能力不高、又有较高保险保障需求的人士购买。例如一些初入社会的职场新人就会选择购买定期寿险作为自己人生的第一份商业保险
种类	定额定期寿险是指在保单有效期内保额保持恒定不变的普通定期寿险,它是当前寿险市场上最普遍的定期寿险产品类型
	保额递减定期寿险的保险金额会随着时间的推移而减少。该类保险金通常被用来偿还当被保险人死亡时未偿还的贷款余额。在贷款的分期偿还过程中,贷款余额会随着时间的推移而降低,该类保险的保险金额也将随之递减
	保额递增定期寿险的保险金额会随着时间的推移而增加。该类保险通常被作为一种附加险,用来抵御通货膨胀对保单持有人支付能力的不利影响。该类保险的保额通常根据权威的生活费用调整指数(如消费者价格指数)来进行调整。当物价指数上升时保额自动增加,如果物价指数回落,保额则保持不变

(2)终身寿险。

①终身寿险的定义。

终身寿险不具有固定的保险期限,它是为被保险人提供终身保障的保险产品。在保险合同中规定,无论被保险人何时死亡,保险人都要给付保险金。与定期寿险不同,终身寿险具有保险单现金价值。

②保险单现金价值。

保险单现金价值又称解约退还金或退保价值,是指被保险人要求解约或退保时,寿险公司应该发还的金额。保险合同中的现金价值=保险费-保险公司的营业费用-佣金-保险保障成本。保险单现金价值来源于所缴保费的积累值与保险成本积累值之间的差额。

根据《中华人民共和国保险法》,保险公司在以下情况出现时,应当按照合同约定向投保人退还保单的现金价值:

a. 保险公司根据规定解除保险合同,且投保人已经交足 2 年以上保险费。

b. 以死亡为给付保险金条件的合同,自合同成立之日起 2 年内被保险人自杀。

c. 被保险人故意犯罪导致其自身伤残或死亡,且投保人已经交足 2 年以上保险费。

d. 投保人解除合同,且已经交足 2 年以上保险费。

此外,《中华人民共和国保险法》还规定,投保人、受益人故意造成被保险人死亡、伤残或疾病的,保险公司不承担给付保险金的责任。投保人已经交足 2 年以上保险费的,保险公司应当按照合同约定向其他享有权利的受益人退还保险单的现金价值。

现金价值与保费缴纳期限成反比;保费期限长度与保障性成正比,缴费期越长,保障性越高。有现金价值的保险具有储蓄价值,现金价值越高,储蓄价值越高。现金价值的存在使终身寿险具有了储蓄的功能。因此在家庭财务规划中,终身寿险不仅可以作为风险规避的工具,还可以作为资产积累的工具。

③终身寿险的种类。

终身寿险根据缴费方式的不同可以分为普通终身寿险、限期交费终身寿险和趸交终身寿险。

a. 普通终身寿险是指终身分期交付保险费的终身寿险。投保人在保险存续期间需要按照保险合同的规定分期缴纳保险费,直至保险合同终止。由于缴费年限相对比较长,因此每期缴纳的保险费相对比较低。该类终身寿险适合缴费能力不高又希望通过长期缴费来获得保险保障和积累资金的人。

b. 限期交费终身寿险是指保险费需要在规定的期限内缴清的终身寿险。通常规定缴费年限为一定的年数(如 10 年、20 年)或缴费至被保险人的某一年龄(如 65 周岁)。

c. 趸交终身寿险是指保险费在投保时一次缴清的终身寿险。趸交终身寿险也可以认为是限期交费终身寿险的一种特殊形式。

2. **生存保险**

生存保险是指以被保险人的生存为给付保险金条件的人寿保险。该类保险合同通常规定,当被保险人生存一定年数(如 10 年、20 年)或当被保险人生存至某一特定年龄(如 18 周岁、65 周岁)时,由保险人承担给付保险金的责任。与死亡保险不同,生存保险通常是以被保险人作为受益人,获得保险人支付的保险金。子女教育金保险是一种常见的生存保险。

3. **两全寿险**

两全寿险的主要内容如下表所示:

项目	主要内容
定义	两全寿险又被称为生死合险,是指无论被保险人在保险期间死亡还是在保险期届满时仍然生存,保险人均给付保险金的人寿保险。该类保险可以被认为是定期寿险和生存保险的结合
优点	两全寿险的最大优点:既可以使受益人在保险存续期间得到保障,又可以使被保险人在保险期届满时享受到保险金利益。两全寿险所具有的生死两全的特点使其越来越受到保险消费者的欢迎,占据了很大的保险市场份额
缴费期限	市场上的两全寿险的缴费期限一般分为趸交、3 年、5 年、10 年、20 年和 30 年等。缴费期限越长,年缴保费越便宜;但是由于缴费期限变长,合计总缴保费会高于短期缴费方式。因此,对于那些手头比较宽裕的投保人来说,可以选择缩短缴费期限,以减少总保费支出;而对于那些预算有限,又想获得较高保额的投保人来说,可以选择延长缴费期限
常见种类	分红保险、联合寿险、第二生命寿险(亦称最后生存者寿险)、子女教育保险

例题

死亡保险根据保险期限的不同可分为定期寿险和终身寿险,以下关于终身寿险的说法错误的是( )。

A. 终身寿险的本质特征是无论被保险人何时死亡,保险公司都将支付死亡保险金

B. 所有终身寿险都有固定的保险期限且终身寿险保单都必须拥有现金价值

C. 终身寿险具有储蓄价值

D. 终身寿险可以分为普通终身寿险、限期缴费终身寿险以及趸交终身寿险

【答案】B。

(二)年金保险

1. 年金保险的定义

年金保险是指以生存为给付保险金条件,按约定分期给付生存保险金,且分期给付生存保险金的间隔不超过1年(含1年)的人寿保险。

从广义上来讲,年金保险是一种以年金形式发放生存保险金的生存保险。

2. 年金保险的种类

年金保险按照被保险人人数分类,可以分为个人年金、联合年金、最后生存者年金、联合及生存者年金。年金保险的种类及其内容如下表所示:

种类	定义	注意事项	适用范围
个人年金	个人年金是指以一个被保险人的生存为年金给付条件的年金保险。保险人按照合同约定在被保险人生存期间向其支付年金,直至该被保险人死亡	最常见、最普通的年金保险	由于个人年金产品结构简单、市场接受度高,因此目前国内寿险市场上最多的是个人年金,通常被用作养老金规划的工具。其他三种年金保险比较适合家庭购买,如一对夫妇和有一个永久残疾子女的特殊家庭通常可以选择后两种年金作为家庭在父母丧失收入能力或者离世后的生活保障
联合年金	联合年金是指以两个或两个以上被保险人的生存为年金给付条件的年金保险。在年金给付过程中,只要任一被保险人死亡,年金给付即告终止	由于该类年金保险年金给付条件较高,因此保费较低。但受高给付条件限制市场认同度并不高	
最后生存者年金	最后生存者年金是指以两个或两个以上被保险人中至少还有一人生存为年金给付条件的年金保险	这种年金的给付将持续到最后一个被保险人死亡为止,且给付金额保持不变	
联合及生存者年金	联合及生存者年金是指以两个或两个以上被保险人中至少还有一人生存为年金给付条件的年金保险,但与最后生存者年金不同的是当联合及生存者年金在被保险人人数减少时,给付的年金金额也会随之调低	联合及生存者年金的年金给付方式能较好地反映随着被保险人人数的减少,生活支出也相应减少的实际情况	

(三)新型人寿保险

目前市场上常见的新型人寿保险包括分红寿险、投资连结保险和万能寿险。

1. 分红寿险

（1）分红寿险的定义。

分红寿险是指保险公司将其实际经营成果优于定价假设的盈余,按照一定比例向保单持有人进行分配的人寿保险产品。

（2）分红寿险的红利来源。

分红寿险的红利是保险公司经营的盈余。盈余的来源是多方面的,但最为主要的来源包括三个方面,即利差益（损）、死差益（损）和费差益（损）,具体内容如下:

①利差益（损）是保险公司实际投资收益率高于（低于）预定利率的部分。

②死差益（损）是由于实际死亡率小于（大于）预定死亡率而产生的利益（损失）。

③费差益（损）是保险公司的实际营业费用小于（大于）预计营业费用而产生的利益（损失）。

（3）分红寿险的红利分配方式。

分红寿险的红利分配有现金红利分配和增额红利分配两种方式。现金红利分配是指直接以现金的形式将盈余分配给保单持有人的红利分配方式。保单持有人在领取现金红利时可以选择直接领取现金、抵交保费、累积生息或者购买缴清保额等方式。

增额红利分配是指以增加保单保额的方式来进行红利分配。在增额红利分配方式下,保单的保险金额会随着每一会计年度红利的分配而提高。该方式特别适合对当期现金需求小、希望保障逐年提高的客户。

（4）分红寿险的特点。

与传统寿险相比,分红寿险有以下特点:

①保单持有人在取得保险保障的同时,可以通过分红享受保险公司的经营成果。中国银保监会规定保险公司应至少将分红保险业务当年度可分配盈余的70%分配给客户。

②客户承担一定的投资风险。客户能取得的红利的多少与保险公司的经营状况密切相关。当公司经营状况较好时,客户可以获得较多的红利分配;反之,当公司经营状况不佳时,客户获得的红利就较少,甚至没有。

③分红寿险定价的精算假设比较保守,即保单的价格较高,以便在实际经营过程中产生更多的可分配盈余。

2. 投资连结保险

（1）投资连结保险的定义。

投资连结保险是指包含保险保障功能并至少在一个投资账户拥有一定资产价值的人身保险产品。

投资连结保险可设置一个或多个投资账户,不同的投资账户有不同的投资组合和投资风险。客户可根据自身的投资偏好和风险承受能力选择资金在各个账户间的分配比例。

（2）投资连结保险的特点。

投资连结保险作为一种新型投资保险产品,与传统的保险产品相比,有以下特点:

①投资账户独立。投资连结保险需设置单独的投资账户,该投资账户完全独立于保险公司的其他投资账户。

②保险责任多样。投资连结保险作为保险产品,其保险责任与传统产品类似,不仅有死亡、残疾

给付、生存保险领取等基本保险责任,一些产品还加入了豁免保险费、失能保险金、重大疾病等保险责任。中国银保监会规定投资连结保险产品必须包含一项或多项保险责任。

③缴费灵活。投资连结保险的缴费机制具有一定的灵活性。有些投资连结保险在固定缴费基础上增加了保险费假期,允许投保人不必按约定的日期缴费。另外一些投资连结保险甚至取消了缴费期间、缴费频率、缴费数额的规定,投保人可以随时支付最低限制数额以上的保险费。

④费用收取透明。与传统的非分红保险及分红保险相比,投资连结保险在费用收取上相当透明。保险公司详细列明了扣除费用的性质和使用方法,并提供多种渠道供客户查询。

3. 万能寿险

(1)万能寿险的定义。

万能寿险是一种产品运作机制完全透明、可灵活缴纳保费、可随时调整保险保障水平,且将保障和投资功能融为一体的保险产品。

与投资连结保险不同,万能寿险的投资账户通常提供最低收益保证。

(2)万能寿险的特点。

万能寿险具有以下特点,其"万能"之名来源于此。

①缴费灵活。在投保人缴纳首期保险费后,可以自由决定保费的支付金额和支付时间。只有当账户价值不足以支付保障保费和保单维持所必需的费用时,投保人为维持保单的有效性,才必须在宽限期届满前,补足账户价值。这样的规定就为投保人的缴费提供了金额和时间上的极大灵活性。

②保额可调整。万能保险的客户可以根据自身在不同阶段的需求和支付能力,调高或调低保险金额和死亡给付方式。这样客户就可以在无须投保新保单的情况下,获得相对全面和灵活的保险保障。

③账户价值可以部分领取。在保单存续期间,在满足一定条件的情况下,投保人可以按照自己的需要从万能账户中领取部分账户价值,供自己支配使用。

三、人寿保险的定价

人寿保险定价即人寿保险的保险费率厘定,是寿险业务开发的重要组成部分,它是寿险公司在考虑了诸多因素的基础上,通过精算方法反复计算得到的。

(一)影响定价假设的因素

影响定价假设的因素主要分为四类:经济和社会环境、公司的特点、市场的特点、产品的特点。

(二)人寿保险的定价假设

人寿保险的定价假设通常包括以下五个因素:

(1)死亡率假设。死亡率假设是寿险定价及评估的最重要的基础之一。在实践中,死亡率通过生命表的方式列出。生命表是寿险精算的科学基础,它是寿险费率和责任准备金计算的依据,也是寿险成本核算的依据。生命表是根据以往一定时期内各个年龄的死亡统计资料编制的,是由每个年龄死亡率组成的汇总表。生命表可以分为国民生命表和经验生命表。国民生命表是根据全体国民或者以特定地区人口的死亡统计数据编制的,主要源于人口普查的统计资料。经验生命表是根据人寿保险、社会保险以往的死亡记录所编制的。保险公司使用的是经验生命表,一般情况下,在设计生命表时,至少要考虑年龄和性别;在有条件的情况下,还可以考虑是否吸烟、保额大小等因素。

（2）利率假设。寿险公司的利率假设可以看作是保户未来的一种收益，也可看作是单纯根据死亡率计算的保费的折减，寿险大多是长期险，寿险公司假设的利率能否实现，要看其未来投资收益，因此，利率假设必须十分慎重。利率假设对保险公司的定价十分重要，特别是对传统寿险，因为它们在保单有效期内是固定不变的。当社会经济处于高速发展阶段或处于衰退和动荡阶段，往往伴随着市场利率的大幅度调整和振动，必将对寿险业产生极大的影响。因此，寿险公司在进行利率假设时都是十分谨慎的，常常采用较为保守的态度，但过于保守的态度必然会损害被保险人的利益或丧失市场竞争能力。

（3）失效率假设。一般而言，保单失效率与保单年度、被保险人投保时年龄、保险金额大小、保费支付方式的频率、性别、保单类型等有关。失效率假设应基于本公司的经验数据，如果公司经验数据有限，可以参考与本公司经营状况相类似的其他公司的经验数据，再根据年龄、性别、保额等因素进行调整。即使是本公司的经验数据，在使用时仍需作适当的调整。对某些新的险种，失效率假设就只能基于精算人员的判断、估计了。

（4）费用率假设。一般寿险公司的费用可分为合同初始费用，包括保单签发费用、承保费用等；代理人手续费与其他报酬；保单维持费用；保单终止费用，包括退保费用、无现金价值失效费用、死亡给付费用、到期费用等。

（5）平均保额。平均保额以千元保额为1单位，一般表示为几个单位保额，如5单位保额、10单位保额等。通过平均保额可以计算保单费用、每张保单开支、单位保费费用、每次保单终止费用等。平均保额的计算可以划分为几个区间段。实务中一般每段的保额上限是下限的2~2.5倍，这样，这一段的平均保额可能用保额下限的1.5~1.75倍作为平均保额。若不划分区间或区间段很大，则平均保额的变化就很大。此外，保单的特点及保单的最小单位也会影响平均保额的大小，通常可根据被保险人的年龄、性别及保单的特点等对平均保额进行调整。

四、养老多支柱体系

世界银行在其1994年出版的《防止老龄危机——保护老年人及促进增长的政策》中首次提出公共养老金计划（"第一支柱"）、职业养老保险计划（"第二支柱"）和个人储蓄计划（"第三支柱"）"多支柱"的概念，当时提出的"多支柱"实际就是"三支柱"。2005年，世界银行在《21世纪的老年收入保障——养老金制度改革国际比较》中，将"三支柱"扩展为"五支柱"：①非缴费型养老金的"零支柱"，就是定额式养老金的国民养老金或社会养老金，以提供最低水平的保障；②缴费型养老金制度，这是"第一支柱"，它与本人的收入水平不同程度地挂钩，旨在替代部分收入；③强制性的个人储蓄账户，这是"第二支柱"，但各国建立形式可以各有不同；④灵活多样的自愿型保险，这是"第三支柱"，如完全个人缴费型、雇主资助型、缴费确定型或待遇确定型，个人可自主决定是否参加以及缴费多少；⑤非正规的保障形式，为家庭成员之间或代与代之间对老年人在经济或非经济方面的援助，包括医疗和住房方面的资助，这是"第四支柱"。

在原先的"三支柱"结构的理念中，"第一支柱"是强制性的、由政府管理的DB型现收现付制；"第二支柱"是由养老金公司管理的强制性的DC型完全积累制；"第三支柱"是自愿性养老储蓄。扩展到"五支柱"以后，增加的两个支柱是"零支柱"和"第四支柱"，其中，"零支柱"是以消除贫困为明确目标的来自财政转移支付的基本支柱，"第四支柱"是"非经济支柱"，它包括其他更为广泛的社会政策，如家庭赡养、医疗服务和住房政策等。就是说，风险更加分散化了。由此看来，从"三支柱"扩展到"五支柱"的目的有以下三点：①在弱势的老年群体中财政支持的基本保障应该发挥重要作用；②在强制性养老保险制度内部和外部，应强调运用市场手段来达到个人烫平消费的作用；③应广泛地运用社会政策，最大限度地将长寿风险分散化。

第二节　人身意外伤害保险

一、人身意外伤害保险的定义

人身意外伤害保险是指被保险人因遭受意外伤害而导致残疾或死亡时，保险公司按照合同约定的残疾给付比例支付残疾保险金或者按规定的保险金额支付身故保险金的一种人身保险产品。

在保险实务中，保险的当事人往往对伤害事件是否属于意外伤害事件存在分歧和争议。在我国，保险公司和法院认定是否属于意外伤害事件时，最重要的是依据医院和公安机关的鉴定结果。

二、人身意外伤害保险的分类

人身意外伤害保险的分类如下表所示：

分类标准	种类	特点	常见类别
按保险风险分类	普通意外伤害保险	所承保的风险是在保险期间内发生的各种意外伤害	团体人身意外伤害保险、学生团体平安保险、个人平安保险
	特定意外伤害保险	所承保的是特定时间、特定地点或特定原因而导致的人身意外伤害风险	在乘坐交通工具时发生的意外伤害、在建筑工地上发生的意外伤害、由煤气爆炸引起的意外伤害
按保险期限分类	1年期意外伤害保险	保险期限在1年的人身意外伤害保险，目前我国各保险公司开办的人身意外伤害保险大部分属于1年期意外伤害保险	团体人身意外伤害保险、学生团体平安保险以及部分作为主险附加险的人身意外伤害保险
	极短期意外伤害保险	保险期限通常只有几天、几小时甚至更短的时间	乘坐公共交通工具的意外伤害保险，如公路旅客意外伤害保险、航空旅客意外伤害保险、渡轮旅客意外伤害保险等。除此之外，还有旅游保险、泳池人身意外伤害保险等
	多年期意外伤害保险	保险期限超过1年的人身意外伤害保险，但此类保险的保险期限一般不超过5年	

> **例题**

按保险风险可将人身意外伤害保险分为普通意外伤害保险和特定意外伤害保险。下列不属于普通意外伤害保险的是（　　　）。

A. 团体人身意外伤害保险

B. 乘坐交通工具时发生的意外伤害

C. 学生团体平安保险

D. 个人平安保险

【答案】B。解析：普通意外伤害保险所承保的风险是在保险期间内发生的各种意外伤害。目前在我国开办的团体人身意外伤害保险、学生团体平安保险、个人平安保险等都属于这类保险。B项属于特定意外伤害保险。故本题选B。

第三节　健康保险

一、健康保险的定义

健康保险是指以被保险人的身体为保险标的，对被保险人因疾病或意外事故所致伤害时发生的直接费用和间接损失进行补偿的一种人身保险。

二、健康保险的分类

健康保险主要包括疾病保险、医疗保险、收入保障保险和长期护理保险。

（一）疾病保险

1. 疾病保险的定义

疾病保险是指以保险合同约定的疾病的发生为给付保险金条件的保险。疾病保险的给付方式通常为被保险人一经确诊罹患保险合同约定的某种疾病，保险公司立即一次性支付保险金额。

2. 疾病保险的赔付方式

各保险公司开办的重大疾病保险，在理赔时一般采取提前给付的方式，即在合同中明确列明属于保险责任范围的重大疾病的名称，一旦被保险人确诊罹患保险合同约定的某种疾病，保险公司即予以保险赔付。这种赔付方式使被保险人得到了治疗疾病的后续资金，为其提供了切实的保险保障，因此重大疾病保险越来越受到客户的欢迎。在财富保障规划中的地位也越来越重要。

（二）医疗保险

1. 医疗保险的定义

医疗保险是指以保险合同约定的医疗行为的发生为给付保险金条件，为被保险人接受诊疗期间的医疗费用支出提供保障的保险。这里的医疗费用包括门诊费用、药费、住院费用、护理费用、医院杂费、手术费用及检查费用等。不同的医疗保险会对其中的一项或若干项费用提供保障。

2. 医疗保险的给付方式

医疗保险的给付方式包括费用补偿型和定额给付型两种。

（1）费用补偿型医疗保险通常根据被保险人实际支出的医疗费用，在扣除免赔额后，按照合同预定的比例进行理赔给付。费用补偿型医疗保险的最终给付金额不得超过被保险人实际发生的医疗费用支出。

（2）定额给付型医疗保险在理赔给付时，不论被保险人实际支出的医疗费用是多少，都按照合同约定的固定金额予以给付。

（三）收入保障保险

收入保障保险又称失能保险，是指当被保险人由于疾病或意外伤害导致残疾，丧失劳动能力以致失去收入或收入减少时，由保险公司在一定期限内分期给付保险金的一种健康保险。在保险合同中通常对这类保险的理赔进行以下规定：

（1）免责期间。被保险人从失能开始到领取保险金需要经历一个免责期间，在该期间保险人不给付任何补偿。各保险公司规定的免责期间从30天到1年不等。

（2）给付期限。在保险合同中对收入保障保险支付保险金的最长时间也有规定，如给付2年、5年或者给付至被保险人年满65周岁等。

（3）给付方式。收入保障保险的给付方式通常为按月或按周给付，给付的金额会与被保险人正常工作时的收入水平相关，但会低于该收入水平。

（四）长期护理保险

长期护理保险是指为因年老、疾病、伤残而需要长期照顾的被保险人提供长期护理服务费用的健康保险。长期护理保险的保险金给付通常有1年、数年直至终身等方式可供客户选择。同时，也规定有天数不等的免责期。

目前，国内保险市场上最主要的健康保险产品为疾病保险和医疗保险。疾病保险中最主要的是重大疾病保险，医疗保险中最主要的是住院费用补偿保险。

例题

健康保险是指以被保险人的身体为保险标的，对被保险人因疾病或意外事故所致伤害时发生的直接费用和间接损失进行补偿的一种人身保险。下列关于健康保险的说法不正确的是（　　　）。

A. 收入保障保险主要是补偿因伤害而致残疾的收入损失

B. 保险公司提供的个人医疗费用保险属于社会保险

C. 重大疾病保险的给付方式，一般是在被保险人确诊重大疾病后立即一次性支付保险金额

D. 长期护理保险是指为因年老、疾病、伤残而需要长期照顾的被保险人提供长期护理服务费用的健康保险

【答案】B。解析：保险公司提供的个人医疗费用保险属于商业保险。故本题选B。

第四节　财产保险

财富资源（或其保值、增值）是客户实现各项理财目标的基础和保证，财产保险无疑成为理财规划的重要组成部分。

一、财产保险的定义

财产保险有广义和狭义之分。广义的财产保险是指以财产及其有关的经济利益和损害赔偿责任为保险标的的保险；狭义的财产保险是指以物质财产为保险标的的保险，又称为财产损失保险。

二、财产保险的分类

在我国通常把广义的财产保险划分为财产损失保险、责任保险和信用保险。

（一）财产损失保险

财产损失保险可以进一步区分为企业财产保险和家庭财产保险。

（1）企业财产保险是指以投保人存放在固定地点的财产和物资作为保险标的的一种保险。企业财产保险的投保人可以为各种企业、社团、机关和事业单位。企业财产保险是我国财产保险业务的主要险种之一。常见的险种包括企业财产保险基本险和综合险。

（2）家庭财产保险是指以城乡居民的有形财产为保险标的的一种保险。目前我国开办的家庭财产保险包括普通家庭财产保险、家庭财产两全险、投资保障型家庭财产保险和个人贷款抵押房屋保险。

（二）责任保险

责任保险是以被保险人对第三者依法应负的赔偿责任为保险标的的一种保险。

根据承保的责任范围不同，可以将责任保险划分为公众责任保险、产品责任保险、雇主责任保险、职业责任保险和宠物犬主责任险。

（1）公众责任保险承保被保险人在固定场所或地点进行生产、营业或其他各项活动中由于意外事故造成第三者人身伤亡或财产损失依法应承担的经济赔偿责任。工厂、旅馆、商店、医院、学校、影剧院、歌舞厅等各种公众活动场所可投保公众责任保险转嫁责任风险。

（2）产品责任保险承保因产品缺陷致使用户或消费者遭到人身伤亡或财产损失时，依法应由该产品的制造、销售或修理商承担的经济赔偿责任。凡是对产品事故造成的损害有赔偿责任的企业，都可以投保此险种。

（3）雇主责任保险承保雇主对雇员在受雇期间，因发生意外或因职业病而造成人身伤残或死亡，根据劳动法或劳动合同等规定承担的经济赔偿责任。

（4）职业责任保险承保各种专业技术人员因工作上的疏忽或过失致使他人遭受损害的经济赔偿责任。专业技术人员包括医生、律师、会计师、工程师、设计师等，职业责任保险一般由提供专业技术服务的单位如医院、设计院、会计师事务所或律师事务所等向保险公司投保。

（5）宠物犬主责任险承保由于被保险人合法饲养的犬造成第三者人身伤害，由保险人提供因狗咬伤所造成的伤残补助，并承担医疗费用及疫苗的费用。

（三）信用保险

信用保险是以各种信用风险为保险标的的保险。当义务人不履约而使权利人遭受损失时，由保险人提供经济赔偿。

信用保险主要包括商业信用保险、出口信用保险和投资保险。

（1）商业信用保险主要承保的是国内经济活动的风险，可以进一步细分为贷款信用保险、赊销信用保险和预付信用保险。

（2）出口信用保险和投资保险主要承保的是出口信贷和海外投资等国际经济活动的风险。

三、家庭财产保险的主要内容和注意事项

家庭财产保险简称家财险，凡存放、坐落在保险单列明的地址，属于被保险人自有的家庭财产，都可以向保险人投保家庭财产保险。

（一）家庭财产的种类

保险公司对家庭财产进行区分，将家庭财产分为一般可保财产、特约可保财产和不可保财产三类。客户在投保家庭财产保险时首先要确定自己的财产是否属于可保财产。

家庭财产的种类如下表所示：

种类	范围
可保财产	①自有居住房屋；②室内装修、装饰及附属设施；③室内家庭财产
特约可保财产	①农村家庭存放在院内的非动力农机具、农用工具和已收获的农副产品；②个体劳动者存放在室内的营业器具、工具、原材料和商品；③代他人保管的财产或与他人共有的财产；④须与保险人特别约定才能投保的财产
不可保财产	①金银、珠宝、首饰、古玩、货币、古书、字画等珍贵财物（价值太大或无固定价值）；②货币、储蓄存折、有价证券、票证、文件、账册、图表、技术资料等（不是实际物资）；③违章建筑、危险房屋以及其他处于危险状态的财产；④摩托车、拖拉机或汽车等机动车辆，寻呼机、手机等无线通讯设备和家禽家畜（其他财产保险范围）；⑤食品、烟酒、药品、化妆品，以及花、鸟、鱼、虫、树、盆景等（无法鉴定价值）

（二）家庭财产保险的保险期限

家庭财产保险的保险期限通常较短，一般最长不超过 5 年。

（三）家庭财产保险的保险金额和保险费

家庭财产保险的保险金额由被保险人根据保险财产的实际价值确定，并且按照保险单上规定的保险财产项目分别列明。普通家庭财产保险费依照保险人规定的家庭财产保险费率计算。被保险人应当在起保当天一次缴清保险费。

（四）家庭财产保险的理赔金额

家庭财产保险在理赔时要根据保险金额和保险价值（财产出险时的重置价值）来确定实际赔付金额。根据损失情况的不同，理赔金额的计算方式也不同。

1. 全部损失

保险金额等于或高于保险价值时，其赔偿金额以不超过保险价值为限；保险金额低于保险价值时，按保险金额赔偿。

2. 部分损失

保险金额等于或高于保险价值时，其赔偿金额按实际损失计算；保险金额低于保险价值时，其赔偿金额按保险金额与保险价值比例计算。另外，发生保险事故时，被保险人所支付的必要的、合理的施救费用的赔偿金额在保险财产损失以外另行计算，最高不超过保险金额，当受损保险财产按比例赔偿时，该项费用也按相同比例进行赔偿。

四、机动车辆保险及其分类

机动车辆保险包括基本险和附加险两部分。基本险的相关内容如下表所示：

种类	定义	保险责任	保险金额
机动车辆损失保险	机动车辆损失保险指机动车辆遭受自然灾害或者意外事故，符合保险合同规定的，对于造成车辆本身的损失，保险人给予赔偿	车辆损失保险责任包括碰撞责任、非碰撞责任和合理的施救和保护费用	车辆损失保险的保险金额可以根据投保时保险车辆的新车购置价或者车辆的实际价值确定，也可以按投保时保险车辆的新车购置价协商确定

种类	定义	保险责任	保险金额
机动车交通事故责任强制保险	机动车交通事故责任强制保险是指保险公司对被保险机动车发生道路事故造成本车人员、被保险人以外的受害人的人身伤亡、财产损失，在责任限额内予以赔偿的强制性责任保险	机动车交通事故责任强制保险和机动车商业第三者责任保险的保险责任都是对被保险人或其允许的合格驾驶人员在使用被保险车辆过程中，因发生意外事故致使第三者遭受人身伤亡或财产直接损毁而依法或依据保险合同应承担经济赔偿责任，承担保险责任	机动车交通事故责任强制保险的责任限额由相关机构制定颁布。被保险机动车在道路交通事故中有责任的赔偿限额如下：死亡伤残赔偿限额110000元人民币；医疗费用赔偿限额10000元人民币；财产损失赔偿限额2000元人民币。被保险机动车在道路交通事故中无责任的赔偿限额为：死亡伤残赔偿限额11000元人民币；医疗费用赔偿限额1000元人民币；财产损失赔偿限额100元人民币
机动车商业第三者责任保险	机动车商业第三者责任保险承保被保险人或其允许的合格驾驶人员在使用被保险车辆过程中，因发生意外事故致使第三者遭受人身伤亡或财产直接损毁而依法或依据保险合同应承担经济赔偿责任，超过机动车交通事故责任强制保险各分项赔偿限额以上的部分。因此，机动车商业第三者责任保险可以认为是机动车交通事故责任强制保险的补充		机动车商业第三者责任保险的责任限额由投保人和保险人在签订保险合同时按5万元、10万元、20万元、50万元、100万元和100万元以上不超过1000万元的档次协商确定。第三者责任险的每次事故的最高赔偿限额应根据不同车辆种类选择确定，同时存在各地区间的区域差异

机动车辆保险的附加险包括：全车盗抢险、玻璃单独破碎险、车辆停驶损失险、自燃损失险、新增设备损失险、车上责任险、无过错责任险、车上货物掉落责任险、不计免赔特约险等。未购买基本险的不能购买附加险。

第五节　团体保险

一、团体保险的定义

团体险是以团体为保险对象，以集体名义投保并由保险人签发一份总的保险合同，保险人按合同规定向其团体中的成员提供保障的保险。

团体险不是一个具体的险种，而是一种承保方式。

二、团体保险的分类

团体保险一般有团体人寿保险、团体意外伤害保险和团体健康保险等种类。

（1）团体人寿保险，包括团体养老保险、团体定期寿险、团体年金保险等。

（2）团体意外伤害保险。低保费、高保障，转移企事业单位由于遭受意外伤害而导致的财务压力的风险。

（3）团体健康保险，包括重大疾病保险、住院补贴保险、住院费用保险等，减轻患病带来的沉重的经济负担,与其他团体险种组合构成完备的福利保障计划,并补充社会医疗保险的不足部分。

三、团体保险的特点

团体保险具有以下特点:①用对集体的选择来代替对个别被保险人的选择,是团体保险最主要的特征;②手续简化,一张保单就可以承保数百人、数千人甚至数万人;③保险费率优惠,团体保险能减少逆向选择的消极因素,降低保险公司内部的管理费用,所以相对于个险,其费率相对较低;④可以免除体检,由于团体中的绝大部分人体质健康,即使有老、弱、病、残,有些也已经退休或离职,所以团体保险基本上可以消除个人的逆向选择倾向,可以免除体检;⑤团体保险的投保人是单位团体,保单使用团体保单,保费统一缴纳。因此,保险人对于团体保险给予了一定的灵活性。

需要注意的是,如果单位投保的是包含死亡责任的团体险种,根据《中华人民共和国保险法》的规定,需要经被保险人亲笔签名同意。

第四篇

财务会计

第一章　总论

知识体系

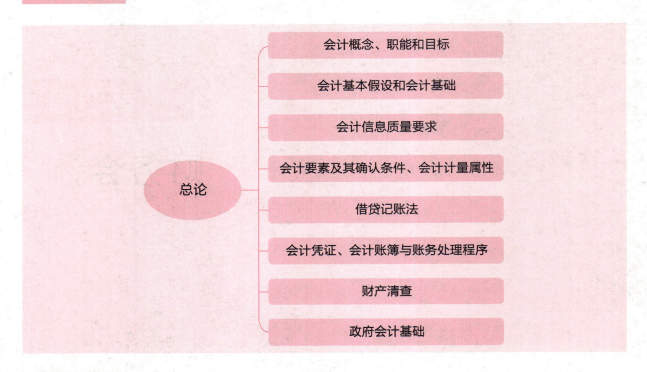

本章导学

　　从近几年考试来看,银保监财会类职位专业科目考试对于财务会计总论的考查存在题量少、涉及面广等特点。本章属于财务会计中的基础章节,主要阐述了会计的基础理论和概念。本章重点是会计信息质量要求及会计要素,考生在学习时可以结合其他章节加以理解。

第一节　会计概念、职能和目标

一、会计概念

　　会计是以货币为主要计量单位,采用专门的方法和程序,对企业和行政、事业单位的经济活动进行完整的、连续的、系统的核算和监督,以提供经济信息和反映受托责任履行情况为主要目的的经济管理活动。

二、会计职能

会计职能是指会计在经济管理过程中所具有的功能。

会计基本职能:核算职能和监督职能。

会计拓展职能:预测经济前景、参与经济决策、评价经营业绩。

三、会计目标

会计目标,是要求会计工作完成的任务或达到的标准,即向财务报告使用者提供与企业财务状况、经营成果和现金流量等有关的会计信息,反映企业管理层受托责任履行情况,有助于财务报告使用者作出经济决策。

财务报告使用者主要包括投资者、债权人、政府及其有关部门和社会公众等。

第二节　会计基本假设和会计基础

一、会计基本假设

会计基本假设是企业会计确认、计量、记录和报告的前提,是对会计核算时间、空间范围等所作的合理假定。会计基本假设包括会计主体、持续经营、会计分期和货币计量。

会计基本假设的相关内容如下表所示:

会计基本假设	相关内容
会计主体	会计主体是指会计工作服务的特定对象,是企业会计确认、计量、记录和报告的空间范围 (1)明确界定会计主体是开展会计确认、计量、记录和报告工作的重要前提 (2)明确会计主体,才能将会计主体的交易或事项与会计主体所有者或其他会计主体的交易或事项区分开来 (3)一般而言,法律主体必为会计主体,但会计主体不一定是法律主体
持续经营	持续经营是指在可以预见的将来,企业将会按当前的规模和状态继续经营下去,不会停业,也不会大规模削减业务 (1)持续经营是会计分期的前提 (2)如果不满足持续经营假设,意味着会计主体不能按照既定用途使用资产,也不能按照既定合约条件清偿债务。那么,正常的会计处理原则不再适用,比如固定资产就不应按照历史成本进行记录并按期计提折旧
会计分期	会计分期是指将一个企业持续经营的生产经营活动划分为一个个连续的、长短相同的期间 (1)在会计分期假设下,企业应当划分会计期间,分期结算账目和编制财务报告 (2)由于会计分期,才产生了当期与以前期间、以后期间的差别,使不同类型的会计主体有了记账的基准,进而孕育出折旧、摊销等会计处理方法
货币计量	货币计量是指会计主体在会计确认、计量、记录和报告时以货币计量,来反映会计主体的生产经营活动 在货币计量的前提下,会计核算应以人民币作为记账本位币。业务收支以外币为主的企业也可选择某种外币作为记账本位币,但向外编送财务报告时,应折算为人民币反映

【提示】会计主体界定了会计核算的空间范围,会计分期界定了会计核算的时间范围。

二、会计基础

会计基础的相关内容如下表所示：

会计基础	含义	适用对象	具体应用
权责发生制	是指以取得收取款项的权利或支付款项的义务为标志来确定本期收入和费用的会计核算基础	企业会计	在企业会计中，权责发生制是编制资产负债表和利润表的基础。现金流量表遵循收付实现制
收付实现制	是指以现金的实际收付为标志来确定本期收入和费用的会计核算基础 在我国，政府会计由预算会计和财务会计构成。其中，预算会计采用收付实现制，国务院另有规定的，依照其规定；财务会计采用权责发生制		

第三节　会计信息质量要求

会计信息质量要求是对企业财务报告中所提供会计信息质量的基本要求，是使财务报告中所提供会计信息对投资者等信息使用者决策有用应具备的基本特征。会计信息质量要求的内容如下表所示：

会计信息质量要求	含义
可靠性	可靠性要求企业应当以实际发生的交易或者事项为依据进行会计确认、计量、记录和报告，如实反映符合确认和计量要求的各项会计要素及其他相关信息，保证会计信息真实可靠、内容完整
相关性	（1）相关性要求企业提供的会计信息应当与投资者等财务报告使用者的经济决策需要相关 （2）相关性应以可靠性为基础，两者之间并不矛盾，不应将两者对立起来
可理解性	可理解性要求企业提供的会计信息应当清晰明了，以便投资者等财务报告使用者理解和使用
可比性	（1）同一企业对于不同时期发生的相同或相似的交易或事项，应当采用一致的会计政策，不得随意变更。确需变更的，应当在附注中予以说明 （2）不同企业同一会计期间发生的相同或相似的交易或事项，应当采用同一的会计政策，确保会计信息口径一致、相互可比
实质重于形式	要求企业应当按照交易或事项的经济实质进行会计确认、计量、记录和报告，不应仅以交易或事项的法律形式为依据
重要性	（1）重要性要求企业提供的会计信息应当反映与企业财务状况、经营成果和现金流量有关的所有重要交易或者事项 （2）重要性的应用需要依赖职业判断，企业应当根据其所处环境和实际情况，从项目的性质和金额大小两方面加以判断
谨慎性	谨慎性要求企业对交易或事项进行会计确认、计量、记录和报告应当保持应有的谨慎，不应高估资产或收益、低估负债或费用
及时性	及时性要求企业对于已经发生的交易或者事项，应当及时进行会计确认、计量、记录和报告，不得提前或者延后。具体要求包括及时收集、及时处理、及时传递会计信息

例题

对存货期末采用成本与可变现净值孰低法计量,其所体现的会计信息质量要求是(   )。

A. 相关性

B. 谨慎性

C. 实质重于形式

D. 及时性

【答案】B。解析:A项,相关性要求企业提供的会计信息应当与投资者等财务报告使用者的经济决策需要相关;B项,谨慎性要求企业对交易或者事项进行会计确认、计量、记录和报告时应当保持应有的谨慎,不应高估资产或者收益、低估负债或者费用,对期末存货采用成本与可变现净值孰低法计量,体现了谨慎性的原则;C项,实质重于形式要求企业应当按照交易或者事项的经济实质进行会计确认、计量、记录和报告,不应仅以交易或者事项的法律形式为依据;D项,及时性要求企业对于已经发生的交易或者事项,应当及时进行确认、计量、记录和报告,不得提前或者延后。故本题选B。

第四节　会计要素及其确认条件、会计计量属性

会计要素是根据交易或者事项的经济特征所确定的财务会计对象和基本分类。会计要素按照其性质分为资产、负债、所有者权益、收入、费用和利润。

一、资产的定义及其确认条件

资产是指企业过去的交易或者事项形成的,由企业拥有或者控制的,预期会给企业带来经济利益的资源。

资产的确认条件如下:①符合资产的定义;②与该资源有关的经济利益很可能流入企业;③该资源的成本或者价值能够可靠地计量。

二、负债的定义及其确认条件

负债是指由企业过去的交易或者事项形成的、预期会导致经济利益流出企业的现时义务。

负债的确认条件如下:①符合负债的定义;②与该义务有关的经济利益很可能流出企业;③未来流出的经济利益的金额能够可靠地计量。

三、所有者权益的定义及其确认条件

所有者权益是指所有者在企业资产中享有的剩余权益,是企业资产扣除负债后的余额。

所有者权益的来源包括所有者投入的资本、其他综合收益、留存收益等,通常由股本(或实收资本)、其他权益工具、资本公积(包括股本溢价或资本溢价、其他资本公积)、其他综合收益、盈余公积和未分配利润等构成。

所有者投入的资本,是指所有者投入企业的资本部分,它既包括企业注册资本或者股本的金额,也包括投入资本超过注册资本或股本部分的金额,即资本溢价或股本溢价,这部分投入资本作为资本公积(资本溢价或股本溢价)反映。

其他综合收益,是指企业根据会计准则规定未在当期损益中确认的各项利得和损失。

留存收益,是指企业从历年实现的利润中提取或形成的留存于企业的内部积累,包括盈余公积和

未分配利润。利润分配的顺序:①提取法定盈余公积;②提取任意盈余公积;③向投资者分配利润。

所有者权益的确认条件:所有者权益的确认主要依赖于其他会计要素,尤其是资产和负债的确认;所有者权益金额的确定也主要取决于资产和负债的计量。

四、收入的定义及其确认条件

收入是指企业在日常活动中形成的、会导致所有者权益增加的、与所有者投入资本无关的经济利益的总流入。

收入应当在企业履行了合同中的履约义务,即客户取得相关商品或劳务控制权时确认。

当企业与客户之间的合同同时满足下列条件时,企业应当在客户取得相关商品控制权时确认收入:①合同各方已批准该合同并承诺将履行各自义务;②该合同明确了合同各方与所转让商品或提供劳务相关的权利和义务;③该合同有明确的与所转让商品或提供劳务相关的支付条款;④该合同具有商业实质,即履行该合同将改变企业未来现金流量的风险、时间分布或金额;⑤企业因向客户转让商品或提供劳务而有权取得的对价很可能收回。

五、费用的定义及其确认条件

费用是指企业在日常活动中所发生的、会导致所有者权益减少的、与向所有者分配利润无关的经济利益的总流出。

费用的确认条件如下:①符合费用的定义;②与费用相关的经济利益应当很可能流出企业;③经济利益流出企业的结果会导致资产的减少或者负债的增加;④经济利益的流出额能够可靠地计量。

六、利润的定义及其确认条件

利润是指企业在一定会计期间的经营成果。主要包括收入减去费用后的净额,直接计入当期利润的利得和损失等。

利润的确认条件:利润的确认主要依赖于收入和费用,以及利得和损失的确认,其金额的确定也主要取决于收入、费用、利得和损失金额的计量。

【提示】收入和利得、费用和损失的区别如下表所示:

项目	区别	会计处理
收入和利得	收入是日常活动所形成的	计入当期损益(主营业务收入、其他业务收入)
	利得是非日常活动所形成的	计入营业外收入
		计入所有者权益
费用和损失	费用是日常活动所发生的	计入当期损益(主营业务成本、其他业务成本、管理费用等)
	损失是非日常活动所发生的	计入当期损益(营业外支出)

例题

下列关于会计要素的表述,正确的是(　　　)。

A. 负债的特征之一是企业承担的潜在义务

B. 资产的特征之一是预期能给企业带来经济利益

C. 利润是企业一定期间内收入减去费用后的净额

D. 收入是唯一可以导致所有者权益增加的经济利益的总流入

【答案】B。解析:A项,负债是企业承担的现时义务;C项,利润的来源包括收入减费用后的金额、直接计入当期利润的利得和损失等;D项,导致所有者权益增加的因素有很多,如股东的增资。故本题选 B。

七、会计计量属性

会计计量是为了将符合确认条件的会计要素登记入账并列报于财务报表而确定其金额的过程。会计计量属性主要包括历史成本、重置成本、可变现净值、现值和公允价值等。会计计量属性的含义如下表所示:

计量属性	含义
历史成本	历史成本又称为实际成本,是取得或制造某项财产物资时所实际支付的现金或现金等价物 (1)资产按照其购置时支付的现金或现金等价物的金额,或者按照购置时所付出对价的公允价值计量 (2)负债按照其因承担现时义务而实际收到的款项或者资产的金额,或者承担现时义务的合同金额,或者按照日常活动中为偿还负债预期需要支付的现金或者现金等价物的金额计量
重置成本	重置成本,又称现行成本,是指按照当前市场条件,重新取得同样一项资产所需支付的现金或现金等价物金额 (1)资产按照现在购买相同或者相似资产所需支付的现金或者现金等价物的金额计量 (2)负债按照现在偿付该项债务所需支付的现金或者现金等价物的金额计量
可变现净值	可变现净值是指在正常生产经营过程中,以预计售价减去进一步加工成本和销售所必需的预计税金、费用后的净值 资产按照其正常对外销售所能收到现金或者现金等价物的金额,扣减该资产至完工时估计将要发生的成本、估计的销售费用以及相关税费后的金额计量
现值	现值是指对未来现金流量以恰当的折现率进行折现后的价值,是考虑货币时间价值因素等的一种计量属性 (1)资产按照预计从其持续使用和最终处置中所产生的未来净现金流入量的折现金额计量 (2)负债按照预计期限内需要偿还的未来净现金流出量的折现金额计量
公允价值	公允价值是指市场参与者在计量日发生的有序交易中,出售一项资产所能收到或者转移一项负债所需支付的价格

第五节　借贷记账法

借贷记账法是以"借"和"贷"作为记账符号的一种复式记账法。

复式记账法是指对于每一笔经济业务,都必须用相等的金额在两个或两个以上相互联系的账户中进行登记,全面、系统地反映会计要素增减变化的一种记账方法。复式记账法分为借贷记账法、增减记账法、收付记账法等。我国会计准则规定,企业、行政单位和事业单位会计核算采用借贷记账法记账。

一、借贷记账法的账户结构

借贷记账法下,账户的左方称为借方,右方称为贷方。所有账户的借方和贷方按相反方向记录增加数和减少数,即一方登记增加额,另一方就登记减少额。至于"借"表示增加(或减少),还是"贷"表示增加(或减少),则取决于账户的性质与所记录经济内容的性质。

通常而言,资产、成本和费用类账户的增加用"借"表示,减少用"贷"表示;负债、所有者权益和收入类账户的增加用"贷"表示,减少用"借"表示。

(一)资产类和成本类账户的结构

在借贷记账法下,资产类、成本类账户的借方登记增加额,贷方登记减少额,期末余额一般在借方,有些账户可能无余额。其余额计算公式如下:

$$期末借方余额=期初借方余额+本期借方发生额-本期贷方发生额$$

(二)负债类和所有者权益类账户的结构

在借贷记账法下,负债类、所有者权益类账户的借方登记减少额,贷方登记增加额,期末余额一般在贷方,有些账户期末可能无余额。其余额计算公式如下:

$$期末贷方余额=期初贷方余额+本期贷方发生额-本期借方发生额$$

(三)损益类账户的结构

损益类账户主要包括收入类账户和费用类账户。

在借贷记账法下,收入类账户的借方登记减少额,贷方登记增加额。本期收入净额在期末转入"本年利润"账户,用以计算当期损益,结转后无余额。

在借贷记账法下,费用类账户的借方登记增加额,贷方登记减少额。本期费用净额在期末转入"本年利润"账户,用以计算当期损益,结转后无余额。

二、借贷记账法的记账规则

记账规则是指采用某种记账方法登记具体经济业务时应当遵循的规律。借贷记账法的记账规则是"有借必有贷,借贷必相等"。记录一个账户的借方,同时必须记录另一个账户或几个账户的贷方;记录一个账户的贷方,同时必须记录另一个或几个账户的借方。记入借方的金额与记入贷方的金额必须相等。

三、借贷记账法下的账户对应关系与会计分录

(一)账户对应关系

账户对应关系是指采用借贷记账法对每笔交易或事项进行记录时,相关账户之间形成的应借、应贷的相互关系。存在对应关系的账户称为对应账户。

(二)会计分录

会计分录简称分录,是对每项经济业务应借、应贷的账户名称(科目)及其金额的一种记录。会计分录由应借应贷方向、相互对应的科目及其金额三个要素构成。在我国,会计分录记载于记账凭证中。

四、借贷记账法下的试算平衡

(一)试算平衡的含义

试算平衡是指根据借贷记账法的记账规则和资产与权益(负债和所有者权益)的恒等关系,通过

对所有账户的发生额和余额的汇总计算和比较,来检查账户记录是否正确的一种方法。

(二)试算平衡的分类

试算平衡包括以下两种方法:

(1)发生额试算平衡是指全部账户本期借方发生额合计与全部账户本期贷方发生额合计保持平衡。

$$全部账户本期借方发生额合计=全部账户本期贷方发生额合计$$

发生额试算平衡的直接依据是借贷记账法的记账规则,即"有借必有贷,借贷必相等"。

(2)余额试算平衡是指全部账户借方期末(初)余额合计与全部账户贷方期末(初)余额合计保持平衡。

$$全部账户借方期末(初)余额合计=全部账户贷方期末(初)余额合计$$

余额试算平衡的直接依据是财务状况等式,即:

$$资产=负债+所有者权益$$

(三)试算平衡表的编制

试算平衡是通过编制试算平衡表进行的。

试算平衡只是通过借贷金额是否平衡来检查账户是否正确的一种方法。试算不平衡表示记账一定有错误,试算平衡不能表明记账一定正确。

【提示】不影响借贷双方平衡关系的错误:①漏记某项经济业务,使本期借贷双方的发生额等额减少,借贷仍然平衡;②重记某项经济业务,使本期借贷双方的发生额等额虚增,借贷仍然平衡;③某项经济业务记录的应借、应贷科目正确,但借贷双方金额同时多记或少记,且金额一致,借贷仍然平衡;④某项经济业务记错有关账户,借贷仍然平衡;⑤某项经济业务在账户记录中,颠倒了记账方向,借贷仍然平衡;⑥某借方或贷方发生额中,偶然发生多记和少记并相互抵销,借贷仍然平衡。

第六节　会计凭证、会计账簿与账务处理程序

会计凭证是指记录经济业务发生或者完成情况的书面证明,是登记账簿的依据。会计凭证按照填制程序和用途可分为原始凭证和记账凭证。

一、原始凭证

(一)原始凭证的分类

原始凭证可以按照取得来源、格式、填制的手续和内容进行分类。

(1)原始凭证按照取得的来源可分为自制原始凭证和外来原始凭证。

(2)原始凭证按照格式的不同可分为通用凭证和专用凭证。

(3)原始凭证按照填制的手续和内容可分为一次凭证、累计凭证和汇总凭证。

(二)原始凭证的基本内容

原始凭证的格式和内容因经济业务和经营管理的不同而有所差异,但应当具备以下基本内容(也称为原始凭证要素):①凭证的名称;②填制凭证的日期;③填制凭证单位名称和填制人姓名;④经办

人员的签名或者盖章;⑤接受凭证单位名称;⑥经济业务内容;⑦数量、单价和金额。

（三）原始凭证填制的要求

1. 基本要求

原始凭证填制的基本要求如下表所示:

要求类别	基本要求
记录真实	原始凭证所填列经济业务的内容和数字,必须真实可靠,符合实际情况
内容完整	原始凭证所要求填列的项目必须逐项填列齐全,不得遗漏或省略。原始凭证中的年、月、日要按照填制原始凭证的实际日期填写;名称要齐全,不能简化;品名或用途要填写明确,不能含糊不清;有关人员的签章必须齐全
手续完备	单位自制的原始凭证必须有经办单位相关负责人的签名盖章;对外开出的原始凭证必须加盖本单位公章或者财务专用章;从外部取得的原始凭证,必须盖有填制单位的公章或者财务专用章;从个人取得的原始凭证,必须有填制人员的签名或盖章
书写清楚、规范	原始凭证要按规定填写,文字要简明,字迹要清楚,易于辨认,不得使用未经国务院公布的简化汉字。大小写金额必须符合填写规范,小写金额用阿拉伯数字逐个书写,不得写连笔字。在金额前要填写人民币符号"¥"(使用外币时填写相应符号),且与阿拉伯数字之间不得留有空白。金额数字一律填写到角、分,无角无分的,写"00"或符号"—";有角无分的,分位写"0",不得用符号"—"。大写金额用汉字壹、贰、叁、肆、伍、陆、柒、捌、玖、拾、佰、仟、万、亿、元、角、分、零、整等,一律用正楷或行书字书写。大写金额前未印有"人民币"字样的,应加写"人民币"三个字且和大写金额之间不得留有空白。大写金额到元或角为止的,后面要写"整"或"正"字,有分的,不写"整"或"正"字,如小写金额为¥1 007.00,大写金额应写成"壹仟零柒元整"
编号连续	各类原始凭证要连续编号,以便检查;如果原始凭证已预先印定编号,在因错作废时,应加盖"作废"戳记,妥善保管,不得撕毁
不得涂改、刮擦、挖补	原始凭证金额有错误的,应当由出具单位重开,不得在原始凭证上更正。原始凭证有其他错误的,应当由出具单位重开或更正,更正处应当加盖出具单位印章
填制及时	各类原始凭证一定要及时填写,并按规定的程序及时送交会计机构审核

2. 自制原始凭证的填制要求

不同的自制原始凭证,填制要求也有所不同。

一次凭证,应在经济业务发生或完成时,由相关业务人员一次填制完成。该凭证往往只能反映一项经济业务,或者同时反映若干项同一性质的经济业务。

累计凭证,应在每次经济业务完成后,由相关人员在同一张凭证上重复填制完成。该凭证能在一定时期内不断重复地反映同类经济业务的完成情况。最具有代表性的累计凭证是"限额领料单"。

汇总凭证,应由相关人员在汇总一定时期内反映同类经济业务的原始凭证后填制完成。该凭证只能将类型相同的经济业务进行汇总,不能汇总两类或两类以上的经济业务。

（四）原始凭证的审核

为了如实反映经济业务的发生和完成情况,充分发挥会计的监督职能,保证会计信息的真实、完整,会计人员必须对原始凭证进行严格审核。审核的内容包括:①审核原始凭证的真实性;②审核原始凭证的合法性;③审核原始凭证的合理性;④审核原始凭证的完整性;⑤审核原始凭证的正确性。

【提示】原始凭证记载的各项内容均不得涂改。原始凭证金额有错误的,应当由出具单位重开,不得在原始凭证上更正。原始凭证有其他错误的,应当由出具单位重开或者更正,更正处应当加盖出具

单位公章或财务专用章。

二、记账凭证

（一）记账凭证的分类

记账凭证按照其反映的经济业务的内容来划分,通常可分为收款凭证、付款凭证和转账凭证。

（1）收款凭证。收款凭证是指用于记录库存现金和银行存款收款业务的记账凭证。

（2）付款凭证。付款凭证是指用于记录库存现金和银行存款付款业务的记账凭证。

（3）转账凭证。转账凭证是指用于记录不涉及库存现金和银行存款业务的记账凭证。

（二）记账凭证的基本内容

记账凭证是登记账簿的依据,为了保证账簿记录的正确性,记账凭证必须具备以下基本内容:①填制凭证的日期;②凭证编号;③经济业务摘要;④应借应贷会计科目;⑤金额;⑥所附原始凭证张数;⑦填制凭证人员、稽核人员、记账人员、会计机构负责人、会计主管人员签名或者盖章。收款和付款记账凭证还应当由出纳人员签名或者盖章。

（三）记账凭证填制的要求

1.记账凭证填制的基本要求

记账凭证填制的基本要求如下:

（1）记账凭证各项内容必须完整。

（2）记账凭证的书写应当清楚、规范。

（3）除结账和更正错账可以不附原始凭证外,其他记账凭证必须附原始凭证。

（4）记账凭证可以根据每一张原始凭证填制,或根据若干张同类原始凭证汇总填制,也可以根据原始凭证汇总表填制;但不得将不同内容和类别的原始凭证汇总填制在一张记账凭证上。

（5）记账凭证应连续编号。凭证应由主管该项业务的会计人员,按业务发生的顺序并按不同种类的记账凭证采用"字号编号法"连续编号。如果一笔经济业务需要填制两张以上（含两张）记账凭证的,可以采用"分数编号法"编号。

（6）填制记账凭证时若发生错误,应当重新填制。

（7）记账凭证填制完成后,如有空行,应当自金额栏最后一笔金额数字下的空行处至合计数上的空行处划线注销。

2.收款凭证的填制要求

收款凭证的填制要求如下:

（1）收款凭证左上角的"借方科目"按收款的性质填写"库存现金"或"银行存款"。

（2）日期填写的是填制本凭证的日期。

（3）右上角填写填制收款凭证的顺序号。

（4）"摘要"填写对所记录的经济业务的简要说明。

（5）"贷方科目"填写与收入"库存现金"或"银行存款"相对应的会计科目。

（6）"记账"是指该凭证已登记账簿的标记,防止经济业务重记或漏记。

（7）"金额"是指该项经济业务的发生额。

（8）凭证右边"附单据×张"是指本记账凭证所附原始凭证的张数。

（9）最下边分别由有关人员签章，以明确账证经管责任。

3. 付款凭证的填制要求

付款凭证是根据审核无误的库存现金和银行存款的付款业务的原始凭证填制的。付款凭证的填制方法与收款凭证基本相同，不同的是在付款凭证的左上角应填列贷方科目，即"库存现金"或"银行存款"科目，"借方科目"栏应填写与"库存现金"或"银行存款"相对应的一级科目和明细科目。

对于涉及"库存现金"和"银行存款"之间的相互划转业务，为了避免重复记账，一般只填制付款凭证，不再填制收款凭证。

出纳人员在办理收款或付款业务后，应在原始凭证上加盖"收讫"或"付讫"的戳记，以免重收重付。

4. 转账凭证的填制要求

转账凭证通常是根据有关转账业务的原始凭证填制的。转账凭证中"总账科目"和"明细科目"栏应填写应借、应贷的总账科目和明细科目，借方科目应记金额应在同一行的"借方金额"栏填列，贷方科目应记金额应在同一行的"贷方金额"栏填列，"借方金额"栏合计数与"贷方金额"栏合计数应相等。

（四）记账凭证的审核

为了保证会计信息的质量，在记账之前应由有关稽核人员对记账凭证进行严格的审核，审核的内容主要包括：①内容是否真实；②项目是否齐全；③应借、应贷科目以及对应关系是否正确；④金额是否正确；⑤书写是否规范；⑥手续是否完备。

（五）会计凭证的保管

会计凭证的保管是指会计凭证记账后的整理、装订、归档和存查工作。会计凭证作为记账的依据，是重要的会计档案和经济资料。任何单位在完成经济业务手续和记账后，必须将会计凭证按规定的立卷归档制度形成会计档案，妥善保管，防止丢失，不得任意销毁，以便日后随时查阅。

三、会计账簿

（一）会计账簿的基本内容

会计账簿是指由一定格式的账页组成的，以经过审核的会计凭证为依据，全面、系统、连续地记录各项经济业务和会计事项的簿籍。

在实际工作中，由于各种会计账簿所记录的经济业务不同，账簿的格式也多种多样，但各种账簿都应具备以下基本内容：①封面；②扉页；③账页。

（二）会计账簿的种类

会计账簿的种类很多，不同类别的会计账簿可以提供不同的信息，满足不同的需要。会计账簿的种类如下表所示：

分类标准	种类	内容
按用途分类	序时账簿 （又称日记账）	是按照经济业务发生时间的先后顺序逐日、逐笔登记的账簿。在我国企业、行政事业单位中，库存现金日记账和银行存款日记账是应用比较广泛的日记账

分类标准	种类	内容
按用途分类	分类账簿	是按照分类账户设置登记的账簿。分类账簿是会计账簿的主体，也是编制会计报表的主要依据 分类账簿按其反映经济业务的详略程度，可分为总分类账簿和明细分类账簿。总分类账簿，又称总账，是根据总分类账户设置的，总括地反映某类经济活动；明细分类账簿，又称明细账，是根据明细分类账户设置的，用来提供明细的核算资料。总账对所属的明细账起统驭作用，明细账对总账进行补充和说明
	备查账簿 （又称辅助登记簿 或补充登记簿）	是对某些在序时账簿和分类账簿中未能记载或记载不全的经济业务进行补充登记的账簿。备查账簿只是对其他账簿记录的一种补充，与其他账簿之间不存在严密的依存和勾稽关系。备查账簿根据企业的实际需要设置，没有固定的格式要求
按账页格式分类	三栏式账簿	是设有借方、贷方和余额三个金额栏目的账簿 适用范围：各种日记账、总账以及资本、债权、债务明细账都可以采用三栏式账簿
	多栏式账簿	是在账簿的两个金额栏目（借方和贷方）按需要分设若干专栏的账簿 适用范围：收入、成本、费用明细账一般采用多栏式账簿
	数量金额式账簿	是在账簿的借方、贷方和余额三个栏目内，每个栏目再分设数量、单价和金额三小栏，借以反映财产物资的实物数量和价值量的账簿 适用范围：原材料、库存商品等明细账一般都采用数量金额式账簿
按外形特征分类	订本式账簿 （简称订本账）	是在启用前将编有顺序页码的一定数量账页装订成册的账簿 优点：能避免账页散失和防止抽换账页 缺点：不能准确为各账户预留账页 适用范围：一般适用于重要的和具有统驭性的总分类账、库存现金日记账和银行存款日记账
	活页式账簿 （简称活页账）	是将一定数量的账页置于活页夹内，可根据记账内容的变化而随时增加或减少部分账页的账簿 优点：记账时可以根据实际需要，随时将空白账页装入账簿，或抽去不需要的账页，便于分工记账 缺点：如果管理不善，可能会造成账页散失或故意抽换账页 适用范围：一般适用于明细分类账
	卡片式账簿 （简称卡片账）	是将一定数量的卡片式账页存放于专设的卡片箱中，可以根据需要随时增添账页的账簿 适用范围：在我国，企业一般只对固定资产的核算采用卡片账形式，也有少数企业在材料核算中使用材料卡片

（三）会计账簿的启用与登记要求

1. 会计账簿的启用

启用会计账簿时，应当在账簿封面上写明单位名称和账簿名称，并在账簿扉页上附启用表。启用订本式账簿应当从第一页到最后一页顺序编定页数，不得跳页、缺号。使用活页式账簿应当按账户顺序编号，并须定期装订成册，装订后再按实际使用的账页顺序编定页码，另加目录以便于记明每个账户的名称和页次。

2. 会计账簿的登记要求

为了保证账簿记录的正确性，必须根据审核无误的会计凭证登记会计账簿，并符合有关法律、行

政法规和国家统一的会计准则制度的规定,主要有以下规定:

（1）准确完整。登记会计账簿时,应当将会计凭证日期、编号、业务内容摘要、金额和其他有关资料逐项记入账内。

（2）正常记账使用蓝黑墨水。登记账簿必须使用蓝黑墨水或碳素墨水书写,不得使用圆珠笔（银行的复写账簿除外）或者铅笔书写。

下列情况,可以用红色墨水记账:①按照红字冲账的记账凭证,冲销错误记录;②在不设借贷等栏的多栏式账页中,登记减少数;③在三栏式账户的余额栏前,如未印明余额方向的,在余额栏内登记负数余额;④根据国家统一的会计制度的规定可以用红字登记的其他会计记录。

（3）顺序连续登记。各种账簿应按连续编号的页码顺序登记。记账时发生错误或者跳行、隔页、缺号的,应当将空行、空页用红墨水划对角线注销,或者注明"此行空白"或"此页空白"字样,并由记账人员和会计机构负责人（会计主管人员）在更正处签章。

（4）结出余额。凡需要结出余额的账户,结出余额后,应当在"借或贷"栏内写明"借"或者"贷"字样。没有余额的账户,应在"借或贷"栏内写"平"字,并在"余额"栏"元"位处用"θ"表示。库存现金日记账和银行存款日记账必须逐日结出余额。

（5）过次承前。每一账页登记完毕结转下页时,应当结出本页合计数及余额,写在本页最后一行和下页第一行有关栏内,并在摘要栏内分别注明"过次页"和"承前页"字样,以保持账簿记录的连续性,便于对账和结账。

（6）不得涂改、刮擦、挖补。如发生账簿记录错误,不得刮擦、挖补或者用褪色药水更改字迹,而应采用规定的方法更正。

（四）会计账簿的格式与登记方法

日记账是按照经济业务发生或完成的时间先后顺序逐日逐笔进行登记的账簿。设置日记账的目的是使经济业务的时间顺序清晰地反映在账簿记录中。在我国,大多数企业一般只设库存现金日记账和银行存款日记账。

1. 库存现金日记账的格式与登记方法

库存现金日记账是用来核算和监督库存现金日常收、付和结存情况的序时账簿。库存现金日记账的格式主要有三栏式和多栏式两种,库存现金日记账必须使用订本账。

库存现金日记账的格式与登记方法如下表所示:

格式	主要内容
三栏式	三栏式库存现金日记账是用来登记库存现金的增减变动及其结果的日记账。设借方、贷方和余额三个金额栏目,一般将其分别称为收入、支出和结余三个基本栏目 三栏式库存现金日记账是由出纳人员根据库存现金收款凭证、库存现金付款凭证以及银行存款付款凭证,按照库存现金收、付款业务和银行存款付款业务发生时间的先后顺序逐日逐笔登记 （1）日期栏。登记记账凭证的日期,登记日期应与库存现金实际收付日期一致 （2）凭证栏。登记入账的收付款凭证的种类和编号 （3）摘要栏。登记入账的经济业务的内容 （4）对方科目栏。登记库存现金收入的来源科目或支出的用途科目 （5）收入、支出栏。登记库存现金实际收付的金额

（续表）

格式	主要内容
多栏式	多栏式库存现金日记账是在三栏式库存现金日记账的基础上发展起来的。这种日记账的借方（收入）和贷方（支出）金额栏都按对方科目设专栏，也就是按收入的来源和支出的用途设专栏。这种格式在月末结账时，可以结出各收入来源专栏和支出用途专栏的合计数，便于对现金收支的合理性、合法性进行审核分析，便于检查财务收支计划的执行情况，其全月发生额还可以作为登记总账的依据

2. 银行存款日记账的格式与登记方法

银行存款日记账是用来核算和监督银行存款每日的收入、支出和结余情况的账簿。银行存款日记账应按企业在银行开立的账户和币种分别设置，每个银行账户设置一本日记账。由出纳人员根据与银行存款收付业务有关的记账凭证，按时间先后顺序逐日逐笔进行登记。根据银行存款收款凭证和有关的库存现金付款凭证登记银行存款收入栏，根据银行存款付款凭证登记其支出栏，每日结出存款余额。

3. 总分类账的格式与登记方法

总分类账是指按照总分类账户分类登记以提供总括会计信息的账簿。总分类账最常用的格式为三栏式，设有借方、贷方和余额三个金额栏目。

总分类账的登记方法因登记的依据不同而有所不同。经济业务少的小型单位的总分类账可以根据记账凭证逐笔登记；经济业务多的大中型单位的总分类账可以根据记账凭证汇总表（又称科目汇总表）或汇总记账凭证等定期登记。

4. 明细分类账的格式与登记方法

明细分类账是根据有关明细分类账户设置并登记的账簿。它能提供交易或事项比较详细、具体的核算资料，以补充总账所提供核算资料的不足。因此，各企业单位在设置总账的同时，还应设置必要的明细账。明细分类账一般采用活页式账簿、卡片式账簿。明细分类账一般根据记账凭证和相应的原始凭证来登记。

根据各种明细分类账所记录经济业务的特点，明细分类账的常用格式有以下几种：

（1）三栏式。三栏式账页是设有借方、贷方和余额三个栏目，用以分类核算各项经济业务，提供详细核算资料的账簿，其格式与三栏式总账格式相同。

（2）多栏式。多栏式账页是将属于同一个总账科目的各个明细科目合并在一张账页上进行登记，即在这种格式账页的借方或贷方金额栏内按照明细项目设若干专栏。这种格式适用于收入、成本、费用类科目的明细核算。

（3）数量金额式。数量金额式账页适用于既要进行金额核算又要进行数量核算的账户，如原材料、库存商品等存货账户，其借方（收入）、贷方（发出）和余额（结存）都分别设有数量、单价和金额三个专栏。

数量金额式账页提供了企业有关财产物资数量和金额收、发、存的详细资料，从而能加强财产物资的实物管理和使用监督，保证这些财产物资的安全完整。

5. 总分类账与明细分类账的平行登记

平行登记是指对所发生的每项经济业务都要以会计凭证为依据，一方面记入有关总分类账户，另一方面记入所属明细分类账户的方法。

总分类账户与明细分类账户平行登记的要点：①方向相同；②期间一致；③金额相等。

四、对账与结账

（一）对账

对账就是核对账目，是对账簿记录所进行的核对工作。对账一般可以分为账证核对、账账核对和账实核对。

1. 账证核对

账证核对是指将账簿记录与会计凭证核对，核对账簿记录与原始凭证、记账凭证的时间、凭证字号、内容、金额等是否一致，记账方向是否相符，做到账证相符。

2. 账账核对

账账核对主要包括以下内容：

（1）总分类账簿之间的核对。

通过"资产＝负债+所有者权益"这一会计等式和"有借必有贷，借贷必相等"的记账规则，总分类账户的期初余额、本期发生额和期末余额之间存在对应的平衡关系，各账户的期末借方余额合计和贷方余额合计也存在平衡关系。通过这种等式和平衡关系可以检查总账记录是否正确、完整。

（2）总分类账簿与所辖明细分类账簿之间的核对。

总分类账各账户的期末余额与所辖各明细分类账的期末余额之和应核对相符。

（3）总分类账簿与序时账簿之间的核对。

库存现金日记账和银行存款日记账期末余额应与总分类账的库存现金、银行存款期末余额核对相符。

（4）明细分类账簿之间的核对。

会计机构有关实物资产的明细账与财产物资保管部门或使用部门的有关实物资产明细账期末余额应核对相符。

3. 账实核对

账实核对是指各项财产物资、债权债务等账面余额与实有数额之间的核对。

（1）库存现金日记账账面余额与现金实际库存数逐日核对是否相符。库存现金日记账账面余额应每天同现金实际库存数相核对。

（2）银行存款日记账账面余额与银行对账单余额定期核对是否相符。银行存款日记账的账面余额，应同开户银行寄送企业的银行对账单相核对，一般至少每月核对一次。

（3）各项财产物资明细账账面余额与财产物资实有数额定期核对是否相符。各项财产物资（包括原材料、库存商品和固定资产等）明细账账面余额与财产物资实有数额定期核对相符。

（4）有关债权债务明细账账面余额与对方单位债权债务账面记录核对是否相符。即各项应收、应付、应交款明细账的期末余额应与债务、债权单位的账目核对相符，与上下级单位、财政和税务部门的拨缴款项也应定期核对无误。

（二）结账

1. 结账的概念及内容

结账是将账簿记录定期结算清楚的会计工作。在一定时期结束时（如月末、季末或年末），为了编制财务报表，需要进行结账，具体包括月结、季结和年结。

结账的内容通常包括两个方面:一是结清各种损益类账户,并据以计算确定本期利润;二是结出各资产、负债和所有者权益账户的本期发生额合计和期末余额。

2. 结账的要点

结账的要点主要有以下内容:

(1)对不需按月结计本期发生额的账户,每次记账以后,都要随时结出余额,每月最后一笔余额是月末余额。月末结账时,只需要在最后一笔经济业务记录之下通栏划单红线,不需要再次结计余额。

(2)库存现金、银行存款日记账和需要按月结计发生额的收入、费用等明细账,每月结账时,要在最后一笔经济业务记录下面通栏划单红线,结出本月发生额和余额,在摘要栏内注明"本月合计"字样,并在下面通栏划单红线。

(3)对于需要结计本年累计发生额的明细账户,每月结账时,应在"本月合计"行下结出自年初起至本月月末止的累计发生额,登记在月份发生额下面,在摘要栏内注明"本年累计"字样,并在下面通栏划单红线。12月月末的"本年累计"就是全年累计发生额,全年累计发生额下通栏划双红线。

(4)总账账户平时只需结出月末余额。年终结账时,为了总括地反映全年各项资金运动情况的全貌,核对账目,要将所有总账账户结出全年发生额和年末余额,在摘要栏内注明"本年合计"字样,并在合计数下通栏划双红线。

(5)年度终了结账时,有余额的账户,应将其余额结转下年,并在摘要栏注明"结转下年"字样;在下一会计年度新建有关账户的第一行余额栏内填写上年结转的余额,并在摘要栏注明"上年结转"字样,使年末有余额账户的余额如实地在账户中加以反映,以免混淆有余额的账户和无余额的账户。

五、错账更正的方法

错账更正的方法一般有划线更正法、红字更正法和补充登记法。

(一)划线更正法

在结账前发现账簿记录有文字或数字错误,而记账凭证没有错误,采用划线更正法。

更正时,先在错误的文字或数字上划一条红色横线,然后将正确的文字或数字用蓝字或黑字写在被注销的文字或数字的上方,并由记账人员和会计机构负责人(会计主管人员)在更正处盖章,以明确责任。

(二)红字更正法

红字更正法,适用于以下两种情形:

(1)记账后发现记账凭证中的应借、应贷会计科目有错误所引起的记账错误。

记账凭证会计科目错误时,用红字填写一张与原记账凭证完全相同的记账凭证,并据以用红字登记入账以示注销原记账凭证,记账凭证的摘要为"注销某月某日某号凭证",然后用蓝字填写一张正确的记账凭证,并据以用蓝字登记入账。

(2)记账后发现记账凭证和账簿记录中应借、应贷会计科目无误,只是所记金额大于应记金额所引起的记账错误。

更正时,按多记的金额用红字填制一张与原记账凭证应借、应贷科目完全相同的记账凭证,以冲销多记的金额,并据以用红字登记入账。记账凭证的摘要为"冲销某月某日第×号记账凭证多记金额"。

(三)补充登记法

记账后发现记账凭证和账簿记录中应借、应贷会计科目无误,只是所记金额小于应记金额时,采用补充登记法。

更正时，按少记的金额（即差额）用蓝字编制一张与原记账凭证应借、应贷科目完全相同的记账凭证，以补充少记的金额，并据以用蓝字登记入账。记账凭证的摘要为"补记某月某日第×号记账凭证少记金额"。

第七节　财产清查

一、财产清查概述

财产清查是指通过对货币资金、实物资产和往来款项等财产物资进行盘点或核对，确定其实存数，查明账存数与实存数是否相符的一种专门方法。

（一）财产清查的种类

财产清查的种类具体如下表所示：

分类标准	类别	内容
按照清查范围	全面清查	全面清查是指对所有的财产进行全面的盘点和核对 全面清查的适用范围： （1）年终决算前 （2）单位撤销、合并或改变隶属关系前 （3）开展全面资产评估、清产核资前 （4）中外合资、国内合资前 （5）股份制改造前 （6）单位主要领导调离工作前等
	局部清查	局部清查是指根据需要只对部分财产进行盘点和核对 局部清查的清查范围和对象，应根据业务需要和相关具体情况而定 （1）对于流动性较大的财产物资，应根据需要随时轮流盘点或重点抽查 （2）对于贵重财产物资，每月都要清查盘点 （3）对于库存现金，每日终了，应由出纳人员进行清点核对 （4）对于银行存款，企业至少每月同银行核对一次 （5）对于债权、债务，企业应每年至少同债权人、债务人核对一至两次
按照清查的时间	定期清查	定期清查是指按照预先计划安排的时间对财产进行的盘点和核对。定期清查一般在年末、季末、月末进行
	不定期清查	不定期清查是指事前不规定清查日期，而是根据特殊需要临时进行的盘点和核对 不定期清查主要包括以下内容： （1）财产物资、库存现金保管人员更换时，要对其负责保管的财产物资、库存现金进行清查、核对，以明确责任，便于办理交接手续 （2）发生自然灾害和意外损失时，要对受损财产进行清查，以查明损失情况 （3）上级主管、财政、审计和银行等部门，对本单位进行会计检查，应按检查的要求和范围对财产物资进行清查，以验证会计资料的可靠性 （4）进行临时性清产核资时，要对本单位的财产物资进行清查

（续表）

分类标准	类别	内容
按照清查的执行系统	内部清查	内部清查是指由本单位内部自行组织清查工作小组所进行的财产清查工作。大多数财产清查都是内部清查
	外部清查	外部清查是指由上级主管部门、审计机关、司法部门、注册会计师等根据国家有关规定或情况需要对本单位所进行的财产清查。一般来讲,进行外部清查时应有本单位相关人员参加

（二）财产清查的一般程序

财产清查既是会计核算的一种专门方法,又是财产物资管理的一项重要制度。企业必须有计划、有组织地进行财产清查。

财产清查一般包括以下程序:①建立财产清查组织;②组织清查人员学习有关政策规定,掌握有关法律、法规和相关业务知识,以提高财产清查工作的质量;③确定清查对象、范围,明确清查任务;④制定清查方案,具体安排清查内容、时间、步骤、方法,以及必要的清查前准备;⑤清查时本着先清查数量、核对有关账簿记录等,后认定质量的原则进行;⑥填制盘存清单;⑦根据盘存清单,填制实物、往来账项清查结果报告表。

二、货币资金的清查方法

（一）库存现金的清查

库存现金的清查是采用实地盘点法确定库存现金的实存数,然后与库存现金日记账的账面余额相核对,确定账实是否相符。

对库存现金进行盘点时,出纳人员必须在场,有关业务必须在库存现金日记账中全部登记完毕。盘点时,一方面要注意账实是否相符,另一方面还要检查现金管理制度的遵守情况,如库存现金有无超过其限额,有无白条抵库、挪用舞弊等情况。盘点结束后,应填制"库存现金盘点报告表",作为重要原始凭证。

（二）银行存款的清查

银行存款的清查是采用与开户银行核对账目的方法进行的,即将本单位银行存款日记账的账簿记录与开户银行转来的对账单逐笔进行核对,来查明银行存款的实有数额。银行存款的清查一般在月末进行。

1. 银行存款日记账与银行对账单不一致的原因

将截止到清查日所有银行存款的收付业务都登记入账后,对发生的错账、漏账应及时查清更正,再与银行的对账单逐笔核对。如果两者余额相符,通常说明没有错误;如果两者余额不相符,则可能是企业或银行一方或双方记账过程有错误或者存在未达账项。

未达账项是指企业和银行之间,由于记账时间不一致而发生的一方已经入账,而另一方尚未入账的事项。未达账项一般分为以下四种情况:①企业已收款记账,银行未收款未记账的款项;②企业已付款记账,银行未付款未记账的款项;③银行已收款记账,企业未收款未记账的款项;④银行已付款记账,企业未付款未记账的款项。

上述任何一种未达账项的存在,都会使企业银行存款日记账的余额与银行开出的对账单的余额不符。所以,在与银行对账时首先应查明是否存在未达账项,如果存在未达账项,就应该编制"银行存款余额调节表",据以确定企业银行存款实有数。

2.银行存款清查的步骤

银行存款的清查按以下四个步骤进行:

(1)将本单位银行存款日记账与银行对账单,以经济业务、结算凭证的种类、号码和金额为依据,逐日逐笔核对。凡双方都有记录的,用铅笔在金额旁打上记号"√"。

(2)找出未达账项(即银行存款日记账和银行对账单中没有打"√"的款项)。

(3)将日记账和对账单的月末余额及找出的未达账项填入"银行存款余额调节表",并计算出调整后的余额。

(4)将调整平衡的"银行存款余额调节表",经主管会计签章后,送达开户银行。

银行存款余额调节表的编制,是以双方账面余额为基础,各自分别加上对方已收款入账而己方尚未入账的数额,减去对方已付款入账而己方尚未入账的数额。其计算公式如下:

企业银行存款日记账余额+银行已收企业未收款-银行已付企业未付款=

银行对账单存款余额+企业已收银行未收款-企业已付银行未付款

三、实物资产的清查方法

实物资产主要包括固定资产、存货等。实物资产的清查就是对实物资产在数量和质量上所进行的清查。常用的清查方法主要有实地盘点法和技术推算法。

(一)实地盘点法

通过点数、过磅、量尺等方法来确定实物资产的实有数量。实地盘点法适用范围较广,在多数财产清查中都可采用。

(二)技术推算法

利用一定的技术方法对财产物资的实存数进行推算,故又称估推法。技术推算只适用于成堆量大而价值不高,难以逐一清点的财产物资的清查。

在实物清查中,实物保管人员和盘点人员必须同时在场。对于盘点结果,应如实登记盘存单,并由盘点人员和实物保管人员签字或盖章,以明确经济责任。盘存单既是记录盘点结果的书面证明,也是反映财产物资实存数的原始凭证。

四、往来款项的清查方法

往来款项主要包括应收、应付款项和预收、预付款项等。往来款项的清查一般采用发函询证的方法进行核对。往来款项清查以后,将清查结果编制"往来款项清查报告单",填列各项债权、债务的余额。对于有争执的款项以及无法收回的款项,应在报告单上详细列明情况,以便及时采取措施进行处理,避免或减少坏账损失。

五、财产清查结果的处理

对于财产清查中发现的问题,如财产物资的盘盈、盘亏、毁损或其他各种损失,应核实情况,调查分析产生的原因,按照国家有关法律法规的规定,进行相应的处理。

第八节 政府会计基础

一、政府会计概述

（一）政府会计的概念

政府会计是会计体系的重要分支,它是运用会计专门方法对政府及其组成主体（包括政府所属的行政事业单位等）的财务状况、运行情况（含运行成本,下同）、现金流量、预算执行等情况进行全面核算、监督和报告。

我国的政府会计标准体系主要由政府会计基本准则、政府会计具体准则及应用指南和政府会计制度等组成。

（二）政府会计的特点

政府会计由预算会计和财务会计构成。政府会计核算体系应当实现预算会计与财务会计适度分离并相互衔接,全面、清晰反映政府财务信息和预算执行信息。与企业会计相比,政府会计的特点如下表所示:

特点	内容
双功能	政府会计应当实现预算会计和财务会计的双重功能
双基础	预算会计实行收付实现制,国务院另有规定的,从其规定;财务会计实行权责发生制
双要素	政府会计要素包括预算会计要素和财务会计要素
双报告	政府会计主体应当编制决算报告和财务报告。其中,政府决算报告是综合反映政府会计主体年度预算收支执行结果的文件,主要以收付实现制为基础编制,以预算会计核算生成的数据为准;政府财务报告是反映政府会计主体某一特定日期的财务状况和某一会计期间的运行情况和现金流量等信息的文件,主要以权责发生制为基础编制,以财务会计核算生成的数据为准

二、政府预算会计要素

政府预算会计要素包括预算收入、预算支出与预算结余,具体内容如下表所示:

政府预算会计要素	具体内容
预算收入	预算收入是指政府会计主体在预算年度内依法取得的并纳入预算管理的现金流入。预算收入一般在实际收到时予以确认,以实际收到的金额计量
预算支出	预算支出是指政府会计主体在预算年度内依法发生并纳入预算管理的现金流出。预算支出一般在实际支付时予以确认,以实际支付的金额计量
预算结余	预算结余是指政府会计主体预算年度内预算收入扣除预算支出后的资金余额,以及历年滚存的资金余额 预算结余包括结余资金和结转资金。结余资金是指年度预算执行终了,预算收入实际完成数扣除预算支出和结转资金后剩余的资金。结转资金是指预算安排项目的支出年终尚未执行完毕或者因故未执行,且下年需要按原用途继续使用的资金

三、政府财务会计要素

政府财务会计要素包括资产、负债、净资产、收入和费用。

（一）资产

资产是指政府会计主体过去的经济业务或者事项形成的，由政府会计主体控制的，预期能够产生服务潜力或者带来经济利益流入的经济资源。

政府会计主体的资产按照流动性，分为流动资产和非流动资产。

符合政府资产定义的经济资源，在同时满足以下条件时，确认为资产：①与该经济资源相关的服务潜力很可能实现或者经济利益很可能流入政府会计主体；②该经济资源的成本或者价值能够可靠地计量。

政府资产的计量属性主要包括历史成本、重置成本、现值、公允价值和名义金额。无法采用上述计量属性的，采用名义金额（即人民币 1 元）计量。

政府会计主体在对资产进行计量时，一般应当采用历史成本。采用重置成本、现值、公允价值计量的，应当保证所确定的资产金额能够持续、可靠计量。

（二）负债

负债是指政府会计主体过去的经济业务或者事项形成的，预期会导致经济资源流出政府会计主体的现时义务。

政府会计主体的负债按照流动性，分为流动负债和非流动负债。

符合政府负债定义的义务，在同时满足以下条件时，确认为负债：①履行该义务很可能导致含有服务潜力或者经济利益的经济资源流出政府会计主体；②该义务的金额能够可靠地计量。

政府负债的计量属性主要包括历史成本、现值和公允价值。

政府会计主体在对负债进行计量时，一般应当采用历史成本。采用现值、公允价值计量的，应当保证所确定的负债金额能够持续、可靠计量。

（三）净资产

净资产是指政府会计主体资产扣除负债后的净额。净资产金额取决于资产和负债的计量。

（四）收入

收入是指报告期内导致政府会计主体净资产增加的、含有服务潜力或者经济利益的经济资源的流入。

收入的确认应当同时满足以下条件：①与收入相关的含有服务潜力或者经济利益的经济资源很可能流入政府会计主体；②含有服务潜力或者经济利益的经济资源流入会导致政府会计主体资产增加或者负债减少；③流入金额能够可靠地计量。

（五）费用

费用是指报告期内导致政府会计主体净资产减少的、含有服务潜力或者经济利益的经济资源的流出。

费用的确认应当同时满足以下条件：①与费用相关的含有服务潜力或者经济利益的经济资源很可能流出政府会计主体；②含有服务潜力或者经济利益的经济资源流出会导致政府会计主体资产减少或者负债增加；③流出金额能够可靠地计量。

第二章　货币资金及应收款项

知识体系

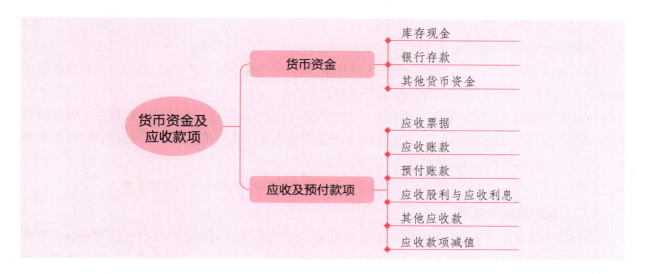

本章导学

从近几年考试来看,银保监财会类职位专业科目考试对于货币资金及应收款项的考查较为常规。本章的主要内容包括库存现金、应收款项及应收款项减值等内容。本章难度不大,考生应注意区分货币资金与非货币性资产并掌握备抵法的计算。

第一节　货币资金

货币资金是指企业生产经营过程中处于货币形态的资产,属于企业的一种金融资产。货币资金包括库存现金、银行存款和其他货币资金。

而与货币资金相对的就是非货币性资产。非货币性资产,是指货币资金以外的资产,如存货(原材料、包装物、低值易耗品、库存商品等)、固定资产、在建工程、生产性生物资产、无形资产、投资性房地产、长期股权投资等。非货币性资产有别于货币性资产的最基本特征是其在将来为企业带来的经济利益(即货币金额)是不固定的或不可确定的。

一、库存现金

库存现金是指存放于企业财会部门、由出纳人员经管的货币,是企业流动性最强的资产。

（一）现金管理制度

企业可用现金支付的款项如下：

（1）职工工资、津贴。

（2）个人劳务报酬。

（3）根据国家规定颁发给个人的科学技术、文化艺术、体育比赛等各种奖金。

（4）各种劳保、福利费用以及国家规定的对个人的其他支出。

（5）向个人收购农副产品和其他物资的价款。

（6）出差人员必须随身携带的差旅费。

（7）结算起点（1 000 元）以下的零星支出。

（8）中国人民银行确定需要支付现金的其他支出。

除上述（5）（6）外，开户单位支付给个人的款项，超过使用现金限额的部分，应当以支票或者银行本票等方式支付；确需全额支付现金的，经开户银行审核后，予以支付现金。

现金限额是指为了保证单位日常零星开支的需要，允许单位留存现金的最高数额。一般按照单位 3~5 天日常零星开支所需确定。边远地区和交通不便地区的开户单位的库存现金限额，可按多于 5 天，但不得超过 15 天的日常零星开支的需要确定。

【提示】正常情况下，企业不得坐支现金，即不得从本单位的现金收入中直接支付。

（二）现金的账务处理

企业应当设置库存现金总账和库存现金日记账，分别进行库存现金的总分类核算和明细分类核算。企业应当设置"库存现金"科目，借方表示增加，贷方表示减少，期末余额在借方。企业内部周转使用的备用金，可以通过单独设置"备用金"科目进行核算。

（三）现金的清查

企业一般采用"实地盘点法"对库存现金进行清查，并根据清查结果编制现金盘点报告单。如果发现账款不符的情况，企业应当及时查明原因，将现金的短缺或溢余先通过"待处理财产损溢"科目核算，待查明原因之后，按情况处理，具体账务处理如下图所示。

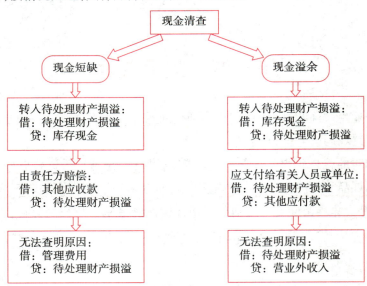

现金清查的账务处理

二、银行存款

银行存款是企业存放在银行或其他金融机构的货币资金。

（一）银行存款的账务处理

企业应当设置银行存款总账和银行存款日记账,分别进行银行存款的总分类核算和明细分类核算。企业应当设置"银行存款"科目,借方表示增加,贷方表示减少,期末余额在借方。

（二）银行存款的核对

企业的银行存款日记账和开户行转来的银行对账单之间应至少每月核对一次,二者之间如有差额,应编制银行存款余额调节表。若无记账错误,调节后的双方余额应相等。

三、其他货币资金

（一）其他货币资金的内容

其他货币资金是企业除库存现金、银行存款以外的其他各种货币资金,主要包括银行汇票存款、银行本票存款、信用卡存款、信用证保证金存款、存出投资款、外埠存款等。

（二）其他货币资金的账务处理

企业应当设置"其他货币资金"科目,按其他货币资金的种类设置明细科目进行核算。借方表示增加,贷方表示减少,期末余额在借方。

例题

下列各项中,企业应通过"其他货币资金"科目核算的有(　　　)。

A. 存入证券公司指定银行的存出投资款

B. 申请银行汇票划转出票银行的款项

C. 开具信用证存入银行的保证金款项

D. 汇往采购地银行开立采购专户的款项

【答案】ABCD。**解析**:A项属于存出投资款;B项属于银行汇票存款;C项属于信用证保证金存款;D项属于外埠存款。故本题选ABCD。

第二节　应收及预付款项

应收及预付款项(应收款项和预付款项)是企业在日常生产经营过程中发生的各项债权。应收款项包括应收票据、应收账款、应收股利、应收利息和其他应收款等。预付款项是指企业按照合同规定预付的款项,如预付账款等。

一、应收票据

（一）应收票据的内容

应收票据是企业因销售商品、提供服务等而收到的商业汇票。商业汇票的付款期限,最长不得超过6个月。根据承兑人不同,商业汇票分为商业承兑汇票和银行承兑汇票。

【提示】银行汇票不等于银行承兑汇票。银行汇票是指由出票银行签发的,由其在见票时按照实际结算金额无条件支付给收款人或者持票人的票据;银行承兑汇票是指由在承兑银行开立存款账户的存款人(即出票人)签发,由承兑银行承兑的票据,属于商业汇票的一种。前者通过"其他货币资金"科目核算,后者则通过"应收票据"科目核算。

(二)应收票据的账务处理

应收票据的账务处理如下表所示:

业务	账务处理
因债务人抵偿前欠货款而取得应收票据时	借:应收票据 　贷:应收账款
因企业销售商品、提供劳务等而收到开出、承兑的商业汇票时	借:应收票据 　贷:主营业务收入 　　　应交税费——应交增值税(销项税额)
商业汇票到期收回款项时	借:银行存款(应按实际收到的金额) 　贷:应收票据
通常情况下,企业将持有的商业汇票背书转让以取得所需物资时	借:材料采购/原材料/库存商品等(应计入取得物资成本的金额) 　　应交税费——应交增值税(进项税额) 　贷:应收票据(按商业汇票的票面金额) 　　　银行存款(差额,或借方)
票据贴现时	借:银行存款(按实际收到的金额) 　贷:应收票据(按商业汇票的票面金额) 　　　财务费用(差额,或借方)

例题

下列各项中,应借记"应收票据"科目的是(　　　)。

A. 提供劳务收到商业承兑汇票

B. 销售材料收到银行汇票

C. 提供劳务收到银行本票

D. 销售商品收到转账支票

【答案】A。解析:A项,收到商业承兑汇票应通过"应收票据"科目核算;B、C两项,收到银行汇票和银行本票通过"其他货币资金"科目核算;D项,收到转账支票通过"银行存款"科目核算。故本题选A。

二、应收账款

(一)应收账款的内容

应收账款是指企业在日常活动中因销售商品、提供服务等形成的,应向购货单位或接受服务的单位收取的款项,主要包括销售商品或提供服务而收取的价款、增值税及代购货单位垫付的包装费、运杂费等。企业应设置"应收账款"科目核算,不单独设置"预收账款"科目的企业,预收的款项也在"应收账款"科目核算。

（二）应收账款的账务处理

应收账款的账务处理具体如下表所示：

业务	账务处理
销售商品、提供服务等	借：应收账款 　贷：主营业务收入 　　　应交税费——应交增值税（销项税额）
收回应收账款	借：银行存款 　贷：应收账款
企业代购货方垫付的包装费、运杂费	借：应收账款 　贷：银行存款
收回代垫费用	借：银行存款 　贷：应收账款
如果企业应收账款改用应收票据结算，在收到承兑的商业汇票时	借：应收票据 　贷：应收账款

三、预付账款

（一）预付账款的内容

预付账款是指企业按照合同规定预付的款项，如预付的材料、商品采购款、在建工程价款等。企业应设置"预付账款"科目，核算预付账款的增减变动及结存情况。预付款项不多的企业，可以不设置"预付账款"科目，而直接通过"应付账款"科目核算。

（二）预付账款的账务处理

预付账款的账务处理如下表所示：

业务	账务处理
预付货款时	借：预付账款 　贷：银行存款
收到所购物资时	借：材料采购/原材料/库存商品等 　　　应交税费——应交增值税（进项税额） 　贷：预付账款
当预付价款小于采购货物所需支付的款项时，补足不足部分	借：预付账款 　贷：银行存款
当预付价款大于采购货物所需支付的款项时，收回多余款项	借：银行存款 　贷：预付账款

四、应收股利与应收利息

（一）应收股利的账务处理

应收股利是指企业应收取的现金股利或应收取其他单位分配的利润。企业应当设置"应收股利"科目来体现应收股利的增减变动及其结存情况，借方登记应收现金股利或利润的增加，贷方登记收到的现金股利或利润，期末余额一般在借方，反映企业尚未收到的现金股利或利润。

企业在持有以公允价值计量且其变动计入当期损益的金融资产（交易性金融资产）期间，被投资

单位宣告发放现金股利:

　　借:应收股利

　　　贷:投资收益

企业收到被投资单位分配的现金股利或利润:

　　借:其他货币资金——存出投资款(通过证券交易公司购入上市公司股票)

　　　银行存款(其他股权投资取得)

　　　贷:应收股利

企业取得以公允价值计量且其变动计入当期损益的金融资产(交易性金融资产)等资产,如果实际支付的价款中包含已宣告但尚未分派的现金股利或利润,应单独作为应收项目处理。

(二)应收利息的账务处理

应收利息是指企业根据合同或协议规定应向债务人收取的利息。企业应当设置"应收利息"科目核算,借方登记应收利息的增加,贷方登记收到的利息,期末余额一般在借方,反映企业尚未收到的利息。

五、其他应收款

(一)其他应收款的内容

其他应收款核算的主要内容:应收的各种赔款、罚款;应收的出租包装物租金;应向职工收取的各种垫付款项;存出保证金;其他各种应收、暂付款项。企业应当设置"其他应收款"科目,借方登记其他应收款的增加,贷方登记其他应收款的收回,期末余额一般在借方,反映企业尚未收回的其他应收款项。

(二)其他应收款的账务处理

企业发生各种其他应收款项时:

　　借:其他应收款

　　　贷:库存现金/银行存款/固定资产清理等

收回其他各种应收款项时:

　　借:库存现金/银行存款/应付职工薪酬等

　　　贷:其他应收款

例题

下列各项中,属于"其他应收款"科目核算内容的是(　　　)。

A. 为购货单位垫付的运费　　　　　　B. 应收的劳务款

C. 应收的销售商品款　　　　　　　　D. 为职工垫付的房租

【答案】D。解析:A、B、C 三项,均应计入应收账款;D 项,计入其他应收款。故本题选 D。

六、应收款项减值

(一)应收款项减值损失的确认

应收款项减值的核算方法包括直接转销法和备抵法,我国企业会计准则规定不允许采用直接转销法,而应采用备抵法确认应收款项的减值。

备抵法是采用一定的方法按期估计坏账损失,计入当期损益,同时建立坏账准备,待坏账实际发

生时,冲销已计提的坏账准备和相应的应收款项。

企业应当设置"坏账准备"科目进行核算,该科目属于应收款项的备抵科目,增加记在贷方,减少记在借方。

（二）计提坏账准备的账务处理

坏账准备可按以下公式计算:

当期应计提的坏账准备=当期按应收款项计算的应提坏账准备金额-(或+)

"坏账准备"科目的贷方(或借方)余额

计提坏账准备:

借:信用减值损失——计提的坏账准备

贷:坏账准备

冲减多计提的坏账准备时,作相反分录。

转销坏账:

借:坏账准备

贷:应收账款/其他应收款等

收回已确认坏账并转销应收款项:

借:应收账款/其他应收款等

贷:坏账准备

同时:

借:银行存款

贷:应收账款/其他应收款等

【提示】应收账款账面价值=应收账款余额-与应收账款有关的坏账准备

根据上面的公式以及相关业务的会计分录,我们可以得出以下结论:

(1)企业计提坏账准备时,会导致应收账款账面价值减少。

(2)冲减多计提的坏账准备时,会导致应收账款账面价值增加。

(3)转销坏账(实际发生坏账损失)时,应收账款账面价值不变。

(4)收回已确认坏账并转销的应收账款时,会导致应收账款账面价值减少。

例题

某企业年初"坏账准备"科目的贷方余额为20万元,本年收回上年已确认为坏账的应收账款5万元,经减值测试并确定"坏账准备"科目年末贷方余额应为30万元。不考虑其他因素,该企业年末应计提的坏账准备为(　　)万元。

A. 5　　　　　　　B. 10　　　　　　　C. 15　　　　　　　D. 30

【答案】A。解析:企业收回上期已确认为坏账的应收账款的相关会计分录如下(单位:万元):

借:应收账款　　　　　　　　　　　　　　　　　　　　　　　　　5

贷:坏账准备　　　　　　　　　　　　　　　　　　　　　　　5

借:银行存款　　　　　　　　　　　　　　　　　　　　　　　　　5

贷:应收账款　　　　　　　　　　　　　　　　　　　　　　　5

该企业年末应计提的坏账准备=30-(20+5)=5(万元)。故本题选A。

第三章 存货

知识体系

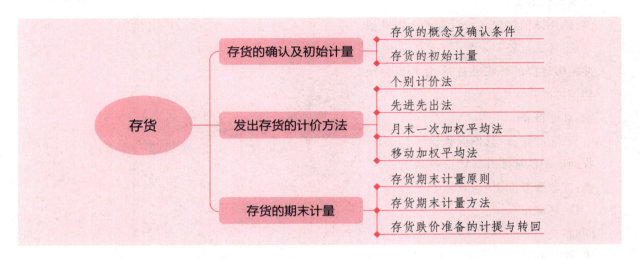

本章导学

从近几年考试来看,银保监财会类职位专业科目考试对于存货的考查比较常规。本章属于非重点章节,但是作为基础章节,可能会与后面章节的财务报告、所得税等内容结合出题,所以需要考生准确把握。

第一节 存货的确认及初始计量

一、存货的概念及确认条件

存货的概念及确认条件如下表所示:

项目	内容
概念	存货是指企业在日常活动中持有以备出售的产成品或商品、处在生产过程中的在产品、在生产过程或提供劳务过程中耗用的材料和物料等 【提示】存货区别于固定资产等非流动资产的最基本特征是,企业持有存货的最终目的是出售

项目	内容
内容	企业的存货通常包括各类材料、在产品、半成品、产成品、商品以及周转材料、委托代销商品等 【提示】①工程物资不属于存货；②代制品、代修品视同企业的产成品；③周转材料符合固定资产定义的，应当作为固定资产处理
确认条件	在符合存货定义的前提下，同时满足以下两个条件： (1)与该存货有关的经济利益很可能流入企业 (2)存货的成本能够可靠计量 【提示】判断是不是企业的存货，主要是根据所有权，而不是存货的存放地点。"受托代销商品"入账不入表（与"受托代销商品款"抵销），不列为受托方存货。另外，企业承诺的订货合同、预计发生的制造费用，因成本不能可靠计量，不视为存货

例题

下列项目属于存货的有(　　　)。

A. 原材料 　　　　　　　　　　B. 发出商品

C. 为在建工程购入的工程物资　　D. 未来约定购入的商品

【答案】AB。解析：B项，发出商品是指已经发货，但商品的风险和报酬还没有转移的商品，符合存货的定义。C、D两项，不符合存货的定义，不能作为存货核算。故本题选AB。

二、存货的初始计量

存货应当按照成本进行初始计量，存货成本包括采购成本、加工成本和其他成本（如为特定客户定制产品而发生的产品设计费）。

（一）外购的存货

1. 购买价款

外购存货的价款是指企业购入材料或商品的发票账单上列明的价款，但不包括按规定可以抵扣的增值税进项税额。

2. 相关税费

相关税费包括应归属于该存货成本的消费税、资源税、关税以及不能从增值税销项税额中抵扣的进项税额等。

3. 其他可归属于存货采购成本的费用

其他可归属于存货采购成本的费用包括运输费、装卸费、保险费、包装费、仓储费、运输途中的合理损耗、入库前的挑选整理费等。

商品流通企业在采购商品过程中发生的运输费、装卸费、保险费以及其他可归属于存货采购成本的费用等，应当计入存货的采购成本，也可以先进行归集，期末再根据所购商品的存销情况进行分摊。对于已售商品的进货费用，计入当期损益（主营业务成本），对于未售商品的进货费用，计入期末存货成本。企业采购商品成本的进货费用金额较小的，可以在发生时直接计入当期损益（销售费用）。

（二）委托外单位加工的存货

1. 委托外单位加工的存货成本构成

委托外单位加工的存货成本包括加工中实际耗用的原材料或者半成品、支付的加工费、运输费、装卸费以及按规定应计入成本的税金。

2. 需要交纳消费税的委托加工物资

加工物资收回后直接用于销售的,由受托方代收代缴的消费税应计入委托加工物资的成本。

如果收回的加工物资用于继续加工的,由受托方代收代缴的消费税应先记入"应交税费——应交消费税"科目的借方,按规定用以抵扣加工的消费品销售后所负担的消费税。

3. 对于随同加工费所支付的增值税

对于符合抵扣条件的增值税一般纳税人,应将随同加工费所支付的增值税记入"应交税费——应交增值税(进项税额)"科目,而不计入委托加工物资的成本。

对于增值税小规模纳税人,则应将随同加工费所支付的增值税计入委托加工物资的成本。

4. 账务处理(实际成本法)

发出委托加工材料:

借:委托加工物资

　　贷:原材料

支付加工费和税金:

(1)委托加工物资收回后用于连续生产应税消费品的:

借:委托加工物资

　　应交税费——应交消费税

　　　　　　——应交增值税(进项税额)

　　贷:银行存款等

(2)委托加工物资收回后直接销售,消费税应计入委托加工物资的成本中:

借:委托加工物资

　　应交税费——应交增值税(进项税额)

　　贷:银行存款等

支付运杂费时:

借:委托加工物资

　　贷:银行存款等

加工物资入库:

借:库存商品/周转材料/原材料等

　　贷:委托加工物资

(三)其他方式取得的存货

其他方式取得的存货包括自行生产的存货、投资者投入的存货和提供劳务取得的存货等。

自行生产的存货成本包括投入的原材料或半成品、直接人工和按照一定方法分配的制造费用。

【提示】制造费用包括生产部门的劳动保护费、季节性和修理期间的停工损失等。

投资者投入的存货,按照投资合同或协议约定的价格确定成本,但合同或协议的约定价值不公允的除外。

通过提供劳务取得的存货,其成本按从事劳务提供人员的直接人工和其他直接费用以及可归属于该存货的间接费用确定。

例题

甲公司向乙公司发出一批实际成本为30万元的原材料,另支付加工费6万元(不含增值税),委托乙公司加工一批适用消费税税率为10%的应税消费品,加工完成收回后,全部用于连续生产应税消费品,乙公司代扣代缴的消费税税款准予后续抵扣。甲公司和乙公司均是增值税一般纳税人,适用的增值税税率均为13%。不考虑其他因素,甲公司收回的该批应税消费品的实际成本为(　　)万元。

A. 36　　　　　　B. 39.6　　　　　　C. 40　　　　　　D. 42.12

【答案】A。解析:如果收回的委托加工物资用于连续生产应税消费品,应将其所负担的消费税先记入"应交税费——应交消费税"科目的借方,按规定用以抵扣加工的应税消费品销售后所负担的消费税,不计入委托加工物资的成本。甲公司收回的该批应税消费品的实际成本=30+6=36(万元)。故本题选A。

第二节　发出存货的计价方法

实务中,企业发出的存货,可以按实际成本核算,也可以按计划成本核算。如采用计划成本核算,会计期末应调整为实际成本。

在实际成本核算方式下,企业可以采用的发出存货成本的计价方法包括个别计价法、先进先出法、月末一次加权平均法和移动加权平均法等。

一、个别计价法

个别计价法是假设存货具体项目的实物流转与成本流转相一致,按照各种存货逐一辨认各批发出存货和期末存货所属的购进批别或生产批别,分别按其购入或生产时所确定的单位成本计算各批发出存货和期末存货成本的方法。在这种方法下,是把每一种存货的实际成本作为计算发出存货成本和期末存货成本的基础。

二、先进先出法

先进先出法是指以先购入的存货应先发出(销售或耗用)这样一种存货实物流动假设为前提,对发出存货进行计价的一种方法。采用这种方法,先购入的存货成本在后购入存货成本之前转出,据此确定发出存货和期末存货的成本。具体方法:购入存货时,逐笔登记购入存货的数量、单价和金额;发出存货时,按照先进先出的原则逐笔登记存货的发出成本和结存金额。

先进先出法可以随时结转存货发出成本,但较烦琐;如果存货收发业务较多、且存货单价不稳定时,其工作量较大。在物价持续上升时,期末存货成本接近于市价,而发出成本偏低,会高估企业当期利润和库存存货价值;反之,会低估企业存货价值和当期利润。

三、月末一次加权平均法

月末一次加权平均法是指以本月全部进货数量加上月初存货数量作为权数,去除本月全部进货成本加上月初存货成本,计算出存货的加权平均单位成本,以此为基础计算本月发出存货的成本和期末结存存货成本的一种方法。计算公式如下:

存货单位成本=[月初结存存货成本+$\sum$（本月各批进货的实际单位成本×本月各批进货的数量）]

÷（月初结存存货的数量+本月各批进货数量之和）

本月发出存货的成本=本月发出存货的数量×存货单位成本

本月月末结存存货成本=月末结存存货的数量×存货单位成本

或：本月月末结存存货成本=月初结存存货成本+本月购入存货成本−本月发出存货成本

月末一次加权平均法有利于简化成本计算工作，但不利于存货成本的日常管理与控制。

四、移动加权平均法

移动加权平均法是指以每次进货的成本加上原有结存存货的成本的合计额，除以每次进货数量加上原有结存存货的数量的合计数，据以计算加权平均单位成本，作为在下次进货前计算各次发出存货成本依据的一种方法。计算公式如下：

存货单位成本=（原有结存存货成本+本次进货成本）÷（原有结存存货数量+本次进货数量）

本次发出存货的成本=本次发出存货的数量×本次发货前存货的单位成本

本月月末结存存货成本=月末结存存货的数量×本月月末存货单位成本

或：本月月末结存存货成本=月初结存存货成本+本月购入存货成本−本月发出存货成本

例题

某企业采用月末一次加权平均法核算发出材料成本。2022年6月1日结存乙材料200件、单位成本35元，6月2日购入乙材料400件、单位成本40元，6月10日购入乙材料400件、单位成本45元。当月发出乙材料600件。不考虑其他因素，该企业6月份发出乙材料的成本为（   ）元。

A. 24 600　　　　　　　　　　B. 25 000

C. 26 000　　　　　　　　　　D. 23 000

【答案】A。解析：因该企业采用月末一次加权平均法核算发出材料成本，故该企业6月份发出乙材料的成本=（200×35+400×40+400×45）÷（200+400+400）×600=24 600（元）。故本题选A。

第三节　存货的期末计量

一、存货期末计量原则

资产负债表日，存货应当按照成本与可变现净值孰低计量。即资产负债表日，当存货成本低于可变现净值时，存货按成本计量；当存货成本高于可变现净值时，应当计提存货跌价准备，计入当期损益。

【提示】存货成本是指期末存货的实际成本，也就是历史成本或账面余额。存货成本采用计划成本法、售价金额法核算的，应调整为实际成本；可变现净值是指在日常活动中，存货的估计售价减去至完工时估计将要发生的成本、估计的销售费用以及相关税费后的金额。

二、存货期末计量方法

（一）存货减值迹象的判断

存货存在下列情况之一的，通常表明存货的可变现净值低于成本：①该存货的市场价格持续下

跌,并且在可预见的未来无回升的希望;②企业使用该项原材料生产的产品成本大于产品的销售价格;③企业因产品更新换代,原有库存原材料已不适应新产品的需要,而该原材料的市场价格又低于其账面成本;④因企业所提供的商品或劳务过时或消费者偏好改变而使市场的需求发生变化,导致市场价格逐渐下跌;⑤其他足以证明该项存货实质上已经发生减值的情形。

存货存在下列情形之一的,通常表明其可变现净值为零:①已霉烂变质的存货;②已过期且无转让价值的存货;③生产中已不再需要,并且已无使用价值和转让价值的存货;④其他足以证明已无使用价值和转让价值的存货。

（二）可变现净值的确定

企业确定存货的可变现净值时应考虑的因素:①存货可变现净值的确凿证据,如相关的原始凭证、生产成本资料、生产成本账簿记录、市场销售价格、销售方提供的有关资料等;②持有存货的目的,持有目的是确定可变现净值的决定因素;③资产负债表日后事项等的影响。

不同情况下存货可变现净值的确定:

(1)产成品、商品等直接用于出售的商品存货,没有销售合同约定的,其计算公式如下:

可变现净值＝一般销售价格(市场销售价格)-估计的销售费用-相关税费等

(2)用于直接出售的材料,其计算公式如下:

可变现净值＝材料的市场价格-估计的销售费用-相关税费等

(3)需要经过加工的材料。

在确定需要经过加工的材料存货的可变现净值时,需要以其生产的产成品的可变现净值与该产成品的成本进行比较,如果该产成品的可变现净值高于其成本,则该材料应当按其成本计量。如果以其生产的产成品的可变现净值低于成本,则该材料应按可变现净值计量。

(4)为执行销售合同而持有的存货。

为执行销售合同而持有的存货的期末计量如下表所示:

合同数量与 存货数量的关系	相关处理
合同数量≥存货数量	与该合同直接相关的存货的可变现净值应当以合同价格为计量基础。如果销售合同所规定的标的物尚未生产出来,但持有专门用于该标的物生产的材料,其可变现净值也应当以合同价格作为计量基础
合同数量<存货数量	应当分别确定其可变现净值,并与其相对应的成本进行比较,分别确定存货跌价准备的计提或转回金额。超出合同部分的存货的可变现净值,应当以一般销售价格为基础确定

三、存货跌价准备的计提与转回

（一）存货跌价准备的计提

资产负债表日,存货的可变现净值低于成本,企业应当计提存货跌价准备。

(1)企业通常应当按照单个存货项目计提存货跌价准备。

(2)对于数量繁多、单价较低的存货,可以按照存货类别计提存货跌价准备。

(3)与在同一地区生产和销售的产品系列相关、具有相同或类似最终用途或目的,且难以与其他项目分开计量的存货,可以合并计提存货跌价准备。

计提时的会计分录如下：

借：资产减值损失

　　贷：存货跌价准备

（二）存货跌价准备的转回

在核算存货跌价准备的转回时，转回的存货跌价准备与计提该准备的存货项目或类别应当存在直接对应关系。

（1）当以前减记存货价值的影响因素已经消失，减记的金额应当予以恢复，并在原已计提的存货跌价准备金额内转回，转回的金额计入当期损益。

（2）如果本期导致存货可变现净值高于其成本的影响因素不是以前减记该存货价值的影响因素，则不允许将该存货跌价准备转回。

转回存货跌价准备的会计分录如下：

借：存货跌价准备

　　贷：资产减值损失

（三）存货跌价准备的结转

企业已计提存货跌价准备，如果其中有部分存货已经销售，则企业在结转销售成本时，应同时结转对其已计提的存货跌价准备。

如果按存货类别计提存货跌价准备的，应当按照发生销售等而转出存货的成本占该存货未转出前该类别存货成本的比例结转相应的存货跌价准备。

第四章　固定资产

知识体系

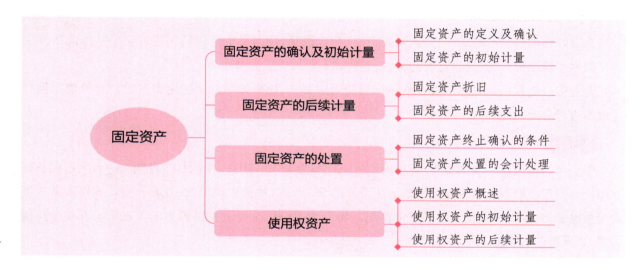

本章导学

从近几年考试来看,银保监财会类职位专业科目考试对于固定资产相关知识点的考查比较常规。本章主要内容有外购固定资产的初始计量、固定资产折旧的范围及计算、固定资产后续支出的核算和固定资产终止确认的条件及其会计处理、使用权资产,需要考生熟练掌握。

第一节　固定资产的确认及初始计量

一、固定资产的定义及确认

固定资产的定义及确认条件如下表所示:

项目	内容
定义	固定资产是指同时具有以下特征的有形资产: (1)为生产商品、提供劳务、出租或经营管理而持有的(即持有的目的不是对外销售,这是区别于其他商品资产的重要标志) (2)使用寿命超过一个会计年度

(续表)

项目	内容
确认条件	在符合固定资产定义的同时需满足： (1)与该固定资产有关的经济利益很可能流入企业 (2)该固定资产的成本能够可靠计量 【提示】如果企业能够合理地估计出固定资产的成本,视同固定资产的成本能够可靠地计量

二、固定资产的初始计量

（一）外购的固定资产

企业外购固定资产的成本,包括购买价款、相关税费、使固定资产达到预定可使用状态前所发生的可归属于该项资产的运输费、装卸费、安装费和专业人员服务费用等。

企业以一笔款项购入多项没有单独标价的固定资产,应当按照各项固定资产的公允价值比例对总成本进行分配,分别确定各项固定资产的成本。

例题

甲公司为增值税一般纳税人,适用的增值税税率为13%。2021年4月15日购入一台生产设备并立即投入使用。取得增值税专用发票上注明价款500万元,增值税税额65万元。当日预付未来一年的设备维修费,取得增值税专用发票上注明的价款为10万元,增值税税额为1.3万元。不考虑其他因素,该设备的入账价值是(   )万元。

A. 500

B. 510

C. 565

D. 575

【答案】A。解析:当日预付未来一年的设备维修费于发生时计入当期损益,不计入设备成本,该设备的入账价值为500万元。故本题选A。

（二）自行建造的固定资产

自行建造的固定资产,其成本由建造该项资产达到预定可使用状态前所发生的必要支出构成,包括工程用物资成本、人工成本、缴纳的相关税费、应予资本化的借款费用以及应分摊的间接费用等。企业为建造固定资产通过出让方式取得土地使用权而支付的土地出让金不计入在建工程成本,应确认为无形资产(土地使用权)。

企业自行建造固定资产包括自营建造和出包建造两种方式。

1. 自营方式建造固定资产

企业为建造固定资产准备的各种物资通过"工程物资"科目核算,工程物资应当按照实际支付的买价、运输费、保险费和相关税费作为实际成本,并按照各种专项物资的种类进行明细核算。盘盈、盘亏、报废、毁损的工程物资,减去残料价值以及保险公司、过失人等赔款后的差额,计入当期损益。

所建造的固定资产已达到预定可使用状态,但尚未办理竣工结算的,应当自达到预定可使用状态之日起,根据工程预算、造价或者工程实际成本等,按暂估价值转入固定资产,并按有关计提固定资产折旧的规定,计提固定资产折旧。待办理竣工结算手续后再调整原来的暂估价值,但不需要调整已计提的折旧额。

2. 出包方式建造固定资产

企业以出包方式建造固定资产,其成本由建造该项固定资产达到预定可使用状态前所发生的必要支出构成,包括发生的建筑工程支出、安装工程支出,以及需分摊计入的待摊支出。

以出包方式建造固定资产的具体支出,由建造承包商核算,"在建工程"科目实际成为企业与建造承包商的结算科目,企业将与建造承包商结算的工程价款作为工程成本,统一通过"在建工程"科目进行核算。

企业采用出包方式建造固定资产发生的支出,需分摊计入固定资产价值的待摊支出,应按下列公式进行分摊:

待摊支出分摊率 = 累计发生的待摊支出 ÷(建筑工程支出 + 安装工程支出 + 在安装设备支出)× 100%

××工程应分摊的待摊支出 =(××工程的建筑工程支出 + ××工程的安装工程支出 + ××工程的在安装设备支出)× 待摊支出分摊率

例题

甲公司 2021 年 8 月 30 日完成厂房工程支出 100 万元,设备及安装支出 300 万元,支付工程项目管理费、可行性研究费、监理费等共计 50 万元,进行负荷试车领用本企业材料等成本 20 万元,取得试车收入 10 万元,该工程当日达到预定可使用状态,预计厂房使用 20 年,设备使用 10 年,按照年限平均法计提折旧,均无残值。下列各项设备的处理表述正确的有(   )。

A. 设备的入账价值为 345 万元

B. 设备的入账价值为 352.5 万元

C. 该设备 2021 年计提的折旧额为 11.5 万元

D. 该设备 2021 年计提的折旧额为 11.75 万元

【答案】AC。解析:A、B 两项,待摊支出按照该项目支出占全部建筑工程比例进行分摊,设备入账价值 = 300 + [300 ×(50 + 20 − 10)÷(100 + 300)] = 300 + 45 = 345(万元)。C、D 两项,2021 年该设备的折旧金额 = 345 ÷ 10 × 4 ÷ 12 = 11.5(万元)。故本题选 AC。

(三)接受投资固定资产

接受固定资产投资的企业,在办理了固定资产移交手续之后,应按投资合同或协议约定的价值加上应支付的相关税费作为固定资产的入账价值,但合同或协议约定价值不公允的除外。

(四)存在弃置费用的固定资产

弃置费用通常是指根据国家法律和行政法规、国际公约等规定,企业承担的环境保护和生态恢复等义务所确定的支出,如核电站核设施等的弃置和恢复环境义务。企业应当将弃置费用的现值计入相关固定资产的成本,同时确认相应的预计负债。在固定资产的使用寿命内,按照预计负债的摊余成本和实际利率计算确定的利息费用,应当在发生时计入财务费用。由于技术进步、法律要求或市场环境变化等原因,特定固定资产履行弃置义务可能会发生支出金额、预计弃置时点、折现率等的变动,从而引起原确认的预计负债的变动。

此时,应按照以下原则调整该固定资产的成本:

(1)对于预计负债的减少,以该固定资产账面价值为限扣减固定资产成本。如果预计负债的减少额超过该固定资产账面价值,超出部分确认为当期损益。

(2)对于预计负债的增加,增加该固定资产的成本。按照上述原则调整的固定资产,在资产剩余使用年限内计提折旧。一旦该固定资产的使用寿命结束,预计负债的所有后续变动应在发生时确认为损益。

一般工商企业的固定资产发生的报废清理费用不属于弃置费用,应当在发生时作为固定资产处置费用处理。

第二节　固定资产的后续计量

一、固定资产折旧

固定资产折旧是指在固定资产使用寿命内,按照确定的方法对应计折旧额进行系统分摊。其中,应计折旧额是指应当计提折旧的固定资产的原价扣除其预计净残值后的金额,其计算公式如下:

$$应计折旧额=固定资产的原价-预计净残值-固定资产减值准备$$

【提示】固定资产的使用寿命、预计净残值一经确定,不得随意变更。

（一）固定资产折旧范围

除以下情况外,企业应当对所有固定资产计提折旧:

(1)已提足折旧仍继续使用的固定资产。

(2)单独计价入账的土地。

【提示】在确认计提折旧的范围时,应注意以下几点:

(1)固定资产应当按月计提折旧,当月增加的固定资产,当月不计提折旧,从下月起计提折旧;当月减少的固定资产,当月仍计提折旧,从下月起不计提折旧。

(2)固定资产提足折旧后,不论是否继续使用,均不再计提折旧;提前报废的固定资产,也不再补提折旧。

特殊情形下固定资产的折旧:

(1)已达到预定可使用状态但尚未办理竣工决算的固定资产,应暂估入账并计提折旧;竣工决算后再按实际成本调整原暂估价值,但不调整已经计提的折旧。

(2)处于更新改造过程中停止使用的固定资产,应将其账面价值转入在建工程,不再计提折旧。更新改造项目达到预定可使用状态转为固定资产后,再按照重新确定的使用寿命、预计净残值和折旧方法计提折旧。

（二）固定资产折旧的方法

企业应根据与固定资产有关的经济利益的预期消耗方式,合理选择折旧方法。固定资产的折旧方法及计算公式如下表所示:

折旧方法	计算公式
年限平均法（直线法）	年折旧率＝(1-预计净残值率)÷预计使用寿命(年)×100% 月折旧率＝年折旧率÷12 月折旧额＝固定资产原价×月折旧率

折旧方法	计算公式
工作量法	单位工作量折旧额＝固定资产原价×(1−预计净残值率)÷预计总工作量 某项固定资产月折旧额＝该项固定资产当月工作量×单位工作量折旧额
双倍余额递减法	年折旧率＝2÷预计使用寿命(年)×100% 月折旧率＝年折旧率÷12 月折旧额＝固定资产净值×月折旧率 最后两年的折旧额＝(固定资产净值−预计净残值)÷2
年数总和法	年折旧率＝尚可使用寿命÷预计使用寿命的年数总和×100% 月折旧率＝年折旧率÷12 月折旧额＝(固定资产原价−预计净残值)×月折旧率

【提示】企业至少应当于每年年度终了,对固定资产的使用寿命、预计净残值和折旧方法进行复核。如果与固定资产有关的经济利益预期消耗方式发生变化的,企业要改变固定资产的折旧方法。固定资产预计净残值、使用寿命和折旧方法的变更,属于会计估计变更。

例题

甲公司拥有一台用于生产 M 产品的设备,该设备预计使用年限为 5 年,预计净残值为零。假定 M 产品各年产量基本均衡。下列折旧方法中,能够使该设备第一年计提折旧金额最多的是(　　)。

A. 工作量法
B. 年限平均法
C. 年数总和法
D. 双倍余额递减法

【答案】D。解析:由于预计净残值为零,各年产量基本均衡,所以工作量法和年限平均法下年折旧率相同,均为20%;年数总和法第一年的折旧率＝5÷15×100%＝33.33%;双倍余额递减法第一年折旧率＝2÷5×100%＝40%。故本题选 D。

二、固定资产的后续支出

固定资产后续支出的相关内容,如下表所示:

项目	内容
处理原则	(1)符合资本化条件的,应当计入固定资产成本或其他相关资产的成本,同时将被替换部分的账面价值扣除 (2)不符合资本化条件的,应当计入当期损益
资本化的后续支出	(1)固定资产进入更新改造时,应将其账面价值转入在建工程,并停止计提折旧,工程完工并达到预定可使用状态时,原账面价值加上资本化支出,作为新固定资产入账,同时重新确定使用寿命、预计净残值和折旧方法等 (2)固定资产部件更新。企业发生的一些固定资产后续支出可能涉及替换原固定资产的某组成部分,当发生的后续支出符合固定资产确认条件时,应将其计入固定资产成本,同时将被替换部分的账面价值扣除。更新后固定资产账面价值＝更新前固定资产账面价值−旧部件账面价值+新部件成本+更新资本化支出。旧部件的账面价值扣除残料收入等转入"营业外支出"科目等 (3)企业对固定资产进行定期检查发生的大修理费用,有确凿证据表明符合资本化条件的部分,应计入固定资产成本或其他相关资产的成本,不符合资本化条件的,应当费用化,计入当期损益

（续表）

项目	内容
费用化的后续支出	费用化的后续支出是指不符合资本化条件的支出,它不会提高而只是保持固定资产的原有工作能力。常见的是固定资产的维护费。费用化支出在发生时直接计入当期损益,不得预提或待摊 账务处理如下: 借:管理费用(行政管理部门的固定资产) 　　销售费用(专设销售机构的固定资产) 　　　贷:银行存款等

第三节　固定资产的处置

一、固定资产终止确认的条件

固定资产满足下列条件之一的,应当予以终止确认:

(1)该固定资产处于处置状态。

处于处置状态的固定资产不再用于生产商品、提供劳务、出租或经营管理,因此不再符合固定资产的定义,应予终止确认。

(2)该固定资产预期通过使用或处置不能产生经济利益。

固定资产的确认条件之一是"与该固定资产有关的经济利益很可能流入企业",如果一项固定资产不能预期通过使用或处置产生经济利益,就不再符合固定资产的定义和确认条件,应予终止确认。

二、固定资产处置的会计处理

相关账务处理如下:

(1)固定资产转入清理。

借:固定资产清理

　　累计折旧

　　固定资产减值准备

　　贷:固定资产

(2)发生的清理费用等。

借:固定资产清理

　　贷:银行存款等

(3)收到出售固定资产的价款、残料价值和变价收入等。

借:银行存款/原材料等

　　贷:固定资产清理

　　　　应交税费——应交增值税(销项税额)

(4)保险赔偿的处理。

借:其他应收款/银行存款等

贷:固定资产清理

（5）清理净损益的处理。

因已丧失使用功能或因自然灾害发生毁损等而报废清理产生的利得或损失应计入营业外收支。具体的账务处理如下：

借:营业外支出——非流动资产处置损失（生产经营期间正常报废清理等正常原因产生的处理净
　　　　　　　　　　　　　　损失）

　　　　　　　——非常损失（生产经营期间由于自然灾害等非正常原因造成的）

　　贷:固定资产清理

如为净收益:

借:固定资产清理

　　贷:营业外收入——非流动资产处置利得

因出售、转让等原因产生的固定资产处置利得或损失应计入资产处置损益。具体账务处理如下：

产生处置净损失:

借:资产处置损益

　　贷:固定资产清理

如为净收益:

借:固定资产清理

　　贷:资产处置损益

例题

甲公司是增值税一般纳税人，2020年12月31日以不含增值税的价格100万元出售2019年购入的一台生产用机床，增值税销项税额为13万元，该机床原价为200万元（不含增值税），已计提折旧120万元，已计提减值30万元，不考虑其他因素，甲公司处置该机床的利得为（　　　）万元。

A. 3　　　　　　　　　　　　　　　　　　B. 20

C. 33　　　　　　　　　　　　　　　　　D. 50

【答案】D。解析:企业出售、转让、报废固定资产或发生固定资产毁损，应当将处置收入扣除账面价值和相关税费后的金额计入当期损益。其中，固定资产的账面价值是固定资产成本扣减累计折旧和累计减值准备后的金额。甲公司处置该机床收益=处置收入-固定资产账面价值=100-（200-120-30）=50（万元）。故本题选D。

第四节　使用权资产

一、使用权资产概述

（一）使用权资产的概念

使用权资产,是指承租人可在租赁期内使用租赁资产的权利。

（二）使用权资产的核算范围

使用权资产的核算范围，为核算承租人除采用简化处理的短期租赁和低价值资产租赁外的所有租赁业务取得的使用权资产。

其中，短期租赁是指在租赁期开始日，租赁期不超12个月的租赁。包含购买选择权的租赁不属于短期租赁。

低价值资产租赁是指单项租赁资产为全新资产时价值较低的租赁（如笔记本电脑、普通办公家具等单价不超过10 000元、台式电脑等单价不超过5 000元等）。原租赁不属于低价值资产租赁而承租人转租或预期转租租赁资产的不属于低价值租赁。低价值资产租赁的判定仅与资产的绝对价值有关，不受承租人规模、性质或其他情况影响。

对于短期租赁和低价值资产租赁，承租人可以选择不确认使用权资产和租赁负债。承租人应当将短期租赁和低价值资产租赁的租赁付款额，在租赁期内各个期间按照直线法或其他系统合理的方法计入相关资产成本或当期损益。

（三）科目设置

为了反映和监督使用权资产的取得、计提折旧和租赁期满处置等交易或事项，企业应设置"使用权资产""租赁负债""使用权资产累计折旧""使用权资产减值准备"等科目进行核算，具体内容如下表所示：

科目	核算内容	性质
使用权资产	核算企业使用权资产的成本	借方登记企业增加的使用权资产的成本，贷方登记企业减少的使用权资产的成本，期末借方余额，反映企业期末使用权资产的成本余额
使用权资产累计折旧	属于"使用权资产"科目的调整科目，核算企业使用权资产的累计折旧	贷方登记企业计提的使用权资产折旧，借方登记租赁合约到期日行使购买选择权转作固定资产的累计折旧，期末贷方余额，反映企业使用权资产的累计折旧额
租赁负债	核算租赁使用权资产形成尚未偿付的负债	贷方登记租赁负债的增加额，借方登记租赁负债的减少额，贷方余额为尚未偿付的租赁负债额

【提示】"租赁负债"科目应设置"租赁负债——租赁付款额"和"租赁负债——未确认融资费用"明细科目进行明细分类核算。在租赁期开始日，租赁负债应当按照租赁期开始日尚未支付的租赁付款额的现值进行初始计量，记入"租赁负债——租赁付款额"科目的贷方；记入"使用权资产"科目的使用权资产成本与记入"租赁负债——租赁付款额"科目的尚未支付租赁付款额现值的差额，记入"租赁负债——未确认融资费用"科目的借方。

二、使用权资产的初始计量

使用权资产应当按照成本进行初始计量。其成本包括：

（1）租赁负债的初始计量金额。

（2）在租赁期开始日或之前支付的租赁付款额，存在租赁激励的，扣除已享受的租赁激励相关金额。租赁激励，是指出租人为达成租赁向承租人提供的优惠，包括出租人向承租人支付的与租赁有关的款项、出租人为承租人偿付或承担的成本等。

（3）承租人发生的初始直接费用。初始直接费用，是指为达成租赁所发生的增量成本。增量成本

是指若企业不取得该租赁,则不会发生的成本。

(4)承租人为拆卸及移除租赁资产、复原租赁资产所在场地或将租赁资产恢复至租赁条款约定状态预计将发生的成本。

三、使用权资产的后续计量

在租赁期开始日后,承租人应当采用成本模式对使用权资产进行后续计量。

承租人应当参照固定资产有关折旧规定,对使用权资产计提折旧。承租人能够合理确定租赁期届满时取得租赁资产所有权的,应当在租赁资产剩余使用寿命内计提折旧。无法合理确定租赁期届满时能够取得租赁资产所有权的,应当在租赁期与租赁资产剩余使用寿命两者孰短的期间内计提折旧。

承租人应当按照资产减值的规定(详见本篇第八章),确定使用权资产是否发生减值,并对已识别的减值损失进行会计处理。

第五章 无形资产

知识体系

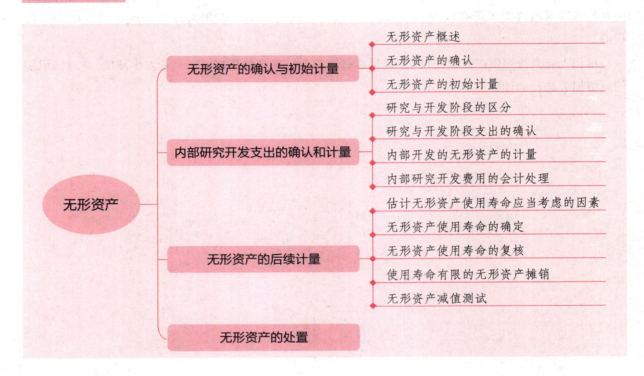

本章导学

从近几年考试来看,银保监财会类职位专业科目考试对于本章内容的考查比较常规。本章的重点内容包括内部开发无形资产的账务处理、使用寿命有限的无形资产摊销、无形资产的处置。本章难度一般,考生须在理解的基础上进行记忆。

第一节 无形资产的确认与初始计量

一、无形资产概述

无形资产是指企业拥有或者控制的没有实物形态的可辨认非货币性资产。通常包括专利权、非专利技术、商标权、著作权、特许权、土地使用权等。

无形资产具有以下特征:

(1)由企业拥有或者控制并能为其带来未来经济利益的资源。

(2)无形资产不具有实物形态。

(3)无形资产具有可辨认性。

(4)无形资产属于非货币性资产。

【提示】商誉通常是与企业整体价值联系在一起的,其存在无法与企业自身相分离,不具有可辨认性,不属于本章所指的无形资产。

二、无形资产的确认

无形资产应当在符合定义的前提下,同时具备以下两个确认条件时,才能予以确认:

(1)与该无形资产有关的经济利益很可能流入企业。

(2)该无形资产的成本能够可靠地计量。

例题

下列项目中,应确认为无形资产的是( )。

A. 自创品牌   B. 客户关系

C. 人力资源   D. 专利技术

【答案】D。解析:A项,内部产生的品牌、报刊名、刊头、客户名单和实质上类似项目的支出,由于不能与整个业务开发成本区分开来,成本无法可靠计量,不应确认为无形资产。B、C两项,客户关系、人力资源等,由于企业无法控制其带来的未来经济利益,不符合无形资产的定义,不应将其确认为无形资产。故本题选D。

三、无形资产的初始计量

(一)外购无形资产的成本

外购无形资产的成本包括购买价款、相关税费以及直接归属于使该项资产达到预定用途所发生的其他支出。其中,直接归属于使该项资产达到预定用途所发生的其他支出包括使无形资产达到预定用途所发生的专业服务费用、测试无形资产是否能够正常发挥作用的费用等。不包括为引入新产品进行宣传发生的广告费、管理费用及其他间接费用,也不包括在无形资产已经达到预定用途以后发生的费用。

购买无形资产的价款超过正常信用条件延期支付,实质上具有融资性质的,无形资产的成本应以购买价款的现值为基础确定。实际支付的价款与购买价款的现值之间的差额作为未确认融资费用,在付款期间内采用实际利率法进行摊销,摊销金额除满足借款费用资本化条件应当计入无形资产成本外,均应当在信用期间内确认为财务费用,计入当期损益。

例题

A公司为增值税一般纳税人。2021年2月15日,A公司以530万元的价格(含增值税30万元)从产权交易中心竞价获得一项商标权,另支付其他相关税费15万元。为推广该商标,A公司发生广告宣传费用10万元、展览费5万元,上述款项均以银行存款支付。A公司取得该项无形资产的入账价值为( )万元。

A. 525   B. 530   C. 515   D. 575

【答案】C。解析：可抵扣的增值税进项税额不属于无形资产的入账成本，广告宣传费用与展览费属于销售费用，因此无形资产入账成本＝530-30+15＝515（万元）。故本题选C。

（二）投资者投入无形资产的成本

投资者投入无形资产的成本，应当按照投资合同或协议约定的价值确定，但合同或协议约定价值不公允的，应当按照无形资产的公允价值入账。

（三）土地使用权的处理

企业取得的土地使用权通常应确认为无形资产。

属于投资性房地产的土地使用权，应当按投资性房地产进行会计处理。

土地使用权用于自行开发建造厂房等地上建筑物时，土地使用权账面价值不与地上建筑物合并计算成本，而仍作为无形资产进行核算，土地使用权与地上建筑物分别进行摊销和提取折旧。但下列情况除外：①房地产开发企业取得的土地使用权用于建造对外出售的房屋建筑物，相关的土地使用权应当计入所建造的房屋建筑物成本；②企业外购房屋建筑物所支付的价款中包括土地使用权和建筑物的价值的，应当对实际支付的价款按照合理的方法在地上建筑物与土地使用权之间进行合理分配；确实难以合理分配的，应当全部作为固定资产处理。

企业改变土地使用权的用途，停止自用土地使用权而用于赚取租金或资本增值时，应将其转为投资性房地产。

例题

1. 甲公司自行研发一项新技术，累计发生研究开发支出800万元，其中符合资本化条件的支出为500万元。研发成功后向国家专利局提出专利权申请并获得批准，实际发生注册登记费8万元；为使用该项新技术发生的有关人员培训费为6万元。不考虑其他因素，甲公司该项无形资产的入账价值为（　　）万元。

A. 508　　　　　　B. 514　　　　　　C. 808　　　　　　D. 814

【答案】A。解析：甲公司该项无形资产入账价值＝500+8＝508（万元），为使用该项新技术发生的有关人员培训费计入当期损益，不构成无形资产的开发成本。故本题选A。

2. 房地产开发企业用于在建商品房的土地使用权，在资产负债表中应列示的项目为（　　）。

A. 存货　　　　　　B. 固定资产　　　　　　C. 无形资产　　　　　　D. 投资性房地产

【答案】A。

第二节　内部研究开发支出的确认和计量

一、研究与开发阶段的区分

（一）研究阶段

研究是指为获取并理解新的科学或技术知识等进行的有计划的调查。

研究阶段基本上是探索性的，是为进一步的开发活动进行资料及相关方面的准备，已经进行的研

究活动将来是否会转入开发、开发后是否会形成无形资产等均具有较大的不确定性。

（二）开发阶段

开发是指在进行商业性生产或使用前,将研究成果或其他知识应用于某项计划或设计,以生产出新的或具有实质性改进的材料、装置、产品等。

相对于研究阶段而言,开发阶段应当是已完成研究阶段的工作,在很大程度上具备了形成一项新产品或新技术的基本条件。

二、研究与开发阶段支出的确认

（一）研究阶段的支出

研究阶段的支出,应当在发生时全部费用化,计入当期损益(管理费用)。

（二）开发阶段的支出

企业内部研究开发项目开发阶段的支出,同时满足下列条件的,才能确认为无形资产,计入无形资产成本,否则应当计入当期损益(管理费用):

（1）完成该无形资产以使其能够使用或出售在技术上具有可行性。

（2）具有完成该无形资产并使用或出售的意图。

（3）无形资产产生经济利益的方式,包括能够证明运用该无形资产生产的产品存在市场或无形资产自身存在市场;无形资产将在内部使用的,应当证明其有用性。

（4）有足够的技术、财务资源和其他资源支持,以完成该无形资产的开发,并有能力使用或出售该无形资产。

（5）归属于该无形资产开发阶段的支出能够可靠地计量。

（三）无法区分研究阶段和开发阶段的支出

无法区分研究阶段和开发阶段的支出,应当在发生时费用化,计入管理费用。

三、内部开发的无形资产的计量

内部开发活动形成的无形资产的成本如下:

（1）开发该无形资产时耗费的材料、劳务成本、注册费。

（2）在开发该无形资产过程中使用的其他专利权和特许权的摊销。

（3）按照借款费用的处理原则可以资本化的利息支出等。

内部开发活动形成的无形资产的成本不包括以下三点内容:

（1）在开发无形资产过程中发生的销售费用、管理费用等间接费用。

（2）无形资产达到预定用途前发生的可辨认的无效和初始运作损失。

（3）为运行该无形资产发生的培训支出等。

【提示】内部开发无形资产的成本仅包括在满足资本化条件的时点至无形资产达到预定用途前发生的支出总和,对于同一项无形资产在开发过程中达到资本化条件之前已经费用化计入当期损益的支出不再进行调整。

四、内部研究开发费用的会计处理

企业自行开发无形资产发生的研发支出的相关会计处理如下:

借:研发支出——费用化支出(不满足资本化条件)

　　　　——资本化支出(满足资本化条件)

　贷:原材料/银行存款/应付职工薪酬等

研究开发项目达到预定用途形成无形资产的相关会计处理如下:

借:无形资产

　贷:研发支出——资本化支出

期末,应将不符合资本化条件的研发支出转入当期管理费用:

借:管理费用

　贷:研发支出——费用化支出

期末,将符合资本化条件但尚未完成的开发费用继续保留在"研发支出"科目中,待开发项目达到预定用途形成无形资产时,再将其发生的实际成本转入无形资产。

外购或以其他方式取得的、正在研发过程中应予资本化的项目的相关会计处理如下:

借:研发支出——资本化支出

　贷:银行存款等

以后发生的研发支出,应当比照上述原则进行会计处理。

例题

下列关于企业内部研发支出会计处理的表述,正确的有(　　　　)。

A. 开发阶段的支出,满足资本化条件的,应予以资本化

B. 无法合理分配的多项开发活动所发生的共同支出,应全部予以费用化

C. 无法区分研究阶段和开发阶段的支出,应全部予以费用化

D. 研究阶段的支出,应全部予以费用化

【答案】ABCD。

第三节　无形资产的后续计量

一、估计无形资产使用寿命应当考虑的因素

在估计无形资产的使用寿命时,应当综合考虑各方面相关因素的影响,其中通常应当考虑的因素如下:

(1)运用该无形资产生产的产品通常的寿命周期、可获得的类似资产使用寿命的信息。

(2)技术、工艺等方面的现阶段情况及对未来发展趋势的估计。

(3)以该无形资产生产的产品或提供的服务的市场需求情况。

(4)现在或潜在的竞争者预期将采取的行动。

(5)为维持该无形资产产生未来经济利益能力的预期维护支出,以及企业预计支付有关支出的能力。

(6)对该无形资产的控制期限,以及对该资产使用的相关法律规定或类似限制,如特许使用期、租赁期等。

(7)与企业持有的其他资产使用寿命的关联性等。

二、无形资产使用寿命的确定

（1）源自合同性权利或其他法定权利取得的无形资产,其使用寿命通常不应超过合同性权利或其他法定权利的期限。但如果企业使用资产的预期期限短于合同性权利或其他法定权利规定期限,则应当按照企业预期使用的期限来确定其使用寿命。

如果合同性权利或其他法定权利能够在到期时因续约等延续,则仅当有证据表明企业续约不需要付出重大成本时,续约期才能够包括在使用寿命的估计中。

（2）没有明确的合同或法律规定无形资产的使用寿命的,企业应当综合各方面因素判断。

（3）企业经过努力,聘请相关专家进行论证、与同行业的情况进行比较以及参考企业的历史经验等努力仍确实无法合理确定无形资产为企业带来经济利益的期限的,才能将其作为使用寿命不确定的无形资产。

三、无形资产使用寿命的复核

企业至少应当于每年年度终了,对使用寿命有限的无形资产的使用寿命进行复核。如果有证据表明无形资产的使用寿命与以前估计不同的,应当改变其摊销期限,并按照会计估计变更进行处理。

企业应当在每个会计期末对使用寿命不确定的无形资产的使用寿命进行复核。如果有证据表明该无形资产的使用寿命是有限的,应视为会计估计变更,估计其使用寿命并按照使用寿命有限的无形资产的处理原则进行处理。

四、使用寿命有限的无形资产摊销

使用寿命有限的无形资产的摊销内容如下表所示：

项目		内容
应摊销金额		无形资产的应摊销金额＝成本－预计净残值－无形资产减值准备
		无形资产的残值一般为零,但下列情况除外：①有第三方承诺在无形资产使用寿命结束时购买该无形资产；②可以根据活跃市场得到预计净残值的信息,并且该市场在无形资产使用寿命结束时很有可能存在
摊销期与摊销方法	摊销期	自其可供使用（即其达到预定用途）时起至终止确认时止
	摊销方法	企业选择的无形资产摊销方法,应根据与无形资产有关的经济利益的预期消耗方式作出决定,并一致地运用于不同会计期间。具体的摊销方法有多种,包括直线法、产量法等。例如：①受技术陈旧因素影响较大的专利权和专有技术等无形资产,可采用类似固定资产加速折旧的方法进行摊销；②有特定产量限制的特许经营权或专利权,应采用产量法进行摊销；③无法可靠确定其预期消耗方式的,应当采用直线法进行摊销
	复核	企业至少应当于每年年度终了,对使用寿命有限的无形资产的使用寿命及摊销方法进行复核,如果有证据表明无形资产的使用寿命及摊销方法与以前估计不同的,应当改变其摊销年限和摊销方法,并按照会计估计变更进行会计处理
摊销的会计处理		（1）无形资产的摊销金额一般应计入当期损益 （2）如果某项无形资产是专门用于生产某种产品或其他资产的,其所包含的经济利益是通过转入所生产的产品或其他资产中实现的,则该无形资产的摊销金额应当计入相关资产的成本

五、无形资产减值测试

对于使用寿命不确定的无形资产,在持有期间内不需要进行摊销,但应当至少在每个会计期末按照有关规定进行减值测试。如经减值测试表明已发生减值,则需要计提相应的减值准备,具体账务处理如下:

借:资产减值损失
　　贷:无形资产减值准备

第四节　无形资产的处置

关于无形资产的出租、出售和报废的账务处理,如下表所示:

项目	账务处理
无形资产出租	(1)出租无形资产取得租金收入时: 借:银行存款等 　　贷:其他业务收入等 (2)摊销出租无形资产的成本和发生与转让有关的各种税费支出时: 借:其他业务成本/税金及附加等 　　贷:累计摊销/应交税费等
无形资产出售	借:银行存款等 　　累计摊销 　　无形资产减值准备 　　资产处置损益(或贷方) 　　贷:应交税费/银行存款等 　　　　无形资产
无形资产报废	借:累计摊销 　　无形资产减值准备 　　营业外支出——处置非流动资产损失 　　贷:无形资产

例题

下列有关无形资产的会计处理,正确的是(　　　)。

A. 将自创商誉确认为无形资产

B. 将转让使用权的无形资产的摊销价值计入营业外支出

C. 将转让所有权的无形资产的账面价值计入其他业务成本

D. 将预期不能为企业带来经济利益的无形资产的账面价值转销

【答案】D。解析:A项,自创商誉不能确认为无形资产;B项,转让使用权的无形资产的摊销价值应计入其他业务成本;C项,转让无形资产的所有权,将无形资产的账面价值转销,无形资产出售净损益计入资产处置损益;D项,如果无形资产预期不能为企业带来未来经济利益,企业应将其报废并予以转销,其账面价值转入当期损益。故本题选D。

第六章　投资性房地产

知识体系

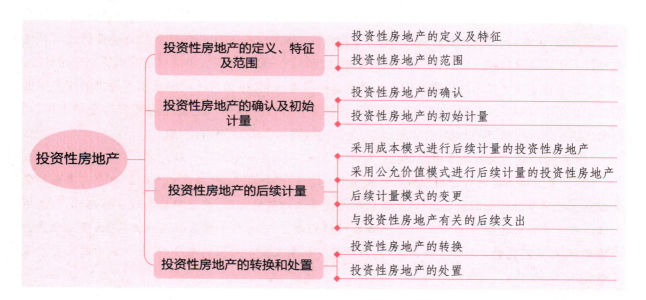

本章导学

从近几年考试来看,银保监财会类职位专业科目考试对于本章的考查比较基础。本章的主要内容包括投资性房地产的特征及范围、投资性房地产的初始计量、投资性房地产的后续计量、投资性房地产的转换和处置。在学习本章时考生需要注意对基础概念和账务处理的掌握,并与其他章节结合练习。

第一节　投资性房地产的定义、特征及范围

一、投资性房地产的定义及特征

(一)投资性房地产的定义

投资性房地产是指为赚取租金或资本增值,或两者兼有而持有的房地产。投资性房地产应当能够单独计量和出售。

(二)投资性房地产的特征

投资性房地产的特征如下:①投资性房地产是一种经营性活动;②投资性房地产在用途、状态、目

的等方面区别于作为生产经营场所的房地产和用于销售的房地产。

二、投资性房地产的范围

投资性房地产的范围如下表所示：

属于投资性房地产的项目	不属于投资性房地产的项目
（1）已出租的土地使用权 （2）持有并准备增值后转让的土地使用权 （3）已出租的建筑物	（1）自用房地产 （2）作为存货的房地产

企业在判断和确认已出租的建筑物时，应当把握以下要点：①用于出租的建筑物是指企业拥有产权的建筑物，企业租入再转租的建筑物不属于投资性房地产。②已出租的建筑物是企业已经与其他方签订了租赁协议，约定以经营租赁方式出租的建筑物。一般应自租赁协议规定的租赁期开始日起，租出的建筑物才属于已出租的建筑物。③企业将建筑物出租，按租赁协议向承租人提供的相关辅助服务在整个协议中不重大的，应当将该建筑物确认为投资性房地产。例如，企业将其办公楼出租，同时向承租人提供维护、保安等日常辅助服务，企业应当将其确认为投资性房地产。

【提示】（1）投资性房地产中的出租是指已经出租，而不是计划用于出租。

（2）如果某项房地产部分用于赚取租金或资本增值、部分自用（即用于生产商品、提供劳务或经营管理）：①能够单独计量和出售的，用于赚取租金或资本增值的部分，应当确认为投资性房地产；②不能够单独计量和出售的，用于赚取租金或资本增值的部分，不确认为投资性房地产；③该项房地产自用的部分，以及不能够单独计量和出售的，用于赚取租金或资本增值的部分，应当确认为固定资产或无形资产。

例题

下列各项关于企业土地使用权的会计处理的表述，正确的有（   ）。

A. 工业企业持有并准备增值后转让的土地使用权作为投资性房地产核算

B. 工业企业将购入的用于建造办公楼的土地使用权作为无形资产核算

C. 工业企业将租出的土地使用权作为无形资产核算

D. 房地产开发企业将购入的用于建造商品房的土地使用权作为存货核算

【答案】ABD。解析：C项，工业企业将土地使用权出租应该作为投资性房地产核算。故本题选ABD。

第二节　投资性房地产的确认及初始计量

一、投资性房地产的确认

投资性房地产，只有在符合其定义的前提下，同时符合以下条件，才能予以确认：

（1）与该投资性房地产有关的经济利益很可能流入企业。

（2）该投资性房地产的成本能够可靠地计量。

二、投资性房地产的初始计量

投资性房地产初始计量时,应当按照成本进行计量。

(一)外购投资性房地产的确认条件和初始计量

外购投资性房地产的确认条件和初始计量的内容如下:

(1)企业外购的房地产,只有在购入的同时开始对外出租或用于资本增值,才能作为投资性房地产予以确认。

(2)企业购入房地产,自用一段时间之后再改为出租或用于资本增值的,应当先将外购的房地产确认为固定资产或无形资产,自租赁期开始日或用于资本增值之日起,才能从固定资产或无形资产转换为投资性房地产。

(3)企业外购投资性房地产时,应当按照取得时的实际成本进行初始计量。取得时的实际成本,包括购买价款、相关税费和可直接归属于该资产的其他支出。

(4)相关的会计分录如下:

借:投资性房地产(采用成本模式进行初始计量时)

　　投资性房地产——成本(采用公允价值模式进行初始计量时)

　　贷:银行存款

(二)自行建造投资性房地产的确认条件和初始计量

自行建造投资性房地产的确认条件和初始计量的相关内容如下:

(1)企业自行建造的房地产,只有在自行建造活动完成(即达到预定可使用状态)的同时开始对外出租或用于资本增值,才能将自行建造的房地产确认为投资性房地产。自行建造投资性房地产的成本,由建造该项房地产达到预定可使用状态前发生的必要支出构成。

(2)企业自行建造房地产达到预定可使用状态后一段时间才对外出租或用于资本增值的,应当先将自行建造的房地产确认为固定资产、无形资产或存货,自租赁期开始日或用于资本增值之日开始,从固定资产、无形资产或存货转换为投资性房地产。

(3)自行建造投资性房地产,其成本由建造该项资产达到预定可使用状态前发生的必要支出构成,包括土地开发费、建筑成本、安装成本、应予资本化的借款费用、支付的其他费用和分摊的间接费用等。

自行建造投资性房地产的相关会计分录如下:

借:投资性房地产(采用成本模式进行初始计量时)

　　投资性房地产——成本(采用公允价值模式进行初始计量时)

　　贷:在建工程/开发产品

第三节　投资性房地产的后续计量

投资性房地产的后续计量有成本和公允价值两种模式,通常应当采用成本模式计量,满足特定条件时也可以采用公允价值模式计量。

同一企业只能采用一种模式对所有投资性房地产进行后续计量,不得同时采用两种计量模式。

一、采用成本模式进行后续计量的投资性房地产

采用成本模式进行后续计量的投资性房地产,应当遵循以下会计处理规定:

(1)按照固定资产或无形资产的有关规定,按期(月)计提折旧或摊销。

借:其他业务成本

　　贷:投资性房地产累计折旧/投资性房地产累计摊销

(2)取得的租金收入。

借:银行存款等

　　贷:其他业务收入等

(3)投资性房地产存在减值迹象的,经减值测试后确定发生减值的,应当计提减值准备。

借:资产减值损失

　　贷:投资性房地产减值准备

二、采用公允价值模式进行后续计量的投资性房地产

(一)适用条件

只有存在确凿证据表明投资性房地产的公允价值能够持续可靠取得的情况下,企业才可以采用公允价值模式对投资性房地产进行后续计量。企业一旦选择采用公允价值计量模式,就应当对其所有投资性房地产均采用公允价值模式进行后续计量。

采用公允价值模式进行后续计量的投资性房地产,应当同时满足以下两个条件:

(1)投资性房地产所在地有活跃的房地产交易市场。

(2)企业能够从活跃的房地产交易市场上取得同类或类似房地产的市场价格及其他相关信息,从而对投资性房地产的公允价值作出合理的估计。

(二)采用公允价值模式计量的会计处理规定

投资性房地产采用公允价值模式进行后续计量应当遵循一定的会计处理规定。

(1)不对投资性房地产计提折旧或摊销。企业应当以资产负债表日投资性房地产的公允价值为基础调整其账面价值,公允价值与原账面价值之间的差额计入当期损益。

(2)取得的租金收入,借记"银行存款"等科目,贷记"其他业务收入"等科目。

(3)公允价值模式下,"投资性房地产"科目下设"成本"和"公允价值变动"两个明细科目。

(4)账务处理。

资产负债表日,投资性房地产的公允价值高于原账面价值的差额:

借:投资性房地产——公允价值变动

　　贷:公允价值变动损益

资产负债表日,公允价值低于原账面价值的差额,作相反的账务处理:

借:公允价值变动损益

　　贷:投资性房地产——公允价值变动

取得的租金收入:

借:银行存款等

贷：其他业务收入等

投资性房地产公允价值模式与成本模式核算的区别在于,在公允价值模式下不计提折旧(或摊销),但期末要根据公允价值变动调整账面价值。

三、后续计量模式的变更

(一)变更原则

投资性房地产后续计量模式变更的原则：

(1)企业对投资性房地产的计量模式一经确定,不得随意变更。

(2)只有在房地产市场比较成熟、能够满足采用公允价值模式条件的情况下,才允许企业对投资性房地产从成本模式计量变更为公允价值模式计量。已采用公允价值模式计量的投资性房地产,不得从公允价值模式转为成本模式。

(3)成本模式转为公允价值模式,应当作为会计政策变更处理。按照变更时公允价值与账面价值的差额,调整期初留存收益(盈余公积、未分配利润)。

(二)账务处理

借：投资性房地产——成本(变更日公允价值)

　　投资性房地产累计折旧/投资性房地产累计摊销

　　投资性房地产减值准备

　　贷：投资性房地产

　　　　利润分配——未分配利润(或借方)

　　　　盈余公积(或借方)

四、与投资性房地产有关的后续支出

(一)资本化的后续支出

与投资性房地产有关的后续支出,满足投资性房地产确认条件的,应当计入投资性房地产成本。

1. 采用成本模式计量

采用成本模式计量投资性房地产的相关账务处理如下：

(1)投资性房地产进入改扩建或装修阶段后,应当将其账面价值转入改扩建工程。

借：投资性房地产——在建

　　投资性房地产累计折旧等

　　贷：投资性房地产

(2)发生资本化的改良或装修支出。

借：投资性房地产——在建

　　贷：银行存款/应付账款等

(3)改扩建或装修完成后。

借：投资性房地产

　　贷：投资性房地产——在建

2. 采用公允价值模式计量

采用公允价值模式计量投资性房地产的相关账务处理如下:

(1)投资性房地产进入改扩建或装修阶段。

借:投资性房地产——在建

贷:投资性房地产——成本

——公允价值变动

(2)发生资本化的改良或装修支出。

借:投资性房地产——在建

贷:银行存款/应付账款等

(3)在改扩建或装修完成后。

借:投资性房地产——成本

贷:投资性房地产——在建

【提示】企业对某项投资性房地产进行改扩建等再开发且将来仍作为投资性房地产的,再开发期间应继续将其作为投资性房地产,不计提折旧或摊销。

(二)费用化的后续支出

与投资性房地产有关的后续支出,不满足投资性房地产确认条件的,如企业对投资性房地产进行日常维护所发生的支出,应当在发生时计入当期损益。

相关会计分录如下:

借:其他业务成本

贷:银行存款等

第四节 投资性房地产的转换和处置

一、投资性房地产的转换

房地产的转换是指房地产用途的变更。企业不得随意对自用或作为存货的房地产进行重新分类。

(一)投资性房地产的转换形式及转换日

投资性房地产的转换形式及转换日的确定如下表所示:

转换形式	转换日
投资性房地产开始自用	转换日为房地产达到自用状态,企业开始将其用于生产商品、提供劳务或者经营管理的日期
作为存货的房地产,改为出租	转换日为房地产的租赁期开始日
自用建筑物停止自用,改为出租	转换日为租赁期开始日
自用土地使用权停止自用,改用于赚取租金或资本增值	转换日为自用土地使用权停止自用后,确定用于赚取租金或资本增值的日期

转换形式	转换日
房地产企业将用于经营出租的房地产重新开发用于对外销售,从投资性房地产转为存货	转换日为租赁期满,企业董事会或类似机构作出书面决议明确表明将其重新开发用于对外销售的日期

（二）投资性房地产转换的会计处理

1. 成本模式下投资性房地产的转换

投资性房地产转换为非投资性房地产的账务处理如下表所示:

投资性房地产转换为自用房地产	投资性房地产转换为存货
借:固定资产/无形资产(原值) 　投资性房地产累计折旧/投资性房地产累计摊销 　投资性房地产减值准备 　贷:投资性房地产(原值) 　　累计折旧/累计摊销 　　固定资产减值准备/无形资产减值准备	借:开发产品(账面价值) 　投资性房地产累计折旧/投资性房地产累计摊销 　投资性房地产减值准备 　贷:投资性房地产(账面原值)

非投资性房地产转换为投资性房地产的账务处理如下表所示:

自用房地产转换为投资性房地产	作为存货的房地产转换为投资性房地产
借:投资性房地产(原值) 　累计折旧/累计摊销 　固定资产减值准备/无形资产减值准备 　贷:固定资产/无形资产(原值) 　　投资性房地产累计折旧/投资性房地产累计摊销 　　投资性房地产减值准备	借:投资性房地产(账面价值) 　存货跌价准备(已计提存货跌价准备) 　贷:开发产品(账面余额)

2. 公允价值模式下投资性房地产的转换

投资性房地产转换为非投资性房地产的账务处理如下表所示:

投资性房地产转换为自用房地产	投资性房地产转换为存货
借:固定资产/无形资产(公允价值) 　公允价值变动损益(差额,或贷方) 　贷:投资性房地产——成本 　　　　　　——公允价值变动(或借方)	借:开发产品(公允价值) 　公允价值变动损益(差额,或贷方) 　贷:投资性房地产——成本 　　　　　　——公允价值变动(或借方)

非投资性房地产转换为投资性房地产的账务处理如下表所示:

自用房地产转换为投资性房地产	作为存货的房地产转换为投资性房地产
借:投资性房地产——成本(公允价值) 　累计折旧/累计摊销 　固定资产减值准备/无形资产减值准备 　公允价值变动损益(差额,转换日的公允价值小于账面价值) 　贷:固定资产/无形资产(原值) 　　其他综合收益(差额,转换日的公允价值大于账面价值) 待该项投资性房地产处置时,因转换计入其他综合收益的部分应转入当期损益	借:投资性房地产——成本(公允价值) 　存货跌价准备(已计提存货跌价准备) 　公允价值变动损益(差额,转换日的公允价值小于账面价值) 　贷:开发产品(账面余额) 　　其他综合收益(差额,转换日的公允价值大于账面价值) 待该项投资性房地产处置时,因转换计入其他综合收益的部分应转入当期损益

【提示】"投资性房地产后续计量模式的变更"和"房地产转换"区别如下：

(1)"投资性房地产后续计量模式的变更"是计量方法的变更,标的仍然是投资性房地产。只能由成本模式向公允价值模式变更,不能由公允价值模式变更为成本模式。

(2)"投资性房地产转换"是由于房地产用途发生改变,而使标的由固定资产、无形资产、存货变成投资性房地产,或者发生反向变动。既可以由固定资产、无形资产、存货变更成投资性房地产的成本模式(或公允价值模式),也可以由投资性房地产的成本模式(或公允价值模式)变更成固定资产、无形资产、存货。

例题

企业将自用房地产转为以公允价值模式计量的投资性房地产。转换日该房地产公允价值大于账面价值的差额应计入(　　)。

A. 递延收益　　　　B. 当期损益　　　　C. 其他综合收益　　　　D. 资本公积

【答案】C。解析：企业将自用房地产转为以公允价值模式计量的投资性房地产,当日公允价值大于账面价值的差额,应该计入其他综合收益。故本题选C。

二、投资性房地产的处置

(一)投资性房地产的处置原则

当投资性房地产被处置,或者永久退出使用且预计不能从其处置中取得经济利益时,应当终止确认该项投资性房地产。

企业出售、转让、报废投资性房地产或者发生投资性房地产毁损,应当将处置收入扣除其账面价值和相关税费后的金额计入当期损益。此外,企业因其他原因,如非货币性资产交换等而减少投资性房地产,也属于投资性房地产的处置。

【提示】处置投资性房地产与处置固定资产、无形资产的处理不同,处置固定资产、无形资产的去向是计入资产处置损益,处置投资性房地产通过其他业务收入、其他业务成本进行核算。但出租房地产与出租固定资产、无形资产的会计处理是一致的,取得的租金收入均计入其他业务收入,计提的折旧或摊销也均计入其他业务成本。

(二)处置投资性房地产的会计处理

处置投资性房地产在成本模式下和公允价值模式下的会计处理如下表所示：

成本模式下的会计处理	公允价值模式下的会计处理
借:银行存款等 　贷:其他业务收入等 借:其他业务成本 　投资性房地产累计折旧/投资性房地产累计摊销 　投资性房地产减值准备 　贷:投资性房地产	借:银行存款等 　贷:其他业务收入等 借:其他业务成本 　贷:投资性房地产——成本 　　　　——公允价值变动(或借方) 借:公允价值变动损益 　贷:其他业务成本 (或作相反分录) 借:其他综合收益 　贷:其他业务成本

第七章　长期股权投资

知识体系

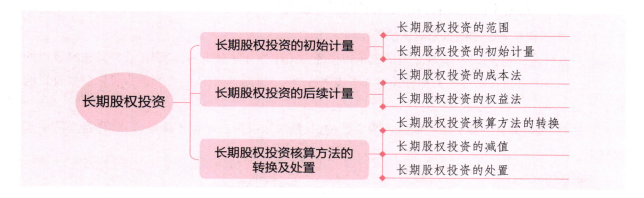

本章导学

从近几年考试来看,银保监财会类职位专业科目考试对于本章的考查内容较少。本章的主要内容包括以企业合并和非企业合并方式形成的长期股权投资初始投资成本的确定、长期股权投资成本法核算、长期股权投资权益法核算、长期股权投资成本法与权益法转换的核算和长期股权投资处置的核算。本章难度较大,考生可结合自身实际情况进行学习。

第一节　长期股权投资的初始计量

一、长期股权投资的范围

本章涉及的长期股权投资是指按照规定进行核算的权益性投资,主要包括以下三个方面:

(1)投资方能够对被投资单位实施控制的权益性投资,即对子公司投资。控制是指投资方拥有对被投资单位的权力,通过参与被投资单位的相关活动而享有可变回报,并且有能力运用对被投资单位的权力影响其回报金额。

(2)投资方与其他合营方一同对被投资单位实施共同控制且对被投资单位净资产享有权利的权益性投资,即对合营企业投资。共同控制是指按照相关约定对某项安排所共有的控制,并且该安排的相关活动必须经过分享控制权的参与方一致同意后才能决策。

如果存在两个或两个以上的参与方组合能够集体控制某项安排的,不构成共同控制。仅享有保护性权利的参与方不享有共同控制。

（3）投资方能够对被投资单位施加重大影响的权益性投资，即对联营企业投资。重大影响是指投资方对被投资单位的财务和经营政策有参与决策的权力，但并不能够控制或者与其他方一起共同控制这些政策的制定。

二、长期股权投资的初始计量

企业合并形成的长期股权投资，应分为同一控制下企业合并与非同一控制下企业合并确定其初始投资成本。

（一）同一控制下的企业合并形成的长期股权投资

1. 长期股权投资的初始投资成本的确定

合并方以支付现金、转让非现金资产或承担债务方式作为合并对价的，应当在合并日按照取得的被合并方所有者权益在最终控制方合并财务报表中的净资产的账面价值的份额作为长期股权投资的初始投资成本。

合并日，被合并方的净资产账面价值为负数的，长期股权投资成本按零确定，同时在备查簿中予以登记。

例题

甲公司和乙公司同为 A 公司的子公司，2×16 年 6 月 1 日，甲公司以银行存款 1 450 万元取得乙公司 80% 的所有者权益，同日乙公司所有者权益的账面价值为 2 000 万元，可辨认净资产公允价值为 2 200 万元。2×16 年 6 月 1 日，甲公司长期股权投资的入账价值为（ ）万元。

A. 1 600　　　　　　　　　　　　　　B. 1 760

C. 1 450　　　　　　　　　　　　　　D. 2 000

【答案】A。解析：长期股权投资的入账价值 = 2 000×80% = 1 600（万元）。故本题选 A。

2. 初始投资成本与账面价值之间差额的确定

初始投资成本与支付的现金、转让的非现金资产及所承担债务账面价值之间的差额，应当调整资本公积（资本溢价或股本溢价）；资本公积（资本溢价或股本溢价）的余额不足冲减的，调整留存收益（盈余公积、未分配利润）。

【提示】合并方以发行权益性工具作为合并对价，应按发行股份的面值总额作为股本，长期股权投资初始投资成本与所发行股份面值总额之间的差额，应当调整"资本公积（股本溢价）"科目；资本公积（股本溢价）不足冲减的，依次冲减盈余公积和未分配利润。

3. 与投资相关的直接费用的确定

合并方发生的审计、法律服务、评估咨询等中介费用以及其他相关管理费用，于发生时计入当期损益。与发行权益性工具作为合并对价直接相关的交易费用，应当冲减资本公积（资本溢价或股本溢价），资本公积（资本溢价或股本溢价）不足冲减的，依次冲减盈余公积和未分配利润。

4. 多次交易取得同一控制下被投资单位的股权

企业通过多次交易分步取得同一控制下被投资单位的股权，最终形成企业合并的，应当判断多次交易是否属于"一揽子"交易。

（1）属于"一揽子"交易的，合并方应当将各项交易作为一项取得控制权的交易进行会计处理。

（2）不属于"一揽子"交易的，以享有被合并方净资产在最终控制方合并财务报表中账面价值的份额作为长期股权投资的初始投资成本；初始投资成本与合并对价账面价值（合并前的账面价值＋合并日取得股份新支付对价的账面价值）之间的差额调整资本公积（资本溢价或股本溢价），资本公积（资本溢价或股本溢价）不足冲减的，调整留存收益。合并日之前持有的股权投资，因采用权益法核算或金融工具确认和计量准则核算而确认的其他综合收益，暂不进行会计处理，直至处置该项投资时采用与被投资单位直接处置相关资产或负债相同的基础进行会计处理；因采用权益法核算而确认的被投资单位净资产中除净损益、其他综合收益和利润分配以外的所有者权益其他变动，暂不进行会计处理，直至处置该项投资时转入当期损益。

5．同一控制下的企业合并的会计处理

相关会计处理如下：

借：长期股权投资（按照取得被合并方在最终控制方合并报表中的净资产账面价值的份额）

     应收股利（投资时享有被投资单位已宣告但尚未发放的股利）

     资本公积——资本溢价/资本公积——股本溢价（差额，或贷方）

     盈余公积

     利润分配——未分配利润

   贷：银行存款/股本等（按支付的合并对价的账面价值）

（二）非同一控制下的企业合并形成的长期股权投资

非同一控制下的企业合并的购买方应当按照确定的企业合并成本作为长期股权投资的初始投资成本。企业合并成本包括购买方付出的资产、发生或承担的负债、发行的权益性或债务性工具的公允价值之和。

购买方作为合并对价发行的权益性工具或债务性工具的交易费用，应当计入权益性工具或债务性工具的初始确认金额。

购买方为企业合并发生的审计、法律服务、评估咨询等中介费用以及其他相关管理费用，应当于发生时计入当期损益。

除了通过一次性的交换交易实现的企业合并外，如果企业合并中通过多次交换交易，分步取得股权最终形成企业合并的，应当区分个别财务报表和合并财务报表分别进行相关会计处理。

在编制个别财务报表时，应当按照原持有的被购买方的股权投资的账面价值与购买日新增投资成本之和，作为改按成本法核算的初始投资成本。

购买日之前持有的股权采用权益法核算的，相关其他综合收益应当在处置该项投资时采用与被投资单位直接处置相关资产或负债相同的基础进行会计处理，因被投资方除净损益、其他综合收益和利润分配以外的其他所有者权益变动而确认的所有者权益，应当在处置该项投资时相应转入处置期间的当期损益。购买日之前持有的股权投资，应当按照确定的股权投资的公允价值加上新增投资成本之和，作为改按成本法核算的初始投资成本。

（三）除企业合并外以其他方式取得的长期股权投资

除企业合并外以其他方式取得的长期股权投资，其初始计量的具体方法如下表所示：

企业合并以外的其他方式	长期股权投资初始投资成本的确定
以支付现金取得的长期股权投资	应当按照实际支付的购买价款作为长期股权投资的初始投资成本,包括与取得长期股权投资直接相关的费用、税金及其他必要支出,但不包括被投资单位已宣告发放但尚未发放的现金股利或利润
以发行权益性证券取得的长期股权投资	长期股权投资的成本为所发行权益性证券的公允价值。为发行权益性证券支付的手续费、佣金等与发行直接相关的费用,不构成长期股权投资的初始成本,应自所发行权益性证券的溢价发行收入中扣除,溢价收入不足冲减的,应依次冲减盈余公积和未分配利润
投资者投入的长期股权投资	一般而言,应按照法律法规要求的评估作价为基础作为初始投资成本。如有确凿证据表明,取得长期股权投资的公允价值更可靠,应以其公允价值为基础确定其初始投资成本

【提示】(1)企业无论是以何种方式取得长期股权投资,取得投资时,对于支付的对价中包含的应享有被投资单位已经宣告但尚未发放的现金股利或利润应确认为应收项目(应收股利),不构成长期股权投资的初始投资成本。

(2)与长期股权投资有关的费用处理如下表所示:

情形	审计、法律服务、评估咨询费	发行权益性证券支付的手续费、佣金	发行债务性证券支付的手续费、佣金
同一控制下企业合并	计入管理费用	应自发行的权益性证券的溢价发行收入中扣除,溢价不足的,应依次冲减盈余公积和未分配利润	计入应付债券初始确认金额
非同一控制下企业合并			
其他方式	计入初始投资成本		

例题

下列关于同一控制下企业合并形成的长期股权投资会计处理的表述,正确的有(   )。

A. 合并方发生的评估咨询费用,应计入当期损益

B. 与发行债务工具作为合并对价直接相关的交易费用,应计入债务工具的初始确认金额

C. 与发行权益工具作为合并对价直接相关的交易费用,应计入当期损益

D. 合并成本与合并对价账面价值之间的差额,应计入其他综合收益

【答案】AB。解析:C项,与发行权益工具作为合并对价直接相关的交易费用,应冲减资本公积——股本溢价,资本公积不足冲减的,冲减留存收益;D项,合并成本与合并对价账面价值之间的差额,应计入资本公积(股本溢价/资本溢价),资本公积不足冲减的,冲减留存收益。故本题选AB。

第二节　长期股权投资的后续计量

企业取得的长期股权投资,在持续持有期间,应根据对被投资单位的影响程度等情况的不同,在个别财务报表中分别采用成本法及权益法进行核算。

一、长期股权投资的成本法

（一）成本法的核算范围

投资方持有的对子公司投资应当采用成本法核算，投资方为投资性主体且子公司不纳入其合并财务报表的除外。

（二）成本法的核算原则

成本法下的长期股权投资的核算原则：

1. 采用成本法核算的长期股权投资初始投资或追加投资时

采用成本法核算的长期股权投资，应当按照初始投资成本计价。追加或收回投资应当调整长期股权投资的成本。在追加投资时，按照追加投资支付的成本的公允价值及发生的相关交易费用增加长期股权投资的账面价值。

2. 被投资单位宣告分派现金股利或利润时

被投资单位宣告分派现金股利或利润时的核算原则如下：

（1）投资企业享有的部分，应确认为当期投资收益。

（2）投资企业在确认自被投资单位应分得的现金股利或利润后，应当考虑长期股权投资是否发生减值。

二、长期股权投资的权益法

（一）权益法的核算范围

投资企业对联营企业和合营企业投资应当采用权益法核算。

（二）权益法的账户设置

权益法下，股权投资通过"长期股权投资"科目核算，该科目设置以下四个明细科目：

长期股权投资——投资成本（入账价值）

　　　　　　　——损益调整（享有被投资单位利润或亏损份额）

　　　　　　　——其他权益变动（净利润以外的其他权益变动）

　　　　　　　——其他综合收益（享有被投资单位其他综合收益变动的份额）

（三）权益法的核算原则及相关账务处理

1. 取得初始投资或追加投资时

初始投资或追加投资时，按照初始投资或追加投资时的成本，增加长期股权投资的账面价值。

（1）初始投资成本大于享有被投资单位可辨认净资产公允价值份额的，该部分差额体现相对应的商誉的价值，不要求对长期股权投资的成本进行调整。

借：长期股权投资——投资成本

　　贷：银行存款等

（2）初始投资成本小于享有被投资单位可辨认净资产公允价值份额的，应当按照两者之间的差额调增长期股权投资的账面价值，同时贷记"营业外收入"科目。

借：长期股权投资——投资成本（被投资单位净资产公允价值份额）

贷:银行存款等(初始投资成本)

营业外收入(贷方差额)

2. 投资损益的确认

采用权益法核算的长期股权投资在确认应享有(或分担)被投资单位的净利润或净亏损时,应考虑以下因素对被投资单位净利润的影响,并进行相应调整:

(1)被投资单位采用的会计政策和会计期间与投资企业不一致时,应按投资企业的会计政策和会计期间对被投资单位的财务报表进行调整,在此基础上确定被投资单位的损益。

(2)以取得投资时被投资单位固定资产、无形资产的公允价值为基础计提的折旧额或摊销额,以及有关资产减值准备金额等对被投资单位净利润的影响。

投资企业无法合理确定取得投资时被投资单位各项可辨认资产、负债等公允价值的,或者投资时被投资单位可辨认资产、负债的公允价值与账面价值相比,两者之间的差额不具有重要性的,或是其他原因导致无法取得对被投资单位净利润进行调整所需资料的,可以以被投资单位的账面净利润为基础,经调整未实现内部交易损益后,计算确认投资收益。

(3)对于投资方或纳入投资方合并财务报表范围的子公司与其联营企业及合营企业之间发生的未实现内部交易损益应予抵销。

未实现内部交易损益的抵销,应当分为顺流交易和逆流交易分别进行会计处理。

联营企业或者合营企业向投资方出售资产,称为逆流交易。投资方向其联营企业或合营企业出售资产的交易,称为顺流交易。

对于投资企业向联营企业或合营企业出售资产的顺流交易,在该交易存在未实现内部交易损益的情况下(即有关资产未对外部独立第三方出售或未被消耗),投资企业在采用权益法计算确认应享有联营企业或合营企业的投资损益时,应抵销该未实现内部交易损益的影响,同时调整对联营企业或合营企业长期股权投资的账面价值。

对于联营企业或合营企业向投资方投出或出售资产的逆流交易,比照上述顺流交易处理。

投资企业与其联营企业及合营企业之间发生的无论是顺流交易还是逆流交易产生的未实现内部交易损失,属于所转让资产发生减值损失的,有关的未实现内部交易损失不应予以抵销。

投资方与联营、合营企业之间发生投出或出售资产的交易,该资产构成业务的,应当按照规定进行会计处理。

3. 被投资单位其他综合收益变动的处理

被投资单位其他综合收益发生变动的,投资方应当按照归属于本企业的部分,相应调整长期股权投资的账面价值,同时增加或减少其他综合收益。

会计分录如下:

借:长期股权投资——其他综合收益

贷:其他综合收益

或作相反分录。

4. 取得现金股利或利润处理

按照权益法核算的长期股权投资,投资方自被投资单位取得的现金股利或利润,应抵减长期股权投资的账面价值。在被投资单位宣告分派现金股利或利润时,作如下会计分录:

借：应收股利

　　贷：长期股权投资——损益调整

【提示】被投资单位宣告分派股票股利，并不导致其所有者权益总额变化，投资企业不需要作账务处理，但应在备查簿中登记所增加的股数。

5. 超额亏损的确认

采用权益法核算的情况下，投资企业在确认应分担被投资单位发生的亏损时，应按照以下顺序处理：

（1）减记长期股权投资的账面价值。

（2）在长期股权投资的账面价值减记至零的情况下，考虑是否有其他构成长期权益的项目，如果有，则以其他实质上构成对被投资单位长期权益的账面价值为限，继续确认投资损失，冲减长期应收项目等的账面价值。

（3）在其他实质上构成对被投资单位长期权益的价值也减记至零的情况下，如果按照投资合同或协议约定，投资企业需要履行其他额外的损失赔偿义务，则需按预计将承担责任的金额确认预计负债，计入当期投资损失。

除按上述顺序已确认的损失以外仍有额外损失的，应在账外作备查登记，不再予以确认。在确认了有关投资损失以后，被投资单位于以后期间实现盈利的，应按以上相反顺序分别减记账外备查登记的金额、已确认的预计负债、恢复其他实质上构成对被投资单位净投资的长期权益及长期股权投资的账面价值。

6. 被投资单位除净损益、其他综合收益以及利润分配以外的所有者权益的其他变动

被投资单位除净损益、其他综合收益以及利润分配以外的所有者权益的其他变动的因素，主要包括被投资单位接受其他股东的资本性投入、被投资单位发行可分离交易的可转债中包含的权益成分、以权益结算的股份支付、其他股东对被投资单位增资导致投资方持股比例变动等。

投资方应按所持股权比例计算应享有的份额，调整长期股权投资的账面价值，同时计入资本公积（其他资本公积），并在备查簿中予以登记，投资方在后续处置股权投资但对剩余股权仍采用权益法核算时，应按处置比例将这部分资本公积转入当期投资收益；对剩余股权终止权益法核算时，将这部分资本公积全部转入当期投资收益。

例题

下列各项中，影响长期股权投资账面价值增减变动的是（　　　　）。

A. 采用权益法核算的长期股权投资，持有期间被投资单位宣告分派股票股利

B. 采用权益法核算的长期股权投资，持有期间被投资单位宣告分派现金股利

C. 采用成本法核算的长期股权投资，持有期间被投资单位宣告分派股票股利

D. 采用成本法核算的长期股权投资，持有期间被投资单位宣告分派现金股利

【答案】B。解析：A、C 两项，被投资单位宣告分派股票股利时不作账务处理，长期股权投资账面价值不变。D 项，借记"应收股利"科目，贷记"投资收益"科目，长期股权投资账面价值不变。故本题选 B。

第三节　长期股权投资核算方法的转换及处置

一、长期股权投资核算方法的转换

（一）公允价值计量转权益法核算

原持有的对被投资单位的股权投资（不具有控制、共同控制或重大影响的），按照金融资产和金融负债相关内容进行会计处理的，因追加投资等原因导致持股比例上升，能够对被投资单位施加共同控制或重大影响的，在转按权益法核算时，投资方应当按其确定的原股权投资的公允价值加上为取得新增投资而应支付对价的公允价值，作为改按权益法核算的初始投资成本。原持有的股权投资分类为以公允价值计量且其变动计入当期损益的金融资产的，其公允价值与账面价值之间的差额应当转入改按权益法核算的当期损益；原持有的股权投资指定为以公允价值计量且其变动计入其他综合收益的非交易性权益工具投资的，其公允价值与账面价值之间的差额以及原计入其他综合收益的累计公允价值变动应当直接转入留存收益。然后，比较上述计算所得的初始投资成本，与按照追加投资后全新的持股比例计算确定的应享有被投资单位在追加投资日可辨认净资产公允价值份额之间的差额，前者大于后者的，不调整长期股权投资的账面价值；前者小于后者的，差额应调整长期股权投资的账面价值，并计入当期营业外收入。

（二）公允价值计量或权益法核算转成本法核算

投资方原持有的对被投资单位不具有控制、共同控制或重大影响的按照金融资产和金融负债相关内容进行会计处理的权益性投资，或者原持有对联营企业、合营企业的长期股权投资，因追加投资等原因，能够对被投资单位实施控制的长期股权投资，应按本章前述企业合并形成的长期股权投资有关内容进行会计处理。

（三）权益法核算转公允价值计量

原持有的对被投资单位具有共同控制或重大影响的长期股权投资，因部分处置等原因导致持股比例下降，不能再对被投资单位实施共同控制或重大影响的，应按照金融资产和金融负债相关内容对剩余股权投资进行会计处理，其在丧失共同控制或重大影响之日的公允价值与账面价值之间的差额计入当期损益。原采用权益法核算的相关其他综合收益应当在终止采用权益法核算时，采用与被投资单位直接处置相关资产或负债相同的基础进行会计处理，因被投资方除净损益、其他综合收益和利润分配以外的其他所有者权益变动而确认的所有者权益，应当在终止采用权益法核算时全部转入当期损益。

（四）成本法核算转权益法核算

因处置投资等原因导致对被投资单位由能够实施控制转为具有重大影响或者与其他投资方一起实施共同控制的，首先应按处置投资的比例结转应终止确认的长期股权投资成本。然后比较剩余长期股权投资的成本与按照剩余持股比例计算原投资时应享有被投资单位可辨认净资产公允价值的份额，前者大于后者的，不调整长期股权投资的账面价值；前者小于后者的，在调整长期股权投资成本的同时,调整留存收益。

对于原取得投资至处置投资(转为权益法核算)之间被投资单位实现净损益中投资方应享有的份额,应调整长期股权投资的账面价值,同时,对于原取得投资至处置投资当期期初被投资单位实现的净损益(扣除已宣告发放的现金股利和利润)中应享有的份额,调整留存收益,对于处置投资当期期初至处置投资之日被投资单位实现的净损益中享有的份额,调整当期损益;对于被投资单位其他综合收益变动中应享有的份额,在调整长期股权投资账面价值的同时,应当计入其他综合收益;除净损益、其他综合收益和利润分配外的其他原因导致被投资单位其他所有者权益变动中应享有的份额,在调整长期股权投资账面价值的同时,应当计入资本公积(其他资本公积)。

投资方因其他投资方对其子公司增资而导致本投资方持股比例下降,从而丧失控制权但能实施共同控制或施加重大影响的,投资方在个别财务报表中,应当对该项长期股权投资从成本法转为权益法核算。首先,按照新的持股比例确认本投资方应享有的原子公司因增资扩股而增加净资产的份额,与应结转持股比例下降部分所对应的长期股权投资原账面价值之间的差额计入当期损益;然后,按照新的持股比例视同自取得投资时即采用权益法核算进行调整。

(五)成本法核算转公允价值计量

原持有的对被投资单位具有控制的长期股权投资,因部分处置等原因导致持股比例下降,不再对被投资单位实施控制、共同控制或重大影响的,应按照金融资产和金融负债相关内容进行会计处理,在丧失控制权之日的公允价值与账面价值之间的差额计入当期投资收益。

二、长期股权投资的减值

投资方应当关注长期股权投资的账面价值是否大于享有被投资单位所有者权益账面价值的份额等类似情况。出现类似情况时,投资方应当按照资产减值的相关内容对长期股权投资进行减值测试。

例题

甲公司2×19年6月1日购入乙公司股票准备长期持有,占有乙公司40%的股权,2×19年12月31日,该长期股权投资明细科目的情况如下:成本为450万元,损益调整(贷方余额)为150万元,其他权益变动(借方余额)为300万元,假设2×19年12月31日该股权投资的可收回金额为540万元。2×19年12月31日,下面有关计提该项长期股权投资减值准备的账务处理正确的是(   )。

A. 借:投资收益   2 100 000

  贷:长期股权投资减值准备   2 100 000

B. 借:资产减值损失   1 000 000

  贷:长期股权投资减值准备   1 000 000

C. 借:投资收益   600 000

  贷:长期股权投资减值准备   600 000

D. 借:资产减值损失   600 000

  贷:长期股权投资减值准备   600 000

【答案】D。解析:2×19年年末该项长期股权投资的账面价值=450−150+300=600(万元),可收回金额为540万元,应计提减值准备=600−540=60(万元)。故本题选D。

三、长期股权投资的处置

处置长期股权投资时,应相应结转与所售股权相对应的长期股权投资的账面价值,一般情况下,出售所得价款与处置长期股权投资账面价值之间的差额,应确认为处置损益。

(一)投资方全部处置权益法核算的长期股权投资时

原权益法核算的相关其他综合收益应当在终止采用权益法核算时采用与被投资单位直接处置相关资产或负债相同的基础进行会计处理,因被投资方除净损益、其他综合收益和利润分配以外的其他所有者权益变动而确认的所有者权益,应当在终止采用权益法核算时全部转入当期投资收益。

(二)投资方部分处置权益法核算的长期股权投资后剩余股权仍采用权益法核算的

原权益法核算的相关其他综合收益应当采用与被投资单位直接处置相关资产或负债相同的基础处理并按比例结转,因被投资方除净损益、其他综合收益和利润分配以外的其他所有者权益变动而确认的所有者权益,应当按比例结转入当期投资收益。

企业通过多次交易分步处置对子公司股权投资直至丧失控制权,如果上述交易属于"一揽子"交易的,应当将各项交易作为一项处置子公司股权投资并丧失控制权的交易进行会计处理;但是,在丧失控制权之前每一次处置价款与所处置的股权对应的长期股权投资账面价值之间的差额,在个别财务报表中,应当先确认为其他综合收益,到丧失控制权时再一并转入丧失控制权的当期损益。

第八章 资产减值

知识体系

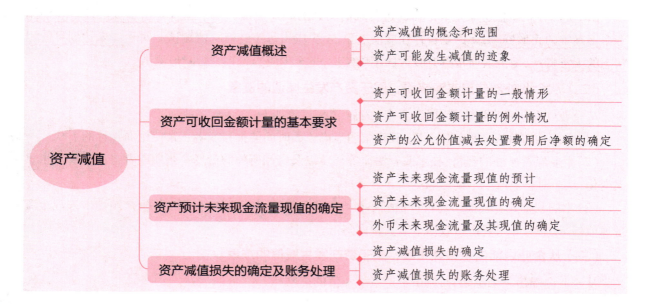

本章导学

从近几年考试来看,银保监财会类职位专业科目考试对于本章的考查比较常规。本章主要内容包括资产减值迹象、资产可收回金额的计量以及资产预计未来现金流量的现值的确定。考生须理解记忆。

第一节 资产减值概述

一、资产减值的概念和范围

资产减值是指资产的可收回金额低于其账面价值。本章所指资产,除特别说明外,是指单项资产。
本章涉及的资产主要是企业的非流动资产,具体包括以下几项:
(1)对子公司、联营企业和合营企业的长期股权投资。
(2)采用成本模式进行后续计量的投资性房地产。
(3)固定资产。
(4)无形资产。

（5）探明石油天然气矿区权益和井及相关设施。

根据准则规定,<u>上述资产减值准备一经计提不得转回</u>。

二、资产可能发生减值的迹象

（一）资产可能发生减值迹象的一般规定

企业应当在资产负债表日判断资产是否存在可能发生减值的迹象。

（1）企业资产如果存在发生减值迹象的,应当进行减值测试,估计资产的可收回金额,可收回金额低于账面价值的,应当按照可收回金额低于账面价值的差额,计提减值准备,确认减值损失。

（2）资产存在减值迹象是资产需要进行减值测试的必要前提。<u>因企业合并所形成的商誉和使用寿命不确定的无形资产</u>,无论是否存在减值迹象,至少应当每年进行减值测试。对于<u>尚未达到可使用状态的无形资产</u>,因价值通常具有较大的不确定性,也至少应当每年进行减值测试。

（二）从企业外部信息来源来看，属于资产发生减值的迹象

从企业外部信息来源来看,属于资产发生减值的迹象如下:

（1）资产的市价当期大幅度下跌,其跌幅明显高于因时间的推移或者正常使用而预计的下跌。

（2）企业经营所处的经济、技术或者法律等环境以及资产所处的市场在当期或者将在近期发生重大变化,从而对企业产生不利影响。

（3）市场利率或者其他市场投资报酬率在当期已经提高,从而影响企业计算资产预计未来现金流量现值的折现率,导致资产可收回金额大幅度降低。

（三）从企业内部信息来源来看，属于资产发生减值的迹象

从企业内部信息来源来看,属于资产发生减值的迹象如下:

（1）有证据表明资产已经陈旧过时或者其实体已经损坏。

（2）资产已经或者将被闲置、终止使用或者计划提前处置。

（3）企业内部报告的证据表明资产的经济绩效已经低于或者将低于预期,如资产所创造的净现金流量或者实现的营业利润（或者亏损）远远低于（或者高于）预计金额等。

例题

下列各项资产中,无论是否存在减值迹象,至少应于每年年度终了对其进行减值测试的是（　　　）。

A. 商誉　　　　　　　　　　　　B. 固定资产

C. 长期股权投资　　　　　　　　D. 投资性房地产

【答案】A。解析:因企业合并所形成的商誉和使用寿命不确定的无形资产,无论是否存在减值迹象,至少应当每年进行减值测试。故本题选 A。

第二节　资产可收回金额计量的基本要求

一、资产可收回金额计量的一般情形

资产的可收回金额应当根据资产的公允价值减去处置费用后的净额与资产预计未来现金流量的

现值两者之间较高者确定。

二、资产可收回金额计量的例外情况

如果资产的公允价值减去处置费用后的净额与资产预计未来现金流量现值,只要有一项超过了资产的账面价值,就表明资产没有发生减值,不需要再估计另一项金额。

如果没有确凿证据或者理由表明,资产预计未来现金流量现值显著高于其公允价值减去处置费用后的净额,可以将资产的公允价值减去处置费用后的净额视为资产的可收回金额。

以前报告期间的计算结果表明,资产的可收回金额显著高于其账面价值,之后又没有发生消除这一差异的交易或事项的,资产负债表日可以不重新估计资产的可收回金额。

以前报告期间的计算与分析表明,资产的可收回金额相对于某种减值迹象反应不敏感,在本报告期间又发生了该减值迹象的,可以不因该减值迹象的出现而重新估计该资产的可收回金额。

三、资产的公允价值减去处置费用后净额的确定

资产的公允价值,是指市场参与者在计量日发生的有序交易中,出售一项资产所能收到的价格。有序交易,是指在计量日前一段时期内相关资产或负债具有惯常市场活动的交易。处置费用,是指可以直接归属于资产处置的增量成本,包括与资产处置有关的法律费用、相关税费、搬运费以及为使资产达到可销售状态所发生的直接费用等,但是财务费用和所得税费用等不包括在内。

资产的公允价值减去处置费用后的净额,通常反映的是资产如果被出售或者处置时可以收回的净现金流入。

资产的公允价值减去处置费用后的净额应按照下列顺序确定:

(1)应当根据公平交易中资产的销售协议价格减去可直接归属于该资产处置费用的金额确定。这是估计资产的公允价值减去处置费用后净额的最佳方法,企业应当优先采用这一方法。

在实务中,企业的资产往往都是内部持续使用的,取得资产的销售协议价格并不容易,在这种情况下,需要采用后面所述方法估计资产的公允价值减去处置费用后的净额。

(2)在资产不存在销售协议但存在活跃市场的情况下,应当根据该资产的市场价格减去处置费用后的净额确定。资产的市场价格通常应当按照资产的买方出价确定。

如果难以获得资产在资产负债表日买方出价的,企业可以将资产最近的交易价格作为其公允价值减去处置费用后的净额的估计基础,其前提是在此期间,有关经济、市场环境等没有发生重大变化。

(3)在既不存在资产销售协议又不存在活跃市场的情况下,企业应当以可获取的最佳信息为基础,根据在资产负债表日假定处置该资产,熟悉情况的交易双方自愿进行公平交易愿意提供的交易价格减去资产处置费用后的净额,估计资产的公允价值减去处置费用后的净额。在实务中,该金额可以参考同行业类似资产的最近交易价格或者结果进行估计。

(4)企业按照上述的顺序仍然无法可靠估计资产的公允价值减去处置费用后的净额的,应当以该项资产预计未来现金流量的现值作为其可收回金额。

第三节　资产预计未来现金流量现值的确定

一、资产未来现金流量现值的预计

（一）预计资产未来现金流量的基础

预计资产未来现金流量时，企业管理层应当在合理和有依据的基础上对资产剩余使用寿命内整个经济状况进行最佳估计，并将资产预计未来现金流量的估计，建立在经企业管理层批准的最近财务预算或者预测数据的基础上。建立在财务预算或者预测基础上的预计未来现金流量最多涵盖5年，企业管理层如能证明更长的期间是合理的，可以涵盖更长的期间。

对于最近财务预算或者预测期之后的现金流量，企业应当以该预算或者预测期之后年份稳定的或者递减的增长率为基础进行估计。企业管理层如能证明递增的增长率是合理的，可以递增的增长率为基础进行估计，所使用的增长率除了企业能够证明更高的增长率是合理的外，不应当超过长期平均增长率。在恰当、合理的情况下，该增长率可以是零或负数。

企业管理层在每次预计资产未来现金流量时，应当分析以前期间现金流量预计数与现金流量实际数的差异情况，以评判预计当期现金流量所依据假设的合理性。

（二）预计资产未来现金流量的内容

预计资产未来现金流量应当包括以下内容：

（1）资产持续使用过程中预计产生的现金流入。

（2）为实现资产持续使用过程中产生的现金流入所必需的预计现金流出（包括为使资产达到预定可使用状态所发生的现金流出）。

（3）资产使用寿命结束时，处置资产所收到或者支付的净现金流量。

（三）预计资产未来现金流量应当考虑的因素

预计资产未来现金流量应当考虑的因素如下：

（1）以资产的当前状况为基础预计资产未来现金流量。

企业应当以资产的当前状况为基础，不应当包括与将来可能会发生的、尚未作出承诺的重组事项或者与资产改良有关的预计未来现金流量。

企业未来发生的现金流出，如果是为了维持资产正常运转或者资产正常产出水平而必要的支出或者属于资产维护支出，应当在预计资产未来现金流量时将其考虑在内。

（2）预计资产未来现金流量不应当包括筹资活动和与所得税收付有关的现金流量。

（3）对通货膨胀因素的考虑应当和折现率相一致。

（4）对内部转移价格应当予以调整。

> **例题**

企业在对资产进行减值测试时，下列各项关于预计资产未来现金流量的表述，正确的有（　　　　）。

A. 包括资产处置时取得的净现金流量

B. 不包括与所得税收付有关的现金流量

C. 包括将来可能会发生的、尚未作出承诺的重组事项

D. 不包括与资产改良支出有关的现金流量

【答案】ABD。解析:C 项,在预计资产未来现金流量时,企业应当以资产的当前状况为基础,不应当包括与将来可能会发生的、尚未作出承诺的重组事项或者与资产改良有关的预计未来现金流量。故本题选 ABD。

（四）预计资产未来现金流量的方法

1. 单一法（传统法）

预计资产未来现金流量,通常应当根据资产未来期间最有可能产生的现金流量进行预测。

2. 期望现金流量法

如果影响资产未来现金流量的因素较多,不确定性较大,此时采用期望现金流量法更为合理。资产未来现金流量应当根据每期现金流量期望值进行预计,每期现金流量期望值按照各种可能情况下的现金流量乘以相应的发生概率加总计算。

（五）折现率

折现率是反映当前市场货币时间价值和资产特定风险的税前利率,也是企业在购置或者投资资产时所要求的必要报酬率。

企业确定折现率时,通常应当以该资产的市场利率为依据。

如果该资产的市场利率无法从市场获得,可以使用替代利率估计折现率。企业在估计替代利率时,可根据企业的加权平均资本成本、增量借款利率或其他相关市场借款利率作适当调整后确定。

企业通常应当采用单一的折现率。但是,如果资产未来现金流量的现值对未来不同期间的风险差异或者利率的期限结构反应敏感,企业应当在未来不同期间采用不同的折现率。

二、资产未来现金流量现值的确定

（一）资产未来现金流量现值的确定方法

预计资产未来现金流量,通常应当根据资产未来期间最有可能产生的现金流量进行预测,即使用单一的未来每期预计现金流量和单一的折现率计算资产未来现金流量现值。资产预计未来现金流量的计算如下图所示。

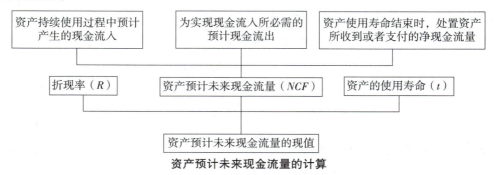

资产预计未来现金流量的计算

（二）预计资产未来现金流量的计算公式

资产未来现金流量的现值的计算公式如下:

$$资产未来现金流量的现值(PV) = \sum \frac{第\,t\,年预计资产未来现金流量(NCF_t)}{[1+折现率(R)]^t}$$

三、外币未来现金流量及其现值的确定

外币未来现金流量及其现值的确定应按照如下步骤确定：

（1）应当以该资产所产生的未来现金流量的结算货币为基础预计其未来现金流量,并按照该货币适用的折现率计算资产预计未来现金流量的现值。

（2）将该外币现值按照计算资产未来现金流量现值当日的即期汇率进行折算,从而折算成按照记账本位币表示的资产未来现金流量的现值。

（3）在该现值基础上,将其与资产公允价值减去处置费用后的净额相比较,确定其可收回金额,再根据可收回金额与资产账面价值相比较,确定是否需要确认减值损失以及确认多少减值损失。

例题

下列关于折现率的说法,正确的是（　　　）。

A. 用于估计折现率的基础应该为税后的利率

B. 为企业在购置时或投资资产所要求的必要报酬率

C. 企业确定折现率时,通常应当以该资产的实际利率为依据

D. 企业通常应当采用不同的折现率

【答案】B。解析:A项,折现率是反映当前市场货币时间价值和资产特定风险的税前利率;B项,折现率是企业在购置或者投资资产时所要求的必要报酬率;C项,企业确定折现率时,通常应当以该资产的市场利率为依据;D项,企业通常应当采用单一的折现率。故本题选B。

第四节　资产减值损失的确定及账务处理

一、资产减值损失的确定

资产可收回金额确定后,如果可收回金额低于其账面价值,企业应当将资产的账面价值减记至可收回金额,减记的金额确认为资产减值损失,计入当期损益,同时计提相应的资产减值准备。

资产的账面价值是指资产成本扣减累计折旧(或累计摊销)和累计减值准备后的金额。

资产减值损失确认后,减值资产的折旧或者摊销费用应当在未来期间作相应调整,以使该资产在剩余使用寿命内,系统地分摊调整后的资产账面价值(扣除预计净残值)。

资产减值准则规定:资产减值损失一经确认,在以后会计期间不得转回。符合资产终止确认条件的,企业应当将相关资产减值准备予以转销。

二、资产减值损失的账务处理

发生减值时:

借:资产减值损失

　　贷:固定资产减值准备

无形资产减值准备

长期股权投资减值准备

投资性房地产减值准备

例题

下列各项已计提的资产减值准备,在未来会计期间不得转回的有(　　)。

A. 商誉减值准备 　　　　　　　　　　B. 无形资产减值准备

C. 固定资产减值准备 　　　　　　　　D. 存货跌价准备

【答案】ABC。**解析**:存货跌价准备一经计提可以转回,但是商誉、无形资产和固定资产的减值准备一经计提不得转回。故本题选ABC。

第九章　金融资产和金融负债

知识体系

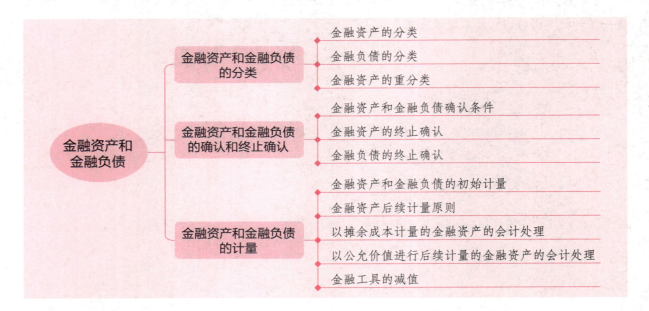

本章导学

从近几年考试来看,银保监财会类职位专业科目考试对于金融资产和金融负债的考查比较基础。本章主要考点有金融资产的分类、以公允价值计量且其变动计入当期损益的金融资产投资收益的计算、以公允价值计量且其变动计入其他综合收益的金融资产计量等。

第一节　金融资产和金融负债的分类

金融工具是指形成一方的金融资产并形成其他方的金融负债或权益工具的合同。金融工具包括金融资产、金融负债和权益工具,也可能包括一些尚未确认的项目。

一、金融资产的分类

金融资产主要包括库存现金、银行存款、应收账款、应收票据、其他应收款、贷款、垫款、债权投资、股权投资、基金投资、衍生金融资产等。

企业应当根据其管理金融资产的业务模式和金融资产的合同现金流量特征,将金融资产划分为

以下三类：

（1）以摊余成本计量的金融资产。

（2）以公允价值计量且其变动计入其他综合收益的金融资产。

（3）以公允价值计量且其变动计入当期损益的金融资产。

（一）关于企业管理金融资产的业务模式

1．业务模式评估

企业管理金融资产的业务模式是指企业如何管理其金融资产以产生现金流量。业务模式决定企业所管理金融资产现金流量的来源是收取合同现金流量、出售金融资产还是两者兼有。

2．以收取合同现金流量为目标的业务模式

在以收取合同现金流量为目标的业务模式下，企业管理金融资产旨在通过在金融资产存续期内收取合同付款来实现现金流量，而不是通过持有并出售金融资产产生整体回报。

3．以收取合同现金流量和出售金融资产为目标的业务模式

在同时以收取合同现金流量和出售金融资产为目标的业务模式下，企业的关键管理人员认为收取合同现金流量和出售金融资产对于实现其管理目标而言都是不可或缺的。

4．其他业务模式

如果企业管理金融资产的业务模式，不是以收取合同现金流量为目标，也不是既以收取合同现金流量又以出售金融资产来实现其目标，则该企业管理金融资产的业务模式是其他业务模式。

（二）关于金融资产的合同现金流量特征

金融资产的合同现金流量特征是指金融工具合同约定的、反映相关金融资产经济特征的现金流量属性。如果一项金融资产在特定日期产生的合同现金流量仅为对本金和以未偿付本金金额为基础的利息的支付，则该金融资产合同现金流量特征与基本借贷安排一致。

本金是指金融资产在初始确认时的公允价值，本金金额可能因提前还款等原因在金融资产的存续期内发生变动；利息包括对货币时间价值、与特定时期未偿付本金金额相关的信用风险以及其他基本借贷风险、成本和利润的对价。

如果金融资产合同中包含与基本借贷安排无关的合同现金流量风险敞口或波动性敞口的条款，则此类合同不符合本金加利息的合同现金流量特征。

（三）金融资产的具体分类

1．以摊余成本计量的金融资产

金融资产同时符合下列条件的，应当分类为以摊余成本计量的金融资产：

(1)企业管理该金融资产的业务模式是以收取合同现金流量为目标。

(2)该金融资产的合同条款规定，在特定日期产生的现金流量，仅为对本金和以未偿付本金金额为基础的利息的支付。

2．以公允价值计量且其变动计入其他综合收益的金融资产

金融资产同时符合下列条件的，应当分类为以公允价值计量且其变动计入其他综合收益的金融资产：

(1)企业管理该金融资产的业务模式既以收取合同现金流量为目标又以出售该金融资产为目标。

(2)该金融资产的合同条款规定，在特定日期产生的现金流量，仅为对本金和以未偿付本金金额

为基础的利息的支付。

3. 以公允价值计量且其变动计入当期损益的金融资产

按照上述 1 和 2 分类为以摊余成本计量的金融资产和以公允价值计量且其变动计入其他综合收益的金融资产之外的金融资产,企业应当将其分类为以公允价值计量且其变动计入当期损益的金融资产。如股票、基金、可转换债券等。

例题

甲公司购入了一项债券投资,该金融资产在特定日期产生的现金流量仅为对本金和以未偿付本金金额为基础的利息的支付,甲公司管理该项金融资产的业务模式是以收取合同现金流量和出售债务工具为目标,金融资产应划分为(   )。

A. 以公允价值计量且其变动计入当期损益的金融资产

B. 以摊余成本计量的金融资产

C. 以公允价值计量且其变动计入其他综合收益的金融资产

D. 流动资产

【答案】C。解析:金融资产同时符合下列条件的,应当分类为以公允价值计量且其变动计入其他综合收益的金融资产:①企业管理该金融资产的业务模式是既以收取合同现金流量为目标又以出售该金融资产为目标;②该金融资产的合同条款规定,在特定日期产生的现金流量,仅为对本金和以未偿付本金金额为基础的利息的支付。故本题选 C。

（四）金融资产分类的特殊规定

权益工具投资一般不符合本金加利息的合同现金流量特征,因此应当分类为以公允价值计量且其变动计入当期损益的金融资产,但在初始确认时,企业可将非交易性权益工具投资指定为以公允价值计量且其变动计入其他综合收益的金融资产,并按照规定确认股利收入。该指定一经作出,不得撤销。

二、金融负债的分类

金融负债主要包括应付账款、长期借款、其他应付款、应付票据、应付债券、衍生金融负债等。

除下列各项外,企业应当将金融负债分类为以摊余成本计量的金融负债:

(1)以公允价值计量且其变动计入当期损益的金融负债。

(2)不符合终止确认条件的金融资产转移或继续涉入被转移金融资产所形成的金融负债。

(3)不属于上述(1)或(2)的财务担保合同,以及不属于(1)的以低于市场利率贷款的贷款承诺。

三、金融资产的重分类

企业改变其管理金融资产的业务模式时,应当按照规定对所有受影响的相关金融资产进行重分类。

企业对金融资产进行重分类,应当自重分类日起采用未来适用法进行相关会计处理,不得对以前已经确认的利得、损失(包括减值损失或利得)或利息进行追溯调整。重分类日是指导致企业对金融资产进行重分类的业务模式发生变更后的首个报告期间的第一天。

【提示】(1)如果企业管理金融资产的业务模式没有发生变更,而金融资产的条款发生变更但未导致终止确认时,不允许重分类。

(2)企业对所有金融负债均不得进行重分类。

第二节　金融资产和金融负债的确认和终止确认

一、金融资产和金融负债确认条件

企业在成为金融工具合同的一方时,应当确认一项金融资产或金融负债。当企业尚未成为合同一方时,即使企业已有计划在未来交易,不管其发生的可能性有多大,都不是企业的金融资产或金融负债。

二、金融资产的终止确认

金融资产满足下列条件之一的,应当终止确认:

(1)收取该金融资产现金流量的合同权利终止。

(2)该金融资产已转移,且转移满足关于金融资产终止确认的规定。

金融资产的一部分满足下列条件之一的,企业应当将终止确认的规定适用于该金融资产部分,除此之外,企业应当将终止确认的规定适用于该金融资产整体:

(1)该金融资产部分仅包括金融资产所产生的特定可辨认现金流量。

(2)该金融资产部分仅包括与该金融资产所产生的全部现金流量完全成比例的现金流量部分。

(3)该金融资产部分仅包括与该金融资产所产生的特定可辨认现金流量完全成比例的现金流量部分。

三、金融负债的终止确认

金融负债终止确认,是指企业将之前确认的金融负债从其资产负债表中予以转出。金融负债(或其一部分)的现时义务已经解除的,企业应当终止确认该金融负债(或该部分金融负债)。

出现以下两种情况之一时,金融负债(或其一部分)的现时义务已经解除:

(1)债务人通过履行义务(如偿付债权人)解除了金融负债(或其一部分)的现时义务。债务人通常使用现金、其他金融资产等方式偿债。

(2)债务人通过法定程序(如法院裁定)或债权人(如债务豁免),合法解除了债务人对金融负债(或其一部分)的主要责任。

第三节　金融资产和金融负债的计量

一、金融资产和金融负债的初始计量

金融资产和金融负债的初始计量如下表所示:

分类	初始成本的构成	公允价值的确定
以公允价值计量且其变动计入当期损益的金融资产和金融负债	相关交易费用计入当期损益	首先使用第一层次输入值(在计量日能够取得的相同资产或负债在活跃市场上未经调整的报价),其次使用第二层次输入值(除第一层次输入值外相关资产或负债直接或间接可观察的输入值),最后使用第三层次输入值(相关资产或负债的不可观察输入值)
其他类别的金融资产或金融负债	相关交易费用计入初始确认金额	

企业取得金融资产所支付的价款中包含的已宣告但尚未发放的现金股利或已到付息期但尚未领取的利息,应当单独确认为应收项目进行处理。

例题

下列各项交易费用中,应当于发生时直接计入资产成本的是(　　)。

A. 取得一项以公允价值计量且其变动计入其他综合收益的金融资产发生的交易费用

B. 同一控制下企业合并中发生的审计费用

C. 与取得以公允价值计量且其变动计入当期损益的金融资产相关的交易费用

D. 非同一控制下企业合并中发生的资产评估费用

【答案】A。解析:A项,应当于发生时计入初始投资成本;B、D两项,应当于发生时计入管理费用;C项,应当于发生时计入投资收益。故本题选A。

二、金融资产后续计量原则

金融资产的后续计量与金融资产的分类密切相关。企业应当对不同类别的金融资产,分别以摊余成本计量、以公允价值计量且其变动计入其他综合收益或以公允价值计量且其变动计入当期损益的计量方法进行后续计量。

三、以摊余成本计量的金融资产的会计处理

(一)实际利率法

实际利率法是指计算金融资产或金融负债的摊余成本以及将利息收入或利息费用分摊计入各会计期间的方法。

实际利率是指将金融资产或金融负债在预计存续期的估计未来现金流量,折现为该金融资产账面余额或该金融负债摊余成本所使用的利率。在确定实际利率时,应当在考虑金融资产或金融负债所有合同条款(如提前还款、展期、看涨期权或其他类似期权等)的基础上估计预期现金流量,但不应当考虑预期信用损失。

合同各方之间支付或收取的、属于实际利率组成部分的各项费用、交易费用及溢价或折价等,应当在确定实际利率时予以考虑。

(二)摊余成本

金融资产或金融负债的摊余成本,应当以该金融资产或金融负债的初始确认金额经下列调整后的结果确定:

(1)扣除已偿还的本金。

(2)加上或减去采用实际利率法将该初始确认金额与到期日金额之间的差额进行摊销形成的累

计摊销额。

（3）扣除累计计提的信用减值准备（仅适用于金融资产）。

（三）以摊余成本计量的金融资产产生的利得或损失的确认

以摊余成本计量且不属于任何套期关系的一部分的金融资产所产生的利得或损失,应当在终止确认、重分类、按照实际利率法摊销或确认减值时,计入当期损益。

（四）会计处理

1. 债权投资的初始计量

借：债权投资——成本（面值）

　　　　　　——利息调整（差额,或贷方）

　　应收利息（实际支付的款项中包含的已宣告但尚未领取的利息）

　　贷：银行存款等（实际支付金额）

2. 债权投资的后续计量

借：应收利息（分期付息债券按票面利率计算的利息）

　　债权投资——应计利息（到期一次还本付息债券按票面利率计算的利息）

　　贷：投资收益（摊余成本乘实际利率）

　　　债权投资——利息调整（差额,或借方）

3. 出售债权投资

借：银行存款等

　　债权投资——利息调整（差额,或贷方）

　　债权投资减值准备

　　贷：债权投资——成本

　　　　　　　——应计利息

　　　投资收益（差额,或借方）

四、以公允价值进行后续计量的金融资产的会计处理

（一）公允价值变动形成的利得或损失的处理规定

对于按照公允价值进行后续计量的金融资产,其公允价值变动形成的利得或损失,除与套期会计有关外,应当按照下列规定处理：

（1）以公允价值计量且其变动计入当期损益的金融资产的利得或损失,应当计入当期损益。

（2）分类为以公允价值计量且其变动计入其他综合收益的金融资产所产生的所有利得或损失,除减值损失或利得和汇兑损益之外,均应当计入其他综合收益,直至该金融资产终止确认或被重分类。但是,采用实际利率法计算的该金融资产的利息应当计入当期损益。该金融资产计入各期损益的金额应当与视同其一直按摊余成本计量而计入各期损益的金额相等。

该金融资产终止确认时,之前计入其他综合收益的累计利得或损失应当从其他综合收益中转出,计入当期损益。

（3）指定为以公允价值计量且其变动计入其他综合收益的非交易性权益工具投资,除了获得的股利（明确代表投资成本部分收回的股利除外）计入当期损益外,其他相关的利得和损失（包括汇兑损

益)均应当计入其他综合收益,且后续不得转入当期损益。当其终止确认时,之前计入其他综合收益的累计利得或损失应当从其他综合收益中转出,计入留存收益。

(二)以公允价值计量且其变动计入当期损益的金融资产的会计处理

1. 企业取得以公允价值计量且其变动计入当期损益的金融资产

借:交易性金融资产——成本(公允价值)

投资收益(交易费用)

应收股利(已宣告但尚未发放的现金股利)

应收利息(已到期但尚未领取的利息)

贷:银行存款等

2. 持有期间的股利或利息

借:应收股利

应收利息

贷:投资收益

3. 资产负债表日公允价值变动

公允价值上升时:

借:交易性金融资产——公允价值变动

贷:公允价值变动损益

公允价值下降时:

借:公允价值变动损益

贷:交易性金融资产——公允价值变动

4. 出售以公允价值计量且其变动计入当期损益的金融资产

借:银行存款等(价款扣除手续费)

贷:交易性金融资产——成本

——公允价值变动(或借方)

投资收益(差额,或借方)

交易性金融资产从取得到出售会影响到投资收益的时点:①取得时支付的交易费用;②持有期间确认的现金股利或利息收入;③出售时确认的投资收益。

(三)以公允价值计量且其变动计入其他综合收益的金融资产的会计处理

1. 企业取得以公允价值计量且其变动计入其他综合收益的金融资产

借:其他债权投资——成本(面值)

——利息调整(差额,或贷方)

应收利息(已到期但尚未领取的利息)

贷:银行存款等

若购买的债券为到期一次还本付息债券,则购买价款中包含的利息,记入"其他债权投资——应计利息"科目。

2. 资产负债表日计算利息

借:应收利息(分期付息债券按票面利率计算的利息)

其他债权投资——应计利息(到期时一次还本付息债券按票面利率计算的利息)

　　贷:投资收益(摊余成本乘实际利率)

　　　　其他债权投资——利息调整(差额,或借方)

3. 公允价值发生变动

公允价值高于账面余额时:

借:其他债权投资——公允价值变动

　　贷:其他综合收益——其他债权投资公允价值变动

公允价值低于账面余额时:

借:其他综合收益——其他债权投资公允价值变动

　　贷:其他债权投资——公允价值变动

4. 出售

借:银行存款等

　　其他综合收益——其他债权投资公允价值变动(应从其他综合收益中转出的公允价值累计变

　　　　　　　　　　动额,或贷方)

　　　　　　　——信用减值准备(应从其他综合收益转出的信用减值准备累计金额)

　　贷:其他债权投资——成本

　　　　　　　　　——应计利息

　　　　　　　　　——公允价值变动(或借方)

　　　　　　　　　——利息调整(或借方)

　　　　投资收益(差额,或贷方)

例题

2019年1月1日,甲公司从二级市场购入丙公司面值为200万元的债券,支付的总价款为195万元(其中包括已到付息期但尚未领取的利息4万元),另支付相关交易费用1万元,甲公司将其划分为以公允价值计量且其变动计入其他综合收益的金融资产。该资产入账对应的"其他债权投资——利息调整"科目的金额为(　　)万元。

A. 4(借方) 　　　　　　　　　　　B. 4(贷方)

C. 8(借方) 　　　　　　　　　　　D. 8(贷方)

【答案】D。解析:本题会计分录如下(单位:万元):

借:其他债权投资——成本　　　　　　　　　　　　　　　　　　　　　200

　　应收利息　　　　　　　　　　　　　　　　　　　　　　　　　　　4

　　贷:银行存款　　　　　　　　　　　　　　　　　　　　　　　　　196

　　　　其他债权投资——利息调整　　　　　　　　　　　　　　　　　8

故本题选D。

(四)指定为以公允价值计量且其变动计入其他综合收益的非交易性权益工具投资的会计处理

1. 企业取得指定为以公允价值计量且其变动计入其他综合收益的非交易性权益工具投资

借:其他权益工具投资——成本(公允价值与交易费用之和)

　　应收股利(已宣告但尚未发放的现金股利)

　贷:银行存款等

2. 资产负债表日公允价值正常变动

公允价值上升时:

借:其他权益工具投资——公允价值变动

　贷:其他综合收益——其他权益工具投资公允价值变动

公允价值下降时:

借:其他综合收益——其他权益工具投资公允价值变动

　贷:其他权益工具投资——公允价值变动

3. 持有期间被投资单位宣告发放现金股利

借:应收股利

　贷:投资收益

4. 出售其他权益工具投资

借:银行存款等

　贷:其他权益工具投资——成本(账面价值)

　　盈余公积

　　利润分配——未分配利润

(差额计入留存收益,也可能在借方)

同时:

借:其他综合收益——其他权益工具投资公允价值变动

　贷:盈余公积

　　利润分配——未分配利润

或作相反分录。

五、金融工具的减值

(一)金融工具减值概述

企业应当以预期信用损失为基础,对下列项目进行减值会计处理并确认损失准备:

(1)分类为以摊余成本计量的金融资产和以公允价值计量且其变动计入其他综合收益的金融资产。

(2)租赁应收款。

(3)合同资产。

(4)部分贷款承诺和财务担保合同。

【提示】并不是所有的金融资产都需要确认信用减值准备,例如以公允价值计量且其变动计入当期损益的金融资产、指定为以公允价值计量且其变动计入其他综合收益的非交易性权益工具投资和以公允价值计量且其变动计入当期损益的金融负债无须考虑减值。

预期信用损失是指以发生违约的风险为权重的金融工具信用损失的加权平均值。

信用损失是指企业按照原实际利率折现的、根据合同应收的所有合同现金流量与预期收取的所有现金流量之间的差额,即全部现金短缺的现值。其中,对于企业购买或源生的已发生信用减值的金融资产,应按照该金融资产经信用调整的实际利率折现。由于预期信用损失考虑付款的金额和时间

分布,因此即使企业预计可以全额收款但收款时间晚于合同规定的到期期限,也会产生信用损失。

（二）金融工具减值的三阶段

一般情况下,企业应当在每个资产负债表日评估相关金融工具的信用风险自初始确认后是否已显著增加,可以将金融工具发生信用减值的过程分为三个阶段:

(1)信用风险自初始确认后未显著增加。

(2)信用风险自初始确认后已显著增加但尚未发生信用减值。

(3)初始确认后发生信用减值。

上述三阶段的划分,适用于购买或源生时未发生信用减值的金融工具。

（三）预期信用损失的计量

确定金融工具信用损失的方法如下表所示:

项目	方法
金融资产	信用损失应为企业依照合同应收取的合同现金流量和企业预期能收到的现金流量之间差额的现值
租赁应收款	信用损失应为企业依照合同应收取的合同现金流量和企业预期能收到的现金流量之间差额的现值
未提用的贷款承诺	信用损失应为在贷款承诺的持有人提用相应贷款的情况下,企业依照合同应收取的合同现金流量和企业预期能收到的现金流量之间差额的现值
财务担保合同	信用损失是企业就合同持有人发生的信用损失向其作出赔付的预期付款额,减去企业预期向该合同持有人、债务人或其他方收取金额之间差额的现值
购买或源生时未发生信用减值、但后续资产负债表日已发生信用减值的金融资产	信用损失为该金融资产的账面余额与按该金融资产原实际利率折现的预计未来现金流量的现值之间的差额

（四）金融工具减值的账务处理

1. 减值准备的计提和转回

企业应当在资产负债表日计算金融工具的预期信用损失,并与当前减值准备的账面金额进行比较,进行减值准备的计提或转回,具体内容如下表所示:

金融资产的分类	减值的账务处理
以摊余成本计量的金融资产	借:信用减值损失 　贷:债权投资减值准备 　　坏账准备 　　合同资产减值准备 　　贷款损失准备等 转回作相反分录
以公允价值计量且其变动计入其他综合收益的金融资产	借:信用减值损失 　贷:其他综合收益——信用减值准备 转回作相反分录

2. 已发生信用损失金融资产的核销

借:贷款损失准备/债权投资减值准备/坏账准备/合同资产减值准备/租赁应收款减值准备/预计负债/其他综合收益

信用减值损失(核销金额大于已计提的损失准备)

贷:贷款/应收账款/合同资产/应收租赁款

例题

金融工具减值的范围包括(　　)。

A. 分类为以摊余成本计量的金融资产和以公允价值计量且其变动计入其他综合收益的金融资产

B. 租赁应收款

C. 合同资产

D. 部分贷款承诺和财务担保合同

【答案】ABCD。

第十章 应付职工薪酬、长期负债及借款费用

知识体系

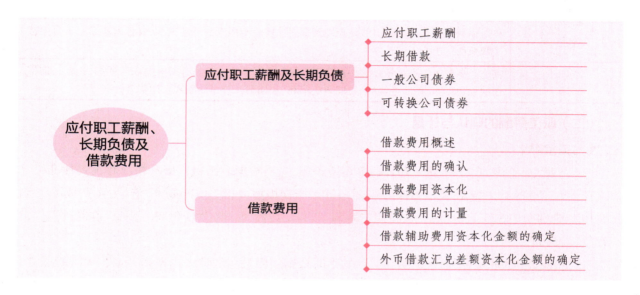

本章导学

从近几年考试来看,银保监财会类职位专业科目考试对于本章内容的考查比较频繁。本章主要内容包括应付职工薪酬、长期借款、应付债券(一般公司债券、可转换公司债券)的计量及其账务处理;借款费用的范围、确认、计量及其账务处理,考生须在理解的基础上加强记忆。

第一节 应付职工薪酬及长期负债

一、应付职工薪酬

职工薪酬是指企业为获得职工提供的服务或终止劳动合同关系而给予的各种形式的报酬或补偿。职工薪酬包括短期薪酬、离职后福利、辞退福利和其他长期职工福利。企业提供给职工配偶、子女、受赡养人、已故员工遗属及其他受益人等的福利,也属于职工薪酬。

(一)职工薪酬的内容

职工薪酬的具体内容如下表所示:

分类	具体内容
短期薪酬	短期薪酬是指企业预期在职工提供相关服务的年度报告期间结束后12个月内将全部予以支付的职工薪酬,因解除与职工的劳动关系给予的补偿除外。短期薪酬主要包括:①职工工资、奖金、津贴和补贴;②职工福利费;③医疗保险费和工伤保险费等社会保险费;④住房公积金;⑤工会经费和职工教育经费;⑥短期带薪缺勤;⑦短期利润分享计划;⑧非货币性福利;⑨其他短期薪酬 【提示】因解除与职工的劳动关系给予的补偿属于辞退福利的范畴,为职工缴纳的养老、失业保险费属于离职后福利
离职后福利	离职后福利是指企业为获得职工提供的服务而在职工退休或与企业解除劳动关系后,提供的各种形式的报酬和福利,短期薪酬和辞退福利除外
辞退福利	辞退福利是指企业在职工劳动合同到期之前解除与职工的劳动关系,或者为鼓励职工自愿接受裁减而给予职工的补偿
其他长期职工福利	其他长期职工福利是指除短期薪酬、离职后福利、辞退福利之外所有的职工薪酬,包括长期带薪缺勤、其他长期服务福利、长期残疾福利、长期利润分享计划和长期奖金计划等

（二）职工薪酬的确认与计量

1. 短期薪酬

（1）企业发生的职工工资、津贴和补贴等短期薪酬,应当根据职工提供服务情况和工资标准等计算应计入职工薪酬的工资总额,并按照受益对象计入当期损益或相关资产成本,借记"生产成本""制造费用""管理费用"等科目,贷记"应付职工薪酬"科目。发放时,借记"应付职工薪酬"科目,贷记"银行存款"等科目。

（2）企业发生的职工福利费,应当在实际发生时根据实际发生额计入当期损益或相关资产成本。企业向职工提供非货币性福利的,应按照公允价值计量:①企业以其生产的产品作为非货币性福利提供给职工的,应当按照该产品的公允价值和相关税费确定职工薪酬金额,并计入当期损益或相关资产成本。相关收入的确认、销售成本的结转和相关税费的处理,与正常商品销售的会计处理相同;②企业以外购商品作为非货币性福利提供给职工的,应当按照该商品的公允价值和相关税费确定职工薪酬金额,并计入当期损益或相关资产成本。

（3）企业为职工缴纳的医疗保险费、工伤保险费等社会保险费和住房公积金,以及按规定提取的工会经费和职工教育经费,应当在职工为其提供服务的会计期间,根据规定的计提基础和计提比例计算确定相应的职工薪酬金额,并确认相关负债,按照受益对象计入当期损益或相关资产成本。

（4）带薪缺勤应当根据其性质及其职工享有的权利,分为累积带薪缺勤和非累积带薪缺勤两类。

累积带薪缺勤是指带薪权利可以结转下期的带薪缺勤,本期尚未用完的带薪缺勤权利可以在未来期间使用。企业应当在职工提供了服务从而增加了其未来享有的带薪缺勤权利时,确认与累积带薪缺勤相关的职工薪酬,并以累积未行使权利而增加的预期支付金额计量。

非累积带薪缺勤是指带薪权利不能结转下期的带薪缺勤,本期尚未用完的带薪缺勤权利将予以取消,并且职工离开企业时也无权获得现金支付。企业应当在职工实际发生缺勤的会计期间确认与非累积带薪缺勤相关的职工薪酬。通常情况下,与非累积带薪缺勤相关的职工薪酬已经包括在企业每期向职工发放的工资等薪酬中,因此,不必额外作相应的账务处理。

（5）短期利润分享计划同时满足下列条件的,企业应当确认相关的应付职工薪酬,并计入当期损益或者相关资产成本:①企业因过去事项导致现在具有支付职工薪酬的法定义务或推定义务;②因利

润分享计划所产生的应付职工薪酬义务金额能够可靠估计。

如果企业预期在职工为其提供相关服务的年度报告期间结束后12个月内,不需要全部支付利润分享计划产生的应付职工薪酬,该利润分享计划应当适用其他长期职工福利的有关规定。

2. 离职后福利

离职后福利包括退休福利(如养老金和一次性的退休支付)及其他离职后福利(如离职后人寿保险和离职后医疗保险)。

离职后福利计划分为设定提存计划和设定受益计划两种类型。本章只介绍设定提存计划的会计处理。

设定提存计划是指企业向单独主体(如基金等)缴存固定费用后,不再承担进一步支付义务的离职后福利计划(如职工缴纳的养老、失业保险)。

对于设定提存计划,企业应当根据在资产负债表日为换取职工在会计期间提供的服务而应向单独主体缴存的提存金,确认为职工薪酬负债,并计入当期损益或相关资产成本。根据设定提存计划,预期不会在职工提供相关服务的年度报告期结束后12个月内支付全部应缴存金额的,企业应当参照规定的折现率,将全部应缴存金额以折现后的金额计量应付职工薪酬。

3. 辞退福利

企业向职工提供辞退福利的,应当在下列两者孰早日确认辞退福利产生的职工薪酬负债并计入当期损益:①企业不能单方面撤回因解除劳动关系计划或裁减建议所提供的辞退福利时;②企业确认涉及支付辞退福利的重组相关的成本或费用时。

企业应当按照辞退计划条款的规定,合理预计并确认辞退福利产生的职工薪酬负债。

辞退福利预期在其确认的年度报告期结束后12个月内完全支付的,应当适用短期薪酬的相关规定;辞退福利预期在年度报告期结束后12个月内不能完全支付的,应当适用其他长期职工福利的有关规定。

企业在确定提供的经济补偿是否为辞退福利时,应当区分辞退福利和正常退休养老金。

对于职工虽没有与企业解除劳动合同,但未来不再为企业提供服务,不能为企业带来经济利益,企业承诺提供实质上具有辞退福利性质的经济补偿的,例如,发生"内退"的情况,在其正式退休日期之前应当比照辞退福利处理,在其正式退休日期之后,应当按照离职后福利处理。

4. 其他长期职工福利

企业向职工提供的其他长期职工福利,符合设定提存计划条件的,应当按照设定提存计划的有关规定进行会计处理。企业向职工提供的其他长期职工福利,符合设定受益计划条件的,企业应当按照设定受益计划的有关规定进行会计处理。报告期末,企业应当将其他长期职工福利产生的职工薪酬的总净额计入当期损益或相关资产成本。

长期残疾福利水平取决于职工提供服务期长短的,企业应在职工提供服务的期间确认应付长期残疾福利义务,计量时应当考虑长期残疾福利支付的可能性和预期支付的期限;长期残疾福利与职工提供服务期间长短无关的,企业应当在导致职工长期残疾的事件发生的当期确认应付长期残疾福利义务。

例题

甲公司是增值税一般纳税人,适用的增值税税率为13%。2022年6月5日,甲公司将自产的300件K产品作为福利发放给职工。该批产品的单位成本为400元/件,公允价值和计税价格均为

600元/件。不考虑其他因素,甲公司应计入应付职工薪酬的金额为(   )万元。

A. 18 B. 13.56

C. 12 D. 20.34

【答案】D。解析:应计入应付职工薪酬金额=[600×300×(1+13%)]÷10 000=20.34(万元)。故本题选D。

二、长期借款

长期借款是指企业从银行或其他金融机构借入的期限在1年以上(不含1年)的借款。

(1)取得借款时:

借:银行存款(实际取得的数额)

长期借款——利息调整(差额)

贷:长期借款——本金(借款本金)

(2)期末计息时:

借:财务费用/在建工程/制造费用等(摊余成本×实际利率)

贷:应付利息(本金×合同利率,分期付息的长期借款)

长期借款——利息调整(差额)

——应计利息(本金×合同利率,一次还本付息的长期借款)

(3)偿还本金时:

借:长期借款——本金

财务费用/在建工程/制造费用等(差额)

贷:银行存款

长期借款——利息调整

三、一般公司债券

(一)债券的发行

1. 债券的发行价格

债券的发行价格(假设不考虑其他条件)包括以下三种情形:

溢价:债券的票面利率高于同期银行存款利率;溢价是企业以后各期多付利息而事先得到的补偿。

折价:债券的票面利率低于同期银行存款利率;折价是企业以后各期少付利息而预先给投资者的补偿。

面值发行:债券的票面利率等于同期银行存款利率。

溢价或折价实质上是发行债券企业在债券存续期内对利息费用的一种调整。

2. 债券发行的账务处理

债券发行的账务处理如下:

借:银行存款/库存现金等(实际收到的款项)

贷:应付债券——面值(按债券票面价值)

——利息调整(差额,或借方)

发行债券的手续费、佣金应计入发行债券的初始成本,反映在"应付债券——利息调整"明细科目中。

（二）期末计提利息

资产负债表日,对于分期付息、一次还本的债券,相关账务处理如下:

借:财务费用/在建工程/制造费用等(摊余成本×实际利率)

 应付债券——利息调整(差额,或贷方)

 贷:应付利息(分期付息的债券按票面利率计算应付未付利息)

对于到期一次还本付息的债券,按票面利率计算确定的应付未付利息,应通过"应付债券——应计利息"科目核算。

（三）到期归还本金和利息

借:应付债券——面值

    ——应计利息(到期一次还本付息债券利息)

 应付利息(分期付息债券最后一次利息)

 贷:银行存款

债券到期偿还本金并支付最后一期利息时:

借:应付债券——面值/在建工程/财务费用/制造费用等

 贷:银行存款

  应付债券——利息调整(差额,或借方)

例题

甲股份有限公司于 2019 年 1 月 1 日发行 3 年期,每年 1 月 1 日付息、到期一次还本的公司债券,债券面值为 400 万元,票面年利率为 5%,实际利率为 6%,发行价格为 384.65 万元。按实际利率法确认利息费用。该债券 2020 年度确认的利息费用为( )万元。

A. 23.08

B. 22

C. 20

D. 23.26

【答案】D。解析:该债券 2019 年度确认的利息费用 = 384.65×6% = 23.08(万元),2020 年 1 月 1 日应付债券的账面余额 = 384.65+(23.08−400×5%) = 387.73(万元),2020 年度确认的利息费用 = 387.73×6% = 23.26(万元)。故本题选 D。

四、可转换公司债券

（一）账务处理原则

企业发行的可转换公司债券,既含有负债成分又含有权益成分。根据规定,应当在初始确认时将负债成分和权益成分进行分拆,分别进行处理:

(1)对确定负债成分的未来现金流量进行折现并以此作为其初始确认金额,确认为应付债券。

(2)按照该可转换公司债券整体的发行价格扣除负债成分初始确认金额后的金额确定权益成分的初始确认金额,确认为其他权益工具。

(3)发行该可转换公司债券发生的交易费用,应当在负债成分和权益成分之间按照各自公允价值的相对比例进行分摊。

（二）可转换公司债券的账务处理

可转换公司债券发行时的账务处理如下：

借：银行存款等（按实际收到的款项）

　　贷：应付债券——可转换公司债券（面值）

　　　　　　　　——可转换公司债券（利息调整）（差额，或借方）

　　　　其他权益工具（权益成分的公允价值）

例题

甲公司2×19年1月1日按面值发行三年期可转换公司债券，每年1月1日付息、到期一次还本，面值总额为10 000万元，票面年利率为4%，实际利率为6%。债券包含的负债成分的公允价值为9 465.4万元，甲公司按实际利率法确认利息费用。甲公司发行此项债券时应确认的"应付债券——利息调整"科目的金额为（　　）万元。

A. 0　　　　　　　　　　　　　　B. 534.6

C. 267.3　　　　　　　　　　　　D. 9 800

【答案】B。解析：甲公司发行债券时应确认的"应付债券——利息调整"科目的金额＝10 000－9 465.4＝534.6（万元）。故本题选B。

第二节　借款费用

一、借款费用概述

借款费用是企业因借入资金所付出的代价。借款费用包括以下四项：

（1）借款利息。

（2）折价或者溢价的摊销。

（3）辅助费用。企业在借款过程中发生的诸如手续费、佣金等费用。

（4）因外币借款而发生的汇兑差额。

【提示】（1）企业发生的权益性融资费用（如发行股票支付券商的佣金及手续费等）不属于借款费用，应冲减"资本公积——股本溢价"科目，溢价不足冲减的，冲减留存收益。

（2）企业发行债券产生的折价或溢价，不属于借款费用，应作为负债的入账价值，记入"应付债券——利息调整"科目中。

二、借款费用的确认

（一）借款费用确认原则

企业发生的借款费用可直接归属于符合资本化条件的资产购建或者生产的，应当予以资本化，计入相关资产成本；其他借款费用应当在发生时根据其发生额确认为费用，计入当期损益。

（二）符合资本化条件的资产的定义

符合资本化条件的资产是指需要经过相当长时间的购建或者生产活动才能达到预定可使用或者可销售状态的固定资产、投资性房地产和存货等资产。无形资产的开发支出在符合条件的情况下，也可以认定为符合资本化条件的资产。其中，"相当长时间"应当是指资产的购建或者生产所必需的时间，通常为 1 年以上（含 1 年）。

【提示】不属于符合资本化条件的资产：

（1）由于人为或者故意等非正常因素导致资产的购建或者生产时间相当长的。

（2）购入即可使用的资产。

（3）购入后需要安装但所需安装时间较短的资产。

（4）需要建造或生产但建造或生产时间较短的资产。

三、借款费用资本化

（一）借款费用应予资本化的借款范围

借款费用资本化的借款范围，包括专门借款和一般借款。

专门借款是指为购建或者生产符合资本化条件的资产而专门借入的款项。专门借款一般应当有明确的用途，并具有标明该用途的借款合同。

一般借款是指除专门借款以外的借款，在借入时，其用途通常没有特指用于符合资本化条件的资产的购建或者生产。只有在购建或者生产某项符合资本化条件的资产占用了一般借款时，才应将与该部分一般借款相关的借款费用资本化；否则，应将发生的借款费用计入当期损益。

（二）借款费用资本化期间的确定

只有发生在资本化期间内的借款费用才允许资本化，资本化期间的确定是借款费用确认和计量的重要前提。

借款费用资本化期间是指从借款费用开始资本化时点到停止资本化时点的期间，但借款费用暂停资本化的期间不包括在内。

1. 借款费用开始资本化时点的确定

借款费用开始资本化必须同时满足三个条件，缺一不可。具体内容如下表所示：

条件	具体内容
资产支出已经发生	企业发生了支付现金、转移非现金资产或者承担带息债务形式所发生的支出
借款费用已经发生	企业已经发生了因购建或者生产符合资本化条件的资产而专门借入款项的借款费用或者所占用的一般借款的借款费用
为使资产达到预定可使用或者可销售状态所必要的购建或者生产活动已经开始	符合资本化条件的资产的建造或者生产工作已经开始，例如主体设备的安装、厂房的实际开工建造等

2. 借款费用暂停资本化时点的确定

符合资本化条件的资产在购建或者生产过程中发生非正常中断且中断时间连续超过 3 个月的，应当暂停借款费用的资本化。中断的原因必须是非正常中断，属于正常中断的，相关借款费用仍可资本化。

非正常中断,通常是由于企业管理决策上的原因或者其他不可预见的原因等所导致的中断。质量纠纷、工程或生产用料没有及时供应、资金周转发生了困难、安全事故、劳动纠纷等原因,导致资产购建或者生产活动发生的中断,均属于非正常中断。

正常中断,通常仅限于购建或者生产符合资本化条件的资产达到预定可使用或者可销售状态所必要的程序,或者事先可预见的不可抗力因素导致的中断。如安全检查、由于可预见的不可抗力因素(如雨季或冰冻季节等原因)导致施工出现的中断等。

3. 借款费用停止资本化时点的确定

购建或者生产符合资本化条件的资产达到预定可使用或者可销售状态时,借款费用应当停止资本化。之后所发生的借款费用,应当在发生时根据其发生额确认为费用,计入当期损益。

企业在确定借款费用停止资本化的时点时需要运用职业判断,应当遵循实质重于形式的原则,具体可从以下三个方面进行判断:

(1)符合资本化条件的资产的实体建造(包括安装)或者生产活动已经全部完成或者实质上已经完成。

(2)所购建或者生产的符合资本化条件的资产与设计要求、合同规定或者生产要求相符或者基本相符,即使有极个别与设计、合同或者生产要求不相符的地方,也不影响其正常使用或者销售。

(3)继续发生在所购建或生产的符合资本化条件的资产上的支出金额很少或者几乎不再发生。

【提示】如果所购建或者生产的符合资本化条件的资产分别建造、分别完工,企业也应当遵循实质重于形式的原则,区别下列情况,界定借款费用停止资本化的时点:

(1)各部分分别完工,每部分在其他部分继续建造或者生产过程中可供使用或者可对外销售,且为使该部分资产达到预定可使用或可销售状态所必要的购建或者生产活动实质上已经完成的,应当停止与该部分资产相关的借款费用的资本化。

(2)各部分分别完工,但必须等到整体完工后才可使用或者对外销售的,应当在该资产整体完工时停止借款费用的资本化。

四、借款费用的计量

(一)专门借款利息资本化金额

为购建或者生产符合资本化条件的资产而借入专门借款的,应当以专门借款当期实际发生的利息费用,减去将尚未动用的借款资金存入银行取得的利息收入或进行暂时性投资取得的投资收益后的金额,确定专门借款应予资本化的利息金额。

专门借款利息资本化金额=资本化期间内专门借款实际发生的利息费用-资本化期间内的
闲置资金的利息收入或投资收益

相关会计分录如下:

借:在建工程(差额)

银行存款/应收利息

贷:应付利息

(二)一般借款利息资本化金额

占用了一般借款的,企业应当根据累计资产支出超过专门借款部分的资产支出加权平均数乘以

所占用一般借款的资本化率,计算确定一般借款应予资本化的利息金额的计算公式如下:

一般借款利息费用资本化金额=累计资产支出超过专门借款部分的资产支出加权平均数×

所占用一般借款的资本化率

累计资产支出加权平均数=$\sum$(每笔资产支出金额×每笔资产支出在当期所占用的天数÷当期天数)

所占用一般借款的资本化率=所占用一般借款加权平均利率

=所占用一般借款当期实际发生的利息之和÷

所占用一般借款本金加权平均数

本期一般借款利息资本化金额的处理程序如下图所示。

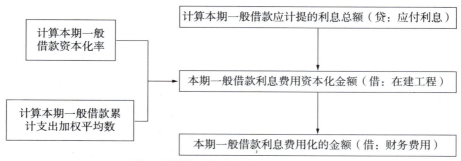

本期一般借款利息资本化金额的处理程序

【提示】(1)在资本化期间,每一会计期间的利息资本化金额,不应当超过当期相关借款实际发生的利息金额。

(2)借款存在折价或者溢价的,应当按照实际利率法确定每一会计期间应摊销的折价或者溢价金额,调整每期利息金额。

例题

甲企业于 2019 年 1 月 1 日用专门借款开工建造一项固定资产,2020 年 12 月 31 日该固定资产全部完工并投入使用,该企业为建造该固定资产于 2018 年 12 月 1 日专门借入一笔款项,本金为 1 000 万元,年利率为 9%,两年期。该企业另借入两笔一般借款:第一笔为 2019 年 4 月 1 日借入的 800 万元,借款年利率为 8%,期限为 2 年;第二笔为 2019 年 7 月 1 日借入的 600 万元,借款年利率为 6%,期限为 3 年;该企业 2019 年为购建固定资产而占用了一般借款所使用的平均资本化率为(　　　)。

A. 7.33%

B. 7.14%

C. 6.80%

D. 6.89%

【答案】A。解析:一般借款资本化率=(800×8%×9÷12+600×6%×6÷12)÷(800×9÷12+600×6÷12)×100%=7.33%。故本题选 A。

五、借款辅助费用资本化金额的确定

辅助费用是企业为了安排借款而发生的必要费用,包括借款手续费(如发行债券手续费)、佣金等。其处理原则如下:

(1)在所购建或者生产的符合资本化条件的资产达到预定可使用或者可销售状态之前发生的,应当在发生时根据其发生额予以资本化,计入符合资本化条件的资产的成本。

(2)在所购建或者生产的符合资本化条件的资产达到预定可使用或者可销售状态之后发生的,应

当在发生时根据其发生额确认为费用,计入当期损益。

六、外币借款汇兑差额资本化金额的确定

在资本化期间内,外币专门借款本金及利息的汇兑差额,应当予以资本化,计入符合资本化条件的资产的成本;除外币专门借款之外的其他外币借款本金及其利息所产生的汇兑差额,应当作为财务费用计入当期损益。

第十一章　所有者权益

知识体系

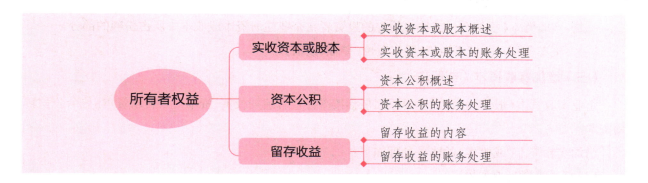

本章导学

　　从近几年考试来看,银保监财会类职位专业科目考试对于所有者权益的考查较为常规。本章的主要内容包括实收资本或股本、资本公积、留存收益等内容,考生应掌握资本公积的计算。

第一节　实收资本或股本

一、实收资本或股本概述

　　实收资本是企业按照章程规定或合同、协议约定,接受投资者投入企业的资本。股东可以用货币出资,也可以用实物、知识产权、土地使用权等可以用货币估价并可以依法转让的非货币财产作价出资。

　　企业通过设置"实收资本"(非股份有限公司)科目和"股本"(股份有限公司)科目核算实际收到的投资者投入资本的情况,借方表示减少,贷方表示增加,期末余额在贷方。

二、实收资本或股本的账务处理

(一)接受现金资产投资

股份有限公司以外的企业接受现金资产投资时:

借:银行存款等(实际收到的金额)

　　贷:实收资本(按投资合同或协议约定的投资者在企业注册资本中所占份额的部分)

资本公积——资本溢价（差额）

股份有限公司接受现金资产投资时：

借：银行存款等（发行股票收到的款项）

　　贷：股本（发行股票的面值×发行股份总数）

　　　　资本公积——股本溢价（差额）

（二）接受非现金资产投资

借：固定资产/无形资产/原材料等（按投资合同或协议约定的价值，不公允的除外）

　　应交税费——应交增值税（进项税额）

　　贷：实收资本（投资合同或协议约定的投资者在企业注册资本或股本中所占份额的部分）

　　　　资本公积——资本溢价/股本溢价（差额，或借方）

（三）增加实收资本（或股本）

企业实收资本（股本）增加的主要原因包括接受投资者追加投资、资本公积转增资本、盈余公积转增资本。

增加实收资本（或股本）的账务处理如下：

（1）接受投资者追加投资：

借：银行存款等

　　贷：实收资本/股本

　　　　资本公积——资本溢价/股本溢价（差额）

（2）盈余公积转增资本：

借：盈余公积

　　贷：实收资本/股本

（3）资本公积转增资本：

借：资本公积——资本溢价/股本溢价

　　贷：实收资本/股本

（四）减少实收资本（或股本）

企业实收资本（股本）减少的主要原因包括资本过剩、企业发生重大亏损、因企业发展需要而调节资本结构。

减少实收资本（或股本）的账务处理如下：

（1）回购股份时：

借：库存股

　　贷：银行存款

（2）注销本公司股份时：

回购股票支付的价格超过股票面值总额时：

借：股本（顺序1）

　　资本公积——股本溢价（顺序2）

　　盈余公积（顺序3）

利润分配——未分配利润(顺序4)

 贷:库存股

回购股票支付的价格低于股票面值总额时:

借:股本

 贷:库存股

  资本公积——股本溢价

第二节　资本公积

一、资本公积概述

  资本公积是企业收到投资者出资额超出其在注册资本(或股本)中所占份额的部分,以及其他资本公积等,包括资本溢价(或股本溢价)和其他资本公积(除资本溢价或股本溢价、净损益、其他综合收益和利润分配以外的所有者权益的其他变动)。

二、资本公积的账务处理

  为了反映和监督企业资本公积的增减变动情况,企业应设置"资本公积"科目。该科目贷方登记资本公积的增加额;借方登记资本公积的减少额;期末贷方余额反映企业资本公积结余额。该科目的明细账按资本公积的类别设置。

  资本公积的核算包括资本溢价和股本溢价的核算、其他资本公积的核算和资本公积转增资本的核算等内容。

(一)资本溢价和股本溢价

  除股份有限公司外的其他类型的企业,在企业创立时,投资者认缴的出资额与注册资本一致,一般不会产生资本溢价。但在企业重组或有新的投资者加入时,常常会出现资本溢价。因为在企业进行正常生产经营后,其资本利润率通常要高于企业初创阶段,另外,企业有内部积累,新投资者加入企业后,对这些积累将来也要分享,所以新加入的投资者往往要付出大于原投资者的出资额,才能取得与原投资者相同的出资比例。投资者多缴的部分计入资本溢价。

  在按面值发行股票的情况下,企业发行股票取得的收入,应全部作为股本处理;在溢价发行股票的情况下,企业发行股票取得的收入,等于股票面值部分计入股本,超出股票面值的溢价收入计入股本溢价。

  发行股票相关的手续费、佣金等交易费用,如果是溢价发行股票的,应从溢价中抵扣,冲减资本公积(股本溢价);无溢价发行股票或溢价金额不足以抵扣的,应将不足抵扣的部分冲减盈余公积,盈余公积不足抵扣的,冲减未分配利润。

  当企业重组或有新的投资者加入时,企业的账务处理如下:

借:银行存款等

 贷:实收资本/股本

资本公积——资本溢价/股本溢价(差额)

例题

某公司委托证券公司发行普通股 400 000 股,每股面值为 1 元,每股发行价格为 16 元。双方协议约定,证券公司按发行收入的 2% 收取佣金,并直接从发行收入中扣除。不考虑其他因素,该公司发行股票应计入资本公积的金额为( )元。

A. 6 272 000   B. 5 880 000

C. 5 872 000   D. 6 000 000

【答案】C。解析:该公司发行股票应计入资本公积的金额 = 400 000×(16−1)−400 000×16×2% = 5 872 000(元)。该公司发行股票的会计分录如下:

借:银行存款   6 272 000

　　贷:股本   400 000

　　　　资本公积——股本溢价   5 872 000

故本题选 C。

(二)其他资本公积

企业对被投资单位的长期股权投资采用权益法核算的,在持股比例不变的情况下,对因被投资单位除净损益、其他综合收益和利润分配以外的所有者权益的其他变动,投资方按持股比例计算应享有的份额。其账务处理如下:

借:长期股权投资

　　贷:资本公积——其他资本公积

或作相反的会计分录。

处置采用权益法核算的长期股权投资时:

借:资本公积——其他资本公积

　　贷:投资收益

或作相反的会计分录。

(三)资本公积转增资本

经股东大会或类似机构决议,用资本公积转增资本时,按转增资本的金额计算,其账务处理如下:

借:资本公积

　　贷:实收资本/股本

第三节　留存收益

一、留存收益的内容

留存收益是企业从历年实现的利润中提取或形成的留存于企业的内部积累,包括盈余公积和未分配利润两类。其中,盈余公积又分为法定盈余公积和任意盈余公积两类,盈余公积经批准可以用于

弥补亏损、转增资本或发放现金股利或利润等。

二、留存收益的账务处理

（一）利润分配

企业当年可供分配的利润的计算公式如下：

可供分配的利润＝当年实现的净利润（或净亏损）＋年初未分配利润

（或−年初未弥补亏损）＋其他转入

【提示】计算可供分配利润在前，计提盈余公积在后，所以计提盈余公积不影响当年可供分配利润，但会影响以后年度的可供分配利润。

利润的分配顺序如下图所示。

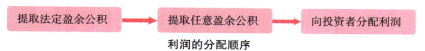

利润的分配顺序

未分配利润的核算如下图所示。

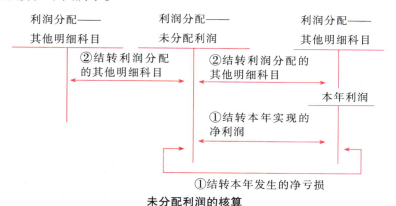

未分配利润的核算

企业应通过"利润分配"科目，核算企业利润的分配（或亏损的弥补）和历年分配（或弥补）后的未分配利润（或未弥补亏损）。该科目应分"提取法定盈余公积""提取任意盈余公积""应付现金股利或利润""盈余公积补亏""未分配利润"等明细科目进行核算。

企业未分配利润通过"利润分配——未分配利润"明细科目进行核算。年度终了，企业应将全年实现的净利润或发生的净亏损，自"本年利润"科目转入"利润分配——未分配利润"科目，并将"利润分配"科目所属其他明细科目的余额，转入"未分配利润"明细科目。结转后，"利润分配——未分配利润"科目如为贷方余额，表示累积未分配的利润金额；如为借方余额，则表示累积未弥补的亏损金额。

（二）盈余公积

公司制企业应按照净利润（减弥补以前年度亏损，不加以前年度盈利）的10%提取法定盈余公积，法定盈余公积累计额已达注册资本的50%时可以不再提取。

盈余公积的用途及账务处理如下：

（1）提取法定盈余公积：

借：利润分配——提取法定盈余公积

　　贷:盈余公积——法定盈余公积

（2）用盈余公积弥补亏损：

借:盈余公积

　　贷:利润分配——盈余公积补亏

（3）用盈余公积转增资本：

借:盈余公积

　　贷:实收资本/股本

（4）用盈余公积发放现金股利或利润：

借:盈余公积

　　贷:应付股利

第十二章　收入、费用和利润

知识体系

本章导学

　　从近几年考试来看,银保监财会类职位专业科目考试对于本章的知识点考查量较大。本章是重点章节,重点内容包括销售商品收入的确认条件、销售商品收入的计量、特殊交易的会计处理。本章与其他章节可以结合考查,考生需要在理解的基础上掌握相关内容。

第一节　收入

　　收入是指企业在日常活动中形成的、会导致所有者权益增加的、与所有者投入资本无关的经济利益的总流入。其中,日常活动是指企业为完成其经营目标所从事的经常性活动以及与之相关的其他活动。

　　企业按照本章确认收入的方式应当反映其向客户转让商品或提供服务(以下简称转让商品)的模式,收入的金额应当反映企业因转让这些商品或提供服务而预期有权收取的对价金额。

　　收入核算应设置的会计科目和核算内容如下表所示:

科目	核算内容
主营业务收入	企业确认的销售商品、提供服务等主营业务的收入
其他业务收入	企业确认的除主营业务活动以外的其他经营活动实现的收入,包括出租固定资产、出租无形资产、出租包装物和商品、销售材料等实现的收入
主营业务成本	企业确认销售商品、提供服务等主营业务收入时应结转的成本
其他业务成本	企业确认的除主营业务活动以外的其他经营活动所发生的支出,包括销售材料的成本、出租固定资产的折旧额、出租无形资产的摊销额、出租包装物的成本或摊销额、销售材料的成本等
合同取得成本	企业取得合同发生的、预计能够收回的增量成本
合同履约成本	企业为履行当前或预期取得的合同所发生的、不属于其他企业会计准则规范范围且按照收入准则应当确认为一项资产的成本
合同资产	企业已向客户转让商品而有权收取对价的权利,且该权利取决于时间流逝之外的其他因素
合同负债	企业已收或应收客户对价而应向客户转让商品的义务

一、收入的确认和计量

(一)收入确认和计量的步骤

收入的确认和计量大致分为五步:

(1)识别与客户订立的合同。

(2)识别合同中的单项履约义务。

(3)确定交易价格。

(4)将交易价格分摊至各单项履约义务。

(5)履行各单项履约义务时确认收入。

其中,(1)(2)(5)主要与收入的确认有关,(3)(4)主要与收入的计量有关。

(二)收入确认的原则

企业应当在履行了合同中的履约义务,即在客户取得相关商品控制权时确认收入。

取得相关商品控制权是指能够主导该商品的使用并从中获得几乎全部的经济利益,也包括有能力阻止其他方主导该商品的使用并从中获得经济利益。

取得商品控制权包括以下三个要素:

(1)能力,即客户必须拥有现时权利,能够主导该商品的使用并从中获得几乎全部经济利益。

(2)主导该商品的使用。客户有能力主导该商品的使用,是指客户有权使用该商品,或者能够允许或阻止其他方使用该商品。

(3)能够获得几乎全部的经济利益。商品的经济利益,是指该商品的潜在现金流量,既包括现金流入的增加,也包括现金流出的减少。

二、识别与客户订立的合同

合同是指双方或多方之间订立有法律约束力的权利义务的协议,包括书面形式、口头形式以及其他可验证的形式(如隐含于商业惯例或企业以往的习惯做法中等)。

(一)合同识别

企业与客户之间的合同同时满足下列条件的,企业应当在客户取得相关商品控制权时确认收入:

（1）合同各方已批准该合同并承诺将履行各自义务。

（2）该合同明确了合同各方与所转让商品相关的权利和义务。

（3）该合同有明确的与所转让商品相关的支付条款。

（4）该合同具有商业实质，即履行该合同将改变企业未来现金流量的风险、时间分布或金额。

（5）企业因向客户转让商品而有权取得的对价很可能收回。

对于不能同时满足上述收入确认的五个条件的合同，企业只有在不再负有向客户转让商品的剩余义务（如合同已完成或取消），且已向客户收取的对价（包括全部或部分对价）无须退回时，才能将已收取的对价确认为收入；否则，应当将已收取的对价作为负债进行会计处理。

对于在合同开始日即满足上述收入确认条件的合同，企业在后续期间无须对其进行重新评估，除非有迹象表明相关事实和情况发生重大变化。

【提示】没有商业实质的非货币性资产交换，无论何时，均不应确认收入。

（二）合同合并

企业与同一客户（或该客户的关联方）同时订立或在相近时间内先后订立的两份或多份合同，在满足下列条件之一时，应当合并为一份合同进行会计处理：

（1）该两份或多份合同基于同一商业目的而订立并构成"一揽子"交易，如一份合同在不考虑另一份合同的对价的情况下将会发生亏损。

（2）该两份或多份合同中的一份合同的对价金额取决于其他合同的定价或履行情况，如一份合同发生违约，将会影响另一份合同的对价金额。

（3）该两份或多份合同中所承诺的商品（或每份合同中所承诺的部分商品）构成单项履约义务。

例题

企业与同一客户同时订立的两份或多份合同，应当合并为一份合同进行会计处理的是（　　　）。

A. 该两份或多份合同没有构成一揽子交易

B. 该两份或多份合同中所承诺的商品构成单项履约义务

C. 该两份或多份合同中的一份合同的对价金额与其他合同的定价或履行情况无关

D. 该两份或多份合同在一个月内订立

【答案】B。

（三）合同变更

合同变更是指经合同各方同意对原合同范围或价格（或两者）作出的变更。企业应当区分下列三种情形对合同变更分别进行会计处理，如下表所示：

合同变更的情形	内容
单独合同	合同变更增加了可明确区分的商品及合同价款，且新增合同价款反映了新增商品单独售价的，应当将该合同变更作为一份单独的合同（即一项新的合同）进行会计处理
原合同终止新合同订立	合同变更不属于上述单独合同的情形，且在合同变更日已转让商品与未转让商品之间可明确区分的，应当视为原合同终止，同时，将原合同未履约部分与合同变更部分合并为新合同进行会计处理
原合同的组成部分	合同变更不属于上述单独合同的情形，且在合同变更日已转让商品与未转让商品之间不可明确区分的，应当将该合同变更部分作为原合同的组成部分，在合同变更日重新计算履约进度，并调整当期收入和相应成本等

【提示】如果在合同变更日未转让商品为上述原合同终止新合同订立和原合同的组成部分的情形的组合,企业应当按照上述原合同终止新合同订立或原合同的组成部分的情形中更为恰当的一种方式对合同变更后尚未转让(或部分未转让)商品进行会计处理。

三、识别合同中的单项履约义务

合同开始日,企业应当对合同进行评估,识别该合同所包含的各单项履约义务,并确定各单项履约义务是在某一时段内履行,还是在某一时点履行;然后,在履行了各单项履约义务时分别确认收入。履约义务是指合同中企业向客户转让可明确区分商品的承诺。企业应当将下列向客户转让商品的承诺作为单项履约义务。

(一)企业向客户转让可明确区分商品(或者商品或服务的组合)的承诺

可明确区分商品的确认条件如下图所示。

可明确区分商品的确认条件

下列情形通常表明企业向客户转让该商品的承诺与合同中的其他承诺不可明确区分:

(1)企业需提供重大的服务以将该商品与合同中承诺的其他商品进行整合,形成合同约定的某个或某些组合产出转让给客户。

(2)该商品将对合同中承诺的其他商品予以重大修改或定制。

(3)该商品与合同中承诺的其他商品具有高度关联性。

【提示】企业向客户销售商品时,往往约定企业需要将商品运送至客户指定的地点。通常情况下,商品控制权转移给客户之前发生的运输活动不构成单项履约义务;相反,商品控制权转移给客户之后发生的运输活动可能表明企业向客户提供了一项运输服务,企业应当考虑该项服务是否构成单项履约义务。

(二)企业向客户转让一系列实质相同且转让模式相同的、可明确区分商品的承诺

企业应当将实质相同且转让模式相同的一系列商品作为单项履约义务。其中,转让模式相同是指每一项可明确区分商品均满足在某一时段内履行履约义务的条件,且采用相同方法确定其履约进度。

企业在判断所转让的一系列商品是否实质相同时,应当考虑合同中承诺的性质。

四、确定交易价格

交易价格是指企业因向客户转让商品而预期有权收取的对价金额。

企业代第三方收取的款项(如增值税)以及企业预期将退还给客户的款项,应当作为负债进行会计处理,不计入交易价格。

交易价格包括可变对价、重大融资成分、非现金对价和应付客户对价。

（一）可变对价

企业与客户的合同中约定的对价金额可能会因折扣、价格折让、返利、退款、奖励积分、激励措施、业绩奖金、索赔等因素而变化。此外，根据一项或多项或有事项的发生而收取不同对价金额的合同，也属于可变对价的情形。

可变对价的相关内容如下表所示：

项目	内容
可变对价最佳估计数的确定	（1）期望值（企业拥有大量具有类似特征的合同，并估计可能产生多个结果） （2）最可能发生金额（合同仅有两个可能结果）
计入交易价格的可变对价金额的限制	（1）包含可变对价的交易价格，应当不超过在相关不确定性消除时，累计已确认的收入极可能（应远高于很可能但不要求达到基本确定）不会发生重大转回的金额 （2）企业在评估是否极可能不会发生重大转回时，应当同时考虑收入转回的可能性及其比重（同时考虑固定对价和可变对价，即相对于合同总对价的比重） （3）每一资产负债表日，企业应当重新估计应计入交易价格的可变对价金额，包括重新评估将估计的可变对价计入交易价格是否受到限制，以如实反映报告期末存在的情况以及报告期内发生的情况变化

（二）合同中存在的重大融资成分

当合同各方以在合同中明确（或者以隐含的方式）约定的付款时间为客户或企业就该交易提供了重大融资利益时，合同中即包含了重大融资成分。合同中存在重大融资成分的，企业应当按照假定客户在取得商品控制权时即以现金支付的应付金额（即现销价格）确定交易价格。

在评估合同中是否存在融资成分以及该融资成分对于该合同而言是否重大时，企业应当考虑所有相关的事实和情况，具体包括的内容：

（1）已承诺的对价金额与已承诺商品的现销价格之间的差额。

（2）下列两项的共同影响：①企业将承诺的商品转让给客户与客户支付相关款项之间的预计时间间隔；②相关市场的现行利率。

表明企业与客户之间的合同未包含重大融资成分的情形如下表所示：

情形	举例
客户就商品支付了预付款，且可以自行决定这些商品的转让时间	（1）企业向客户出售其发行的储值卡，客户可随时到该企业持卡购物 （2）企业向客户授予奖励积分，客户可随时到该企业兑换积分
客户承诺支付的对价中有相当大的部分是可变的，该对价金额或付款时间取决于某一未来事项是否发生，且该事项实质上不受客户或企业控制	按照实际销量收取的特许权使用费
合同承诺的对价金额与现销价格之间的差额是由于向客户或企业提供融资利益以外的其他原因所导致的，且这一差额与产生该差额的原因是相称的	合同约定的支付条款目的是向企业或客户提供保护，以防止另一方未能依照合同充分履行其部分或全部义务

合同中存在重大融资成分的，企业在确定该重大融资成分的金额时，应使用将合同对价的名义金额折现为商品现销价格的折现率。该折现率一经确定，不得因后续市场利率或客户信用风险等情况的变化而变更。企业确定的交易价格与合同承诺的对价金额之间的差额，应当在合同期间内采用实际利率法摊销。

合同负债是指企业已收或应收客户对价而应向客户转让商品的义务。企业在向客户转让商品之前,如果客户已经支付了合同对价或企业已经取得了无条件收取合同对价的权利,则企业应当在客户实际支付款项与到期应支付款项孰早时点,将该已收或应收的款项确认并列示为合同负债。

合同资产,是指企业已向客户转让商品而有权收取对价的权利,且该权利取决于时间流逝之外的其他因素。应收款项是企业无条件收取合同对价的权利。合同资产和应收款项都是企业拥有的有权收取对价的合同权利,两者区别在于,应收款项代表的是无条件收取合同对价的权利,而合同资产并不是一项无条件收款权,该权利除了时间流逝因素之外,还取决于其他条件才能收取相应的合同对价。

（三）非现金对价

非现金对价包括实物资产、无形资产、股权、客户提供的广告服务等。客户支付非现金对价的,通常情况下,企业应当按照非现金对价在合同开始日的公允价值确定交易价格。非现金对价的公允价值不能合理估计的,企业应当参照其承诺向客户转让商品的单独售价间接确定交易价格。

合同开始日后,非现金对价的公允价值因对价形式以外的原因而发生变动的,应当作为可变对价,按照与计入交易价格的可变对价金额的限制条件相关的规定进行处理;合同开始日后,非现金对价的公允价值因对价形式而发生变动的,该变动金额不应计入交易价格。

（四）应付客户对价

企业在向客户转让商品的同时,需要向客户或第三方支付对价的,除为了自客户取得其他可明确区分商品的款项外,应当将该应付对价冲减交易价格,并在确认相关收入与支付(或承诺支付)客户对价二者孰晚的时点冲减当期收入。应付客户对价还包括可以抵减应付企业金额的相关项目金额,如优惠券、兑换券等。

五、将交易价格分摊至各单项履约义务

合同中包含两项或多项履约义务时,企业应当在合同开始日,按照各单项履约义务所承诺商品的单独售价的相对比例,将交易价格分摊至各单项履约义务。

单独售价是指企业向客户单独销售商品的价格。单独售价无法直接观察的,企业应当综合考虑其能够合理取得的全部相关信息,采用市场调整法、成本加成法、余值法等方法合理估计单独售价,具体内容如下图所示。

市场调整法
- 企业根据某商品或类似商品的市场售价,考虑本企业的成本和毛利等进行适当调整后,确定其单独售价的方法

成本加成法
- 企业根据某商品的预计成本加上其合理毛利后的价格,确定其单独售价的方法

余值法
- 企业根据合同交易价格减去合同中其他商品可观察的单独售价后的余值,确定某商品单独售价的方法

单独售价无法直接观察时企业可以采用的方法

【提示】(1)企业应当最大限度地采用可观察的输入值,并对类似的情况采用一致的估计方法。

(2)企业在商品近期售价波动幅度巨大,或者因未定价且未曾单独销售而使售价无法可靠确定

时,可采用余值法估计其单独售价。

例题

当合同中包含两项或多项履约义务时,企业应当在合同开始日,按照一定的方法,将交易价格分摊至各单项履约义务。这里的方法是指( )。

A. 各单项履约义务所承诺商品的单独售价的相对比例

B. 平均摊销

C. 各单项履约义务所承诺商品的成本的相对比例

D. 各单项履约义务所承诺商品的毛利的相对比例

【答案】A。解析:当合同中包含两项或多项履约义务时,企业应当在合同开始日,按照各单项履约义务所承诺商品的单独售价的相对比例,将交易价格分摊至各单项履约义务。故本题选A。

（一）分摊合同折扣

合同折扣是指合同中各单项履约义务所承诺商品的单独售价之和高于合同交易价格的金额。

对于合同折扣,企业应当在各单项履约义务之间按比例分摊。有确凿证据表明合同折扣仅与合同中一项或多项(而非全部)履约义务相关的,企业应当将该合同折扣分摊至相关一项或多项履约义务。

同时满足下列条件时,企业应当将合同折扣全部分摊至合同中的一项或多项(而非全部)履约义务:

（1）企业经常将该合同中的各项可明确区分的商品单独销售或者以组合的方式单独销售。

（2）企业经常将其中部分可明确区分的商品以组合的方式按折扣价格单独销售。

（3）上述第（2）项中的折扣与该合同中的折扣基本相同,且针对每一组合中的商品的分析为将该合同的全部折扣归属于某一项或多项履约义务提供了可观察的证据。

有确凿证据表明合同折扣仅与合同中的一项或多项(而非全部)履约义务相关,且企业采用余值法估计单独售价的,企业应当首先在该一项或多项(而非全部)履约义务之间分摊合同折扣,然后再采用余值法估计单独售价。

（二）分摊可变对价

合同中包含可变对价的,该可变对价可能与整个合同相关,也可能仅与合同中的某一特定组成部分有关。

可变对价仅与合同中的某一特定组成部分有关,包括两种情形:①可变对价可能与合同中的一项或多项(而非全部)履约义务有关;②可变对价可能与企业向客户转让的构成单项履约义务的一系列可明确区分商品中的一项或多项(而非全部)商品有关。

分摊可变对价的内容如下图所示。

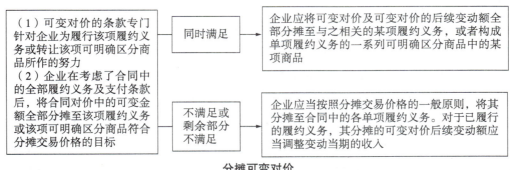

分摊可变对价

六、履行每一单项履约义务时确认收入

企业应当在履行了合同中的履约义务,即客户取得相关商品控制权时确认收入。不同履约义务履约进度的确认如下图所示。

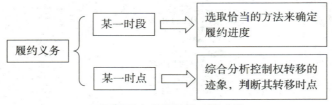

不同履约义务履约进度的确认

(一)在某一时段内履行的履约义务的收入确认条件

满足下列条件之一的,属于在某一时段内履行的履约义务,相关收入应当在该履约义务履行的期间内确认:

(1)客户在企业履约的同时即取得并消耗企业履约所带来的经济利益。

(2)客户能够控制企业履约过程中在建的商品。

(3)企业履约过程中所产出的商品具有不可替代用途,且该企业在整个合同期间内有权就累计至今已完成的履约部分收取款项。

企业判断商品是否具有不可替代用途时,需要注意以下四点:①判断时点是合同开始日;②当合同中存在实质性的限制条款,导致企业不能将合同约定的商品用于其他用途时,该商品满足具有不可替代用途的条件;③虽然合同中没有限制条款,但是,当企业将合同中约定的商品用作其他用途,将导致企业遭受重大的经济损失或发生重大的返工成本时,企业将该商品用作其他用途的能力实际上受到了限制;④基于最终转移给客户的商品的特征判断。

(二)在某一时段内履行的履约义务的收入确认方法

对于在某一时段内履行的履约义务,企业应当在该段时间内按照履约进度确认收入,履约进度不能合理确定的除外。

企业应当考虑商品的性质,采用产出法或投入法确定恰当的履约进度,并且在确定履约进度时,应当扣除那些控制权尚未转移给客户的商品和服务。

(1)产出法。产出法主要是根据已转移给客户的商品对于客户的价值确定履约进度,主要包括按照实际测量的完工进度、评估已实现的结果、已达到的工程进度节点、时间进度、已完工或交付的产品等确定履约进度。

当产出法所需要的信息可能无法直接通过观察获得,或者为获得这些信息需要花费很高的成本时,可采用投入法。

(2)投入法。投入法主要是根据企业履行履约义务的投入确定履约进度,主要包括以投入的材料数量、花费的人工工时或机器工时、发生的成本和时间进度等投入指标确定履约进度。

实务中,企业通常按照累计实际发生的成本占预计总成本的比例(即成本法)确定履约进度。企业在采用成本法确定履约进度时,可能需要对已发生的成本进行适当调整的情形有以下两个方面:①已发生的成本并未反映企业履行其履约义务的进度;②已发生的成本与企业履行其履约义务的进

度不成比例。

对于在某一时段内履行的履约义务,只有当其履约进度可以合理确定时,才应按照履约进度确认收入。当履约进度不能合理确定时,企业已经发生的成本预计能够得到补偿的,应当按照已经发生的成本金额确认收入,直到履约进度能够合理确定为止。每一资产负债表日,企业应当对履约进度进行重新估计。当客观环境发生变化时,企业也需要重新评估履约进度是否发生变化,以确保履约进度能够反映履约情况的变化,该变化应当作为会计估计变更进行会计处理。

(三)在某一时点履行的履约义务

当一项履约义务不属于在某一时段内履行的履约义务时,应当属于在某一时点履行的履约义务。对于在某一时点履行的履约义务,企业应当在客户取得相关商品控制权时点确认收入。在判断客户是否已取得商品控制权时,企业应当考虑下列五个迹象:

(1)企业就该商品享有现时收款权利,即客户就该商品负有现时付款义务。

(2)企业已将该商品的法定所有权转移给客户,即客户已拥有该商品的法定所有权。

(3)企业已将该商品实物转移给客户,即客户已实物占有该商品。

需要说明的是,客户占有了某项商品实物并不意味着其就一定取得了该商品的控制权,反之亦然。下面两种情况就需要根据实际情况进行分析才能确定。

第一种情况:委托代销安排。这一安排是指委托方和受托方签订代销合同或协议,委托受托方向终端客户销售商品。表明一项安排是委托代销安排的迹象包括但不限于:①在特定事件发生之前,企业拥有对商品的控制权;②企业能够要求将委托代销的商品退回或者将其销售给其他方;③尽管受托方可能被要求向企业支付一定金额的押金,但是,其并没有承担对这些商品无条件支付的义务。

第二种情况:售后代管商品安排。实务中,企业有时根据合同已经就销售的商品向客户收款或取得了收款权利,但是,由于客户因为缺乏足够的仓储空间或生产进度延迟等原因,直到在未来某一时点将该商品交付给客户之前,企业仍然继续持有该商品实物,这种情况通常称为"售后代管商品"安排。此时,企业除了考虑客户是否取得商品控制权的迹象之外,还应当同时满足下列条件,才表明客户取得了该商品的控制权:①该安排必须具有商业实质;②属于客户的商品必须能够单独识别,例如,将属于客户的商品单独存放在指定地点;③该商品可以随时交付给客户;④企业不能自行使用该商品或将该商品提供给其他客户。企业根据上述条件对尚未发货的商品确认了收入的,还应当考虑是否还承担了其他履约义务,如向客户提供保管服务等,从而应当将部分交易价格分摊至该其他履约义务。

(4)企业已将该商品所有权上的主要风险和报酬转移给客户,即客户已取得该商品所有权上的主要风险和报酬。企业在判断时,不应当考虑保留了除转让商品之外产生其他履约义务的风险的情形。

(5)客户已接受该商品。

【提示】在上述迹象中,并没有哪一个或哪几个迹象是决定性的,企业应当根据合同条款和交易实质进行分析,综合判断其是否以及何时将商品的控制权转移给客户以及何时转移的,从而确定收入确认的时点。此外,企业应当从客户的角度进行评估,而不应当仅考虑企业自身的看法。

七、合同成本

(一)合同履约成本

企业为履行合同可能会发生各种成本,企业在确认收入的同时应当对这些成本进行分析。具体

内容如下表所示：

成本	处理
属于存货、固定资产、无形资产等规范范围的	按照相关章节进行会计处理
不属于其他章节规范范围且同时满足下列条件的： （1）该成本与一份当前或预期取得的合同直接相关（直接人工、直接材料、制造费用或类似费用、明确由客户承担的成本以及仅因该合同而发生的其他成本） （2）该成本增加了企业未来用于履行（或持续履行）履约义务的资源 （3）该成本预期能够收回	作为合同履约成本确认为一项资产
（1）管理费用（不是由客户承担） （2）非正常消耗的直接材料、直接人工和制造费用或类似费用（这些支出未反映在合同价格中） （3）与履约义务中已履行（包括已全部履行或部分履行）部分相关的支出 （4）无法在尚未履行的与已履行（或已部分履行）的履约义务之间区分的相关支出	计入当期损益

（二）合同取得成本

企业为取得合同发生的增量成本预期能够收回的，应当作为合同取得成本确认为一项资产。增量成本是指企业不取得合同就不会发生的成本（如销售佣金、因现有合同续约或发生合同变更需要支付的额外佣金等）。

企业为取得合同发生的、除预期能够收回的增量成本之外的其他支出（如无论是否取得合同均会发生的差旅费、投标费、为准备投标资料发生的相关费用等）应当在发生时计入当期损益，除非这些支出明确由客户承担。

（三）合同履约成本和合同取得成本的摊销和减值

对于确认为资产的合同履约成本和合同取得成本，企业应当采用与该资产相关的商品收入确认相同的基础（即在履约义务履行的时点或按照履约义务的履约进度）进行摊销，计入当期损益。

合同履约成本和合同取得成本的账面价值高于下列两项的差额的，超出部分应当计提减值准备，并确认为资产减值损失。

（1）企业因转让与该资产相关的商品预期能够取得的剩余对价。

（2）为转让该相关商品估计将要发生的成本。

以前期间减值的因素之后发生变化，使得上述（1）减（2）的差额高于该资产账面价值的，应当转回原已计提的资产减值准备，并计入当期损益，但转回后的资产账面价值不应超过假定不计提减值准备情况下该资产在转回日的账面价值。

在确定合同履约成本和合同取得成本的减值损失时，企业应当首先确定其他资产减值损失；然后，按照要求确定合同履约成本和合同取得成本的减值损失。

八、关于特定交易的会计处理

（一）附有销售退回条款的销售

对于附有销售退回条款的销售，企业应当在客户取得相关商品控制权时，按照因向客户转让商品而预期有权收取的对价金额（即不包含预期因销售退回将退还的金额）确认收入，按照预期因销售退回将退还的金额确认负债；同时，按照预期将退回商品转让时的账面价值，扣除收回该商品预计发生

的成本(包括退回商品的价值减损)后的余额,确认为一项资产,按照所转让商品转让时的账面价值,扣除上述资产成本的净额结转成本。

每一资产负债表日,企业应当重新估计未来销售退回情况,如有变化,应当作为会计估计变更进行会计处理。

(二)附有质量保证条款的销售

企业在向客户销售商品时,根据合同约定、法律规定或本企业以往的习惯做法等,可能会为所销售的商品提供质量保证。对于客户能够选择单独购买质量保证的,表明该质量保证构成单项履约义务;对于客户虽然不能选择单独购买质量保证,但如果该质量保证在向客户保证所销售的商品符合既定标准之外提供了一项单独服务的,也应当作为单项履约义务。作为单项履约义务的质量保证应当按本章规定进行会计处理,并将部分交易价格分摊至该项履约义务。

企业在评估一项质量保证是否在向客户保证所销售的商品符合既定标准之外提供了一项单独的服务时,应当考虑的因素包括以下内容:

(1)该质量保证是否为法定要求。当法律要求企业提供质量保证时,该法律规定通常表明企业承诺提供的质量保证不是单项履约义务。

(2)质量保证期限。企业提供质量保证的期限越长,越有可能表明企业向客户提供了保证商品符合既定标准之外的服务,该质量保证越有可能构成单项履约义务。

(3)企业承诺履行任务的性质。如果企业必须履行某些特定的任务以保证所销售的商品符合既定标准(例如,企业负责运输被客户退回的瑕疵商品),则这些特定的任务可能不构成单项履约义务。

企业提供的质量保证同时包含作为单项履约义务的质量保证和不能作为单项履约义务的质量保证时,应当分别对其进行会计处理;无法合理区分的,应当将这两类质量保证一起作为单项履约义务按照本章规定进行会计处理。

(三)授予知识产权许可

授予知识产权许可的内容如下图所示。

授予知识产权许可
• 软件和技术、影视和音乐等的版权、特许经营权、专利权、商标权、其他版权等

评估该知识产权许可是否构成单项履约义务
• 不构成
  该知识产权许可和其他商品一起作为一项履约义务进行会计处理
• 构成
  判断其是在某一时段内履行的履约义务还是在某一时点履行的履约义务

企业向客户授予知识产权许可,并约定按客户实际销售或使用情况收取特许权使用费的,在以下两项孰晚时点确认收入:
• 客户后续销售或使用行为实际发生
• 企业履行相关义务
【提示】客户能够使用某项知识产权许可并开始从中获益之前,企业不能对此类知识产权许可确认收入

授予知识产权许可的内容

授予知识产权许可不构成单项履约义务的情形如下：

（1）该知识产权许可构成有形商品的组成部分并且对于该商品的正常使用不可或缺。

（2）客户只有将该知识产权许可和相关服务一起使用才能够从中获益。

同时满足下列条件时作为在某一时段内履行的履约义务确认相关收入，除此之外作为在某一时点履行的履约义务确认相关收入：

（1）合同要求或客户能够合理预期企业将从事对该项知识产权有重大影响的活动。

（2）该活动对客户将产生有利或不利影响。

（3）该活动不会导致向客户转让商品。

第二节　费用和利润

一、费用

费用是指企业在日常活动中发生的、会导致所有者权益减少的、与向所有者分配利润无关的经济利益的总流出。

费用主要包括营业成本、税金及附加和期间费用三类。

（一）营业成本

营业成本是企业为生产产品、提供服务等发生的可归属于产品成本、服务成本等的费用，应当在确认销售商品收入、提供服务收入等时，将已销售商品、已提供服务的成本等计入当期损益。营业成本包括主营业务成本和其他业务成本。营业成本的内容如下表所示：

科目	内容	账务处理
主营业务成本	企业销售商品、提供服务等日常经营活动发生的成本	结转成本时： 借：主营业务成本 　　贷：库存商品/合同履约成本 期末： 借：本年利润 　　贷：主营业务成本 期末无余额
其他业务成本	企业确认的除主营业务活动之外的其他日常经营活动所发生的支出	发生时： 借：其他业务成本 　　贷：原材料/累计折旧等 期末： 借：本年利润 　　贷：其他业务成本 期末无余额

（二）税金及附加

税金及附加是指企业经营活动应负担的相关税费。税金及附加的内容如下表所示：

内容	账务处理

消费税、城市维护建设税、教育费附加、资源税、房产税、环境保护税、城镇土地使用税、车船税、土地增值税	借:税金及附加
	  贷:应交税费——应交消费税等
	期末:
	借:本年利润
	  贷:税金及附加

印花税 【提示】不通过"应交税费"科目核算	借:税金及附加 贷:银行存款
契税、耕地占用税、车辆购置税 【提示】不记入"税金及附加"科目	直接计入资产成本

（三）期间费用

期间费用是指企业日常活动发生的不能计入特定核算对象的成本,而应计入发生当期损益的费用。期间费用包括销售费用、管理费用和财务费用,具体内容如下表所示:

科目	内容	账务处理

销售费用	企业销售过程中发生的保险费、包装费、展览费、广告费、商品维修费、预计产品质量保证损失、运输费、装卸费等,以及为销售本企业商品而专设的销售机构(含销售网点、售后服务网点等)的职工薪酬、业务费、折旧费等经营费用	借:销售费用
		  贷:银行存款等
		期末:
		借:本年利润
		  贷:销售费用
		期末无余额

管理费用	企业在筹建期间内发生的开办费、董事会和行政管理部门在企业的经营管理中发生的以及应由企业统一负担的公司经费(包括行政管理部门职工薪酬、物料消耗、低值易耗品摊销、办公费和差旅费等)、行政管理部门负担的工会经费、董事会费、聘请中介机构费、咨询费(含顾问费)、诉讼费、业务招待费、技术转让费、研究费用等	借:管理费用
		  贷:银行存款等
		期末:
		借:本年利润
		  贷:管理费用
		期末无余额

财务费用	利息支出(减利息收入)、汇兑损益以及相关的手续费等	借:财务费用
		  贷:银行存款等
		期末:
		借:本年利润
		  贷:财务费用
		期末无余额

例题

下列各项中,应列入利润表"销售费用"项目的是(　　　　)。

A. 计提行政管理部门使用无形资产的摊销额

B. 计提由行政管理部门负担的工会经费

C. 计提专设销售机构固定资产的折旧费

D. 发生的不符合资本化条件的研发费用

【答案】C。解析:销售费用是指企业销售商品或材料、提供服务的过程中发生的各种费用,包括企业在销售商品过程中发生的保险费、包装费、展览费、广告费、商品维修费、预计产品质量保证损失、运输费、装卸费等,以及为销售本企业商品而专设的销售机构(含销售网点、售后服务网点等)的职工薪酬、业务费、折旧费等经营费用。企业发生的与专设销售机构相关的固定资产修理费用等后续支出也属于销售费用。A、B、D三项计入管理费用。故本题选C。

二、利润

（一）利润的定义

利润是指企业在一定会计期间的经营成果,包括收入减去费用后的净额、直接计入当期利润的利得和损失等。

利润的计算公式:

$$利润=收入-费用+利得-损失$$

（二）营业利润

$$营业利润=营业收入-营业成本-税金及附加-销售费用-管理费用-研发费用-$$
$$财务费用+其他收益+投资收益（-投资损失）+净敞口套期收益（-净$$
$$敞口套期损失）+公允价值变动收益（-公允价值变动损失）-信用减$$
$$值损失-资产减值损失+资产处置收益（-资产处置损失）$$

营业收入是指企业经营业务所实现的收入总额,包括主营业务收入和其他业务收入。

营业成本是指企业经营业务所发生的实际成本总额,包括主营业务成本和其他业务成本。

研发费用是指企业进行研究和开发过程中发生的费用化支出,以及计入管理费用的自行开发无形资产的摊销。

其他收益主要是指与企业日常活动相关,除冲减相关成本费用以外的政府补助。

投资收益（或损失）是指企业以各种方式对外投资所取得的收益（或损失）。

公允价值变动收益（或损失）是指企业发生交易性金融资产等公允价值变动形成的应计入当期损益的利得（或损失）。

信用减值损失是指企业计提各项金融资产信用减值准备所确认的信用损失。

资产减值损失是指企业计提有关资产减值准备所形成的损失。

资产处置收益（或损失）反映企业出售划分为持有待售的非流动资产（金融工具、长期股权投资和投资性房地产除外）或处置组（子公司和业务除外）时确认的处置利得或损失,以及处置未划分为持有待售的固定资产、在建工程、生产性生物资产及无形资产而产生的处置利得或损失,还包括非货币性资产交换中换出非流动资产的利得或损失。

（三）利润总额

$$利润总额=营业利润+营业外收入-营业外支出$$

营业外收入是企业发生的与其日常活动无直接关系的各项利得。

营业外支出是企业发生的与其日常活动无直接关系的各项损失。

（四）净利润

$$净利润=利润总额-所得税费用$$

所得税费用是指企业确认的应从当期利润总额中扣除的所得税费用。

（五）本年利润的结转

会计期末,本年利润可以通过表结法和账结法两种方法结转。

（1）表结法下，各损益类科目每月月末只需结计出本月发生额和月末累计余额，不结转到"本年利润"科目，只有在年末时才将全年累计余额结转入"本年利润"科目。但每月月末要将损益类科目的本月发生额合计数填入利润表的本月数栏，同时将本月月末累计余额填入利润表的本年累计数栏，通过利润表计算反映各期的利润（或亏损）。表结法下，年中损益类科目无须结转入"本年利润"科目，从而减少了转账环节和工作量，同时并不影响利润表的编制及有关损益指标的利用。

（2）账结法下，每月月末均需编制转账凭证，将在账上结计出的各损益类科目的余额结转入"本年利润"科目。结转后"本年利润"科目的本月余额反映当月实现的利润或发生的亏损，"本年利润"科目的本年余额反映本年累计实现的利润或发生的亏损。账结法在各月均可通过"本年利润"科目提供当月及本年累计的利润（或亏损）额，但增加了转账环节和工作量。

企业应设置"本年利润"科目，核算企业本年度实现的净利润（或发生的净亏损）。

会计期末，企业应将"主营业务收入""其他业务收入""其他收益""营业外收入"等科目的余额分别转入"本年利润"科目的贷方，将"主营业务成本""其他业务成本""税金及附加""销售费用""管理费用""财务费用""信用减值损失""资产减值损失""营业外支出""所得税费用"等科目的余额分别转入"本年利润"科目的借方。企业还应将"公允价值变动损益""投资收益""资产处置损益"科目的净收益转入"本年利润"科目的贷方，将"公允价值变动损益""投资收益""资产处置损益"科目的净损失转入"本年利润"科目的借方。结转后"本年利润"科目如为贷方余额，表示当年实现的净利润；如为借方余额，表示当年发生的净亏损。

年度终了，企业还应将"本年利润"科目的本年累计余额转入"利润分配——未分配利润"科目。如"本年利润"为贷方余额，借记"本年利润"科目，贷记"利润分配——未分配利润"科目；如为借方余额，作相反的会计分录。结转后，"本年利润"科目应无余额。

第十三章　所得税

知识体系

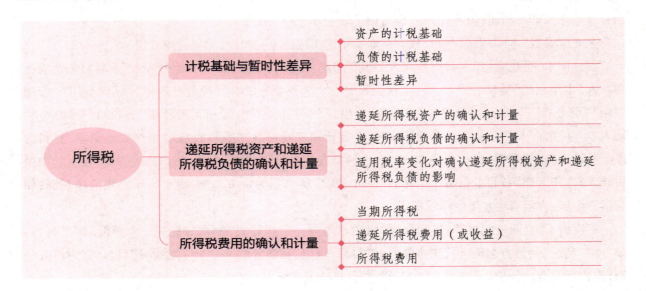

本章导学

从近几年考试来看,银保监财会类职位专业科目考试对于本章的考查比较常规。本章的主要内容包括资产的计税基础、负债的计税基础、暂时性差异计算、递延所得税资产和递延所得税负债的确认与计量、所得税费用的确认和计量。考生需要在前面章节打好基础,在理解本章内容的基础上进行掌握。

第一节　计税基础与暂时性差异

一、资产的计税基础

(一)所得税核算的程序

所得税核算的程序如下图所示。

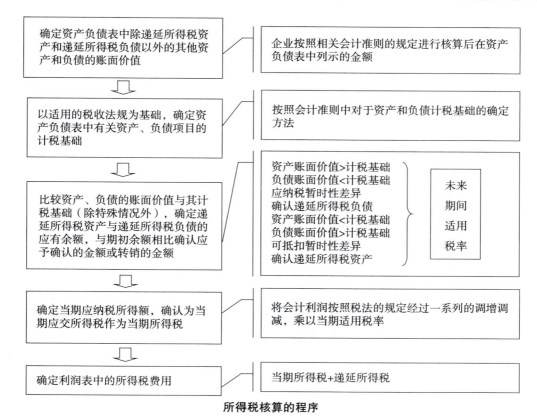

所得税核算的程序

（二）资产的计税基础的确定

资产的计税基础是指企业收回资产账面价值的过程中,计算应纳税所得额时按照税法规定可以自应税经济利益中抵扣的金额,即某一项资产在未来期间计税时可以税前扣除的金额。资产在初始确认时,其计税基础一般为取得成本。在资产持续持有的过程中,其计税基础是指资产的取得成本减去以前期间按照税法规定已扣除的金额后的余额,其计算公式如下:

某一资产负债表日的计税基础=取得成本-以前期间已累计税前扣除的金额

部分资产项目计税基础的确定如下表所示:

资产		账面价值	计税基础
固定资产	初始确认	取得成本	取得成本
	持续持有	实际成本-会计累计折旧-固定资产减值准备	实际成本-税法累计折旧(税法不承认减值)
无形资产	内部研发	开发阶段符合资本化条件后至达到预定用途前的支出	自行开发的无形资产,以开发过程中该资产符合资本化条件后至达到预定用途前发生的支出为计税基础
			对于企业为开发新技术、新产品、新工艺发生的研究开发费用,未形成无形资产计入当期损益的,在按照规定据实扣除的基础上,再按照研究开发费用的75%加计扣除;形成无形资产的,按照无形资产成本的175%摊销

资产		账面价值	计税基础
无形资产	后续计量	使用寿命确定： 实际成本−会计累计摊销−无形资产减值准备	实际成本−税法累计摊销（税法不承认减值）
		使用寿命不确定： 实际成本−无形资产减值准备	
以公允价值计量且其变动计入当期损益的金融资产	初始确认	取得成本	取得成本
	持有期间	公允价值（公允价值变动计入公允价值变动损益，影响当期损益）	取得成本（税法不承认公允价值变动）
以公允价值计量且其变动计入其他综合收益的金融资产	初始确认	取得成本	取得成本
	持有期间	公允价值（公允价值变动计入其他综合收益，不影响当期损益）	取得成本
投资性房地产	初始确认	取得成本	取得成本
	持有期间	成本模式： 初始成本−会计投资性房地产累计折旧（或摊销）−投资性房地产减值准备	初始成本−税法投资性房地产累计折旧（或摊销）（税法不承认减值、公允价值变动）
		公允价值模式： 期末公允价值	
资产计提减值		计提减值后的账面价值	不计提减值的账面价值（税法不承认减值）

例题

乙公司 2019 年 12 月 31 日取得的某项机器设备，原价为 900 万元，预计使用年限为 5 年，会计处理时按照年限平均法计提折旧，预计净残值为零。税法规定预计使用年限为 3 年，其他与会计规定一致。2020 年 12 月 31 日，甲公司对该项固定资产计提了 100 万元的减值准备。2020 年 12 月 31 日，该固定资产的账面价值与计税基础分别为（　　）万元。

A. 620；500　　　　　　　　　　　　B. 620；600

C. 720；500　　　　　　　　　　　　D. 720；600

【答案】B。解析：该项固定资产的账面价值=900−900÷5−100=620（万元）；计税基础=900−900÷3=600（万元）。故本题选 B。

二、负债的计税基础

负债的计税基础是指负债的账面价值减去未来期间计算应纳税所得额时按照税法规定可予抵扣的金额，其计算公式如下：

$$负债的计税基础=账面价值−未来期间税法允许税前扣除的金额$$

部分负债项目计税基础的确定如下表所示：

负债		账面价值	计税基础
预计负债	因销售商品提供售后服务等原因	对于预计提供售后服务将发生的支出满足有关确认条件时,销售当期即应确认为费用,同时确认预计负债	与销售产品相关的支出可以在实际发生时税前扣除,因该类事项产生的预计负债在期末的计税基础为其账面价值与未来期间可税前扣除的金额之间的差额
	债务担保	作为担保方承担连带责任时: 借:营业外支出 　　贷:预计负债	无论是否实际发生都不允许税前扣除,未来期间按照税法规定可予税前扣除的金额为0
合同负债		收到预付款项但不符合收入确认条件: 借:银行存款 　　贷:预计负债	税法规定应当计入当期应纳税所得额,未来期间可予税前抵扣,计税基础为0
			税法规定不应当计入当期应纳税所得额,未来期间可予税前扣除的金额为0,计税基础=账面价值
应付职工薪酬		企业为获得职工提供的服务给予的各种形式的报酬以及其他相关支出在未支付之前确认为负债	税法规定合理的职工薪酬基本允许扣除,但超过规定标准的应当进行纳税调整,超过部分在发生当期和以后期间都不允许税前扣除,即对未来期间计税不产生影响
企业应交的罚款和滞纳金等		尚未支付之前,确认为费用,作为负债反映	税法规定,行政性罚款和滞纳金不得税前扣除,当期或是未来均不允许税前扣除,未来期间可予税前扣除的金额为0

三、暂时性差异

暂时性差异是指资产、负债的账面价值与其计税基础不同产生的差额。

根据暂时性差异对未来期间应纳税所得额影响的不同,分为应纳税暂时性差异和可抵扣暂时性差异。

(一)应纳税暂时性差异

应纳税暂时性差异是指在确定未来收回资产或清偿负债期间的应纳税所得额时,将导致产生应税金额的暂时性差异。应纳税暂时性差异通常产生于以下情况:

(1)资产的账面价值大于其计税基础。

(2)负债的账面价值小于其计税基础。

(二)可抵扣暂时性差异

可抵扣暂时性差异是指在确定未来收回资产或清偿负债期间的应纳税所得额时,将导致产生可抵扣金额的暂时性差异。可抵扣暂时性差异通常产生于以下情况:

(1)资产的账面价值小于其计税基础。

(2)负债的账面价值大于其计税基础。

(三)特殊项目产生的暂时性差异

某些交易或事项发生以后,因为不符合资产、负债确认条件而未体现为资产负债表中的资产或负债,但按照税法规定能够确定其计税基础的,其账面价值(零)与计税基础之间的差异也构成暂时性差异。

1. 广告费和业务宣传费支出

会计准则规定:计入当期损益(销售费用等),不形成资产负债表中的资产,即形成资产的账面价值为零。

税法规定:不超过当年销售收入15%的部分,准予扣除;超过部分准予在以后纳税年度结转扣除。计税基础等于准予在以后纳税年度结转扣除的部分。

两者之间的差异形成暂时性差异。

2. 可抵扣亏损及税款抵减产生的暂时性差异

对于按照税法规定可以结转以后年度的未弥补亏损及税款抵减,虽不是因资产、负债的账面价值与计税基础不同产生的,但其本质上与可抵扣暂时性差异具有同样的作用,均能减少未来期间的应纳税所得额和应交所得税,视同可抵扣暂时性差异,在符合确认条件的情况下,应确认与其相关的递延所得税资产。

【提示】考生需要注意在计算负债的计税基础时,超过规定标准在未来期间不允许税前扣除的金额,此时账面价值等于计税基础,产生永久性差异,不产生暂时性差异。其不允许扣除的金额应当在计算应纳税所得额时进行纳税调增,计算当期应交所得税。

例题

下列各项中,能够产生应纳税暂时性差异的有( )。

A. 账面价值大于其计税基础的资产

B. 账面价值小于其计税基础的负债

C. 超过税法扣除标准的业务宣传费

D. 按税法规定可以结转以后年度的未弥补亏损

【答案】AB。解析:应纳税暂时性差异通常产生于以下情况:①资产的账面价值大于其计税基础;②负债的账面价值小于其计税基础。C、D两项产生的均为可抵扣暂时性差异。故本题选AB。

第二节　递延所得税资产和递延所得税负债的确认和计量

一、递延所得税资产的确认和计量

（一）递延所得税资产的确认

1. 确认的一般原则

确认递延所得税资产时,应注意以下内容:

(1)递延所得税资产的确认应以未来期间可能取得的应纳税所得额为限。

(2)对于按照税法规定可以结转以后年度的未弥补亏损和税款抵减,应视同可抵扣暂时性差异处理。

2. 不确认递延所得税资产的特殊情况

如果某项交易或事项不是企业合并,且交易发生时既不影响会计利润也不影响应纳税所得额,且该项交易中产生的资产、负债的初始确认金额与其计税基础不同,则其产生可抵扣暂时性差异,在交易发生时不确认递延所得税资产。

（二）递延所得税资产的计量

1. 适用税率的确定

确认递延所得税资产时,应采用转回期间适用的所得税税率为基础计算确定。无论相关的可抵扣暂时性差异转回期间如何,递延所得税资产均不予折现。

2. 递延所得税资产的减值

资产负债表日,企业应当对递延所得税资产的账面价值进行复核:

（1）如果未来期间很可能无法取得足够的应纳税所得额用以利用递延所得税资产的利益,应减记递延所得税资产的账面价值。

（2）递延所得税资产的账面价值减记以后,以后期间根据新的环境和情况判断能够产生足够的应纳税所得额用以利用可抵扣暂时性差异,使得递延所得税资产包含的经济利益能够实现的,应相应恢复递延所得税资产的账面价值。

例题

某企业2019年发生广告费支出2 000万元,已支付给广告公司。税法规定,企业发生的广告费、业务宣传费不超过当年销售收入15%的部分允许税前扣除,超过部分允许结转以后年度税前扣除。该企业2019年营业收入为10 000万元,适用的所得税税率为25%。则因该事项企业应当确认的递延所得税资产是(　　)万元。

A. 500　　　　　　　　　　　　B. 125

C. 375　　　　　　　　　　　　D. 0

【答案】B。解析:因广告费支出形成的资产的账面价值为0,其计税基础＝2 000－10 000×15%＝500(万元),形成的可抵扣暂时性差异500万元,应确认的递延所得税资产＝500×25%＝125(万元)。故本题选B。

二、递延所得税负债的确认和计量

（一）递延所得税负债的确认

企业在确认因应纳税暂时差异产生的递延所得税负债时,应遵循以下原则:

（1）除会计准则明确规定可不确认递延所得税负债的情况以外,所有的应纳税暂时性差异均应确认相关的递延所得税负债。除直接计入所有者权益的交易或事项以及企业合并外,在确认递延所得税负债的同时,应增加利润表中的所得税费用。

（2）不确认递延所得税负债的特殊情况:①商誉的初始确认;②除企业合并以外的其他交易或事项中,如果该项交易或事项发生时既不影响会计利润,也不影响应纳税所得额,则所产生的资产、负债的初始确认金额与其计税基础不同,形成应纳税暂时性差异的,交易或事项发生时不确认相应的递延所得税负债。

（二）递延所得税负债的计量

递延所得税负债应以相关应纳税暂时性差异转回期间适用的所得税税率计量。

无论应纳税暂时性差异的转回期间如何,递延所得税负债都不要求折现。

三、适用税率变化对确认递延所得税资产和递延所得税负债的影响

企业适用的所得税税率发生变化的,企业应对已确认的递延所得税资产和递延所得税负债按照

新税率进行重新计量。

第三节　所得税费用的确认和计量

一、当期所得税

当期所得税是指企业按照税法规定计算确定的针对当期发生的交易和事项,应缴纳给税务部门的所得税金额,即当期应交所得税。

(1)计算当期应纳税所得额,是在会计利润的基础上,按照税收法规的要求进行调整得到的。其计算公式如下:

应纳税所得额=会计利润+纳税调整增加额-纳税调整减少额+境外应税所得弥补
境内亏损-弥补以前年度亏损

(2)当期所得税的计算公式如下:

当期所得税=当期应交所得税=应纳税所得额×适用税率-减免税额-抵免税额

相关账务处理如下:

借:所得税费用

　贷:应交税费——应交所得税

二、递延所得税费用（或收益）

递延所得税费用(或收益),是指按照企业会计准则规定应予确认的递延所得税资产和递延所得税负债在期末应有的金额相对于原已确认金额之间的差额,即递延所得税资产及递延所得税负债的当期发生额,但不包括直接计入所有者权益的交易或事项及企业合并产生的所得税影响。计算公式如下:

递延所得税费用(或收益)=(递延所得税负债的期末余额-递延所得税负债的期初余额)-
(递延所得税资产的期末余额-递延所得税资产的期初余额)

三、所得税费用

计算确定了当期应交所得税及递延所得税费用(或收益)以后,利润表中应予确认的所得税费用为两者之和,其计算公式如下:

所得税费用=当期所得税+递延所得税费用(或收益)

第十四章　或有事项

知识体系

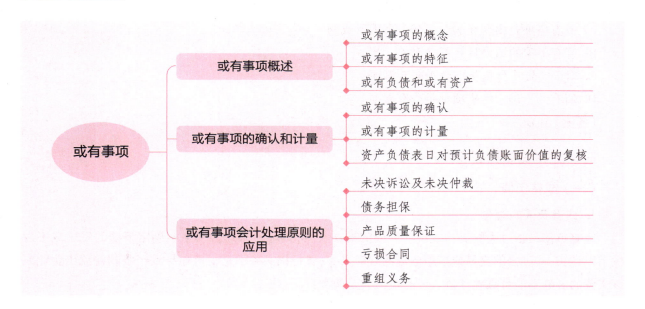

本章导学

从近几年考试来看,银保监财会类职位专业科目考试对于本章的考查不多。本章属于一般章节,重点内容包括或有事项的特征、或有资产与或有负债的确认与披露、或有事项的确认和计量原则、或有事项会计处理原则的应用。

第一节　或有事项概述

一、或有事项的概念

或有事项是指过去的交易或者事项形成的,其结果须由某些未来事项的发生或不发生才能决定的不确定事项。常见的或有事项如下:未决诉讼及未决仲裁、债务担保、产品质量保证(含产品安全保证)、亏损合同、重组义务、承诺、环境污染整治等。

二、或有事项的特征

或有事项的特征包括如下内容:

（1）或有事项是由过去的交易或者事项形成的。

（2）或有事项的结果具有不确定性。

（3）或有事项的结果由未来事项决定。

【提示】会计处理过程中存在不确定性的事项并不都是或有事项。如对固定资产计提折旧、对无形资产进行摊销、对应收账款计提坏账准备等事项，由于其价值最终转移到成本或费用中的金额是确定的，故均不属于或有事项。

例题

关于或有事项的定义和特征，下列说法不正确的有（　　　）。

A. 或有事项是由现在的交易或者事项形成的

B. 或有事项的结果具有不确定性

C. 对固定资产计提折旧属于或有事项

D. 所有的不确定性事项都是或有事项

【答案】ACD。

三、或有负债和或有资产

（一）或有负债

1. 或有负债的概念

或有负债是指过去的交易或事项形成的潜在义务，其存在须通过未来不确定事项的发生或不发生予以证实；或过去的交易或事项形成的现时义务，履行该义务不是很可能导致经济利益流出企业或该义务的金额不能可靠地计量。或有负债涉及两类：

（1）潜在义务，是指结果取决于未来不确定事项的可能义务。

（2）现时义务，是指企业在现行条件下已承担的义务，该现时义务的履行不是很可能导致经济利益流出企业，或者该现时义务的金额不能可靠地计量。

2. 或有负债的确认与披露

或有负债无论是潜在义务还是现时义务，均不符合负债的确认条件，因而不能在财务报表中予以确认。应当按照相关规定在财务报表附注中披露有关信息，包括或有负债的种类及其形成原因、经济利益流出不确定性的说明、预计产生的财务影响以及获得补偿的可能性等。

（二）或有资产

1. 或有资产的概念

或有资产是指过去的交易或者事项形成的潜在资产，其存在须通过未来不确定事项的发生或不发生予以证实。或有资产作为一种潜在资产，其结果具有较大的不确定性。随着经济情况的变化，进一步满足相关条件时，或有资产可能会转变为企业真正的资产。

2. 或有资产的确认与披露

或有资产不符合资产的确认条件，因而不能在财务报表中确认。企业通常不应当披露或有资产，但或有资产很可能给企业带来经济利益的，应当披露其形成的原因、预计产生的财务影响等。

（三）或有负债和或有资产转化为预计负债（负债）和资产

1. 或有负债转化为预计负债（负债）

随着时间的推移和事态的进展，或有负债对应的潜在义务可能转化为现时义务，原来不是很可能导致经济利益流出的现时义务也可能被证实将很可能导致经济利益流出企业，并且现时义务的金额也能够可靠计量。企业应当对或有负债相关义务进行评估、分析判断其是否符合负债的确认条件，如符合，应将其确认为预计负债。

2. 或有资产转化为资产

或有资产对应的潜在资产最终是否能够流入企业会逐渐变得明确，如果某一时点企业基本确定能够收到这项潜在资产并且其金额能够可靠计量，应当将其确认为企业的资产。

第二节　或有事项的确认和计量

一、或有事项的确认

或有事项的确认条件如下：

（1）或有事项形成的或有资产只有在企业基本确定能够收到的情况下，才能转变为真正的资产，从而应当予以确认。

（2）与或有事项有关的义务在同时符合以下三个条件时，应当确认为预计负债：①该义务是企业承担的现时义务；②履行该义务很可能导致经济利益流出企业；③该义务的金额能够可靠地计量。

【提示】该义务的金额能够可靠地计量是指与或有事项相关的现时义务的金额能够合理地估计。

履行或有事项相关义务导致经济利益流出的可能性，通常按照下列情况加以判断，具体如下表所示：

结果的可能性	对应的概率区间
基本确定	发生的可能性大于95%但小于100%
很可能	发生的可能性大于50%但小于或等于95%
可能	发生的可能性大于5%但小于或等于50%
极小可能	发生的可能性大于0但小于或等于5%

二、或有事项的计量

当与或有事项有关的义务符合确认为负债的条件时应当将其确认为预计负债，预计负债应当按照履行相关现时义务所需支付的最佳估计数进行初始计量。

（一）最佳估计数的确定

预计负债应当按照履行相关现时义务所需支出的最佳估计数进行初始计量。

（1）所需支出存在一个连续范围，且该范围内各种结果发生的可能性相同，则最佳估计数应当按照该范围内的中间值，即上下限金额的平均数确定。

（2）所需支出不存在一个连续范围，或者虽然存在一个连续范围，但该范围内各种结果发生的可

能性不相同。在这种情况下,最佳估计数按照如下方法确定,具体内容如下表所示:

项目	最佳估计数的确定
如果或有事项涉及单个项目	按照最可能发生金额确定
如果或有事项涉及多个项目	按照各种可能结果及相关概率加权计算确定

(二)预期可获得补偿的处理

企业清偿因或有事项而确认的负债所需支出全部或部分预期由第三方或其他方补偿的,该补偿金额只有在基本确定能够收到时,才能作为资产单独确认。确认的补偿金额不能超过所确认负债的账面价值。

(三)预计负债的计量需要考虑的其他因素

1. 风险和不确定性

风险是对交易或者事项结果的变化可能性的一种描述。企业在不确定的情况下进行判断需要谨慎,使得收入或资产不会被高估,费用或负债不会被低估。

2. 货币时间价值

如果预计负债的确认时点距离实际清偿有较长的时间跨度,应将未来应支付的金额折现作为预计负债的金额。将未来现金流出折算为现值时,需要注意以下三点:

(1)用来计算现值的折现率应当是反映货币时间价值的当前市场估计和相关负债特有风险的税前利率。

(2)风险和不确定性既可以在计量未来现金流出时作为调整因素,也可以在确定折现率时予以考虑,但不能重复反映。

(3)随着时间的推移,即使在未来现金流出和折现率均不改变的情况下,预计负债的现值将逐渐增长。企业应当在资产负债表日对预计负债的现值进行重新计量。

3. 未来事项

企业应当考虑可能影响履行现时义务所需金额的相关未来事项。对于一些未来事项,如果有足够的客观证据证明它们将发生,如未来技术进步、相关法规出台等,则应当在预计负债计量中予以考虑,但不应考虑预期处置相关资产形成的利得。

预期的未来事项可能对预计负债的计量较为重要。

三、资产负债表日对预计负债账面价值的复核

企业应当在资产负债表日对预计负债的账面价值进行复核。有确凿证据表明该账面价值不能真实反映当前最佳估计数的,应当按照当前最佳估计数对该账面价值进行调整。

企业对已经确认的预计负债在实际支出发生时,应当仅限于最初为之确定该预计负债的支出。也就是说,只有与该预计负债有关的支出才能冲减预计负债。

> **例题**

2×18年11月,甲公司因污水排放对环境造成污染被周围居民提起诉讼。2×18年12月31日,该案件尚未一审判决。根据以往类似案例及公司法律顾问的判断,甲公司很可能败诉。如败诉,预计赔偿2 000万元的可能性为70%,预计赔偿1 800万元的可能性为30%。假定不考虑其他因素,该事

项对甲公司2×18年利润总额的影响金额为( )万元。

A. -1 800   B. -1 900   C. -1 940   D. -2 000

【答案】D。解析：如果或有事项涉及单个项目，最佳估计数应该按照最可能发生金额确定。因此该事项对甲公司2×18年利润总额的影响金额为-2 000万元。故本题选D。

第三节　或有事项会计处理原则的应用

一、未决诉讼及未决仲裁

诉讼尚未裁决之前，对于被告来说，可能形成一项或有负债或者预计负债；对于原告来说，则可能形成一项或有资产。

作为当事人一方，仲裁的结果在仲裁决定公布以前是不确定的，会构成一项潜在义务或现时义务，或者潜在资产。

未决诉讼及未决仲裁如果满足预计负债确认条件的，应当确认为预计负债。确认预计负债时的会计分录如下：

借：营业外支出（罚款、赔偿款等）

　　管理费用（诉讼费等）

　贷：预计负债——未决诉讼

例题

2019年12月31日，A公司涉及的一项未决诉讼预计很可能败诉。若败诉，A公司需承担诉讼费20万元并支付赔款400万元。但基本确定可从保险公司获得补偿80万元。2019年12月31日，A公司因该项诉讼应确认的预计负债的金额为( )万元。

A. 320   B. 340   C. 400   D. 420

【答案】D。解析：A公司因该诉讼应确认预计负债的金额=20+400=420（万元），基本确定可从保险公司获得80万元的补偿，应通过其他应收款核算，不能冲减预计负债的账面价值。相关会计分录如下（单位：万元）：

借：管理费用　　　　　　　　　　　　　　　　　　　　　　　　20

　　营业外支出　　　　　　　　　　　　　　　　　　　　　　400

　贷：预计负债　　　　　　　　　　　　　　　　　　　　　　　420

借：其他应收款　　　　　　　　　　　　　　　　　　　　　　　80

　贷：营业外支出　　　　　　　　　　　　　　　　　　　　　　　80

故本题选D。

二、债务担保

债务担保在企业中是较为普遍的现象。作为提供担保的一方，在被担保方无法履行合同的情况下，通常需要承担连带责任。

三、产品质量保证

产品质量保证指销售商或制造商在销售产品或提供劳务后,对客户提供服务的一种承诺。在约定期内(或终身保修),若产品或劳务在正常使用过程中出现质量或与之相关的其他属于正常范围的问题,企业负有更换产品、免费或只收成本价进行修理等责任。按照权责发生制的要求,上述相关支出符合确认条件就应在收入实现时确认相关预计负债。

计算最佳估计数,通过"销售费用"科目来核算:

借:销售费用

　　贷:预计负债

实际发生修理费时:

借:预计负债

　　贷:银行存款/原材料等

在对产品质量保证确认预计负债时,需要注意:

(1)如果发现产品质量保证费用的实际发生额与预计数相差较大,应及时对预计比例进行调整。

(2)如果企业针对特定批次产品确认预计负债,则在保修期结束时,应将"预计负债——产品质量保证"科目余额冲销,同时冲销销售费用。

(3)已对其确认预计负债的产品,如企业不再生产了,那么应在相应的产品质量保证期满后,将"预计负债——产品质量保证"科目余额冲销,同时冲销销售费用。

四、亏损合同

亏损合同是指履行合同义务不可避免会发生的成本超过预期经济利益的合同。

亏损合同产生的义务满足预计负债的确认条件,应当确认为预计负债。预计负债的计量应当反映退出该合同的最低净成本。

企业对亏损合同进行会计处理,需要遵循以下原则:

(1)如果与亏损合同相关的义务不需支付任何补偿即可撤销,企业通常就不存在现时义务,不应确认预计负债。

(2)如果与亏损合同相关的义务不可撤销,企业就存在了现时义务,同时满足该义务很可能导致经济利益流出企业且金额能够可靠地计量的,应当确认预计负债。

(3)亏损合同存在标的资产的,应当对标的资产进行减值测试并按规定确认减值损失,在这种情况下,企业通常不需确认预计负债;如果预计亏损超过该减值损失,应将超过部分确认为预计负债。

(4)亏损合同不存在标的资产的,亏损合同相关义务满足预计负债确认条件时,应当确认预计负债。

五、重组义务

(一)重组的概念

重组是指企业制定和控制的,将显著改变企业组织形式、经营范围或经营方式的计划实施行为。属于重组的事项:

(1)出售或终止企业的部分经营业务。

(2)对企业的组织结构进行较大调整。

（3）关闭企业的部分营业场所，或将营业活动由一个国家或地区迁移到其他国家或地区。

企业应当将重组与企业合并、债务重组区别开：重组通常是企业内部资源的调整和组合，谋求现有资产效能的最大化；企业合并是在不同企业之间的资本重组和规模扩张；债务重组是债权人、债务人就清偿债务的时间、金额或方式等重新达成协议。

（二）重组义务的确认

企业因重组而承担了重组义务，并且同时满足预计负债确认条件时，才能确认预计负债。

（1）同时存在下列情况的，表明企业承担了重组义务：①有详细、正式的重组计划，包括重组涉及的业务、主要地点、需要补偿的职工人数、预计重组支出、计划实施时间等；②该重组计划已对外公告，重组计划已经开始实施，或已向受其影响的各方通告了该计划的主要内容，从而使各方形成了对该企业将实施重组的合理预期。

（2）判断重组义务是否同时满足预计负债的三个确认条件：①判断其承担的重组义务是否是现时义务；②履行重组义务是否很可能导致经济利益流出企业；③重组义务的金额是否能够可靠计量。

（三）重组义务的计量

企业应当按照与重组有关的直接支出确定预计负债金额，计入当期损益。

直接支出是企业重组必须承担的，并且与主体继续进行的活动无关的支出，常见的直接支出有自愿遣散或强制遣散员工而发生的支出、不再使用的厂房的租赁撤销费等。

预计发生自愿遣散或强制遣散员工的支出时：

借：管理费用

　　贷：应付职工薪酬

预计发生厂房的租赁撤销费时：

借：营业外支出

　　贷：预计负债

非直接支出通常包括留用职工岗前培训、市场推广、新系统和营销网络投入等与继续进行的活动相关的支出和厂房设备的减值损失。

由于企业在计量预计负债时不应当考虑预期处置相关资产的利得或损失，在计量与重组义务相关的预计负债时，也不考虑处置相关资产（厂房、店面，有时是一个事业部整体）可能形成的利得或损失，即使资产的出售构成重组的一部分也是如此，这些利得或损失应当单独确认。

例题

A公司由于受到疫情冲击，经营出现困难，决定对B事业部进行重组，将相关业务转移到其他事业部，经履行相关报批手续，A公司正式对外公告了重组方案。A公司根据该重组方案预计很可能发生的下列各项支出中，不应当确认预计负债的是（　　）。

A. 强制遣散费　　　　　　　　　　B. 自愿遣散费

C. 剩余职工岗前培训费　　　　　　D. 不再使用的厂房的租赁撤销费

【答案】C。解析：A公司应当按照与重组有关的直接支出确定预计负债的金额。直接支出是企业重组必须承担的直接支出，并且是与主体继续进行的活动无关的支出，不包括留用职工岗前培训、市场推广、新系统和营销网络投入等支出。故本题选C。

第十五章　会计政策、会计估计变更和差错更正

知识体系

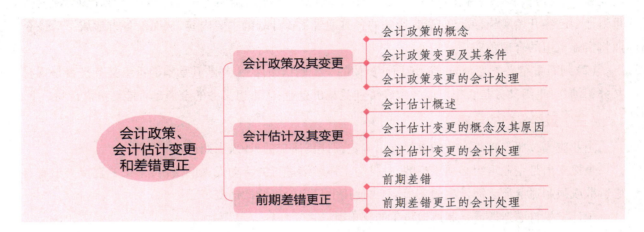

本章导学

从近几年考试来看,银保监财会类职位专业科目考试对于本章的考查较少。本章的主要内容包括企业会计政策的概念、会计政策变更及其条件、会计政策变更的账务处理、会计估计及其变更的账务处理、会计差错更正。

第一节　会计政策及其变更

一、会计政策的概念

会计政策是指企业在会计确认、计量和报告中所采用的原则、基础和会计处理方法。

会计政策涉及的会计原则、会计基础和具体会计处理方法如下表所示:

项目		内容
会计原则	一般原则	可靠性、相关性、实质重于形式等属于会计信息质量要求,是为了满足会计信息质量要求而制定的原则,是统一的、不可选择的,不属于特定原则
	特定原则	会计政策所指的会计原则是指某一类会计业务的核算所应遵循的特定原则,而不是笼统地指所有的会计原则。如借款费用是费用化还是资本化

（续表）

项目		内容
会计基础	会计确认基础	可供选择的会计确认基础包括权责发生制和收付实现制
	会计计量基础	会计计量基础主要包括历史成本、重置成本、可变现净值、现值和公允价值等。由于我国企业应当采用权责发生制作为会计确认基础,不具备选择性,所以会计政策所指的会计基础,主要是会计计量基础(即计量属性)
具体会计处理方法		具体会计处理方法是指企业根据国家统一的会计准则制度允许选择的、对某一类会计业务的具体处理方法作出的具体选择

会计政策应当保持前后各期的一致性。会计政策一般情况下不得随意变更,以保持会计信息的可比性。

企业在会计核算中所采用的会计政策,通常应在报表附注中加以披露,需要披露的会计政策项目主要有以下几项:①财务报表的编制基础、计量基础和会计政策的确定依据等;②存货的计价;③固定资产的初始计量;④无形资产的确认;⑤投资性房地产的后续计量;⑥长期股权投资的核算;⑦收入的确认;⑧借款费用的处理;⑨外币折算;⑩合并政策;⑪非货币性资产交换的计量。

例题

下列项目中,不属于会计政策的是(　　　)。

A. 发出存货计价方法

B. 固定资产的初始计量方法

C. 投资性房地产的后续计量

D. 固定资产预计使用年限

【答案】D。解析:固定资产预计使用年限属于会计估计的内容。故本题选D。

二、会计政策变更及其条件

会计政策变更是指企业对相同的交易或事项由原来采用的会计政策改用另一会计政策的行为。企业的会计政策一经确定,不得随意变更。

（一）会计政策变更的条件

在符合下列条件之一时,企业可以变更会计政策:

(1)法律、行政法规或国家统一的会计制度等要求变更。

(2)会计政策的变更能够提供更可靠、更相关的会计信息。

（二）不属于会计政策变更的情形

本期发生的交易或者事项与以前相比具有本质差别而采用新的会计政策,以及对初次发生的或不重要的交易或者事项采用新的会计政策不属于会计政策变更的情形。

三、会计政策变更的会计处理

会计政策变更时,应当采用追溯调整法和未来适用法两种方法。

企业依据法律法规、行政法规或者国家统一的会计制度等的要求变更会计政策的,应当按照国家相关规定执行。

会计政策变更能够提供更可靠、更相关的会计信息的,应当采用追溯调整法处理,将会计政策变更累积影响数调整列报前期最早期初留存收益,其他相关项目的期初余额和列报前期披露的其他比较数据也应当一并调整,但确定该项会计政策变更累积影响数不切实可行的除外。

(一)追溯调整法

追溯调整法是指对某项交易或事项变更会计政策,视同该项交易或事项初次发生时即采用变更后的会计政策,并以此对财务报表相关项目进行调整的方法。

追溯调整法的运用通常由以下步骤构成:

(1)计算会计政策变更的累积影响数,通过以下各步计算获得:第一步,根据新会计政策重新计算受影响的前期交易或事项;第二步,计算两种会计政策下的差异;第三步,计算差异的所得税影响金额;第四步,确定前期中每一期的税后差异;第五步,计算会计政策变更的累积影响数。

(2)编制相关项目的调整分录。

(3)调整列报前期财务报表相关项目及其金额。

(4)财务报表附注说明。

采用追溯调整法时,会计政策变更的累积影响数应包括在变更当期期初留存收益中。但是,如果提供可比财务报表,对于比较财务报表期间的会计政策变更,应调整各期间净利润各项目和财务报表其他相关项目,视同该政策在比较财务报表期间一直采用。对于比较财务报表可比期间以前的会计政策变更的累积影响数,应调整比较报表最早期间的期初留存收益,财务报表其他相关项目的数字也应一并调整。

(二)未来适用法

确定会计政策变更对列报前期影响数不切实可行的,应当从可追溯调整的最早期间期初开始应用变更后的会计政策。在当期期初确定会计政策变更对以前各期累积影响数不切实可行的,应当采用未来适用法处理。

未来适用法是指将变更后的会计政策应用于变更日及以后发生的交易或者事项,或者在会计估计变更当期和未来期间确认会计估计变更影响数的方法。

在未来适用法下,不需计算累积影响数,也无须重编以前年度的财务报表。

第二节　会计估计及其变更

一、会计估计概述

会计估计是指财务报表中具有计量不确定性的货币金额。

(一)会计估计的特点

会计估计具有以下特点:

(1)会计估计的存在是由于经济活动中内在的不确定性因素的影响。

(2)会计估计应当以最近可利用的信息或资料为基础。

(3)会计估计应当建立在可靠性的基础上。

（二）常见的估计项目

常见的需要进行估计的项目如下：

(1)存货可变现净值的确定。

(2)固定资产的预计使用寿命与净残值、固定资产的折旧方法。

(3)使用寿命有限的无形资产的预计使用寿命与净残值。

(4)可收回金额按照资产组的公允价值减去处置费用后的净额确定的,确定公允价值减去处置费用后的净额的方法;可收回金额按照资产组预计未来现金流量的现值确定的,预计未来现金流量的确定。

(5)合同履约进度的确定。

(6)公允价值的确定。

(7)预计负债初始计量的最佳估计数的确定。

二、会计估计变更的概念及其原因

会计估计变更是指由于资产和负债的当前状况及预期经济利益和义务发生了变化,从而对资产或负债的账面价值或者资产的定期消耗金额进行调整。

变更的常见原因如下:①赖以进行估计的基础发生了变化;②取得了新的信息,积累了更多的经验。

三、会计估计变更的会计处理

会计估计变更应采用未来适用法处理,即在会计估计变更当期及以后期间,采用新的会计估计,不改变以前期间的会计估计,也不调整以前期间的报告结果。

(1)如果会计估计的变更仅影响变更当期,有关估计变更的影响应于当期确认。

(2)如果会计估计的变更既影响变更当期又影响未来期间,有关估计变更的影响在当期及以后各期确认。

(3)企业难以对某项变更区分为会计政策变更或会计估计变更的,应当作为会计估计变更处理。

例题

下列关于会计估计及其变更的表述,正确的是(　　　　)。

A. 会计估计应以最近可利用的信息或资料为基础

B. 对结果不确定的交易或事项进行会计估计会削弱会计信息的可靠性

C. 会计估计变更应根据不同情况采用追溯重述或追溯调整法进行处理

D. 某项变更难以区分为会计政策变更或会计估计变更的,应作为会计政策变更处理

【答案】A。解析:B 项,会计估计变更不会削弱会计信息的可靠性;C 项,会计估计变更应采用未来适用法进行处理;D 项,应当作为会计估计变更处理。故本题选 A。

第三节　前期差错更正

一、前期差错

（一）前期差错的概念

前期差错是指由于没有运用或错误运用下列两种信息，而对前期财务报表造成省略或错报：

（1）编报前期财务报表时预期能够取得并加以考虑的可靠信息。

（2）前期财务报告批准报出时能够取得的可靠信息。

（二）前期差错的类型

前期差错的类型如下：

（1）计算及账户分类错误。

（2）应用会计政策错误。例如，固定资产达到预定可使用状态后发生的借款费用仍计入固定资产成本。

（3）疏忽或曲解事实以及舞弊产生的影响。

（4）存货、固定资产盘盈等。

二、前期差错更正的会计处理

（一）不重要的前期差错的会计处理

对于不重要的前期差错，企业无须调整财务报表相关项目的期初数，但应调整发现当期与前期相同的相关项目的金额。属于影响损益的，应直接计入本期与上期相同的净损益项目；属于不影响损益的，应调整本期与前期相同的相关项目。

（二）重要的前期差错的会计处理

如果能够合理确定前期差错累积影响数，则重要的前期差错的更正应采用追溯重述法。追溯重述法是指在发现前期差错时，视同该项前期差错从未发生过，从而对财务报表相关项目进行调整的方法。前期差错累积影响数是指前期差错发生后对差错期间每期净利润的影响数之和。

如果确定前期差错累积影响数不切实可行，可以从可追溯重述的最早期间开始调整留存收益的期初余额，财务报表其他相关项目的期初余额也应当一并调整，也可以采用未来适用法。

重要的前期差错的调整结束后，还应调整发现年度财务报表的年初数和上年数。在编制比较财务报表时，对于比较财务报表期间的重要的前期差错，应调整各该期间的净损益和其他相关项目；对于比较财务报表期间以前的重要的前期差错，应调整比较财务报表最早期间的期初留存收益，财务报表其他相关项目的数字也应一并调整。

第十六章　财务报告

知识体系

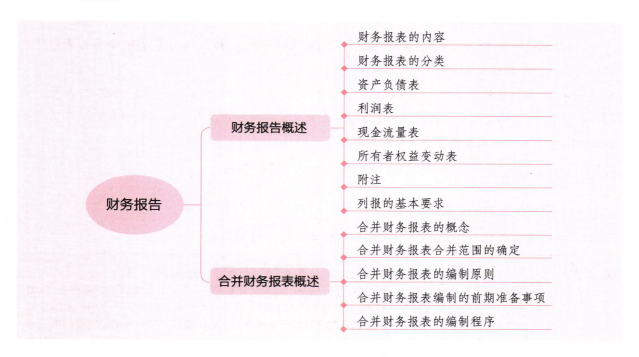

本章导学

从近几年考试来看,银保监财会类职位专业科目考试对于本章的考查比较常规。本章重点内容包括资产负债表的填列、利润表的格式及编制、现金流量表的填列方法、合并财务报表的合并范围等。考生需要在理解的基础上进行掌握。

第一节　财务报告概述

财务报告(又称"财务会计报告")是指企业对外提供的反映企业某一特定日期的财务状况和某一会计期间的经营成果、现金流量等会计信息的文件。

一、财务报表的内容

财务报表的构成如下表所示:

类别	概念
资产负债表	资产负债表是反映企业在某一特定日期的财务状况的会计报表
利润表	利润表是反映企业在一定会计期间的经营成果和综合收益的会计报表
现金流量表	现金流量表是反映企业在一定会计期间的现金和现金等价物流入和流出的会计报表
所有者权益变动表	所有者权益变动表是反映构成企业所有者权益的各组成部分当期增减变动情况的报表
附注	附注是对在财务报表中列示项目所作的进一步说明,以及对未能在这些报表列示项目的说明等

二、财务报表的分类

按编报期间分类,财务报表包括中期财务报表、年度财务报表;按编报主体分类,财务报表包括个别财务报表、合并财务报表。

【提示】中期财务报表至少应当包括资产负债表、利润表、现金流量表和附注。其中,中期资产负债表、利润表、现金流量表应当是完整报表,其格式和内容应当与年度财务报表相一致。与年度财务报表相比,中期财务报表中的附注披露可适当简略。

三、资产负债表

(一)资产负债表的内容

资产负债表的内容主要包括资产、负债和所有者权益,如下表所示:

项目	内容
资产	流动资产是指预计在一个正常营业周期中变现、出售或耗用,或者主要为交易目的而持有,或者预计在资产负债表日起一年内(含一年)变现的资产,或者自资产负债表日起一年内交换其他资产或者清偿负债的能力不受限制的现金或者现金等价物。资产负债表中列示的流动资产项目通常包括货币资金、交易性金融资产、衍生金融资产、应收票据、应收账款、应收款项融资、预付款项、其他应收款、存货、合同资产、持有待售资产、一年内到期的非流动资产和其他流动资产
	非流动资产是指流动资产以外的资产,资产负债表中列示的非流动资产项目通常包括其他债权投资、债权投资、长期应收款、长期股权投资、其他权益工具投资、其他非流动金融资产、投资性房地产、固定资产、在建工程、生产性生物资产、油气资产、使用权资产、无形资产、开发支出、商誉、长期待摊费用、递延所得税资产以及其他非流动资产
负债	流动负债是指预计在一个正常营业周期中清偿,或者主要为交易目的而持有,或者自资产负债表日起一年内(含一年)到期予以清偿,或者企业无权自主地将清偿推迟至资产负债表日后一年以上的负债。资产负债表中列示的流动负债项目通常包括短期借款、交易性金融负债、衍生金融负债、应付票据、应付账款、预收款项、合同负债、应付职工薪酬、应交税费、其他应付款、持有待售负债、一年内到期的非流动负债和其他流动负债
	非流动负债是指流动负债以外的负债,资产负债表中列示的非流动负债项目通常包括长期借款、应付债券、租赁负债、长期应付款、预计负债、递延收益、递延所得税负债和其他非流动负债
所有者权益	所有者权益一般按照实收资本(或股本)、其他权益工具、资本公积、其他综合收益、专项储备、盈余公积和未分配利润分项列示

(二)资产负债表的结构

资产负债表一般由表头、表体两部分组成。我国企业的资产负债表采用账户式结构。账户式资

产负债表分左右两方,左方为资产项目,大体按资产的流动性大小排列。右方为负债及所有者权益项目,一般按要求清偿时间长短的先后顺序排列。

(三)资产负债表的编制

资产负债表的各项目均需填列"上年年末余额"和"期末余额"两栏。

资产负债表"上年年末余额"栏内各项数字,应根据上年年末资产负债表的"期末余额"栏内所列数字填列。

资产负债表的"期末余额"栏内各项数字,其填列方法如下:

(1)根据总账科目的余额填列。

(2)根据明细账科目余额分析计算填列。

(3)根据总账科目和明细账科目的余额分析计算填列。

(4)根据有关科目余额减去其备抵科目余额后的净额填列。

(5)综合运用上述填列方法分析填列。

四、利润表

(一)利润表的作用

利润表的主要作用是有助于使用者分析判断企业净利润的质量及其风险,评价企业经营管理效率,有助于使用者预测企业净利润的持续性,从而作出正确的决策。

(二)利润表的格式及编制

利润表的结构有单步式和多步式两种。我国企业的利润表采用多步式格式。

利润表中一般应单独列报的项目主要有营业利润、利润总额、净利润、其他综合收益的税后净额、综合收益总额和每股收益等。

其中,营业利润单独列报的项目包括营业收入、营业成本、税金及附加、销售费用、管理费用、研发费用、财务费用、信用减值损失、资产减值损失、其他收益、投资收益、公允价值变动收益、资产处置收益等;利润总额项目为营业利润加上营业外收入减去营业外支出;净利润项目为利润总额减去所得税费用,包括持续经营净利润和终止经营净利润等项目;其他综合收益的税后净额包括不能重分类进损益的其他综合收益和将重分类进损益的其他综合收益等项目;综合收益总额为净利润加上其他综合收益的税后净额;每股收益包括基本每股收益和稀释后每股收益两项项目。

利润表各项目均需填列"本期金额"和"上期金额"两栏。"上期金额"栏内各项数字,应根据上年该期利润表的"本期金额"栏内所列数字填列。"本期金额"栏内各期数字,除"基本每股收益"和"稀释每股收益"项目外,应当按照相关科目的发生额分析填列。

五、现金流量表

(一)现金流量表的结构

现金流量表在结构上将企业一定期间产生的现金流量分为经营活动产生的现金流量、投资活动产生的现金流量和筹资活动产生的现金流量三类。

(二)现金流量表的填列方法

现金流量表的填列方法如下表所示:

项目	概念	内容
经营活动产生的现金流量	经营活动是指企业投资活动和筹资活动以外的所有交易和事项	对于工商企业而言,经营活动主要包括销售商品、提供劳务、购买商品、接受劳务、支付职工薪酬、支付税费等;对于商业银行而言,经营活动主要包括吸收存款、发放贷款、同业存放、同业拆借等;对于保险公司而言,经营活动主要包括原保险业务和再保险业务等;对于证券公司而言,经营活动主要包括自营证券、代理承销证券、代理兑付证券、代理买卖证券等
投资活动产生的现金流量	投资活动是指企业长期资产的购建和不包括在现金等价物范围内的投资及其处置活动	这里所讲的投资活动,既包括实物资产投资,也包括金融资产投资。不同企业由于行业特点不同对投资活动的认定也存在差异。如以公允价值计量且其变动计入当期损益的金融资产所产生的现金流量,对于工商业企业而言,属于投资活动现金流量,而对于证券公司而言,属于经营活动现金流量
筹资活动产生的现金流量	筹资活动是指导致企业资本及债务规模和构成发生变化的活动	这里所说的资本,既包括实收资本(股本),也包括资本溢价(股本溢价);这里所说的债务,指对外举债,包括向银行借款、发行债券以及偿还债务等
汇率变动对现金及现金等价物的影响	外币现金流量以及境外子公司的现金流量,应当采用现金流量发生日的即期汇率或按照系统合理的方法确定的、与现金流量发生日即期汇率近似的汇率折算	汇率变动对现金的影响额应当作为调节项目,在现金流量表中单独列报

(三)现金流量表的编制方法和程序

1. 直接法和间接法

编制现金流量表时,列报经营活动现金流量的方法有直接法和间接法两种。

在直接法下,一般是以利润表中的营业收入为起算点,调节与经营活动有关的项目的增减变动,然后计算出经营活动产生的现金流量。

间接法,是指以本期净利润为起点,通过调整不涉及现金的收入、费用、营业外收支以及经营性应收应付等项目的增减变动,调整不属于经营活动的现金收支项目,据此计算并列报经营活动产生的现金流量的方法。

2. 工作底稿法、T 型账户法和分析填列法

企业在具体编制现金流量表时,可以采用工作底稿法或 T 型账户法,也可根据有关科目记录分析填列。

六、所有者权益变动表

(一)所有者权益变动表的作用

通过所有者权益变动表,既可以为报表使用者提供所有者权益总量增减变动的信息,也能为其提供所有者权益增减变动的结构性信息,特别是能够让财务报表使用者理解所有者权益增减变动的根源。

(二)所有者权益变动表的内容和结构

在所有者权益变动表上,企业至少应当单独列示反映下列信息的项目:①综合收益总额;②会计

政策变更和前期差错更正的累积影响金额;③所有者投入资本和向所有者分配利润等;④提取的盈余公积;⑤实收资本、其他权益工具、资本公积、其他综合收益、专项储备、盈余公积、未分配利润的期初和期末余额及其调节情况。

所有者权益变动表以矩阵的形式列示:一方面,列示导致所有者权益变动的交易或事项,即从所有者权益变动的来源,对一定时期所有者权益的变动情况进行全面反映;另一方面,按照所有者权益各组成部分(包括实收资本、其他权益工具、资本公积、库存股、其他综合收益、盈余公积、未分配利润等)及其总额列示交易或事项对所有者权益各部分的影响。

（三）所有者权益变动表的编制

所有者权益变动表各项目均需填列"本年金额"和"上年金额"两栏。

所有者权益变动表"上年金额"栏内各项数字,应根据上年度所有者权益变动表"本年金额"栏内所列数字填列。上年度所有者权益变动表规定的各个项目的名称和内容与本年度不一致的,应对上年度所有者权益变动表各项目的名称和数字按照本年度的规定进行调整,填入所有者权益变动表的"上年金额"栏内。

所有者权益变动表"本年金额"栏内各项数字一般应根据"实收资本(或股本)""其他权益工具""资本公积""其他综合收益""专项储备""盈余公积""利润分配""库存股""以前年度损益调整"等科目及其明细科目的发生额分析填列。

七、附注

（一）附注的作用

附注主要起到三方面的作用:

(1)附注的编制和披露,是对资产负债表、利润表、现金流量表和所有者权益变动表列示项目含义的补充说明,以帮助财务报表使用者更准确地把握其含义。

(2)附注提供了对资产负债表、利润表、现金流量表和所有者权益变动表中未列示项目的详细或明细说明。

(3)通过附注与资产负债表、利润表、现金流量表和所有者权益变动表列示项目的相互参照关系,以及对未能在财务报表中列示项目的说明,可以使财务报表使用者全面了解企业的财务状况、经营成果和现金流量以及所有者权益的情况。

（二）附注的主要内容

附注是财务报表的重要组成部分。企业应当按照如下顺序编制披露附注的主要内容:

(1)企业简介和主要财务指标。

(2)财务报表的编制基础。

(3)遵循企业会计准则的声明。

(4)重要会计政策和会计估计。

(5)会计政策和会计估计变更以及差错更正的说明。

(6)报表重要项目的说明。

(7)或有和承诺事项、资产负债表日后非调整事项、关联方关系及其交易等需要说明的事项。

(8)有助于财务报表使用者评价企业管理资本的目标、政策及程序的信息。

八、列报的基本要求

（一）依据各项会计准则确认和计量的结果编制财务报表

企业应当根据实际发生的交易和事项，遵循基本准则、各项具体会计准则及解释的规定进行确认和计量，并在此基础上编制财务报表。

（二）列报基础

持续经营是会计的基本前提，是会计确认、计量及编制财务报表的基础。

（三）权责发生制

除现金流量表按照收付实现制编制外，企业应当按照权责发生制编制其他财务报表。

（四）列报的一致性

可比性是会计信息质量的一项重要质量要求，目的是使同一企业不同期间和同一期间不同企业的财务报表相互可比。

（五）依据重要性原则单独或汇总列报项目

如果某项目单个看不具有重要性，则可将其与其他项目合并列报；如具有重要性，则应当单独列报。

（六）财务报表项目金额间的相互抵销

财务报表项目应当以总额列报，资产和负债、收入和费用、直接计入当期利润的利得项目和损失项目的金额不能相互抵销，即不得以净额列报，但企业会计准则另有规定的除外。

（七）比较信息的列报

企业在列报当期财务报表时，至少应该提供所有列报项目上一可比会计期间的比较数据，以及与理解当期财务报表相关的说明。

（八）财务报表表首的列报要求

财务报表一般分为表首、正表两部分，其中，在表首部分企业应当概括地说明下列基本信息：①编报企业的名称；②对资产负债表而言，须披露资产负债表日，对利润表、现金流量表、所有者权益变动表而言，须披露报表涵盖的会计期间；③货币名称和单位；④财务报表是合并财务报表的，应当予以标明。

（九）报告期间

企业至少应当编制年度财务报表。

第二节 合并财务报表概述

一、合并财务报表的概念

合并财务报表是指反映母公司和其全部子公司形成的企业集团整体财务状况、经营成果和现金流量的财务报表。

二、合并财务报表合并范围的确定

合并财务报表的合并范围应当以控制为基础予以确定。

（一）控制的定义和判断

控制是指投资方拥有对被投资方的权力,通过参与被投资方的相关活动而享有可变回报,并且有能力运用对被投资方的权力影响其回报金额。

从控制的定义中可以发现,要达到控制,投资方需要同时满足以下三个要素:

（1）拥有对被投资方的权力。

（2）因参与被投资方的相关活动而享有可变回报。

（3）有能力运用对被投资方的权力影响其回报金额。

投资方应当在综合考虑所有相关事实和情况的基础上对是否控制被投资方进行判断。相关事实和情况主要包括:①被投资方的设立目的和设计;②被投资方的相关活动以及如何对相关活动作出决策;③投资方享有的权利是否使其目前有能力主导被投资方的相关活动;④投资方是否通过参与被投资方的相关活动而享有可变回报;⑤投资方是否有能力运用对被投资方的权力影响其回报金额;⑥投资方与其他方的关系。

（二）母公司与子公司

母公司是指控制一个或一个以上主体（含企业、被投资单位中可分割的部分,以及企业所控制的结构化主体等,下同）的主体。

子公司是指被母公司控制的主体。已宣告被清理整顿的或已宣告破产的原子公司,不再是母公司的子公司,不纳入合并财务报表范围。

合并范围的豁免——投资性主体。母公司应当将其全部子公司纳入合并范围。但是,如果母公司是投资性主体,则只应将那些为投资性主体的投资活动提供相关服务的子公司纳入合并范围,其他子公司不应予以合并,母公司对其他子公司的投资应当按照公允价值计量且其变动计入当期损益。

三、合并财务报表的编制原则

合并财务报表的编制原则如下:

（1）以个别财务报表为基础编制。

（2）一体性原则。

（3）重要性原则。

四、合并财务报表编制的前期准备事项

合并财务报表编制的前期准备事项:

（1）统一母子公司的会计政策。

（2）统一母子公司的资产负债表日及会计期间。

（3）对子公司以外币表示的财务报表进行折算。

（4）收集编制合并财务报表的相关资料。

五、合并财务报表的编制程序

合并财务报表的编制程序:

（1）设置合并工作底稿。

（2）将个别财务报表的数据过入合并工作底稿。

（3）编制调整分录与抵销分录。

（4）计算合并财务报表各项目的合并数额。

（5）填列合并财务报表。

例题

下列各项中,母公司在编制合并财务报表时,不应纳入合并范围的是(　　)。

A. 经营规模较小的子公司

B. 已宣告破产的原子公司

C. 资金调度受到限制的境外子公司

D. 经营业务性质有显著差别的子公司

【答案】B。解析:所有子公司都应纳入母公司的合并财务报表的合并范围。下列被投资单位不是母公司的子公司,不应纳入合并范围:①已宣告被清理整顿的子公司;②已宣告破产的子公司;③母公司不能控制的其他被投资单位。故本题选B。

第五篇

财务管理

第一章　总论

知识体系

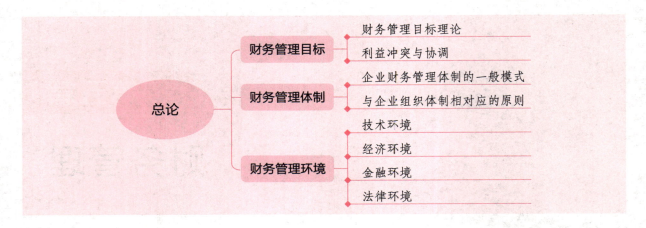

本章导学

从近几年考试来看,银保监财会类职位专业科目考试对于本章知识着重考查财务管理目标和财务管理环境,考生需要熟记不同财务管理目标的特点。

第一节　财务管理目标

一、财务管理目标理论

企业财务管理目标理论如下表所示:

理论	优点	缺点
利润最大化	(1)有利于企业资源的合理配置 (2)有利于企业整体经济效益的提高	(1)没有考虑利润实现时间和资金时间价值 (2)没有考虑风险问题 (3)没有反映创造的利润与投入资本之间的关系 (4)可能导致企业短期行为倾向,影响企业长远发展

理论	优点	缺点
股东财富最大化	(1)考虑了风险因素 (2)在一定程度上能避免企业短期行为 (3)对上市公司而言,股东财富最大化目标比较容易量化,便于考核和奖惩	(1)通常只适用于上市公司,非上市公司难以应用 (2)股价不能完全准确反映企业财务管理状况 (3)更多地强调股东利益,而对其他相关者的利益重视不够
企业价值最大化	(1)考虑了取得收益的时间,并用时间价值的原理进行了计量 (2)考虑了风险与收益的关系 (3)克服了企业在追求利润上的短期行为 (4)用价值代替价格,避免了过多外界市场因素的干扰,有效地规避了企业的短期行为	(1)过于理论化,不易操作 (2)对于非上市公司而言,只有对企业进行专门的评估才能确定其价值,而在评估企业资产时,由于受评估标准和评估方式的影响,很难做到客观和准确
相关者利益最大化	(1)有利于企业长期稳定发展 (2)体现了合作共赢的价值理念,有利于实现企业经济效益和社会效益的统一 (3)较好地兼顾了各利益主体的利益 (4)体现了前瞻性和现实性的统一	过于理想化,且无法操作

二、利益冲突与协调

利益冲突与协调的主要内容如下表所示:

主要利益相关者	利益冲突	协调方式
股东与经营者	(1)经营者希望在创造财富的同时,能够获取更多的报酬、更多的享受并避免各种风险 (2)股东期望经营者代表他们的利益工作,希望以较小的代价(支付较少的报酬)实现更多的财富	(1)解聘 (2)接收 (3)激励:①股票期权;②绩效股
股东与债权人	(1)股东可能要求经营者改变举债资金的原定用途,将其用于风险更高的项目,这会增大偿债风险,债权人的负债价值必然降低,造成债权人风险与收益的不对称 (2)股东可能在未征得现有债权人同意的情况下,要求经营者举借新债,从而致使原有债权的价值降低	(1)限制性借债:债权人事先规定借债用途限制、借债担保条款和借债信用条件 (2)收回借款或停止借款
大股东与中小股东	(1)大股东利用关联交易转移上市公司的资产 (2)大股东非法占用上市公司巨额资金,或以上市公司的名义进行担保和恶意筹资 (3)大股东通过发布虚假信息进行股价操纵 (4)为大股东委派的高管支付不合理的报酬 (5)采用不合理的股利政策,掠夺中小股东的既得利益	(1)完善上市公司的治理结构 (2)规范上市公司的信息披露制度,同时应完善会计准则体系和信息披露规则,加大对信息披露违规行为的处罚力度

第二节　财务管理体制

一、企业财务管理体制的一般模式

企业财务管理体制是明确企业各财务层级财务权限、责任和利益的制度,其核心问题是如何配置财务管理权限,企业财务管理体制决定着企业财务管理的运行机制和实施模式,具体内容如下表所示:

一般模式	特点	优点	缺点
集权型财务管理体制	企业对各所属单位的所有财务管理决策都进行集中统一,各所属单位没有财务决策权,企业总部财务部门不但参与决策和执行决策,在特定情况下还直接参与各所属单位的执行过程	(1)有利于在整个企业内部优化配置资源 (2)有利于实行内部调拨价格 (3)有利于内部采取避税措施及防范汇率风险等	(1)集权过度会使各所属单位缺乏主动性、积极性,丧失活力 (2)失去适应市场的弹性,丧失市场机会
分权型财务管理体制	企业内部的管理权限分散于各所属单位。各所属单位在人、财、物、供、产、销等方面有决定权	(1)有利于针对本单位存在的问题及时作出有效决策,因地制宜地搞好各项业务 (2)有利于分散经营风险,促进所属单位管理人员和财务人员的成长	各所属单位大都从本单位利益出发安排财务活动,缺乏全局观念和整体意识,从而可能导致资金管理分散、资金成本增大、费用失控、利润分配无序
集权与分权相结合型财务管理体制	企业对各所属单位在所有重大问题的决策与处理上实行高度集权,各所属单位则对日常经营活动具有较大的自主权	吸收了集权型和分权型财务管理体制各自的优点,避免了两者各自的缺点,从而具有较大的优越性	—

二、与企业组织体制相对应的原则

企业组织体制主要有 U 型组织、H 型组织和 M 型组织三种形式,具体内容如下表所示:

组织体制	相关内容
U 型组织	(1)实行管理层级的集中控制,没有中间管理层 (2)典型的特征是集权控制,子公司的自主权较小
H 型组织	(1)即控股公司制,子公司拥有独立的法人地位和比较完整的职能部门 (2)典型的特征是过度分权,各子公司保持了较大的独立性 (3)现代的 H 型组织既可以分权管理,也可以集权管理
M 型组织	(1)即事业部制,事业部是中间管理组织,不是独立法人 (2)特征是集权程度比 H 型组织集权程度高 (3)现代的 M 型组织拥有一定的经营自主权,甚至可以在总部授权下进行兼并、收购和增加生产线等重大决策

第三节　财务管理环境

财务管理环境是指对企业财务活动和财务管理产生影响作用的企业内外各种条件的统称,主要包括技术环境、经济环境、金融环境、法律环境等。

一、技术环境

财务管理的技术环境,是指财务管理得以实现的技术手段和技术条件,它决定着财务管理的效率和效果。

二、经济环境

在影响财务管理的各种外部环境中,经济环境是最为重要的。经济环境内容十分广泛,包括经济体制、经济周期、经济发展水平、宏观经济政策及通货膨胀水平等。

通货膨胀对企业财务活动的影响是多方面的。主要表现在:①引起资金占用的大量增加,从而增加企业的资金需求;②引起企业利润虚增,造成企业资金由于利润分配而流失;③引起利率上升,加大企业筹资成本;④引起有价证券价格下降,增加企业的筹资难度;⑤引起资金供应紧张,增加企业的筹资困难。

为了减轻通货膨胀对企业造成的不利影响,企业应当采取以下措施予以防范:①在通货膨胀初期,货币面临贬值的风险,这时企业进行投资可以避免风险,实现资本保值;②与客户签订长期购货合同,以减少物价上涨造成的损失;③取得长期负债,保持资本成本的稳定;④在通货膨胀持续期,企业可以采用比较严格的信用条件,减少企业债权;⑤调整财务政策,防止和减少企业资本流失等。

三、金融环境

(一)金融工具

金融工具,是指形成一方的金融资产并形成其他方的金融负债或权益工具的合同。借助金融工具,资金从供给方转移到需求方。一般认为,金融工具具有流动性、风险性和收益性的特征。

金融工具分为基本金融工具和衍生金融工具两大类。常见的基本金融工具有企业持有的现金、从其他方收取现金或其他金融资产的合同权利以及向其他方交付现金或其他金融资产的合同义务等。衍生金融工具又称派生金融工具,是在基本金融工具的基础上通过特定技术设计形成的新的金融工具,常见的衍生金融工具包括远期合同、期货合同、互换合同和期权合同等,具有高风险、高杠杆效应的特点。

(二)金融市场

金融市场是指资金供应者和资金需求者双方通过一定的金融工具进行交易进而融通资金的场所。金融市场的构成要素包括资金供应者和资金需求者、金融工具、交易价格、组织方式等。

以期限为标准,金融市场可分为货币市场和资本市场,具体内容如下表所示:

市场类型	功能	特点	举例
货币市场	调节短期资金融通	（1）期限短。最长不超过1年 （2）解决短期资金周转。资金来源主要是资金所有者暂时闲置的资金，用途一般是弥补短期资金的不足 （3）货币性较强。流动性强、价格平稳、风险较小	拆借市场、票据市场、大额定期存单市场、短期债券市场
资本市场	实现长期资本融通	（1）融资期限长。至少1年以上，最长可达10年甚至10年以上 （2）融资目的是解决长期投资性资本的需要，用于补充长期资本，扩大生产能力 （3）资本借贷量大 （4）收益较高但风险也较大	债券市场、股票市场、期货市场、融资租赁市场

四、法律环境

法律环境是指企业与外部发生经济关系时所涉的法律因素总和，主要包括企业应遵守的有关法律、法规和规章，主要包括《公司法》《证券法》《民法典》《企业财务通则》《内部控制基本规范》《管理会计指引》及税法等。

第二章 财务管理基础

知识体系

本章导学

从近几年考试来看,银保监财会类职位专业科目考试对于本章知识着重考查货币时间价值、风险与收益。考生需要掌握货币时间价值、资产收益率的类型、风险的衡量、证券资产组合的风险与收益。

第一节 货币时间价值

一、货币时间价值的含义

货币时间价值,是指在没有风险和没有通货膨胀的情况下,货币经历一定时间的投资和再投资所增加的价值,也称为资金的时间价值。

用相对数表示的货币时间价值称为纯粹利率(简称纯利率)。纯利率是指在没有通货膨胀、无风险情况下资金市场的平均利率。没有通货膨胀时,短期国债利率视为纯利率。

二、复利终值和现值

(一)复利终值

复利终值指现在的特定资金按复利计算方法,折算到将来某一时点的价值。或者说现在的一定本金在将来一定时间,按复利计算的本金与利息之和,简称本利和。复利终值的计算公式如下:

$$F = P \times (1+i)^n$$
$$= P \times (F/P, i, n)$$

式中,$(1+i)^n$ 称为复利终值系数,用符号 $(F/P, i, n)$ 表示。P 为现值(或初始值);i 为计息期利率;F 为终值(或本利和);n 为计息期数。

(二)复利现值

复利现值是指未来某一时点的特定资金按复利计算方法,折算到现在的价值。或者说为取得将来一定本利和,现在所需要的本金。

复利现值的计算公式如下:

$$P = F \times (1+i)^{-n}$$
$$= F \times (P/F, i, n)$$

式中,$(1+i)^{-n}$ 称为复利现值系数,用符号 $(P/F, i, n)$ 来表示。

复利终值系数与复利现值系数互为倒数,即 $(F/P, i, n) \times (P/F, i, n) = 1$。

三、年金终值和现值

(一)普通年金现值和终值

年金是指间隔期相等的系列等额收付款项。普通年金是年金的最基本形式,它是指从第 1 期起,在一定时期内每期期末等额收付的系列款项,又称为后付年金。

普通年金现值计算公式如下:

$$P = A \times \frac{1-(1+i)^{-n}}{i}$$
$$= A \times (P/A, i, n)$$

式中,符号 $(P/A, i, n)$ 表示年金现值系数。

普通年金终值计算公式如下:

$$F = A \times \frac{(1+i)^{n}-1}{i}$$
$$= A \times (F/A, i, n)$$

式中,符号 $(F/A, i, n)$ 表示年金终值系数。

(二)预付年金现值和终值

预付年金是指从第 1 期起,在一定时期内每期期初等额收付的系列款项,又称即付年金或者先付年金。

预付年金现值计算公式如下:

$$P = A \times (P/A, i, n) \times (1+i)$$

预付年金终值计算公式如下:

$$F = A \times (F/A, i, n) \times (1+i)$$

(三)递延年金现值和终值

递延年金由普通年金递延形成,递延的期数称为递延期,一般用 m 表示。递延年金的第一次收付发生在第 $(m+1)$ 期期末(m 为大于 0 的整数)。

递延年金现值的计算公式如下:

$$P = A \times (P/A, i, n) \times (P/F, i, m)$$

式中,n 表示等额收付的次数(A 的个数),$A \times (P/A, i, n)$ 表示第 m 期期末的复利现值之和。

递延年金终值的计算公式如下：

$$F=A\times(F/A,i,n)$$

式中，n 表示等额收付的次数（A 的个数），与递延期 m 无关。其公式与普通年金终值的一般公式完全相同。

递延年金现值受递延期 m 的影响，递延期越长，递延年金的现值越小。

递延年金终值与递延期 m 无关，而和年金发生的次数 n 有关。

（四）永续年金现值和终值

永续年金是普通年金的极限形式，当普通年金的收付次数为无穷大时即为永续年金。永续年金现值的计算公式如下：

$$P(n\to\infty)=\frac{A}{i}$$

永续年金因为没有到期日，所以没有终值。

（五）年偿债基金

年偿债基金是指为了在约定的未来某一时点清偿某笔债务或者积聚一定数额的资金而必须分次等额形成的存款准备金。简单说来就是已知终值 F，求年金 A。年偿债基金的计算公式如下：

$$A=F\times(A/F,i,n)$$

式中，$(A/F,i,n)$ 为偿债基金系数。

（六）年资本回收额

年资本回收额是指在约定年限内等额回收初始投入资本的金额。简单说来就是已知普通年金现值 P，求年金 A。年资本回收额的计算公式如下：

$$A=P\times(A/P,i,n)$$

式中，$(A/P,i,n)$ 为资本回收系数。

普通年金终值系数与偿债基金系数互为倒数，即普通年金终值系数×偿债基金系数＝1。普通年金现值系数与资本回收系数互为倒数，即普通年金现值系数×资本回收系数＝1。

第二节　风险与收益

一、资产收益率的类型

（一）实际收益率

实际收益率表示已经实现或者确定可以实现的资产收益率，表述为已实现或确定可以实现的利息（股息）率与资本利得收益率之和。

当存在通货膨胀时，扣除通货膨胀率的影响后，才是真实的收益率。

（二）预期收益率

预期收益率也称为期望收益率，是指在不确定的条件下，预测的某资产未来可能实现的收益率。

其计算公式如下：

$$预期收益率 E(R) = \sum_{i=1}^{n} (P_i \times R_i)$$

式中，P_i 表示情况 i 可能出现的概率，R_i 表示情况 i 出现时的收益率。

（三）必要收益率

必要收益率也称最低报酬率或最低要求的收益率，表示投资者对某资产合理要求的最低收益率。必要收益率由两部分构成：

（1）无风险收益率。无风险收益率也称无风险利率，它是指无风险资产的收益率，它的大小由纯粹利率（资金的时间价值）和通货膨胀补贴两部分组成。在一般情况下，通常用短期国债的利率近似地代替无风险收益率。

（2）风险收益率。风险收益率是指某资产持有者因承担该资产的风险而要求的超过无风险利率的额外收益；风险收益率衡量了投资者将资金从无风险资产转移到风险资产而要求得到的"额外补偿"，它的大小取决于风险的大小和投资者对风险的偏好。

二、资产的风险及其衡量

（一）风险衡量

衡量风险的指标主要有收益率的方差、标准差和标准差率等。未来收益率发生的概率 P_i 不能用来衡量风险。

（1）期望值的计算公式如下：

$$\overline{E} = \sum_{i=1}^{n} (X_i \times P_i)$$

该公式不能用来衡量风险。

（2）方差的计算公式如下：

$$\sigma^2 = \sum_{i=1}^{n} (X_i - \overline{E})^2 \times P_i$$

期望值相同时，可以用来衡量风险的大小，方差越大，风险越大。

（3）标准差的计算公式如下：

$$\sigma = \sqrt{\sum_{i=1}^{n} (X_i - \overline{E})^2 \times P_i}$$

期望值相同时，可以用来衡量风险的大小，标准差越大，风险越大。

（4）标准差率的计算公式如下：

$$V = \frac{\sigma}{\overline{E}} \times 100\%$$

标准差率不受期望值是否相同的影响，可以用来衡量风险的大小。标准差率越大，风险越大。

（二）风险管理对策

1. 风险规避

风险规避是指企业回避、停止或退出蕴含某一风险的商业活动或商业环境，避免成为风险的所有人。例如，退出某一市场以避免激烈竞争；拒绝与信用不好的交易对手进行交易；禁止各业务单位在

金融市场上进行投机。

2. 风险承担

风险承担是指企业对所面临的风险采取接受的态度,从而承担风险带来的后果。对未能辨识出的风险,企业只能采用风险承担;对于辨识出的风险,企业可能由于缺乏能力进行主动管理、没有其他备选方案等因素而选择风险承担;对于企业的重大风险,企业一般不采用风险承担。

3. 风险转移

风险转移是指企业通过合同将风险转移到第三方,企业对转移后的风险不再拥有所有权。转移风险不会降低其可能的严重程度,只是从一方移除后转移到另一方。例如,购买保险;采取合营方式实现风险共担。

4. 风险转换

风险转换是指企业通过战略调整等手段将企业面临的风险转换成另一个风险,其简单形式就是在减少某一风险的同时增加另一风险。例如,通过放松交易客户信用标准增加了应收账款,但扩大了销售。

5. 风险对冲

风险对冲是指引入多个风险因素或承担多个风险,使得这些风险能互相冲抵。风险对冲不是针对单一风险,而是涉及风险组合。常见的例子有资产组合使用、多种外币结算的使用和战略上的多种经营。

6. 风险补偿

风险补偿是指企业对风险可能造成的损失采取适当的措施进行补偿,形式包括财务补偿、人力补偿、物资补偿。常见的财务补偿包括企业自身的风险准备金或应急资本等。

7. 风险控制

风险控制是指控制风险事件发生的动因、环境、条件等,来达到减轻风险事件发生时的损失或降低风险事件发生概率的目的。风险控制对象一般是可控风险,包括多数运营风险、如质量、安全和环境风险以及法律风险中的合规性风险。

三、证券资产组合的风险与收益

(一)证券资产组合的预期收益率

证券资产组合的预期收益率是组成证券资产组合的各种资产收益率的加权平均数,其权数为各种资产在组合中的价值比例。

(二)证券资产组合的风险分散功能

证券资产组合的标准差 σ_P 用来衡量证券资产组合的全部风险(系统性风险和非系统性风险)。

两项证券资产组合的收益率的方差和标准差的计算公式如下:

$$\sigma_P^2 = w_1^2\sigma_1^2 + w_2^2\sigma_2^2 + 2w_1w_2\rho_{1,2}\sigma_1\sigma_2$$

$$\sigma_P = \sqrt{w_1^2\sigma_1^2 + w_2^2\sigma_2^2 + 2w_1w_2\rho_{1,2}\sigma_1\sigma_2}$$

σ_1 和 σ_2 分别表示组合中两项资产收益率的标准差;w_1 和 w_2 分别表示组合中两项资产所占的价值比例;$\rho_{1,2}$ 反映两项资产收益率的相关程度,即两项资产收益率之间的相对运动状态,称为相关系数。理论上,相关系数介于区间 $[-1,1]$ 内。

（1）$\rho_{1,2}$ 等于1，表明两项资产的收益率具有完全正相关关系，两项资产的风险完全不能相互抵消，这样的组合不能降低任何风险。

（2）$\rho_{1,2}$ 等于-1，表明两项资产的收益率具有完全负相关关系，两项资产的风险可以充分地相互抵消，甚至完全消除，这样的组合能够最大程度地降低风险。

（3）在实务中，绝大多数资产两两之间都具有不完全的相关关系，即相关系数小于1且大于-1，证券资产组合收益率的标准差小于组合中各资产收益率标准差的加权平均值，因此，大多数情况下，证券资产组合能够分散风险，但不能完全消除风险。

（三）风险的分类

1. 非系统性风险

非系统性风险又被称为特殊风险、特有风险或可分散风险，是指发生于个别公司的特有事件造成的风险。

与证券组合资产个数的关系：①随着组合中资产个数的增加，分散风险的效应会比较明显，但资产数目增加到一定程度时，风险分散的效应就会逐渐减弱；②通过资产多样化不能达到完全消除风险的目的，因为系统性风险是不能通过风险的分散来消除的。

2. 系统性风险

系统性风险又被称为市场风险或不可分散风险，是影响所有资产的、不能通过资产组合而消除的风险。系统性风险的影响因素包括宏观经济形势的变动、国家经济政策的变化、税制改革、企业会计准则改革、世界能源状况、政治因素等。

系统性风险的衡量指标是 β 系数。它告诉我们相对于市场组合而言特定资产的系统性风险是多少。由于市场组合包含了所有的资产，其中的非系统性风险已经被消除，所以市场组合的风险就是市场风险或系统性风险，市场组合相对于它自己的 β 系数等于1。

（四）资本资产定价模型

资本资产定价模型的核心关系式如下：

$$必要收益率＝无风险收益率＋风险收益率$$

即：

$$R = R_f + \beta \times (R_m - R_f)$$

式中，R_f 表示无风险收益率；R_m 表示市场组合收益率，通常用股票价格指数收益率的平均值或所有股票的平均收益率来代替；β 表示该资产的系统性风险系数；$(R_m - R_f)$ 称为市场风险溢酬，也可称为市场组合的风险收益率或股票市场的风险收益率；$\beta \times (R_m - R_f)$ 称为该资产的风险收益率。

例题

已知某公司股票的 β 系数为0.5，短期国债收益率为6%，市场组合收益率为10%，则该公司股票的必要收益率为（　　）。

A. 6%　　　　　B. 8%　　　　　C. 10%　　　　　D. 16%

【答案】B。解析：根据资本资产定价模型，必要收益率＝6%＋0.5×（10%－6%）＝8%。故本题选B。

第三章　预算管理

知识体系

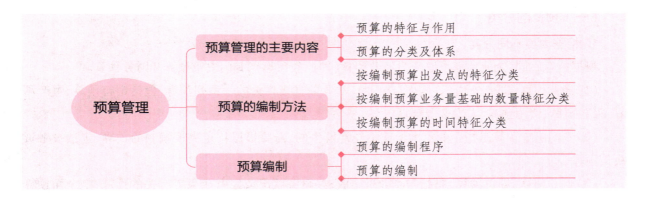

本章导学

从近几年考试来看,银保监财会类职位专业科目考试对于本章知识着重考查预算管理的主要内容和预算的编制方法。考生需熟记不同预算的特点。

第一节　预算管理的主要内容

一、预算的特征与作用

预算是企业在预测、决策的基础上,用数量和金额以表格的形式反映企业未来一定时期内经营、投资、筹资等活动的具体计划,是为实现企业目标而对各种资源和企业活动所做的详细安排。

(一)预算的特征

预算的特征具体包括以下两点:

(1)预算与企业的战略目标保持一致。

(2)数量化和可执行性是预算最主要的特征。

(二)预算的作用

预算的作用包括以下三点:

(1)预算通过规划、控制和引导经济活动,使企业经营达到预期目标。

(2)预算可以实现企业内部各个部门之间的协调。

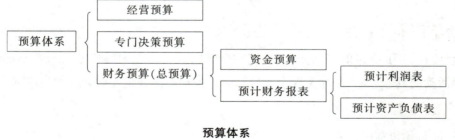

（3）预算可以作为业绩考核的重要依据。

例题

企业预算最主要的特征是（　　　）。

A. 数量化 　　　　　　　　　　　　B. 表格化

C. 可伸缩性 　　　　　　　　　　　D. 可执行性

【答案】AD。解析：数量化和可执行性是预算最主要的特征。故本题选 AD。

二、预算的分类及体系

（一）预算的分类

1. 根据内容不同分类

根据内容不同，企业预算可以分为经营预算（即业务预算）、专门决策预算和财务预算。

（1）经营预算（即业务预算）是指与企业日常业务直接相关的一系列预算，包括销售预算、生产预算、采购预算、费用预算、人力资源预算等。

（2）专门决策预算是指企业重大的或不经常发生的、需要根据特定决策编制的预算，包括投融资决策预算等。

（3）财务预算（即总预算）是指与企业资金收支、财务状况或经营成果等有关的预算，是全面预算体系的最后环节，包括资金预算、预计资产负债表、预计利润表等。

2. 根据预算指标覆盖的时间长短分类

根据预算指标覆盖的时间长短，企业预算可分为长期预算和短期预算。

（1）长期预算是预算期在 1 年以上的预算，如资本支出预算、长期销售预算等。

（2）短期预算是预算期在 1 年以内（含 1 年）的预算。一般情况下，企业的经营预算和财务预算多为短期预算。

（二）预算体系

各种预算是一个有机联系的整体，预算体系的结构如下图所示。

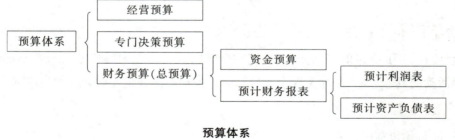

预算体系

例题

下列各项中，属于经营预算的有（　　　）。

A. 资本支出预算 　　　　　　　　　B. 生产预算

C. 管理费用预算 　　　　　　　　　D. 销售预算

【答案】BCD。解析：经营预算是指与企业日常业务直接相关的一系列预算，包括销售预算、生产预算、采购预算、费用预算、人力资源预算等。资本支出预算属于专门决策预算。故本题选 BCD。

第二节　预算的编制方法

一、按编制预算出发点的特征分类

按出发点的特征不同,编制预算的方法可分为增量预算法和零基预算法。

（一）增量预算法

增量预算法是指以历史期实际经济活动及其预算为基础,结合预算期经济活动及相关影响因素的变动情况,通过调整历史期经济活动项目及金额形成预算的预算编制方法。

增量预算法以过去的费用发生水平为基础,主张不需在预算内容上作较大的调整。其缺点是可能导致无效费用开支无法得到有效控制,造成预算上的浪费。

（二）零基预算法

零基预算法,是指企业不以历史期经济活动及其预算为基础,以零为起点,从实际需要出发分析预算期经济活动的合理性,经综合平衡,形成预算的预算编制方法。

零基预算法的应用程序如下图所示。

明确预算编制标准 → 制订业务计划 → 编制预算草案 → 审定预算方案

零基预算法的应用程序

零基预算法的主要优点:①以零为起点编制预算,不受历史期经济活动中的不合理因素影响,能够灵活应对内外环境的变化,预算编制更贴近预算期企业经济活动需要;②有助于增加预算编制的透明度,有利于进行预算控制。

零基预算法的主要缺点:①预算编制工作量较大、成本较高;②预算编制的准确性受企业管理水平和相关数据标准准确性影响较大。

> **例题**
>
> 下列各项中,不属于零基预算法优点的是(　　　)。
>
> A. 不受已有费用项目和开支水平的限制
>
> B. 能调动各部门降低费用的积极性
>
> C. 工作量比较小
>
> D. 有助于企业的发展
>
> 【答案】C。

二、按编制预算业务量基础的数量特征分类

按业务量基础的数量特征不同,编制预算的方法可分为固定预算法和弹性预算法。

（一）固定预算法（静态预算法）

固定预算法是指以预算期内正常的、最可能实现的某一业务量水平为固定基础,不考虑可能发生

的变动的预算编制方法。

固定预算法的缺点是适应性差和可比性差。适用范围包括固定费用或者数额比较稳定的预算项目。

（二）弹性预算法（动态预算法）

弹性预算法是指企业在分析业务量与预算项目之间数量依存关系的基础上，分别确定不同业务量及其相应预算项目所消耗资源的预算编制方法。

弹性预算法适用于编制全面预算中所有与业务量有关的预算，但实务中主要用于编制成本费用预算和利润预算，尤其是成本费用预算。

弹性预算法编制时应注意的问题：

（1）选择业务量的计量单位，要选用一个最能代表生产经营活动水平的业务量计量单位，例如，以手工操作为主的车间，就应选用人工工时；制造单一产品或零件的部门，可以选用实物数量；修理部门可以选用直接修理工时等。

（2）确定适用的业务量范围，务必使实际业务量不至于超出相关的业务量范围。一般来说，可定在正常生产能力的 70%~110%，或以历史上最高业务量和最低业务量为其上下限。

弹性预算法编制预算的准确性，在很大程度上取决于成本性态分析的可靠性。

弹性预算法的主要优点：考虑了预算期可能的不同业务量水平，更贴近企业经营管理实际情况。

弹性预算法分为公式法和列表法，具体内容如下表所示：

方法	编制要点	优点	缺点
公式法	某项预算成本总额＝固定成本预算总额＋单位变动成本预算额×预计业务量 $Y=a+bX$	便于在一定范围内计算任何业务量的预算成本，可比性和适应性强，编制预算的工作量相对较小	按公式进行成本分解比较麻烦，对每个费用子项目甚至细目逐一进行成本分解，工作量很大
列表法	企业通过列表的方式，在业务量范围内依据已划分出的若干个不同等级，分别计算并列示该预算项目与业务量相关的不同可能预算方案的方法	不管实际业务量多少，不必经过计算即可找到与业务量相近的预算成本；混合成本中的阶梯成本和曲线成本，可按总成本性态模型计算填列，不必用数学方法修正为近似的直线成本	在评价和考核实际成本时，往往需要使用内插法来计算"实际业务量的预算成本"，比较麻烦

三、按编制预算的时间特征分类

按预算期的时间特征不同，可分为定期预算法和滚动预算法。

（一）定期预算法

定期预算法是指在编制预算时，以不变的会计期间（如日历年度）作为预算期的一种编制预算的方法。

定期预算法的优点是能够使预算期间与会计期间相对应，便于将实际数与预算数进行对比，也有利于对预算执行情况进行分析和评价。定期预算法的缺点是缺乏长远打算，导致一些短期行为的出现。

（二）滚动预算法

滚动预算法是指企业根据上一期预算执行情况和新的预测结果，按既定的预算编制周期和滚动

频率,对原有的预算方案进行调整和补充、逐期滚动、持续推进的预算编制方法。

按照预算编制周期,可以将滚动预算分为中期滚动预算和短期滚动预算,包括逐年滚动、逐月滚动、逐季滚动、混合滚动。

滚动预算法的优点:实现动态反映市场、建立跨期综合平衡,从而有效指导企业营运,强化预算的决策与控制职能。

滚动预算法的缺点:①预算滚动的频率越高,对预算沟通的要求越高,预算编制的工作量越大;②过高的滚动频率容易增加管理层的不稳定感,导致预算执行者无所适从。

第三节 预算编制

一、预算的编制程序

企业一般按照分级编制、逐级汇总的方式,采用自上而下、自下而上、上下结合或多维度相协调的流程编制预算。

二、预算的编制

(一)经营预算的编制

经营预算编制的主要内容如下表所示:

项目	定义	编制基础	主要内容	重要性	计算公式
销售预算	销售预算是用于规划预算期销售活动的一种经营预算	在销售预测的基础上编制的	销量、单价和销售收入,通常还包括预计现金收入的计算,目的是为编制资金预算提供必要的资料	销售预算是编制整个预算的起点,也是其他预算编制的基础	本期现金收入=前期销售本期收现部分+本期销售本期收现部分
生产预算	生产预算是为规划预算期生产规模而编制的一种经营预算	在销售预算的基础上编制的	销售量、期初和期末产成品存货、生产量	可以作为编制直接材料预算和产品成本预算的依据	预计生产量=预计销售量+预计期末产成品存货-预计期初产成品存货
直接材料预算	直接材料预算是为了规划预算期直接材料采购业务的一种经营预算	在生产预算的基础上编制	材料的单位产品用量、生产需用量、期初和期末存量等	—	预计采购量=生产需用量+期末存量-期初存量
直接人工预算	直接人工预算是一种既反映预算期内人工工时消耗水平,又规划人工成本开支的经营预算	在生产预算的基础上编制	预计产量、单位产品工时、人工总工时、每小时人工成本、人工总成本	—	—

（续表）

项目	定义	编制基础	主要内容	重要性	计算公式
制造费用预算	制造费用预算通常分为变动制造费用预算和固定制造费用预算两部分	（1）变动制造费用预算以生产预算为基础编制 （2）固定制造费用预算需要逐项进行预计，通常与本期产量无关	折旧费、现金支出的费用	—	—
产品成本预算	产品成本预算是销售预算、生产预算、直接材料预算、直接人工预算、制造费用预算的汇总	在销售预算、生产预算、直接材料预算、直接人工预算、制造费用预算的基础上编制	产品的单位成本和总成本	—	—
销售费用预算	销售费用预算是指为了实现销售预算所需支付的费用预算	在销售预算的基础上编制	—	—	—
管理费用预算	管理费用预算是企业管理业务所必需的费用预算	一般以过去的实际开支为编制基础	—	—	—

例题

甲公司正在编制下一年度的生产预算，期末产成品存货按照下季度销量的10%安排。预计第一季度和第二季度的销售量分别为150件和200件，第一季度的预计生产量是（　　）件。

A.145　　　　　　　　　　　　　　　　B.150

C.155　　　　　　　　　　　　　　　　D.170

【答案】C。解析：预计生产量＝预计销售量＋预计期末产成品存货－预计期初产成品存货＝150＋200×10%－150×10%＝155（件）。第一季度的期初就是上年第四季度的期末，上年第四季度期末的产成品存货为第一季度销售量的10%，即150×10%，所以第一季度的期初产成品存货也是150×10%。故本题选C。

（二）专门决策预算的编制

专门决策预算主要是长期投资预算，又称资本支出预算，通常是指与项目投资决策相关的专门预算。其编制依据为项目财务可行性分析资料，以及企业筹资决策资料。

专门决策预算的作用是准确反映项目资金投资支出与筹资计划，同时也是编制资金预算和预计资产负债表的依据。

（三）财务预算的编制

财务预算的编制主要包括资金预算、预计利润表的编制、预计资产负债表的编制。

（1）资金预算。资金预算是以经营预算和专门决策预算为依据编制的，专门反映预算期内预计现金收入与现金支出，以及为满足理想现金余额而进行筹资或归还借款等的预算。

资金预算的构成内容如下：①可供使用现金；②现金支出；③现金余缺；④现金筹措与运用。

资金预算的计算公式如下：

$$可供使用现金＝期初现金余额＋现金收入$$

$$现金余缺＝可供使用现金－现金支出$$

$$现金余缺＋现金筹措－现金运用＝期末现金余额$$

【提示】现金预算的要点：①上一期的期末现金余额＝下一期的期初现金余额；②关注题目所给的现金的最佳余额；③筹措借款时，一般是借款在期初，还款在期末，注意题目所给借款和还款的设定。

（2）预计利润表的编制。预计利润表用来综合反映企业在计划期的预计经营成果，是企业最主要的财务预算表之一。

预计利润表的编制依据为各经营预算、专门决策预算和资金预算。

"所得税费用"项目是在利润规划时估计的，不是根据利润总额和所得税税率计算出来的。

（3）预计资产负债表的编制。预计资产负债表用来反映企业在计划期末预计的财务状况。其编制目的是用来判断预算反映的财务状况的稳定性和流动性。它的编制需以计划期开始日的资产负债表为基础，结合计划期间各项经营预算、专门决策预算、资金预算和预计利润表进行编制。它是编制全面预算的终点。

例题

下列各项中，不会对预计资产负债表中存货金额产生影响的是(　　　　)。

A. 生产预算　　　　　　　　　　　B. 材料采购预算

C. 销售费用预算　　　　　　　　　D. 单位产品成本预算

【答案】C。解析：销售及管理费用预算只是影响利润表中项目的数额，对存货项目没有影响。故本题选C。

第四章 筹资管理

知识体系

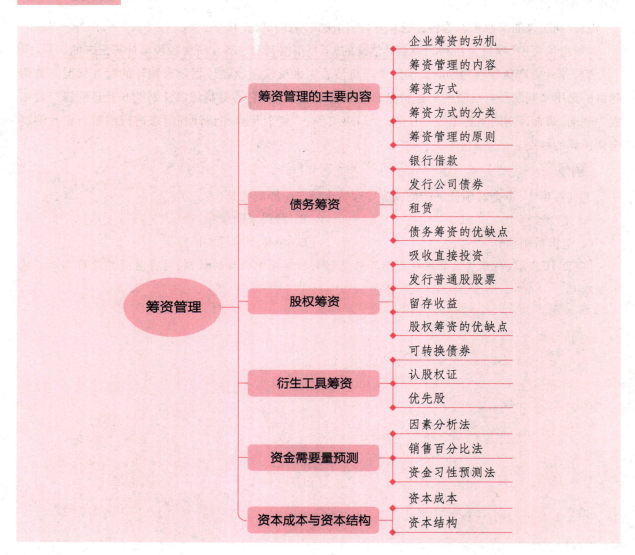

本章导学

　　从近几年考试来看,银保监财会类职位专业科目考试对于本章知识着重考查筹资方式及其具体内容、个别资本成本的计算以及资本结构。本章重难点是个别资本成本的计算以及最优资本结构,考生需理解筹资方式的相关内容及优缺点,熟练运用公式计算最优资本结构。

第一节　筹资管理的主要内容

一、企业筹资的动机

企业筹资的原因，归纳起来表现为五类筹资动机:创立性筹资动机、支付性筹资动机、扩张性筹资动机、调整性筹资动机和混合性筹资动机。

(1)创立性筹资动机。创立性筹资动机是指企业设立时,为取得资本金并形成开展经营活动的基本条件而产生的筹资动机。

(2)支付性筹资动机。支付性筹资动机是指为了满足经营业务活动的正常波动所形成的支付需要而产生的筹资动机。

(3)扩张性筹资动机。扩张性筹资动机是指企业因扩大经营规模或满足对外投资需要而产生的筹资动机。

【提示】具有良好发展前景、处于成长期的企业,往往会产生扩张性筹资动机。扩张性筹资的直接结果,往往是企业资产总规模的增加和资本结构的明显变化,区别于调整性筹资动机。

(4)调整性筹资动机。调整性筹资动机是指企业因调整资本结构而产生的筹资动机。资本结构调整的目的是降低资本成本,控制财务风险,提升企业价值。企业产生调整性筹资动机的具体原因:①优化资本结构,合理利用财务杠杆效应;②偿还到期债务,债务结构内部调整。

(5)混合性筹资动机。在实务中,企业筹资的目的可能不是单纯和唯一的,通过追加筹资,既满足了经营活动、投资活动的资金需要,又达到了调整资本结构的目的,可以称之为混合性筹资动机。

例题

下列各项中,属于企业筹资动机的有(　　　　)。

A. 设立企业　　　　　　　　　　B. 企业扩张

C. 企业收缩　　　　　　　　　　D. 偿还债务

【答案】ABD。解析:A项,属于创立性筹资动机;B项,属于扩张性筹资动机;D项,属于调整性筹资动机。故本题选 ABD。

二、筹资管理的内容

筹资管理的内容包括:

(1)科学预计资金需要量。

(2)合理安排筹资渠道、选择筹资方式。

(3)降低资本成本、控制财务风险。

三、筹资方式

(一)筹资方式的制约因素

筹资方式的制约因素包括法律环境、经济体制、融资市场和国家对金融市场和融资行为方面的法律法规制约。

（二）最基本的筹资方式

最基本的筹资方式包括以下两种：

（1）股权筹资。股权筹资的方式包括：①吸收直接投资；②发行股票；③留存收益。

（2）债务筹资。债务筹资的方式包括：①发行债券；②向金融机构借款；③租赁；④商业信用。

发行可转换公司债券属于兼有股权筹资和债务筹资性质的混合筹资方式。

例题

下列各项中，（   ）筹资方式兼有股权筹资和债务筹资性质。

A. 租赁　　　　　　　　　　　　　B. 商业信用

C. 杠杆租赁　　　　　　　　　　　D. 发行可转换债券

【答案】D。解析：可转换债券是在一定条件下债券可以转换成股票的一种筹资方式，所以是兼有股权筹资和债务筹资性质的混合筹资方式。杠杆租赁属于租赁的一种，租赁和商业信用属于债务筹资方式。故本题选D。

四、筹资方式的分类

筹资方式的分类及特点如下表所示：

分类标准	分类内容	筹资方式	特点
按企业所取得资金的权益特性不同	股权筹资	吸收直接投资、发行股票、内部积累等	一般不用还本，是企业的永久性资本，财务风险小，资本成本相对较高
	债务筹资	向金融机构借款、发行债券、租赁以及赊销商品或服务等	具有较大的财务风险，资本成本相对较低
	衍生工具筹资	可转换债券融资、认股权证融资、优先股筹资	兼具股权与债务筹资性质
按是否借助于金融机构为媒介来获取社会资金	直接筹资	吸收直接投资、发行股票、发行债券等	（1）既可以筹集股权资金，也可以筹集债务资金 （2）筹资的手续复杂，筹资费用较高；但筹资领域广阔，能够直接利用社会资金，有利于提高企业的知名度和资信度
	间接筹资	银行借款、租赁	（1）间接筹资形成的主要是债务资金，主要用于满足企业资金周转的需要 （2）手续相对比较简便，筹资效率高，筹资费用低，但容易受金融政策的制约和影响
按资金的来源范围不同	内部筹资	留存收益	数额的大小主要取决于企业可分配利润的多少和利润分配政策，一般无须花费筹资费用
	外部筹资	发行股票、债券，取得商业信用、向银行借款等	需要花费一定的筹资费用

（续表）

分类标准	分类内容	筹资方式	特点
按所筹集资金的使用期限不同	长期筹资	吸收直接投资、发行股票、发行债券、长期借款、租赁等	目的主要在于形成和更新企业的生产和经营能力,或扩大企业的生产经营规模,或为对外投资筹集资金
	短期筹资	商业信用、短期借款、保理业务等	短期资金主要用于企业的流动资产和资金日常周转

例题

间接筹资的基本方式是( )。

A. 发行股票筹资　　　B. 投入资本筹资　　　C. 银行借款筹资　　　D. 发行债券筹资

【答案】C。解析:间接筹资的基本方式是银行借款,此外还有租赁等方式。故本题选C。

五、筹资管理的原则

筹资管理的原则包括筹措合法、规模适当、取得及时、来源经济、结构合理。

第二节　债务筹资

银行借款、发行公司债券和租赁,是债务筹资的三种基本形式。

一、银行借款

（一）银行借款的种类

1. 按提供贷款的机构分类

银行借款按提供贷款的机构分类如下表所示:

类型	内容
政策性银行贷款	国家开发银行贷款、中国进出口信贷银行贷款、中国农业发展银行贷款
商业银行贷款	由各商业银行向工商企业提供的贷款,包括短期贷款和长期贷款
其他金融机构贷款	信托投资贷款、从财务公司取得的各种中长期贷款、从保险公司取得的贷款等。其他金融机构贷款一般较商业银行贷款的期限要长,要求的利率较高,对借款企业的信用要求和担保的选择比较严格

2. 按机构对贷款有无担保要求分类

银行借款按机构对贷款有无担保要求分类如下表所示:

类型		内容
信用贷款		以借款人的信誉或保证人的信用为依据而获得的贷款
担保贷款	保证贷款	以第三方作为保证人承诺在借款人不能偿还借款时,按约定承担一定保证责任或连带责任而取得的贷款
	抵押贷款	以借款人或第三方的财产作为抵押物而取得的贷款
	质押贷款	以借款人或第三方的动产或财产权利作为质押物而取得的贷款

（二）长期借款的保护性条款

1. 例行性保护条款

例行性保护条款作为例行常规，在大多数借款合同中都会出现，主要包括以下五种：①定期向提供贷款的金融机构提交财务报表；②不准在正常情况下出售较多的非产成品存货；③到期清偿应缴纳税金和其他债务；④不准以资产作其他承诺的担保或抵押；⑤不准贴现应收票据或出售应收账款，以避免或有负债。

2. 一般性保护条款

一般性保护条款，是对企业资产的流动性及偿债能力等方面的要求条款，这类条款应用于大多数借款合同，主要包括以下五种：①保持企业的资产流动性；②限制企业非经营性支出；③限制企业资本支出的规模；④限制公司再举债规模；⑤限制公司的长期投资。

3. 特殊性保护条款

特殊性保护条款，是针对某些特殊情况而出现在部分借款合同中的条款，主要包括以下三种：①要求公司的主要领导人购买人身保险；②借款的用途不得改变；③违约惩罚条款。

上述各项条款结合使用，将有利于全面保护银行等债权人的权益。但借款合同是经双方充分协商后决定的，其最终结果取决于双方谈判能力的大小，而不是完全取决于银行等债权人的主观愿望。

（三）银行借款的筹资特点

与发行公司债券筹资、股权筹资等相比，银行借款的筹资特点如下表所示：

特点	内容
优点	①筹资速度快，程序简单，用时较短；②资本成本较低；③筹资弹性较大
缺点	①限制条款多；②筹资数额有限

例题

相对于股权融资而言，长期银行借款筹资的优点有（　　　　）。

A. 筹资风险小　　　　　　　　　B. 筹资速度快

C. 资本成本低　　　　　　　　　D. 筹资数额大

【答案】BC。解析：相对于股权筹资来说，长期借款筹资的优点：筹资速度快、资本成本低、筹资弹性大。故本题选BC。

二、发行公司债券

（一）公司债券的种类

公司债券按是否记名，分为记名债券和无记名债券；按是否能够转换成公司股权，分为可转换债券与不可转换债券；按有无特定财产担保，分为担保债券和信用债券；按是否公开发行，分为公开发行债券和非公开发行债券。

（二）债券的偿还

债券的偿还分为提前偿还和到期偿还两大类。

1. 提前偿还

提前偿还所支付的价格通常要高于债券的面值，并随到期日的临近而逐渐下降。具有提前偿还

条款的债券可使公司筹资有较大的弹性。当公司资金有结余时,可提前赎回债券;当预测利率下降时,也可提前赎回债券,而后以较低的利率来发行新债券。

只有在公司发行债券的契约中明确规定了有关允许提前偿还的条款,公司才可以进行此项操作。

2. 到期偿还

到期偿还包括分批偿还和一次偿还。

分批偿还债券是指一个公司在发行同一种债券的当时就为不同编号或不同发行对象的债券规定了不同的到期日的债券。

一次偿还债券是指发行债券的公司在债券到期日一次性归还债券本金并结算债券利息的债券。

（三）发行公司债券的筹资特点

发行公司债券的筹资特点如下表所示:

特点	内容
优点	①一次筹资数额大;②提高公司社会声誉;③筹资使用限制少
缺点	资本成本负担较高

三、租赁

（一）租赁的基本特征

租赁的基本特征如下:①所有权与使用权相分离;②融资与融物相结合;③租金的分期支付。

（二）租赁的形式

租赁的形式如下:

（1）直接租赁是租赁的主要形式,承租方提出租赁申请,出租方按照承租方的要求选购设备,然后再出租给承租方。

（2）售后回租是指承租方由于急需资金等各种原因,将自己的资产出售给出租方,然后以租赁的形式从出租方原封不动地租回资产的使用权。

（3）杠杆租赁是指涉及承租人、出租人和资金出借人三方的融资租赁业务。一般来说,当所涉及的资产价值昂贵时,出租方自己只投入部分资金,通常为资产价值的20%～40%,其余资金则通过将该资产抵押担保的方式,向第三方(通常为银行)申请贷款解决。然后出租人将购进的设备出租给承租方,用收取的租金偿还贷款,该资产的所有权属于出租方。出租人既是债权人也是债务人,既要收取租金又要支付债务。

（三）租金计算

租赁每期租金的多少,取决于以下几项因素:①设备原价及预计残值;②利息;③租赁手续费和利润。

实务中,承租企业与租赁公司商定的租金支付方式,大多为后付等额年金。

我国租赁实务中,租金的计算大多采用等额年金法。等额年金法下,通常要根据利率和租赁手续费率确定一个租费率作为折现率,公式如下:

$$利率+租赁手续费率=折现率$$

（四）租赁的筹资特点

租赁的筹资特点如下表所示:

特点	内容
优点	①无须大量资金就能迅速获得资产;②财务风险小,财务优势明显;③筹资的限制条件较少;④能延长资金融通的期限
缺点	资本成本负担较高

四、债务筹资的优缺点

(一)债务筹资的优点

债务筹资的优点如下:

(1)筹资速度较快。与股权筹资相比,债务筹资不需要经过复杂的审批手续和证券发行程序,如银行借款、租赁等,可以迅速地获得资金。

(2)筹资弹性较大。发行股票等股权筹资,一方面需要经过严格的政府审批;另一方面从企业的角度出发,由于股权不能退还,股权资本在未来永久性地给企业带来了资本成本的负担。利用债务筹资,可以根据企业的经营情况和财务状况,灵活商定债务条件,控制筹资数量,安排取得资金的时间。

(3)资本成本负担较轻。一般来说,债务筹资的资本成本要低于股权筹资:①取得资金的手续费用等筹资费用较低;②利息、租金等用资费用比股权资本要低;③利息等资本成本可以在税前支付。

(4)可以利用财务杠杆。债务筹资不改变公司的控制权,因而股东不会出于控制权稀释的原因反对公司举债。债权人从企业那里只能获得固定的利息或租金,不能参加公司剩余收益的分配。当企业的资本收益率(息税前利润率)高于债务利率时,会增加普通股股东的每股收益,提高净资产收益率,提升企业价值。

(5)稳定公司的控制权。债权人无权参加企业的经营管理,利用债务筹资不会改变和分散股东对公司的控制权。在信息沟通与披露等公司治理方面,债务筹资的代理成本也较低。

(二)债务筹资的缺点

债务筹资的缺点如下:

(1)不能形成企业稳定的资本基础。债务资本有固定的到期日,到期需要偿还,只能作为企业的补充性资本来源。再加上取得债务往往需要进行信用评级,没有信用基础的企业和新创企业,往往难以取得足够的债务资本。现有债务资本在企业的资本结构中达到一定比例后,往往由于财务风险而不容易再取得新的债务资金。

(2)财务风险较大。债务资本有固定的到期日,有固定的利息负担,抵押、质押等担保方式取得的债务,资本使用上可能会有特别的限制。这些都要求企业必须有一定的偿债能力,要保持资产流动性及其资产收益水平,作为债务清偿的保障,对企业的财务状况提出了更高的要求,否则会给企业带来财务危机,甚至导致企业破产。

(3)筹资数额有限。债务筹资的数额往往受到贷款机构资本实力的制约,除发行债券方式外,一般难以像发行股票那样一次性筹集到大笔资金,无法满足公司大规模筹资的需要。

第三节　股权筹资

吸收直接投资、发行普通股股票和利用留存收益,是股权筹资的三种基本形式。

一、吸收直接投资

(一)吸收直接投资的种类

吸收直接投资包括吸收国家投资、吸收法人投资、吸收外商投资和吸收社会公众投资。

(二)吸收直接投资的出资方式

吸收直接投资的出资方式主要包括以货币资产出资、以实物资产出资、以土地使用权出资、以知识产权出资、以特定债权出资。

(1)以货币资产出资是吸收直接投资中最重要的出资方式。企业有了货币资产,便可以获取其他物质资源,支付各种费用,满足企业创建开支和随后的日常周转需要。

(2)吸收知识产权等无形资产出资的风险较大。此外,国家相关法律法规对无形资产出资方式另有限制:股东或发起人不得以劳务、信用、自然人姓名、商誉、特许经营权或者设定担保的财产等作价出资。

(三)吸收直接投资的筹资特点

吸收直接投资的优点是能够尽快形成生产能力且容易进行信息沟通。吸收直接投资的缺点:①相对于股票筹资,资本成本较高;②企业控制权集中,不利于企业治理;③不易进行产权交易。

二、发行普通股股票

股票是股份有限公司为筹措股权资本而发行的有价证券,是公司签发的证明股东持有公司股份的凭证。股票作为一种所有权凭证,代表着对发行公司净资产的所有权。

(一)股票的特征与分类

股票的特点包括永久性、流通性、风险性和参与性。

股东的权利包括公司管理权、收益分享权、股份转让权、优先认股权和剩余财产要求权。

股票的种类如下:①按股东权利和义务分为普通股股票和优先股股票;②按票面是否记名分为记名股票和无记名股票;③按发行对象和上市地点分为 A 股、B 股、H 股、N 股和 S 股等。

股票只能由股份有限公司发行。

(二)股票的上市交易

股票上市的目的:①便于筹措新资金;②促进股权流通和转让;③便于确定公司价值。

股票上市对公司的不利影响如下:①上市成本较高,手续复杂严格;②公司将负担较高的信息披露成本;③信息公开的要求可能会暴露公司的商业机密;④股价有时会歪曲公司的实际情况,影响公司声誉;⑤可能会分散公司的控制权,造成管理上的困难。

（三）上市公司的股票发行

上市公司的股票发行内容如下表所示：

类型	内容
公开发行	首次上市公开发行（IPO）
	上市公开发行股票，包括增发和配股两种方式
非公开发行	又称定向增发，优势：①有利于引入战略投资者和机构投资者；②有利于利用上市公司的市场化估值溢价，将每公司资产通过资本市场放大，从而提升母公司的资产价值；③定向增发是一种主要的并购手段，特别是资产并购型定向增发，有利于集团企业整体上市，并同时减轻并购的现金流压力

（四）引入战略投资者

战略投资者是指与发行人具有合作关系或有合作意向和潜力，与发行公司业务联系紧密且欲长期持有发行公司股票的法人。

1. 作为战略投资者的要求

作为战略投资者的要求：①要与公司的经营业务联系紧密；②要出于长期投资目的而较长时期地持有股票；③要具有相当的资金实力，且持股数量较多。

2. 引入战略投资者的作用

引入战略投资者的作用：①提升公司形象，提高资本市场认同度；②优化股权结构，健全公司法人治理；③提高公司资源整合能力，增强公司的核心竞争力；④达到阶段性的融资目标，加快实现公司上市融资的进程。

（五）发行普通股股票的筹资特点

发行普通股股票的筹资特点：①两权分离，有利于公司自主经营管理；②资本成本较高；③能增强公司的社会声誉，促进股权流通和转让；④不易及时形成生产能力。

例题

上市公司引入战略投资者的主要作用有（　　　　）。

A. 优化股权结构

B. 提升公司形象

C. 提高资本市场认同度

D. 提高公司资源整合能力

【答案】ABCD。

三、留存收益

留存收益是留存于企业内部、未对外分配的利润。

从性质上看，企业通过合法有效地经营所实现的税后净利润都属于企业的所有者。因此，属于所有者的利润包括分配给所有者的利润和尚未分配留存于企业的利润。

利用留存收益筹资的特点包括：①不用发生筹资费用；②维持公司的控制权分布；③筹资数额有限。

四、股权筹资的优缺点

股权筹资的优缺点如下表所示：

特点	内容
优点	(1)股权筹资是企业稳定的资本基础 (2)股权筹资是企业良好的信誉基础 (3)股权筹资的财务风险较小
缺点	(1)资本成本负担较重 (2)控制权变更可能影响企业长期稳定发展 (3)信息沟通与披露成本大

例题

与债务筹资相比,下列各项不属于股权筹资优点的有(   )。

A. 资本成本负担较轻　　　　　　　　B. 是企业良好的信誉基础

C. 财务风险较小　　　　　　　　　　D. 保持公司的控制权

【答案】AD。解析:A 项,由于股权筹资的资本成本高于债务筹资,所以股权筹资的资本成本负担较重;D 项,由于引进新的投资者或发行新的股票,必然导致公司控制权结构的改变,分散公司的控制权,所以容易分散公司的控制权是股权筹资的缺点。故本题选 AD。

第四节　衍生工具筹资

衍生工具筹资,包括兼具股权与债务性质的混合融资和其他衍生工具融资。我国上市公司目前最常见的混合融资方式是可转换债券融资和优先股股票筹资,最常见的其他衍生工具融资方式是认股权证融资。

一、可转换债券

可转换债券是一种混合型证券,是公司普通债券与证券期权的组合体。可转换债券的持有人在一定期限内,可以按照事先规定的价格或者转换比例,自由地选择是否转换为公司普通股。

（一）可转换债券的分类

一般来说,可转换债券可以分为不可分离的可转换债券和可分离交易的可转换债券。

(1)不可分离的可转换债券的转股权与债券不可分离,债券持有者直接按照债券面额和约定的转股价格,在规定的期限内将债券转换为股票。

(2)可分离交易的可转换债券在发行时附有认股权证,是认股权证与公司债券的组合,发行上市后,公司债券和认股权证各自独立流通、交易。认股权证的持有者认购股票时,需要按照认购价格(行权价)出资购买股票。

（二）可转换债券的基本性质

可转换债券的基本性质如下表所示：

性质	内容
证券期权性	给予债券持有者未来的选择权,实质上是一种未来的买入期权
资本转换性	在正常持有期,属于债权性质;转换成股票后,属于股权性质
赎回与回售	一般会有赎回条款和回售条款

（三）可转换债券的基本要素

可转换债券的基本要素包括以下内容:

（1）标的股票。标的股票一般是发行公司自己的普通股票。

（2）票面利率。可转换债券的票面利率一般会低于普通债券的票面利率,有时甚至还低于同期银行存款利率。

（3）转换价格。转换价格是指可转换债券在转换期内据以转换为普通股的折算价格,即将可转换债券转换为普通股的每股普通股的价格。

（4）转换比率。转换比率是指每一张可转换债券在既定的转换价格下能转换为普通股股票的数量。在债券面值和转换价格确定的前提下,转换比率的计算公式如下:

$$转换比率=债券面值÷转换价格$$

（5）转换期。可转换债券的转换期可以与债券的期限相同,也可以短于债券的期限。转换期间的设定通常有四种情形:①债券发行日至到期日;②发行日至到期前;③发行后某日至到期日;④发行后某日至到期前。

（6）赎回条款。赎回一般发生在公司股票价格一段时期内连续高于转股价格达到某一幅度时。设置赎回条款最主要的功能是强制债券持有者积极行使转股权,因此又被称为加速条款。同时也能使发债公司避免在市场利率下降后,继续向债券持有人按照较高的票面利率支付利息所蒙受的损失。

（7）回售条款。回售一般发生在公司股票价格在一段时期内连续低于转股价格达到某一幅度时。回售对于投资者而言实际上是一种卖权,有利于降低投资者的持券风险。

（8）强制性转换条款。强制性转换条款是指在某些条件具备之后,债券持有人必须将可转换债券转换为股票,无权要求偿还债券本金的条件规定。

（四）可转换债券的筹资特点

可转换债券的筹资特点如下表所示:

特点	内容
优点	(1)筹资灵活性。可转换债券能实现债务筹资和股权筹资的结合,筹资性质和时间上具有灵活性 (2)资本成本较低。可转换债券利率较低,甚至低于同期银行存款利率,后续转股时也无须支付筹资费 (3)筹资效率高。转股价格一般高于发行可转换债券时的股价,对筹资企业来说,相当于在发债之日以高于当时股票的价格筹集了未来的股权资本
缺点	存在一定的财务压力。可转换债券存在不转换的财务压力(如果债券持有人不转股,企业就需要到期支付本金)和回售的财务压力(股价过低,债券持有人行使回售条款,导致发债公司资金外流)

二、认股权证

认股权证是一种由上市公司发行的证明文件,持有人有权在一定时间内以约定价格认购该公司发行的一定数量的股票。按买或卖的不同权利,可分为认购权证和认沽权证,又称为看涨权证和看跌

权证。认股权证,属于认购权证。

(一)认股权证的基本性质

认股权证本质上是一种股票期权,属于衍生金融工具,具有实现融资和股票期权激励的双重功能。但认股权证本身是一种认购普通股的期权,它没有普通股的红利收入,也没有普通股相应的投票权。

投资者可以通过购买认股权证获得市场价与认购价之间的股票差价收益,因此它是一种具有内在价值的投资工具。

(二)认股权证的筹资特点

认股权证的筹资特点包括以下内容:

(1)认股权证是一种融资促进工具。

(2)有助于改善上市公司的治理结构。

(3)有利于推进上市公司的股权激励机制。

三、优先股

优先股是指股份有限公司发行的具有优先权利、相对优先于一般普通种类股份的股份种类。在利润分配及剩余财产清偿分配的权利方面,优先股持有人优先于普通股股东;但在参与公司决策管理等方面,优先股的权利受到限制。

(一)优先股的基本性质

优先股的基本性质如下表所示:

性质	内容
约定股息	股利收益是事先约定的,相对固定。固定股息率各年可以不同,优先股也可以采用浮动股息率分配利润
权利优先	优先股可以先于普通股获得股息。在剩余财产方面,优先股的清偿顺序先于普通股而次于债权人
权利范围小	优先股股东仅在股东大会表决与优先股股东自身利益直接相关的特定事项时,具有有限表决权,如修改公司章程中与优先股股东利益相关的事项条款

(二)优先股的特点

优先股的特点包括以下内容:

(1)有利于丰富资本市场的投资结构。

(2)有利于股份公司股权资本结构的调整。

(3)有利于保障普通股收益和控制权。

(4)有利于降低公司财务风险。

(5)可能给股份有限公司带来一定的财务压力。

第五节　资金需要量预测

资金需要量预测的方法包括因素分析法、销售百分比法和资金习性预测法。

一、因素分析法

因素分析法又称分析调整法,是以有关项目基期年度的平均资金需要量为基础,根据预测年度的生产经营任务和资金周转加速的要求,进行分析调整,来预测资金需要量的一种方法。

因素分析法的优点是计算简便,容易掌握;缺点是预测结果不太精确。它通常用于品种繁多、规格复杂、资金用量较小的项目。因素分析法的计算公式如下:

资金需要量=(基期资金平均占用额-不合理资金占用额)×(1+预测期销售增长率)÷

(1+预测期资金周转速度增长率)

例题

某公司2×16年度资金平均占用额为4 500万元,其中不合理部分占比15%,预计2×17年销售增长率为20%,资金周转速度不变,采用因素分析法预测2×17年度资金需求量为(　　)万元。

A. 4 590　　　　　　　　　　　　　B. 4 500

C. 5 400　　　　　　　　　　　　　D. 3 825

【答案】A。解析:资金需要量=(基期资金平均占用额-不合理资金占用额)×(1+预测期销售增长率)÷(1+预测期资金周转速度增长率)=(4 500-4 500×15%)×(1+20%)÷(1+0)=4 590(万元)。故本题选A。

二、销售百分比法

销售百分比法的基本原理是假设某些资产和负债与销售额存在稳定的百分比关系,根据这个假设预计外部资金需要量。

销售百分比法的基本步骤如下:

(1)确定随销售额变动而变动的资产和负债项目。随着销售额的变化,经营性资产项目将占用更多的资金。同时,随着经营性资产的增加,相应的经营性短期债务也会增加。经营性资产与经营性负债的差额通常与销售额保持稳定的比例关系。其中经营性资产项目包括库存现金、应收账款、存货等项目;经营性负债项目包括应付票据、应付账款等项目,不包括短期借款、短期融资券、长期负债等筹资性负债。

(2)确定有关项目与销售额稳定的比例关系。

(3)确定需要增加的筹资数量。预计由于销售增长而需要的资金需求增长额扣除利润留存后,即为所需要的外部筹资额。

三、资金习性预测法

资金习性预测法是指根据资金习性预测未来资金需要量的一种方法。所谓资金习性,是指资金的变动同产销量变动之间的依存关系。按照资金同产销量之间的依存关系,可以把资金区分为不变资金、变动资金和半变动资金,具体内容如下表所示:

资金类型	定义	举例
不变资金	在一定的产销量范围内,不受产销量变动的影响而保持固定不变的那部分资金	为维持营业而占用的最低数额的现金,原材料的保险储备,必要的成品储备,厂房、机器设备等固定资产占用的资金

（续表）

资金类型	定义	举例
变动资金	随产销量的变动而同比例变动的那部分资金	一般包括直接构成产品实体的原材料、外购件等占用的资金。另外，在最低储备以外的现金、存货、应收账款等也具有变动资金的性质
半变动资金	虽然受产销量变化的影响，但不呈同比例变动的资金。半变动资金可采用一定的方法划分为不变资金和变动资金两部分	一些辅助材料上占用的资金

（一）根据资金占用总额与产销量的关系预测

这种方式是根据历史上企业资金占用总额与产销量之间的关系，把资金分为不变资金和变动资金两部分，然后结合预计的销售量来预测资金需要量。

设产销量为自变量 X，资金占用为因变量 Y，它们之间的关系可用下式表示：

$$Y = a + bX$$

式中，a 为不变资金；b 为单位产销量所需变动资金。a 和 b 可用回归直线方程组求出。

（二）采用逐项分析法预测

采用逐项分析法预测是根据各资金占用项目（如现金、存货、应收账款、固定资产）和资金来源项目同产销量之间的关系，把各项目的资金都分成变动资金和不变资金两部分，然后汇总在一起，求出企业变动资金总额和不变资金总额，进而预测资金需求量。

第六节　资本成本与资本结构

一、资本成本

（一）资本成本的含义及作用

1. 资本成本的含义

资本成本是指企业为筹集和使用资本而付出的代价，包括筹资费用和占用费用。

资本成本的内容：①筹资费，筹资费是指企业在资本筹措过程中为获得资本而付出的代价，如借款手续费、发行费等；②占用费，占用费是指企业在资本使用过程中因占用资本而付出的代价，如向银行等债权人支付的利息，向股东支付的股利等，占用费是资本成本的主要内容。

2. 资本成本的作用

资本成本的作用包括以下内容：

（1）资本成本是比较筹资方式、选择筹资方案的依据。

（2）平均资本成本是衡量资本结构是否合理的重要依据。

（3）资本成本是评价投资项目可行性的主要标准。

（4）资本成本是评价企业整体业绩的重要依据。

3. 影响资本成本的因素

影响资本成本的因素包括总体经济环境、资本市场条件、企业经营状况和融资状况、企业对筹资规模和时限的需求。

例题

下列各项因素中,能够影响公司资本成本水平的有(　　)。

A. 通货膨胀 　　　　　　　　　　　B. 筹资规模

C. 经营风险 　　　　　　　　　　　D. 资本市场效率

【答案】ABCD。解析:影响资本成本的因素有以下几个:①总体经济环境。总体经济环境状况表现在国民经济发展水平,以及预期的通货膨胀等方面。②资本市场条件。资本市场条件包括资本市场的效率和风险。③企业经营状况和融资状况。企业的经营风险和财务风险共同构成企业总体风险。④企业对筹资规模和时限的需求。故本题选 ABCD。

(二)个别资本成本的计算

1. 个别资本成本率计算的一般模式

一般模式的计算公式如下:

$$资本成本率 = \frac{年资金占用费}{筹资总额 - 筹资费用} = \frac{年资金占用费}{筹资总额 \times (1 - 筹资费用率)}$$

对于金额大、时间超过 1 年的长期资本,更准确一些的资本成本计算方式是采用贴现模式,即将债务未来还本付息或股权未来股利分红的贴现值与目前筹资净额相等时的贴现率作为资本成本率。公式如下:

$$筹资净额现值 - 未来资本清偿额现金流量现值 = 0$$

即: 　　　　　　　　　　$$资本成本率 = 所采用的贴现率$$

2. 银行借款的资本成本率

银行借款的资本成本率按一般模式计算如下:

$$银行借款的资本成本率 = \frac{年利率 \times (1 - 所得税税率)}{1 - 手续费率}$$

对于长期借款,考虑货币时间价值问题,还可以用贴现模式计算资本成本率。

3. 公司债券的资本成本率

公司债券的资本成本率按一般模式计算如下:

$$公司债券的资本成本率 = \frac{年利息 \times (1 - 所得税税率)}{债券筹资总额 \times (1 - 手续费率)}$$

4. 优先股的资本成本率

优先股的资本成本主要是向优先股股东支付各期股利。对于固定股息率优先股而言,如果各期股利是相等的,优先股的资本成本率按一般模式计算如下:

$$K_s = \frac{D}{P_n \times (1 - f)}$$

式中,K_s 为优先股资本成本率;D 为优先股年固定股息;P_n 为优先股发行价格;f 为筹资费用率。

如果是浮动股息率优先股,则优先股的浮动股息率将根据约定的方法计算,并在公司章程中事先明确。

5. 普通股的资本成本率

（1）股利增长模型法。假定资本市场有效,股票市场价格与价值相等。假定某股票本期支付的股利为 D_0,未来各期股利按 g 速度永续增长。目前股票市场价格为 P_0,则普通股资本成本率的计算公式如下:

$$K_s = \frac{D_0 \times (1+g)}{P_0 \times (1-f)} + g = \frac{D_1}{P_0 \times (1-f)} + g$$

（2）资本资产定价模型法。假定资本市场有效,股票市场价格与价值相等。假定无风险收益率为 R_f,市场平均收益率为 R_m,某股票贝塔系数为 β,则普通股资本成本率的计算公式如下:

$$K_s = R_f + \beta \times (R_m - R_f)$$

6. 留存收益的资本成本率

留存收益资本成本率的计算与普通股资本成本率的计算相同,也分为股利增长模型法和资本资产定价模型法,不同点在于其不考虑筹资费用。

（三）平均资本成本的计算

企业平均资本成本,是以各项个别资本在企业总资本中的比重为权数,对各项个别资本成本率进行加权平均而得到的总资本成本率。

平均资本成本的计算公式如下:

$$K_w = \sum_{j=1}^{n} (K_j \times W_j)$$

式中,K_w 为平均资本成本;K_j 为第 j 种资本的个别资本成本率;W_j 为第 j 种个别资本在全部资本中的比重。

计算平均资本成本率时,可供选择的价值形式有账面价值、市场价值、目标价值等。

1. 账面价值权数

账面价值权数的优点是资料容易取得,可以直接从资产负债表中得到,而且计算结果比较稳定。

账面价值权数的缺点是当债券和股票的市价与账面价值差距较大时,按账面价值计算出来的资本成本不能反映目前从资本市场上筹集资本的现时机会成本,不适合评价现时的资本结构。

2. 市场价值权数

市场价值权数的优点是能够反映现时的资本成本水平,有利于进行资本结构决策。

市场价值权数的缺点是现行市价经常处于变动之中,不容易取得,而且现行市价反映的只是现时的资本结构,不适用未来的筹资决策。

3. 目标价值权数

目标价值权数的优点是对于公司筹措新资金,需要反映期望的资本结构来说,目标价值是有益的,适用于未来的筹资决策。

目标价值权数的缺点是目标价值的确定难免具有主观性。

（四）边际资本成本的计算

边际资本成本是企业追加筹资的成本。

边际资本成本的特点:①边际资本成本,是企业追加筹资的决策依据;②在筹资方案组合时,边际资本成本的权数采用目标价值权数。

二、资本结构

（一）资本结构理论

筹资管理中，资本结构有广义和狭义之分。广义的资本结构是指全部债务与股东权益的构成比例；狭义的资本结构是指长期负债与股东权益的构成比例（本书所指的资本结构）。

最佳资本结构，是指在一定条件下使企业平均资本成本率最低、企业价值最大的资本结构。

1. MM 理论

MM 理论认为，不考虑企业所得税，有无负债都不改变企业的价值。因此企业价值不受资本结构的影响。而且，有负债企业的股权成本随着负债程度的增大而增大。

修正的 MM 资本结构理论对企业价值影响：

有负债企业的价值＝相同风险等级的无负债企业的价值+赋税节约价值

修正的 MM 资本结构理论对股权资本成本影响：①有负债企业的股权资本成本＝相同风险等级的无负债企业的股权成本+以市值计算的债务与股权比例成正比例的风险收益；②风险收益取决于企业的债务比例以及企业所得税税率。

2. 权衡理论

权衡理论考虑在税收、财务困境成本存在的条件下，资本结构如何影响企业市场价值。该理论认为：

有负债企业的价值＝无负债企业的价值+税赋节约现值-财务困境成本现值

3. 代理理论

代理理论认为企业资本结构会影响经理人员的工作水平和其他行为选择，从而影响企业未来现金收入和企业市场价值。

该理论认为，债务筹资会降低股权代理成本（由于两权分离而产生的代理成本）；但会增加债务代理成本（企业接受债权人监督而产生的成本）。均衡的企业所有权结构是由股权代理成本和债务代理成本之间的平衡关系来决定的。

4. 优序融资理论

优序融资理论以非对称信息条件以及交易成本的存在为前提，认为企业外部融资要多支付各种成本，使得投资者可以从企业资本结构的选择来判断企业市场价值。企业的筹资优序模式首先是内部筹资，其次是借款、发行债券、可转换债券，最后是发行新股筹资。

（二）影响资本结构的因素

影响资本结构的因素包括以下内容：

（1）企业经营状况的稳定性和成长率。

（2）企业的财务状况和信用等级。

（3）企业的资产结构。

（4）企业投资人和管理当局的态度。

（5）行业特征和企业发展周期。

（6）经济环境的税务政策和货币政策。

（三）资本结构优化

资本结构优化的方法有每股收益分析法、平均资本成本比较法和公司价值分析法。

1. 每股收益分析法

可以用每股收益的变化来判断资本结构是否合理，即能够提高普通股每股收益的资本结构，就是合理的资本结构。

分析每股收益与资本结构的关系，可以找到每股收益无差别点。所谓每股收益无差别点，是指不同筹资方式下每股收益都相等时的息税前利润或业务量水平。

在每股收益无差别点上，无论是采用债务还是股权筹资方案，每股收益都是相等的。计算公式如下：

$$\frac{(\overline{EBIT}-I_1)\times(1-T)-DP_1}{N_1}=\frac{(\overline{EBIT}-I_2)\times(1-T)-DP_2}{N_2}$$

式中，$\overline{EBIT}$ 为息税前利润平衡点，即每股收益无差别点；I_1、I_2 为两种筹资方式下的债务利息；DP_1、DP_2 为两种筹资方式下的优先股股利；N_1、N_2 为两种筹资方式下的普通股股数；T 为所得税税率。

2. 平均资本成本比较法

能够降低平均资本成本的资本结构，就是合理的资本结构。

这种方法侧重于从资本投入的角度对筹资方案和资本结构进行优化分析。

3. 公司价值分析法

能够提升公司价值的资本结构，就是合理的资本结构。

这种方法主要用于对现有资本结构进行调整，适用于资本规模较大的上市公司资本结构优化分析。同时，在公司价值最大的资本结构下，公司的平均资本成本率也是最低的。相关计算公式如下：

设：V 表示公司价值，B 表示债务资金价值，S 表示权益资本价值。公司价值应该等于资本的市场价值，即：

$$V=S+B$$

为简化分析，假设公司各期的 $EBIT$ 保持不变，债务资金的市场价值等于其面值，权益资本的市场价值的计算公式如下：

$$S=\frac{(EBIT-I)\times(1-T)}{K_s}$$

其中：

$$K_s=R_f+\beta\times(R_m-R_f)$$

此时：

$$K_w=K_b\times\frac{B}{V}+K_s\times\frac{S}{V}$$

（四）杠杆效应

财务管理中的杠杆效应，包括经营杠杆、财务杠杆和总杠杆三种效应形式。杠杆效应既可以产生杠杆利益，也可能带来杠杆风险。

1. 经营杠杆效应

经营杠杆，是指由于固定性经营成本的存在，而使得企业的资产收益（息税前利润）变动率大于业务量变动率的现象。经营杠杆反映了资产收益的波动性，用以评价企业的经营风险。

经营杠杆系数（DOL）是息税前利润变动率与产销业务量变动率的比值,计算公式如下:

$$DOL = \frac{\Delta EBIT / EBIT_0}{\Delta Q / Q_0} = \frac{\text{息税前利润变动率}}{\text{产销业务量变动率}}$$

经营杠杆系数的计算也可以简化为:

$$DOL = \frac{M_0}{M_0 - F_0} = \frac{EBIT_0 + F_0}{EBIT_0} = \frac{\text{基期边际贡献}}{\text{基期息税前利润}}$$

2. 财务杠杆效应

财务杠杆,是指由于固定性资本成本的存在,而使得企业的普通股收益(或每股收益)变动率大于息税前利润变动率的现象。财务杠杆反映了股权资本收益的波动性,用以评价企业的财务风险。

财务杠杆系数(DFL)是普通股收益变动率与息税前利润变动率的比值,计算公式如下:

$$DFL = \frac{\Delta EPS / EPS_0}{\Delta EBIT / EBIT_0} = \frac{\text{普通股收益变动率}}{\text{息税前利润变动率}}$$

在不存在优先股股息的情况下,上式经整理,财务杠杆系数的计算也可以简化为:

$$DFL = \frac{EBIT_0}{EBIT_0 - I_0} = \frac{\text{基期息税前利润}}{\text{基期利润总额}}$$

如果企业既存在固定利息的债务,也存在固定股息的优先股,则财务杠杆系数的计算进一步调整为:

$$DFL = \frac{EBIT_0}{EBIT_0 - I_0 - \dfrac{D_p}{1 - T}}$$

3. 总杠杆效应

总杠杆是指由于固定经营成本和固定资本成本的存在,导致普通股每股收益变动率大于产销业务量变动率的现象。

总杠杆系数(DTL)是经营杠杆系数和财务杠杆系数的乘积,是普通股收益变动率与产销量变动率的倍数,计算公式如下:

$$DTL = \frac{\Delta EPS / EPS_0}{\Delta Q / Q_0} = \frac{\text{普通股收益变动率}}{\text{产销量变动率}}$$

总杠杆系数的关系式:

$$DTL = DOL \times DFL = \text{经营杠杆系数} \times \text{财务杠杆系数}$$

在不存在优先股股息的情况下,上式经整理,总杠杆系数的计算也可以简化为:

$$DTL = \frac{M_0}{M_0 - F_0 - I_0} = \frac{\text{基期边际贡献}}{\text{基期利润总额}} = \frac{\text{基期税后边际贡献}}{\text{基期税后利润}}$$

在存在优先股股息的情况下:

$$DTL = \frac{M_0}{M_0 - F_0 - I_0 - \dfrac{D_p}{1 - T}}$$

例题

出于优化资本结构和控制风险的考虑,下列企业中最不适宜采用高负债资本结构的是( )。

A. 电力企业

B. 高新技术企业

C. 汽车制造企业

D. 餐饮服务企业

【答案】B。解析:不同行业资本结构差异很大。高新技术企业的产品、技术、市场尚不成熟,经营风险高,因此应降低债务资本比重,控制财务杠杆风险。因此高新技术企业不适宜采用高负债资本结构。故本题选B。

第五章 投资管理

知识体系

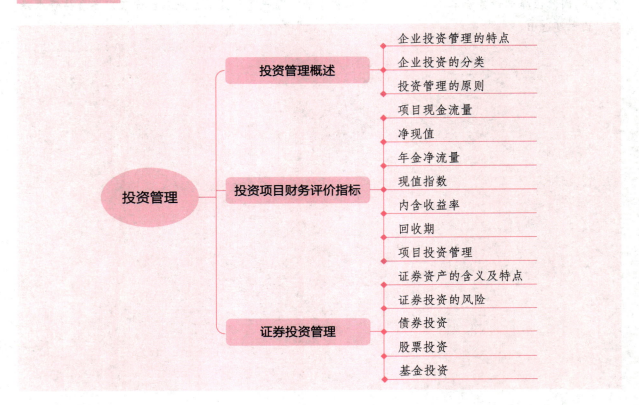

本章导学

从近几年考试来看，银保监财会类职位专业科目考试对于本章知识着重考查投资项目财务评价指标和证券投资管理。本章重难点是投资项目财务评价指标的计算、项目投资方案的选择、债券价值和股票价值的计算及相关内容，考生需理解各个指标并熟记计算公式。

第一节 投资管理概述

一、企业投资管理的特点

企业投资管理具有以下特点：

（1）企业投资管理属于企业战略性决策。

（2）企业投资管理属于企业非程序化管理。

（3）投资价值的波动性大。

二、企业投资的分类

企业投资根据不同的标准可分为如下类别，具体内容如下表所示：

分类标准	类别	具体内容
投资活动与企业本身生产经营活动的关系	直接投资	将资金直接投放于形成生产经营能力的实体性资产，直接谋取经营利润的企业投资
	间接投资	将资金投放于股票、债券、基金等权益性资产上的企业投资
投资对象的存在形态和性质	项目投资	购买具有实质内涵的经营资产，包括有形资产和无形资产，形成具体的生产经营能力，开展实质性的生产经营活动，谋取经营利润。属于直接投资
	证券投资	通过证券资产上所赋予的权利，间接控制被投资企业的生产经营活动，获取投资收益，即购买属于综合生产要素的权益性权利资产的企业投资。属于间接投资
投资活动对企业未来生产经营前景的影响	发展性投资	对企业未来的生产经营发展全局有重大影响的企业投资，也称为战略性投资
	维持性投资	为了维持企业现有的生产经营正常顺利进行，不会改变企业未来生产经营发展全局的企业投资，也称为战术性投资
投资活动资金投出的方向	对内投资	在本企业范围内部的资金投放，用于购买和配置各种生产经营所需要的经营性资产。都是直接投资
	对外投资	向本企业范围以外的其他单位的资金投放。主要是间接投资，也可以是直接投资
投资项目之间的相互关联关系	独立投资	相容性投资，各个投资项目互不关联、互不影响，可以同时存在
	互斥投资	非相容性投资，各个投资项目之间相互关联、相互替代，不能同时存在

三、投资管理的原则

投资管理的原则包括可行性分析原则、结构平衡原则和动态监控原则。

其中，可行性分析原则是指对投资项目实施的可行性进行科学的论证，主要包括环境可行性、技术可行性、市场可行性、财务可行性等方面。财务可行性是在相关的环境、技术、市场可行性完成的前提下，围绕技术可行性和市场可行性而开展的专门经济性评价，是投资项目可行性分析的主要内容。

第二节　投资项目财务评价指标

一、项目现金流量

（一）现金流量的含义

由一项长期投资方案所引起的在未来一定期间所发生的现金收支，叫作现金流量（cash flow）。

现金收入称为现金流入量,现金支出称为现金流出量,现金流入量与现金流出量相抵后的余额,称为现金净流量(net cash flow,NCF)。

(二)投资项目各期间现金流量的计算

投资项目从整个经济寿命周期来看,大致可以分为三个阶段:投资期、营业期、终结期。其现金流量的构成如下表所示:

经济寿命周期	现金流量
投资期	(1)长期资产投资 (2)垫支的营运资金
营业期	营业现金净流量(NCF)= 营业收入-付现成本-所得税 　　　　　　　　　　　=税后营业利润+非付现成本 　　　　　　　　　　　=收入×(1-所得税税率)-付现成本×(1-所得税税率)+非付现成本×所得税税率 【提示】非付现成本主要是固定资产年折旧费、长期资产摊销费用(跨年的大修理摊销费用、改良工程折旧摊销费用、筹建费摊销费用等)、资产减值损失等
终结期	(1)固定资产变价净收入 (2)固定资产变现净损益对现金净流量的影响 (3)垫支营运资金的收回

例题

下列关于预计投资项目营业现金净流量的说法,不正确的是( )。

A. 营业现金净流量等于税后营业利润加上折旧摊销

B. 营业现金净流量等于营业收入减去付现成本再减去所得税

C. 营业现金净流量等于税后收入减去税后付现成本再加上折旧摊销引起的税负减少额

D. 营业现金净流量等于营业收入减去营业成本再减去所得税

【答案】D。解析:营业成本既包括付现成本,又包括折旧摊销等非付现成本,而财务管理中现金流量的确定是以收付实现制为基础的,不应该减去非付现成本。故本题选D。

二、净现值(NPV)

(一)净现值的基本原理

一个投资项目,其未来现金净流量现值与原始投资额现值之间的差额,称为净现值(net present value,NPV)。

净现值的计算公式如下:

$$净现值(NPV)= 未来现金净流量现值-原始投资额现值$$

净现值为正,方案可行,说明方案的实际收益率高于所要求的收益率;净现值为负,方案不可行,说明方案的实际收益率低于所要求的收益率;净现值为零时,说明方案的投资收益刚好达到所要求的投资收益,方案也可行。

(二)净现值法的优缺点

净现值法的优点:①适用性强,能基本满足项目年限相同的互斥投资方案决策;②能灵活地考虑投资风险。净现值法在所设定的贴现率中包含投资风险收益率要求,就能有效地考虑投资风险。

净现值法的缺点:①所采用的贴现率不易确定;②不适用于独立投资方案的比较决策;③净现值不能直接用于对寿命期不同的互斥投资方案进行决策。

三、年金净流量(ANCF)

年金净流量的计算公式如下:

年金净流量=现金净流量总现值÷年金现值系数=现金净流量总终值÷年金终值系数

年金净流量指标大于零,说明每年平均的现金流入能抵补现金流出,投资项目的净现值(或净终值)大于零,方案的收益率大于所要求的收益率,方案可行。

在两个以上寿命期不同的投资方案比较时,年金净流量越大,方案越好。

年金净流量法是净现值法的辅助方法,在各方案寿命期相同时,实质上就是净现值法。因此它适用于期限不同的投资方案决策。

年金净流量法的缺点:不便于对原始投资额不相等的独立投资方案进行决策。

例题

某投资项目的寿命期为5年,净现值为10 000万元,行业基准贴现率为10%,5年期、贴现率为10%的年金现值系数为3.791,则该项目的年金净流量为(   )万元。

A. 2 000   B. 2 638

C. 37 910   D. 50 000

【答案】B。解析:该项目的年金净流量=净现值÷年金现值系数=10 000÷3.791=2 638(万元)。故本题选B。

四、现值指数(PVI)

现值指数的计算公式如下:

现值指数=未来现金净流量现值÷原始投资额现值

若现值指数大于或等于1,说明方案实施后的投资收益率高于或等于必要收益率,方案可行;若现值指数小于1,说明方案实施后的投资收益率低于必要收益率,方案不可行。现值指数越大,方案越好。

现值指数的特点:

(1)现值指数法也是净现值法的辅助方法,在各方案原始投资额现值相同时,实质上就是净现值法。

(2)由于现值指数是未来现金净流量现值与所需投资额现值之比,是一个相对数指标,反映了投资效率,所以,用现值指数指标来评价独立投资方案,可以克服净现值指标不便于对原始投资额现值不同的独立投资方案进行比较和评价的缺点,从而对方案的分析评价更加合理、客观。

五、内含收益率(IRR)

内含收益率是指对投资方案未来的每年现金净流量进行贴现,使所得的现值恰好与原始投资额现值相等,从而使净现值等于零时的贴现率。

(一)未来每年现金净流量相等时

当未来每年现金净流量相等时,每年现金净流量是一种年金形式,通过查年金现值系数表,可计

算出未来现金净流量现值,并令其净现值为零,公式如下:

$$未来每年现金净流量×年金现值系数-原始投资额现值=0$$

计算出净现值为零时的年金现值系数后,通过查年金现值系数表,利用插值法即可计算出相应的贴现率 i,该贴现率就是方案的内含收益率。

（二）未来每年现金净流量不相等时

如果投资方案未来每年的现金净流量不相等,各年现金净流量的分布就不是年金形式,不能采用直接查年金现值系数表的方法来计算内含收益率,而需采用逐次测试法。

（三）内含收益率法的优缺点

内含收益率法的优点:①内含收益率反映了投资项目可能达到的收益率,易于被高层决策人员所理解;②对于独立投资方案的比较决策,如果各方案原始投资额现值不同,可以通过计算各方案的内含收益率,反映各独立投资方案的获利水平。

内含收益率法的缺点:①计算复杂,不易直接考虑投资风险大小;②在互斥投资方案决策时,如果各方案的原始投资额现值不相等,有时无法作出正确的决策。某一方案原始投资额低,净现值小,但内含收益率可能较高;而另一方案原始投资额高,净现值大,但内含收益率可能较低。

例题

某投资方案,当贴现率为16%时,其净现值为338元,当贴现率为18%时,其净现值为-22元。该方案的内含收益率为(   )。

A. 15.88%   B. 16.12%

C. 17.88%   D. 18.14%

【答案】C。**解析:**内含收益率是使净现值为0时的贴现率。利用插值法,内含收益率=16%+(18%-16%)×[338÷(338+22)]=17.88%。故本题选C。

六、回收期（PP）

回收期是指投资项目的未来现金净流量与原始投资额相等时所经历的时间,即原始投资额通过未来现金流量回收所需要的时间。

（一）静态投资回收期

没有考虑货币时间价值,直接用未来现金净流量累计到原始投资数额时所经历的时间作为静态投资回收期。

1. 未来每年现金净流量相等时

这种情况是一种年金形式,静态投资回收期的计算公式如下:

$$静态投资回收期=原始投资额÷每年现金净流量$$

2. 未来每年现金净流量不相等时

在这种情况下,应把未来每年的现金净流量逐年加总,根据累计现金流量来确定回收期。

设 M 是收回原始投资额的前一年,其静态投资回收期的计算公式如下:

$$静态投资回收期=M+第 M 年尚未收回额÷第（M+1）年的现金净流量$$

（二）动态投资回收期

动态投资回收期需要将投资引起的未来现金净流量进行贴现,以未来现金净流量的现值等于原

始投资额现值时所经历的时间为动态投资回收期。

1. 未来每年现金净流量相等时

在这种年金形式下,假定经历 n 年所取得的未来现金净流量的年金现值系数为$(P/A,i,n)$,则$(P/A,i,n)$=原始投资额现值÷每年现金净流量。计算出年金现值系数后,通过查年金现值系数表,利用插值法,即可推算出动态投资回收期 n。

2. 未来每年现金净流量不相等时

在这种情况下,应把每年的现金净流量逐一贴现并加总,根据累计现金流量现值来确定回收期。

设 M 是收回原始投资额现值的前一年,其动态投资回收期的计算公式如下:

动态投资回收期=M+第 M 年的尚未收回额的现值÷第$(M+1)$年的现金净流量现值

回收期法的优点:计算简便,易于理解。

回收期法的缺点:①回收期法中静态投资回收期的不足之处是没有考虑货币的时间价值,也就不能计算出较为准确的投资经济效益;②静态投资回收期和动态投资回收期还有一个共同的局限,就是它们计算回收期时只考虑了未来现金净流量(或现值)小于或等于原始投资额(或现值)的部分,没有考虑超过原始投资额(或现值)的部分。

> **例题**

A 企业投资 20 万元购入一台设备,无其他投资,没有建设期,预计使用年限为 20 年,无残值。项目的折现率是 10%,设备投产后预计每年可获得净利润 22 549 元,则该投资的动态投资回收期为(　　)年。

A. 5　　　　　　　　　　　　　　　　B. 3

C. 6　　　　　　　　　　　　　　　　D. 10

【答案】D。解析:年折旧额=20÷20=1(万元),经营期内年现金净流量=2.254 9+1=3.254 9(万元),因此有 3.254 9×$(P/A,10\%,n)$-20=0,即$(P/A,10\%,n)$=20÷3.254 9=6.144 6,查表得 n=10,即动态投资回收期为 10 年。故本题选 D。

七、项目投资管理

(一)独立投资方案的决策

独立投资方案是指两个或两个以上的项目互不依赖,可以同时存在,各方案的决策也是独立的。

独立投资方案之间比较时,以各独立方案的获利程度作为评价标准,一般采用内含收益率法进行比较决策。内含收益率指标综合反映了各方案的获利程度,在各种情况下的决策结论都是正确的。现值指数指标也反映了方案的获利程度,除了期限不同的情况外,其结论也是正确的。净现值指标和年金净流量指标,它们反映的是各方案的获利数额,要结合内含收益率指标进行决策。

> **例题**

独立投资方案的决策中,一般适宜采用(　　)指标作为决策依据。

A. 净现值　　　　　　　　　　　　　　B. 年金净流量

C. 现值指数　　　　　　　　　　　　　D. 内含收益率

【答案】D。

（二）互斥投资方案的决策

互斥投资方案指方案之间互相排斥，不能并存，因此决策的实质在于选择最优方案，属于选择决策。一般采用净现值法和年金净流量法进行选优决策。但由于净现值指标受投资项目寿命期的影响，因而年金净流量法是互斥方案最恰当的决策方法。

（1）项目的寿命期相等时。在互斥投资方案的选优决策中，原始投资额的大小并不影响决策的结论，无须考虑原始投资额的大小。

（2）项目的寿命期不相等时。在两个寿命期不等的互斥投资项目比较时，可以采用共同年限法或年金净流量法。

共同年限法：按照持续经营假设，寿命期短的项目，收回的投资将重新进行投资。针对各项目寿命期不等的情况，可以找出各项目寿命期的最小公倍数，作为共同的有效寿命期。原理为假设投资项目在终止时进行重置，通过重置使两个项目达到相等的年限，然后应用项目寿命期相等时的决策方法进行比较，即比较两者的净现值大小。

年金净流量法：用该方案的净现值除以对应的年金现值系数，当两项目资本成本相同时，优先选取年金净流量较大者；当两项目资本成本不同时，还需进一步计算永续净现值，即用年金净流量除以各自对应的资本成本。

互斥投资方案的选优决策中，年金净流量全面反映了各方案的获利数额，是最佳的决策指标。净现值指标在寿命期不同的情况下，需要按各方案最小公倍数期限调整计算，在其余情况下的决策结论也是正确的。

例题

某企业正在讨论更新现有的生产线，有两个备选方案 A 和 B，A、B 两方案的原始投资额不同，A 方案的净现值为 400 万元，年金净流量为 100 万元；B 方案的净现值为 300 万元，年金净流量为 110 万元，根据以上信息判断（ ）方案较好。

A．A 方案

B．B 方案

C．没有区别

D．根据以上信息无法判断

【答案】B。解析：首先，根据更新决策判断该决策是互斥投资项目；其次，净现值法适用于原始投资额相同且项目寿命期相同的多个互斥方案的比较决策；年金净流量法适用于原始投资额不相同，特别是项目寿命期不相同的多个互斥方案的比较决策；所以本题应以年金净流量法进行决策。故本题选 B。

（三）固定资产更新决策

从决策性质上看，固定资产更新决策属于互斥投资方案的决策类型。因此，固定资产更新决策所采用的决策方法是净现值法和年金净流量法，一般不采用内含收益率法。

1. 寿命期相同的设备重置决策

更新设备如果不改变企业的生产能力，新旧设备销售收入相同，决策时应选择现金流出总现值较低者。更新设备如果扩大生产能力，新旧设备销售收入不同，决策时应选择净现值大的方案。

例题

年末 ABC 公司正在考虑卖掉现有的一台闲置设备。该设备于 8 年前以 40 000 元购入,税法规定的折旧年限为 10 年,按直线法计提折旧,预计残值率为 10%,已提折旧 28 800 元,目前可以按 10 000元的价格卖出,假设所得税税率为 30%,卖出现有设备对本期现金流量的影响是( )。

A. 减少 360 元　　　　　　　　　　　　B. 减少 1 200 元

C. 增加 9 640 元　　　　　　　　　　　　D. 增加 10 360 元

【答案】D。解析:变卖设备时设备的账面价值＝40 000－28 800＝11 200(元),卖出现有设备对本期现金流量的影响＝10 000＋(11 200－10 000)×30%＝10 360(元)。故本题选 D。

2. 寿命期不同的设备重置决策

(1)决策指标。用净现值指标可能无法得出正确的决策结果,应当采用年金净流量法决策。

(2)扩建重置的设备更新后会引起营业现金流入与流出的变动,应考虑年金净流量最大的方案。替换重置的设备更新一般不改变生产能力,营业现金流入不会增加,只需比较各方案的年金流出量即可,年金流出量最小的方案最优。

(3)如果不考虑各方案的营业现金流入量变动,只比较各方案的现金流出量,按年金净流量原理计算的等额年金流出量称为年金成本。替换重置方案的决策标准是要求年金成本最低。扩建重置方案所增加或减少的营业现金流入也可以作为现金流出量的抵减,并据此比较各方案的年金成本。

(4)重置方案运用年金成本方式决策时,应考虑的现金流量如下表所示:

项目	内容
新旧设备目前市场价值	对于新设备而言,目前市场价格就是新设备的购价,即原始投资额;对于旧设备而言,目前市场价值就是旧设备的重置成本或变现价值
新旧设备残值变价收入	残值变价收入应作为现金流出的抵减
新旧设备的年营运成本	即年付现成本。如果考虑每年的营业现金流入,应作为每年营运成本的抵减

(5)在特定条件下(无所得税因素、每年营运成本相等),按如下公式计算:

年金成本＝$\sum$(各项目现金净流出现值)÷年金现值系数

＝[原始投资额－残值收入×复利现值系数＋$\sum$(年营运成本现值)]÷年金现值系数

＝(原始投资额－残值收入)÷年金现值系数＋残值收入×贴现率＋$\sum$(年营运成本现值)÷年金现值系数

第三节　证券投资管理

一、证券资产的含义及特点

(一)证券资产的含义

证券资产是企业进行金融投资所形成的资产。证券投资的对象是金融资产,金融资产是一种以凭证、票据或合同合约形式存在的权利性资产,如股票、债券、基金及其衍生证券等。

（二）证券资产的特点

证券资产的特点如下表所示：

特点	内容
价值虚拟性	证券资产的价值取决于契约性权利所能带来的未来现金流量，是一种未来现金流量折现的资本化价值
可分割性	证券资产可以分割为一个最小的投资单位，如一股股票、一份债券、一份基金
持有目的多元性	为未来变现、为获得资本利得、为控制其他企业
强流动性	变现能力强、持有目的可以相互转换
高风险性	受公司风险和市场风险的双重影响

二、证券投资的风险

证券投资风险是投资者无法获得预期收益的可能性。按风险性质划分，证券投资的风险分为系统性风险和非系统性风险，具体内容如下表所示：

类别		内容
系统性风险	价格风险	市场利率上升，使证券资产价格普遍下跌的可能性
	再投资风险	市场利率下降，造成的无法通过再投资而实现预期收益的可能性
	购买力风险	由于通货膨胀而使货币购买力下降的可能性
非系统性风险	违约风险	证券资产发行者无法按时兑付证券资产利息和偿还本金的可能性
	变现风险	证券资产持有者无法在市场上以正常的价格平仓出货的可能性
	破产风险	证券资产发行者破产清算时投资者无法收回应得权益的可能性

三、债券投资

（一）债券要素

债券一般包含以下几个基本要素，具体内容如下表所示：

要素	内容
债券面值	债券设定的票面金额，代表发行人承诺于未来某一特定日偿付债券持有人的金额
债券票面利率	债券发行者预计一年内向持有者支付的利息占票面金额的比率
债券到期日	是指偿还债券本金的日期

（二）债券价值

将未来在债券投资上收取的利息和收回的本金折为现值，也称为债券的内在价值或债券的理论价格。

1. 债券估价基本模型

债券估价基本模型的计算公式如下：

$$V_b = \sum_{t=1}^{n} \frac{I_t}{(1+R)^t} + \frac{M}{(1+R)^n} = 未来现金流入（利息和到期收回的面值）的现值$$

式中，V_b 表示债券的价值，I_t 表示债券各期的利息，M 表示债券的面值，R 表示债券价值评估时所

采用的贴现率即所期望的最低投资收益率。

2. 债券价值的影响因素

债券价值的影响因素包括债券面值、债券期限、票面利率和市场利率。

3. 债券价值的决策标准

只有债券的价值大于其购买价格,该债券才值得投资。

4. 债券价值对债券期限的敏感性

(1)只有溢价债券或折价债券,才产生不同期限下债券价值有所不同的现象。

(2)债券期限越短,债券票面利率对债券价值的影响越小,不论是溢价债券还是折价债券,当债券期限较短时,票面利率与市场利率的差异,不会使债券的价值过于偏离债券的面值。

(3)债券期限越长,债券价值越偏离于债券面值。

(4)随着债券期限延长,债券的价值会越偏离债券的面值,但这种偏离的变化幅度最终会趋于平稳。或者说,超长期债券的期限差异,对债券价值的影响不大。

5. 债券价值对市场利率的敏感性

(1)市场利率的上升会导致债券价值的下降,市场利率的下降会导致债券价值的上升。

(2)长期债券对市场利率的敏感性会大于短期债券,在市场利率较低时,长期债券的价值远高于短期债券,在市场利率较高时,长期债券的价值远低于短期债券。

(3)市场利率低于票面利率时,债券价值对市场利率的变化较为敏感,市场利率稍有变动,债券价值就会发生剧烈的波动;市场利率超过票面利率后,债券价值对市场利率变化的敏感性减弱,市场利率的提高,不会使债券价值过分降低。

长期债券的价值波动较大,特别是票面利率高于市场利率的长期溢价债券,容易获取投资收益但安全性较低,利率风险较大。如果市场利率波动频繁,利用长期债券来储备现金显然是不明智的,将为较高的收益率而付出安全性的代价。

例题

当其他因素不变时,当时的市场利率越高,债券的价值( )。

A. 越小　　　　　　　　　　　B. 越大

C. 不变　　　　　　　　　　　D. 无法确定

【答案】A。解析:债券的价值是发行者按照合同规定从现在至债券到期日所支付的款项的现值。从市场利率对债券价值的敏感性来看,市场利率的上升会导致债券价值的下降,市场利率的下降会导致债券价值的上升。故本题选A。

(三)债券收益的来源

债券投资的收益是投资于债券所获得的全部投资收益,这些投资收益来源于名义利息收益、利息再投资收益和价差收益。

(四)债券的内部收益率

债券的内部收益率,是指按当前市场价格购买债券并持有至到期日或转让日所产生的预期收益率,也就是债券投资项目的内含收益率。

债券真正的内在价值是按市场利率贴现所决定的,当按市场利率贴现所计算的内在价值大于按内部收益率贴现所计算的内在价值时,债券的内部收益率才会大于市场利率,这正是投资者所期望的。

例题

企业发行票面利率为 i 的债券时,市场利率为 k,下列说法中正确的有(　　)。

A. 若 $i<k$,债券溢价发行　　　　　　B. 若 $i>k$,债券折价发行

C. 若 $i>k$,债券溢价发行　　　　　　D. 若 $i<k$,债券折价发行

【答案】CD。解析:当债券的票面利率小于市场利率的时候,债券折价发行;反之则为溢价发行。故本题选 CD。

四、股票投资

(一)股票的价值

股票的价值或内在价值是指投资于股票预期获得的未来现金流量的现值。

假设某股票未来各期股利为 D_t(t 为期数),R_s 为估价所采用的贴现率即所期望的最低收益率。

股票估价基本模型如下:

$$V_S = \sum_{t=1}^{\infty} \frac{D_t}{(1+R_s)^t}$$

股票价值的重要影响因素包括持有期限、股利和贴现率。

股票估价模式包括固定增长模式、零增长模式和阶段性增长模式。

1. 固定增长模式

根据股票估价的基本模型,股票价值 V_S 的计算公式如下:

$$V_S = \sum_{t=1}^{\infty} \frac{D_0(1+g)^t}{(1+R_s)^t}$$

因为 g 是一个固定的常数,当 R_s 大于 g 时,上式可以简化为:

$$V_S = \frac{D_1}{R_s-g}$$

2. 零增长模式

如果公司未来各期发放的股利都相等,并且投资者准备永久持有,那么这种股票与优先股类似。或者说,当固定增长模式中 $g=0$ 时:

$$V_S = \frac{D_0}{R_s}$$

3. 阶段性增长模式

对于阶段性增长的股票,需要分段计算,才能确定股票的价值。

股票价值的决策原则是当股票的价值大于或等于股票市场价格(或发行价格)时,该股票值得投资。

(二)股票投资收益率

1. 股票收益的来源

股票收益的来源:①股利收益;②股利再投资收益;③转让价差收益。

2. 股票的内部收益率的含义

股票的内部收益率是使得股票未来现金流量贴现值等于目前的购买价格时的贴现率,也就是股票投资项目的内含收益率。

3. 股票的内部收益率的计算公式

固定增长股票内部收益率的计算公式如下:

$$R = \frac{D_1}{P_0} + g$$

如果投资者不打算长期持有,而是将股票转让出去,则股票投资的收益由股利收益和资本利得构成,此时,股票的内部收益率是使股票投资净现值为零时的贴现率,计算公式如下:

$$NPV = \sum_{t=1}^{n} \frac{D_t}{(1+R)^t} + \frac{P_t}{(1+R)^n} - P_0 = 0$$

4. 股票投资收益率决策原则

股票投资收益率决策原则是当股票的内部收益率高于投资者所要求的最低收益率时,投资者才愿意购买该股票。

例题

1. 某股票的未来股利不变,当股票市价低于股票价值时,则股票内含收益率与投资人要求的最低收益率相比(　　)。

A. 较高　　　　　　　　　　　　　　B. 较低

C. 相等　　　　　　　　　　　　　　D. 可能较高也可能较低

【答案】A。解析:股票的未来股利不变时,股票价值=股利÷投资人要求的必要收益率,当股票市价低于股票价值时,内含收益率高于投资人要求的最低收益率。故本题选A。

2. 如果不考虑影响股价的其他因素,零增长股票的价值与下列各项关系说法正确的有(　　)。

A. 与市场利率成正比　　　　　　　　B. 与市场利率成反比

C. 与预期股利成正比　　　　　　　　D. 与预期股利成反比

【答案】BC。解析:如果不考虑影响股价的其他因素,零增长股票的价值与市场利率成反比,与预期股利成正比。因为股票价值=预期股利÷市场利率,市场利率越大,股票价值越低;预期股利越大,股票价值越高。故本题选BC。

五、基金投资

(一)投资基金的概念

投资基金是一种集合投资方式,投资者通过购买基金份额,将众多资金集中起来,由专业的投资者即基金管理人进行管理,通过投资组合的方式进行投资,实现利益共享、风险共担。

投资基金按照投资对象的不同可以分为证券投资基金和另类投资基金。证券投资基金主要投资于证券交易所或银行间市场上公开交易的有价证券,如股票、证券等。

(二)证券投资基金的特点

(1)集合理财实现专业化管理。

(2)通过组合投资实现分散风险的目的。

（3）投资者利益共享且风险共担。

（4）权力隔离的运作机制。

（5）严格的监督制度。

（三）证券投资基金的分类

（1）依据法律形式的分类，基金分为契约型基金和公司型基金。

（2）依据运作方式的分类，基金分为封闭式基金和开放式基金。

（3）依据投资对象的分类，基金分为股票基金、债券基金、货币市场基金和混合基金。

（4）依据投资目标的分类，基金分为增长型基金、收入型基金和平衡型基金。

（5）依据投资理念的分类，基金分为主动型基金和被动（指数）型基金。

（6）依据募集方式的分类，基金分为私募基金和公募基金。

（四）证券投资基金业绩评价

基金业绩评价时需要考虑的因素如下表所示：

考虑因素	内容
投资目标与范围	两种投资目标与范围不同的基金不具有可比性，不能作为基金投资决策的选择标准
风险水平	在基金业绩评价时应当以风险调整后的收益为评价指标，已有的调整模型包括夏普比率、特雷诺比率、詹森α等
基金规模	随着基金规模的增加，基金的平均成本会下降。另外，非系统性风险也会随着基金规模的增加而降低。但基金规模过大也会对投资对象选择以及被投资对象流动性产生不利影响
时间区间	可以采用多个时间段的业绩进行比较，比如选择近一个月、近三个月或者近一年等

投资者在考虑上述业绩评价因素的基础上，可以运用以下系统的基金业绩评估指标对基金业绩进行评估：

1. 绝对收益

（1）持有期间收益率。其计算公式如下：

持有期间收益率＝（期末资产价格－期初资产价格＋持有期间红利收入）÷期初资产价格×100%

（2）现金流和时间加权收益率。将收益率计算区间划分为若干个子区间，每个子区间以现金流发生时间划分，以各个子区间收益率为基础计算整个期间的绝对收益水平。

（3）平均收益率。基金的平均收益率根据计算方法不同可分为算术平均收益率和几何平均收益率。其中算术平均收益率即计算各期收益率的算术平均值。算术平均收益率的计算公式如下：

$$R_A = \frac{\sum_{t=1}^{n} R_t}{n} \times 100\%$$

式中，R_t 表示 t 期收益率，n 表示期数。

几何平均收益率的计算公式如下：

$$R_G = \left[\sqrt[n]{\prod_{i=1}^{n} (1+R_i)} - 1 \right] \times 100\%$$

式中，R_i 表示 i 期收益率，n 表示期数。

2. 相对收益

基金的相对收益，是基金相对于一定业绩比较基准的收益。

例题

下列各项属于证券投资基金特点的有( )。

A. 投资者共享利益但不分担风险

B. 集合理财实现专业化管理

C. 通过组合投资实现分散风险的目的

D. 权力隔离的运作机制

【答案】BCD。**解析：**证券投资基金的特点：①集合理财实现专业化管理；②通过组合投资实现分散风险的目的；③投资者利益共享且风险共担（A 项不选）；④权力隔离的运作机制；⑤严格的监管制度。故本题选 BCD。

第六章　营运资金管理

知识体系

本章导学

从近几年考试来看,银保监财会类职位专业科目考试对于本章知识着重考查现金管理、应收账款管理、存货管理和流动负债管理。本章重难点是现金管理中的随机模型、应收账款管理中相关成本计算和存货管理中的经济订货模型及相关成本计算,考生需熟记相关计算公式。

第一节　营运资金管理概述

一、营运资金的概念及特点

营运资金是指在企业生产经营活动中占用在流动资产上的资金。广义的营运资金是指一个企业流动资产的总额。狭义的营运资金是指流动资产减去流动负债后的余额。营运资金管理包括流动资产管理和流动负债管理。

营运资金的特点：

（1）营运资金的来源具有多样性。

（2）营运资金的数量具有波动性。

（3）营运资金的周转具有短期性。

（4）营运资金的实物形态具有变动性和易变现性。

例题

下列各项中，可用于计算营运资金的算式是（　　　）。

A. 资产总额-负债总额

B. 流动资产总额-负债总额

C. 流动资产总额-流动负债总额

D. 速动资产总额-流动负债总额

【答案】C。解析：营运资金＝流动资产总额-流动负债总额。故本题选C。

二、营运资金管理原则

企业进行营运资金管理，应遵循以下原则：①满足正常资金需求；②提高资金使用效率；③节约资金使用成本；④维持短期偿债能力。

三、流动资产的投资策略

流动资产的投资策略有两种基本类型，如下表所示：

类型	内容
紧缩型	维持低水平的流动资产与销售收入比率；高风险、高收益
宽松型	维持高水平的流动资产与销售收入比率；低风险、低收益

制定流动资产投资战略时应考虑的因素如下：

（1）权衡资产的收益性与风险性。

（2）企业经营的内外部环境。

（3）产业因素的影响。

（4）影响企业政策的决策者。

四、流动资产的融资策略

（一）流动资产与流动负债的进一步分类

流动资产又分为永久性流动资产和波动性流动资产。永久性流动资产是指满足企业长期最低需求的流动资产，其占有量通常相对稳定；波动性流动资产或称临时性流动资产，是指由于季节性或临时性的原因而形成的流动资产，其占用量随当时的需求而波动。

流动负债又分为临时性负债和自发性负债。临时性负债又称为筹资性流动负债，是指为了满足临时性流动资金需要所发生的负债，临时性负债一般只能供企业短期使用；自发性负债又称为经营性流动负债，是指直接产生于企业持续经营中的负债，自发性负债可以供企业长期使用。

（二）流动资产的融资策略类型

流动资产的融资策略的决定因素：①管理者的风险导向；②短期、中期、长期负债的利率差异。

根据资产的期限结构和资金来源的期限结构的匹配程度差异，流动资产的融资策略可以分为以下三种，如下表所示：

类型	内容
匹配融资策略	长期融资＝非流动资产＋永久性流动资产 短期融资＝波动性流动资产 该策略是一种战略性的观念匹配，不要求实际金额完全匹配
保守融资策略	长期融资＞非流动资产＋永久性流动资产 短期融资＜波动性流动资产 融资风险较低，融资成本较高，收益较低
激进融资策略	长期融资＜非流动资产＋永久性流动资产 短期融资＞波动性流动资产 较低的流动比率，较高的流动性风险

第二节　现金管理

一、持有现金的动机

企业持有现金的动机如下表所示：

动机	内容
交易性需求	为了维持日常周转及正常商业活动所需持有的现金额
预防性需求	企业需要维持一定量的现金，以应付突发事件。企业确定现金额需要考虑：企业愿冒现金短缺风险的程度；企业预测现金收支可靠的程度；企业临时融资的能力
投机性需求	企业持有一定量的现金以抓住突然出现的获利机会。这种机会大多是一闪即逝的，企业若没有用于投机的现金，就会错过这一机会

【提示】企业的现金持有量一般小于三种需求下的现金持有量之和，因为为某一需求持有的现金可以用于满足其他需求。

例题

企业在确定为应付紧急情况而持有现金的数额时,需考虑的因素有(　　)。

A. 企业销售水平的高低　　　　　　B. 企业临时举债能力的强弱

C. 金融市场投资机会的多少　　　　D. 企业现金流量预测的可靠程度

【答案】BD。解析:本题考查持有现金的预防动机。A 项是影响交易动机现金持有额的因素;C 项是影响投机动机现金持有额的因素。故本题选 BD。

二、目标现金余额的确定

(一)成本模型

成本模型的基本原理是持有现金是有成本的,最优的现金持有量是使得现金持有成本最小化的持有量。成本模型有三种成本:

(1)机会成本。机会成本是指企业因持有一定现金余额丧失的再投资收益。现金持有量越大,机会成本越大,反之就越少。

(2)管理成本。管理成本是指企业因持有一定数量的现金而发生的管理费用,一般认为其是固定成本,在一定范围内和现金持有量之间没有明显的比例关系。

(3)短缺成本。短缺成本是指在现金持有量不足,又无法及时通过有价证券变现加以补充所给企业造成的损失,包括直接损失与间接损失。短缺成本随现金持有量的增加而下降,随现金持有量的减少而上升,即与现金持有量负相关。

成本模型的计算公式如下:

最佳现金持有量下的现金持有总成本 = min(管理成本 + 机会成本 + 短缺成本)

成本模型的决策原则:机会成本、管理成本和短缺成本所组成的总成本最低时的现金持有量,作为最佳现金持有量,如下图所示。

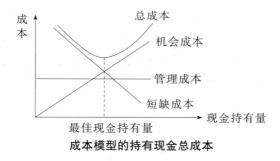

成本模型的持有现金总成本

(二)存货模型

存货模型的基本原理是企业平时持有较多的现金,会降低现金的短缺成本,但也会增加现金占用的机会成本;平时持有较少的现金,则会增加现金的短缺成本,却能减少现金占用的机会成本。最佳现金持有量是使机会成本与交易成本相等时的持有量。

存货模型的现金持有总成本如下图所示。

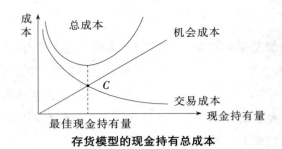

存货模型的现金持有总成本

（1）交易成本。有价证券转回现金所付出的代价（如支付手续费用），被称为现金的交易成本；现金的交易成本与现金转换次数、每次的转换量有关。

假定现金每次的交易成本是固定的，在企业一定时期现金使用量确定的前提下，每次以有价证券转换回现金的金额越大，企业平时持有的现金量便越高，转换的次数便越少，现金的交易成本就越低。

（2）机会成本。机会成本与现金持有量的多少密切相关，即现金持有量越大，机会成本越大，反之就越小。

存货模型的相关计算公式如下：

$$交易成本 = (T \div C) \times F$$

$$机会成本 = (C \div 2) \times K$$

$$相关总成本 = 机会成本 + 交易成本 = (C \div 2) \times K + (T \div C) \times F$$

$$最佳现金持有量(C) = \sqrt{\frac{2 \times T \times F}{K}}$$

式中，一定期间内的现金需求量，用 T 表示；每次出售有价证券以补充现金所需的交易成本，用 F 表示；持有现金的机会成本率，用 K 表示。

（三）随机模型

随机模型的基本原理是对现金持有量确定一个控制区域，定出上限和下限。当企业现金余额在上限和下限之间波动时，表明企业现金持有量处于合理水平，无须进行调整；当现金余额达到上限时，则将部分现金转换为有价证券；当现金余额下降到下限时，则卖出部分证券。

随机模型（米勒—奥尔模型）如下图所示。

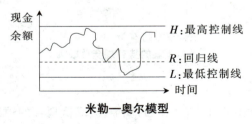

米勒—奥尔模型

（1）最低控制线 L。最低控制线 L 取决于模型之外的因素，其数额是由现金管理部经理在综合考虑短缺现金的风险程度、企业借款能力、企业日常周转所需资金、银行要求的补偿性余额等因素的基础上确定的。

（2）回归线 R。回归线 R 的公式如下：

$$R = \sqrt[3]{\frac{3b \times \delta^2}{4i}} + L$$

式中,b 是证券转换为现金或现金转换为证券的成本;δ 是企业每日现金流量变动的标准差;i 是以日为基础计算的现金机会成本。

（3）最高控制线 H。最高控制线 H 的计算公式如下：

$$H = 3R - 2L$$

随机模型适用于所有企业现金最佳持有量的测算,计算出来的现金持有量比较保守。

三、现金收支日常管理

（一）现金周转期

企业的经营周期是指企业从取得存货开始到销售存货并收回现金为止的时期。其计算公式如下：

$$经营周期 = 存货周转期 + 应收账款周转期$$

现金周转期就是指介于企业支付现金与收到现金之间的时间段,也就是经营周期减去应付账款周转期。现金周转期的计算公式如下：

$$现金周转期 = 存货周转期 + 应收账款周转期 - 应付账款周转期 = 经营周期 - 应付账款周转期$$

$$存货周转期 = 存货平均余额 \div 每天的销货成本$$

$$应收账款周转期 = 应收账款平均余额 \div 每天的销货收入$$

$$应付账款周转期 = 应付账款平均余额 \div 每天的购货成本$$

减少现金周转期的方法包括以下内容：

（1）加快制造与销售产成品来减少存货周转期。

（2）加速应收账款的回收来减少应收账款周转期。

（3）减缓支付应付账款来延长应付账款周转期。

（二）收款管理

1. 收款系统

高效率的收款系统能使收款成本和收款浮动期达到最小,同时能够保证与客户汇款及其他现金流入来源相关的信息的质量。

收款成本包括浮动期成本、管理收款系统的相关费用（如银行手续费）、第三方处理费用或清算相关费用。

收款浮动期是指从支付开始到企业收到资金的时间间隔。收款浮动期主要是由纸基支付工具导致的,有下列三种类型：①邮寄浮动期：是指从付款人寄出支票到收款人或收款人的处理系统收到支票的时间间隔;②处理浮动期：是指支票的接受方处理支票和将支票存入银行以收回现金所花的时间;③结算浮动期：是指通过银行系统进行支票结算所需的时间。

2. 收款方式的改善

电子支付方式对比纸基（或称纸质）支付方式是一种改进。电子支付方式提供了如下好处：①结算时间和资金可用性可以预计;②向任何一个账户或任何金融机构的支付具有灵活性,不受人工干扰;③客户的汇款信息可与支付同时传送,更容易更新应收账款;④客户的汇款从纸基方式转向电子方式,减少或消除了收款浮动期,降低了收款成本,收款全过程更容易控制,并且提高了预测精度。

（三）付款管理

控制现金支出的目标是在不损害企业信誉的前提下,尽可能推迟现金的支出。

控制现金支出的具体措施：

（1）使用现金浮游量。现金浮游量是指由于企业提高收款效率和延长付款时间所产生的企业账户上的现金余额和银行账户上的企业存款余额之间的差额。

（2）推迟应付款的支付。

（3）汇票代替支票。

（4）改进员工工资支付模式。

（5）透支。

（6）争取现金流出与现金流入同步。

（7）使用零余额账户。

第三节　应收账款管理

一、应收账款的功能和成本

（一）应收账款的功能

应收账款的功能包括增加销售和减少存货。

（二）应收账款的成本

应收账款的成本包括机会成本、管理成本和坏账成本。

1. 机会成本

机会成本是因投放于应收账款而放弃其他投资所带来的收益。机会成本的计算公式如下：

$$应收账款平均余额 = 日销售额 \times 平均收现期$$

$$应收账款占用资金 = 应收账款平均余额 \times 变动成本率$$

$$
\begin{aligned}
应收账款占用资金的应计利息（即机会成本） &= 应收账款占用资金 \times 资本成本 \\
&= 应收账款平均余额 \times 变动成本率 \times 资本成本 \\
&= 日销售额 \times 平均收现期 \times 变动成本率 \times 资本成本 \\
&= 全年销售额 \div 360 \times 平均收现期 \times 变动成本率 \times 资本成本 \\
&= （全年销售额 \times 变动成本率）\div 360 \times 平均收现期 \times 资本成本 \\
&= 全年变动成本 \div 360 \times 平均收现期 \times 资本成本
\end{aligned}
$$

式中，平均收现期为各种收现期的加权平均数。

2. 管理成本

管理成本主要是指在进行应收账款管理时所增加的费用。管理成本包括调查顾客信用状况的费用、收集各种信息的费用、账簿的记录费用、收账费用、数据处理成本、相关管理人员成本和从第三方购买信用信息的成本。

3. 坏账成本

坏账成本是指无法收回应收账款而发生的损失，与应收账款发生的数量成正比。坏账成本的计算公式如下：

应收账款的坏账成本＝赊销额×预计坏账损失率

例题

根据营运资金管理理论,下列各项中不属于企业应收账款成本内容的是(　　)。

A．机会成本　　　　　　　　　　B．管理成本

C．短缺成本　　　　　　　　　　D．坏账成本

【答案】C。解析：应收账款的成本主要包括机会成本、管理成本和坏账成本。应收账款是其他人占用本企业的资金,不会产生短缺成本。故本题选C。

二、信用政策

信用政策包括信用标准、信用条件以及收账政策三个方面。

（一）信用标准

信用标准是指信用申请者获得企业提供信用所必须达到的最低信用水平,通常以预期的坏账损失率作为判别标准。如果企业执行的信用标准过于严格,可能会降低对符合可接受信用风险标准客户的赊销额,因此会限制企业的销售机会;如果企业执行的信用标准过于宽松,可能会对不符合可接受信用风险标准的客户提供赊销,因此会增加随后还款的风险并增加应收账款的管理成本与坏账成本。

评估申请人信用品质包括五个方面:品质、能力、资本、抵押和条件。

（二）信用条件

信用条件是销货企业要求赊购客户支付货款的条件,由信用期间、折扣期限和现金折扣三个要素组成。

（三）收账政策

收账政策是指信用条件被违反时,企业采取的收账策略。企业如果采取较积极的收账政策,可能会减少应收账款投资,减少坏账损失,但要增加收账成本。如果采用较消极的收账政策,则可能会增加应收账款投资,增加坏账损失,但会减少收账费用。企业需要作出适当的权衡。

三、应收账款的监控方法

（一）应收账款周转天数

应收账款周转天数或平均收账期是衡量应收账款管理状况的一个指标。应收账款周转天数的计算公式如下：

$$应收账款周转天数＝应收账款平均余额÷平均日销售额$$
$$平均逾期天数＝应收账款周转天数－平均信用期天数$$

（二）账龄分析表

账龄分析表将应收账款划分为未到信用期的应收账款和以30天为间隔的逾期应收账款。企业既可以按应收账款总额进行账龄分析,也可以分顾客进行账龄分析。账龄分析表比计算应收账款周转天数更能揭示应收账款的变化趋势。

（三）应收账款账户余额的模式

应收账款账户余额的模式反映一定期间（如一个月）的赊销额在发生赊销的当月月末及随后的各月仍未偿还的百分比。

企业可以运用应收账款账户余额的模式来计划应收账款金额水平，衡量应收账款的收账效率以及预测未来的现金流。

（四）ABC 分析法

ABC 分析法又称"重点管理法"。它将企业的所有欠款客户按其金额的多少进行分类排队，然后分别采取不同的收账策略的一种方法。

ABC 分析法的步骤分为以下两步：

第一步，先按所有客户应收账款逾期金额的多少分类排队，并计算出逾期金额所占比重。

第二步，对 A 类客户（比重较大）：可以发出措辞较为严厉的信件催收，或派专人催收，或委托收款代理机构处理，甚至可通过法律解决；对 B 类客户（比重居中）：可以多发几封信函催收，或打电话催收；对 C 类客户（比重较小）：只需要发出通知其付款的信函即可。

第四节　存货管理

一、存货管理的目标

存货管理的目标，就是在保证生产或销售需要的前提下，最大限度地降低存货成本。具体包括以下几个方面：

（1）保证生产正常进行。

（2）提高销售机动性。

（3）维持均衡生产，降低产品生产成本。

（4）降低存货取得成本。

（5）防止意外事件的发生。

二、存货的成本

（一）取得成本

取得成本指为取得某种存货而支出的成本，通常用 TC_a 来表示，分为订货成本和购置成本。

1. 订货成本

订货成本指取得订单的成本。

订货成本的计算公式如下：

$$订货成本 = F_1 + \frac{D}{Q} \times K$$

式中，F_1 为订货的固定成本；D 为存货年需要量；Q 为每次进货量；K 为每次订货的变动成本。

2. 购置成本

购置成本指为购买存货本身所支出的成本。

购置成本的计算公式如下：

$$购置成本 = D \times U$$

式中，U 为单价。

3. 取得成本

取得成本的计算公式如下：

$$取得成本 = 订货成本 + 购置成本 = 订货固定成本 + 订货变动成本 + 购置成本$$

公式如下：

$$TC_a = F_1 + \frac{D}{Q} \times K + D \times U$$

（二）储存成本

储存成本指为保持存货而发生的成本，分为固定成本和变动成本。

固定储存成本与存货数量的多少无关，如仓库折旧、仓库职工的固定工资等。

变动储存成本与存货的数量有关，如存货资金的应计利息、存货的破损和变质损失、存货的保险费用等。

储存成本的计算公式如下：

$$储存成本 = 固定储存成本 + 变动储存成本$$

$$TC_c = F_2 + K_c \times \frac{Q}{2}$$

式中，F_2 为固定储存成本；K_c 为单位变动储存成本。

（三）缺货成本

缺货成本指由于存货供应中断而造成的损失，用 TC_s 表示。

储备存货的总成本：

$$TC = TC_a + TC_c + TC_s = F_1 + \frac{D}{Q} \times K + D \times U + F_2 + K_c \times \frac{Q}{2} + TC_s$$

企业存货的最优化，就是使企业存货总成本即上式 TC 值最小。

例题

下列各项中，不属于存货储存成本的是（   ）。

A. 存货仓储费用　　　　　　　　　　　B. 存货破损和变质损失

C. 存货储备不足而造成的损失　　　　　D. 存货占用资金的应计利息

【答案】C。解析：存货储存成本指为保持存货而发生的成本，包括存货占用资金所应计的利息、仓储费用、保险费用、存货破损和变质损失等。C 项属于缺货成本。故本题选 C。

三、最优存货量的确定

（一）经济订货基本模型

经济订货基本模型是建立在一系列严格假设基础上的。这些假设包括以下几项：

（1）存货总需求量是已知常数。

（2）不存在订货提前期，即可以随时补充存货。

（3）货物是一次性入库。

（4）单位货物成本为常数，无批量折扣。

（5）库存储存成本与库存水平呈线性关系。

（6）货物是一种独立需求的物品，不受其他货物影响。

（7）不允许缺货，即无缺货成本，TC_s 为零。

经济订货基本模型的计算公式如下：

$$经济订货批量\ EOQ = \sqrt{\frac{2 \times K \times D}{K_c}}$$

$$与批量相关的存货总成本 = 变动订货成本 + 变动储存成本 = \frac{D}{Q} \times K + K_c \times \frac{Q}{2}$$

$$与经济批量相关的存货总成本\ TC(EOQ) = \sqrt{2 \times K \times D \times K_c}$$

$$最佳订货次数\ N = \frac{D}{EOQ}$$

$$最佳订货周期（年）= 1 \div 每年最佳订货次数$$

变动订货成本与订货次数成正比关系，而变动储存成本则与存货平均水平成正比关系。

（二）经济订货基本模型的扩展

1. 再订货点

再订货点是指在提前订货的情况下，为确保存货用完时订货刚好到达，企业再次发出订单时应保持的存货库存量，它的数量等于平均交货时间和每日平均需用量的乘积。

再订货点的计算公式如下：

$$再订货点（R）= 平均交货时间（L）\times 每日平均需用量（d）$$

订货提前期对经济批量并无影响，每次订货量、订货次数、订货间隔时间与瞬时补充相同。

2. 存货陆续供应和使用模型

假设每批订货数为 Q，每日送货量为 p，假设存货需用量为 D，每日耗用量为 d，每次订货费用为 K，单位变动储存成本为 K_c。存货陆续供应和使用模型的相关公式如下：

$$送货期 = \frac{Q}{p}$$

$$送货期耗用量 = \frac{Q}{p} \times d$$

$$送货期内平均库存量 = \frac{1}{2} \times \left(Q - \frac{Q}{p} \times d\right)$$

在订货变动成本与储存变动成本相等时，存货陆续供应和使用的经济订货量如下：

$$EOQ = \sqrt{\frac{2 \times K \times D}{K_c} \times \frac{p}{p-d}}$$

存货陆续供应和使用的经济订货量相关总成本如下：

$$TC(EOQ) = \sqrt{2 \times K \times D \times K_c \times \left(1 - \dfrac{d}{p}\right)}$$

3. 保险储备

考虑保险储备的再订货点的计算公式如下：

再订货点＝预计交货期内的需求＋保险储备

保险储备的决策原则是使缺货损失和保险储备的储存成本之和达到最低。与保险储备有关的总成本计算公式如下：

保险储备有关的总成本＝缺货成本＋保险储备成本

例题

在交货期内,如果存货需求量增加或供应商交货时间延迟,就可能发生缺货。为此,企业应保持的最佳保险储备量是( )。

A. 使保险储备的订货成本与持有成本之和最低的存货量

B. 使缺货损失和保险储备的持有成本之和最低的存货量

C. 使保险储备的持有成本最低的存货量

D. 使缺货损失最低的存货量

【答案】B。解析:最佳的保险储备应该是使缺货损失和保险储备的持有成本之和达到最低。故本题选 B。

四、存货的控制系统

（一）ABC 控制系统

ABC 控制系统就是把企业种类繁多的存货,依据其重要程度、价值大小或者资金占用等标准分为三大类:

（1）A 类高价值存货:品种数量约占整个存货的 10% 至 15%,价值约占全部存货的 50% 至 70%。

（2）B 类中等价值存货:品种数量约占全部存货的 20% 至 25%,价值约占全部存货的 15% 至 20%。

（3）C 类低价值存货:品种数量多,约占整个存货的 60% 至 70%,价值约占全部存货的 10% 至 35%。

A 类存货应作为管理的重点,实行重点控制、严格管理;而对 B 类和 C 类存货的重视程度则可依次降低,采取一般管理。

（二）适时制库存控制系统

适时制库存控制系统又称零库存管理、看板管理系统,是指制造企业事先与供应商和客户协调好,只有当制造企业在生产过程中需要原料或零件时,供应商才会将原料或零件送来;而每当产品生产出来就被客户拉走。适时库存控制系统能降低库存成本,但是需要稳定而标准的生产程序以及诚信的供应商,否则,任何一环出现差错都将导致整个生产线的停止。

第五节 流动负债管理

一、短期借款

（一）短期借款的信用条件

短期借款的信用条件主要有信贷额度、周转信贷协定、补偿性余额、借款抵押、偿还条件和其他承诺。

1. 信贷额度

信贷额度即贷款限额，是借款企业与银行在协议中规定的借款最高限额，信贷额度的有限期限通常为1年。

信贷额度的特点：一般情况下，在信贷额度内，企业可以随时按需要支用借款。但是，银行并不承担必须支付全部信贷数额的义务。如果企业信誉恶化，即使在信贷限额内，企业也可能得不到借款，银行不会承担法律责任。

2. 周转信贷协定

周转信贷协定是银行具有法律义务地承诺提供不超过某一最高限额的贷款协定。周转信贷协定的特点是在协定的有效期内，只要企业借款总额未超过最高限额，银行必须满足企业任何时候提出的借款要求。

3. 补偿性余额

补偿性余额是银行要求借款企业在银行中保持按贷款限额或实际借用额一定比例（通常为10%~20%）计算的最低存款余额。对借款企业来说，补偿性余额提高了借款的实际利率。

4. 借款抵押

银行根据抵押品面值的30%~90%发放贷款，具体比例取决于抵押品的变现能力和银行对风险的态度。

5. 偿还条件

贷款的偿还有到期一次偿还和在贷款期内定期（每月、季）等额偿还两种方式。在贷款期内定期等额偿还会提高借款的实际年利率。

6. 其他承诺

其他承诺包括及时提供财务报表、保持适当的财务水平等。

（二）短期借款成本

短期借款利息的支付方式有收款法、贴现法和加息法。

1. 收款法

收款法是在借款到期时向银行支付利息的方法。采用收款法时，短期贷款的实际利率就是名义利率。

2. 贴现法

贴现法又称折价法。即银行向企业发放贷款时，先从本金中扣除利息，而到期时借款企业再偿还全部贷款本金。采用这种方法，贷款的实际利率要高于名义利率。

3. 加息法

加息法是银行发放分期等额偿还贷款时采用的利息收取方法。在分期等额偿还贷款情况下，银行将根据名义利率计算的利息加到贷款本金上，计算出贷款的本息和，要求企业在贷款期内分期偿还本息之和。由于贷款本金分期均衡偿还，借款企业实际上只平均使用了贷款本金的一半，却支付了全额利息。这样企业所负担的实际利率便要高于名义利率大约 1 倍。

例题

某企业从银行获得附有承诺的周转信贷额度为 1 000 万元，承诺费率为 0.5%，年初借入 800 万元，年末偿还，年利率为 5%。则该企业负担的承诺费是（　　）万元。

A. 1　　　　　　　　B. 4　　　　　　　　C. 5　　　　　　　　D. 9

【答案】A。解析：该企业负担的承诺费 =（1 000-800）×0.5% = 1（万元）。故本题选 A。

二、短期融资券

短期融资券是由企业依法发行的无担保短期本票。

（一）短期融资券的分类

短期融资券可分为以下两种：

（1）按发行人分类，短期融资券可分为金融企业的融资券和非金融企业的融资券。在我国，目前发行和交易的是非金融企业的融资券。

（2）按发行方式分类，短期融资券可分为经纪人承销的融资券和直接销售的融资券。

（二）短期融资券的特点

短期融资券的特点包括以下三个：

（1）筹资成本较低。

（2）筹资数额比较大。

（3）发行条件比较严格。

三、商业信用

商业信用是指企业在商品或劳务交易中，以延期付款或预收货款方式进行购销活动而形成的借贷关系，是企业之间的直接信用行为，也是企业短期资金的重要来源。

（一）商业信用的形式

商业信用的形式包括应付账款、应付票据、预收货款和应计未付款。

1. 应付账款

应付账款是供应商给企业提供的一种商业信用。

（1）放弃现金折扣的信用成本。放弃现金折扣的信用成本的公式如下：

$$放弃折扣的信用成本率 = \frac{折扣\%}{1-折扣\%} \times \frac{360\ 天}{付款期-折扣期}$$

公式表明，放弃现金折扣的信用成本率与折扣百分比大小、折扣期长短和付款期长短有关，与货款额和折扣额没有关系。

（2）放弃现金折扣的信用决策：如果企业将应付账款额用于短期投资，所获得的投资收益率高于放弃折扣的信用成本率,则应当放弃现金折扣。

2. 应付票据

应付票据是指企业在商品购销活动和对工程价款进行结算中,因采用商业汇票结算方式而产生的商业信用。

3. 预收货款

预收货款是指销货单位按照合同和协议规定,在发出货物之前向购货单位预先收取部分或全部货款的信用行为。

4. 应计未付款

应计未付款是企业在生产经营和利润分配过程中已经计提但尚未以货币支付的款项。主要包括应付职工薪酬、应交税费、应付利润或应付股利等。

(二)商业信用筹资的优缺点

商业信用筹资的优点:①商业信用容易获得;②企业有较大的机动权;③企业一般不用提供担保。

商业信用筹资的缺点:①商业信用筹资成本高;②容易恶化企业的信用水平;③受外部环境影响较大。

四、流动负债的利弊

流动负债的利弊如下表所示:

项目	内容
经营优势	容易获得、具有灵活性,能够有效满足企业季节性信贷需求;另外,短期借款一般比长期借款具有更少的约束性条件
经营劣势	需要持续地重新谈判或滚动地安排负债

第七章　成本管理

知识体系

本章导学

从近几年考试来看,银保监财会类职位专业科目考试对于本章知识着重考查本量利分析和责任成本。本章重难点是本量利分析的基本关系式、边际贡献、盈亏平衡点、安全边际、目标利润分析的相关计算公式、利润敏感性分析以及责任成本的相关内容,考生需要理解相关概念,并熟记相关的计算公式。

第一节　本量利分析

一、本量利分析的含义

本量利分析(简称 CVP 分析)是指以成本性态分析和变动成本法为基础,运用数学模型和图式,对成本、利润、业务量与单价等因素之间的依存关系进行分析,发现变动的规律性,为企业进行预测、决策、计划和控制等活动提供支持的一种方法。

其中,"本"是指成本,包括固定成本和变动成本;"量"是指业务量,一般指销售量;"利"一般指营业利润。本量利分析主要包括盈亏平衡分析、目标利润分析、敏感性分析、边际分析等内容。

二、本量利分析的基本假设

一般来说,本量利分析主要基于以下四个假设前提:

（1）总成本由固定成本和变动成本两部分组成。

（2）销售收入与业务量呈完全线性关系。

（3）产销平衡。

（4）产品产销结构稳定。

三、本量利分析的基本原理

本量利分析的基本公式如下:

$$利润=销售收入-总成本=销售收入-（变动成本+固定成本）$$
$$=销售量×单价-销售量×单位变动成本-固定成本$$
$$=销售量×（单价-单位变动成本）-固定成本$$

四、盈亏平衡分析

所谓盈亏平衡分析（也称保本分析）是指分析、测定盈亏平衡点,以及有关因素变动对盈亏平衡点的影响等,是本量利分析的核心内容。

（一）单一产品盈亏平衡分析

1. 盈亏平衡点

盈亏平衡分析的关键是盈亏平衡点的确定。盈亏平衡点（又称保本点）是指企业达到盈亏平衡状态的业务量或销售额,即企业一定时期的总收入等于总成本、利润为零时的业务量或销售额。

单一产品的盈亏平衡点可以以实物量（盈亏平衡点的业务量,也称保本销售量）和货币单位（盈亏平衡点的销售额,也称保本销售额）两种形式来表现。根据本量利分析基本关系式:

$$利润=销售量×单价-销售量×单位变动成本-固定成本$$

当利润为零时,用销售量表示公式如下:

$$盈亏平衡点的业务量=固定成本÷（单价-单位变动成本）$$
$$=固定成本÷单位边际贡献$$

用销售额表示公式如下:

$$盈亏平衡点的销售额=盈亏平衡点的业务量×单价$$
$$=固定成本÷（1-变动成本率）=固定成本÷边际贡献率$$

2. 盈亏平衡作业率

盈亏平衡作业率又称为保本作业率,是指盈亏平衡点的业务量（或销售额）占正常经营情况下的业务量（或销售额）的百分比,或者是盈亏平衡点的业务量（或销售额）占实际或预计业务量（或销售额）的百分比。

盈亏平衡作业率＝盈亏平衡点的业务量÷正常经营业务量（或实际业务量、预计业务量）×100%

＝盈亏平衡点的销售额÷正常经营销售额（或实际销售额、预计销售额）×100%

3. 本量利关系图

传统式本量利关系图如下图所示。

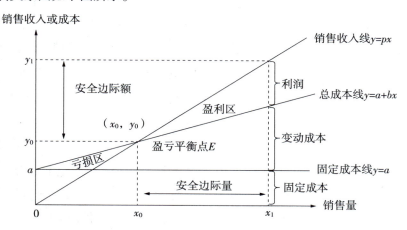

传统式本量利关系图

边际贡献式本量利关系图如下图所示。

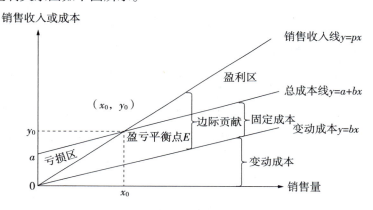

边际贡献式本量利关系图

利量式本量利关系图如下图所示。

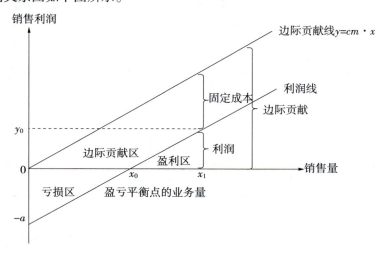

利量式本量利关系图

（二）产品组合盈亏平衡分析

进行多种产品盈亏平衡分析的方法包括加权平均法、联合单位法、分算法、主要产品法等。

1．加权平均法

加权平均法是指在掌握每种单一产品的边际贡献率的基础上，按各种产品销售额的比重进行加权平均，据以计算综合边际贡献率，从而确定多产品组合的盈亏平衡点。

$$某种产品的销售额权重＝该种产品的销售额÷各种产品的销售额合计$$

$$综合边际贡献率＝\sum（某种产品的销售额权重×该种产品的边际贡献率）$$

$$盈亏平衡点的销售额＝固定成本÷（1-综合变动成本率）＝固定成本÷综合边际贡献率$$

$$综合边际贡献率＝1-综合变动成本率$$

2．联合单位法

联合单位法是指在事先确定各种产品间产销实物量比例的基础上，将各种产品产销实物量的最小比例作为一个联合单位，确定每一联合单位的单价、单位变动成本，进行本量利分析的一种分析方法。

$$联合盈亏平衡点的业务量＝固定成本总额÷（联合单价-联合单位变动成本）$$

$$某产品盈亏平衡点的业务量＝联合盈亏平衡点的业务量×一个联合单位中包含的该产品的数量$$

3．分算法

分算法是在一定的条件下，将全部固定成本按一定标准在各种产品之间进行合理分配，确定每种产品应补偿的固定成本数额，然后再对每一种产品按单一品种条件下的情况分别进行本量利分析的方法。

4．主要产品法

在企业产品品种较多的情况下，如果存在一种产品是主要产品，它提供的边际贡献占企业边际贡献总额的比重较大，代表了企业产品的主导方向，则可以按该主要品种的有关资料进行本量利分析，视同于单一品种。确定主要品种应以边际贡献为标志，并只能选择一种主要产品。

五、目标利润分析

目标利润分析的基本公式如下：

$$目标利润＝销售量×（单价-单位变动成本）-固定成本$$

$$实现目标利润销售量＝（固定成本＋目标利润）÷（单价-单位变动成本）$$

$$实现目标利润销售额＝（固定成本＋目标利润）÷边际贡献率$$

$$＝实现目标利润销售量×单价$$

在单一产品的目标利润分析基础上，依据分析结果进行优化调整，寻找最优的产品组合。基本分析公式如下：

$$实现目标利润的销售额＝（综合目标利润＋固定成本）÷（1-综合变动成本率）$$

$$实现目标利润率的销售额＝固定成本÷（1-综合变动成本率-综合目标利润率）$$

还应注意的是，上述公式中的目标利润一般是指息税前利润。其实，从税后利润来进行目标利润的规划和分析，更符合企业营运的需要。如果企业预测的目标利润是税后利润，则上述公式应作如下调整：

$$税后利润＝（息税前利润-利息）×（1-所得税税率）$$

$$实现目标利润的销售量＝[固定成本＋税后目标利润÷（1-所得税税率）＋利息]÷单位边际贡献$$

$$实现目标利润的销售额＝[固定成本＋税后目标利润÷（1-所得税税率）＋利息]÷边际贡献率$$

六、敏感性分析

所谓利润敏感性分析,就是研究本量利分析中影响利润的诸因素发生微小变化时,对利润的影响方向和程度。

基于本量利分析的利润敏感性分析主要应解决两个问题:一是各因素的变化对最终利润变化的影响程度;二是当目标利润要求变化时允许各因素的升降幅度。

(一)各因素对利润的影响程度

各相关因素变化都会引起利润的变化,但其影响程度各不相同。如有些因素虽然只发生了较小的变动,却导致利润很大的变动,利润对这些因素的变化十分敏感,称这些因素为敏感因素。与此相反,有些因素虽然变动幅度很大,却有可能只对利润产生较小的影响,称之为不敏感因素。反映各因素对利润敏感程度的指标为利润的敏感系数,其计算公式如下:

$$敏感系数=利润变动百分比÷因素变动百分比$$

(二)目标利润要求变化时允许各因素的升降幅度

当目标利润有所变化时,只有通过调整各因素现有水平才能达到目标利润变动的要求。因此,对各因素允许升降幅度的分析,实质上是各因素对利润影响程度分析的反向推算,在计算上表现为敏感系数的倒数。

七、边际分析

(一)边际贡献分析

边际贡献,又称为边际利润、贡献毛益等。边际贡献分析,是指通过分析销售收入减去变动成本总额之后的差额,衡量产品为企业贡献利润的能力。边际贡献分析主要包括边际贡献和边际贡献率两个指标。边际贡献总额是产品的销售收入扣除变动成本总额后给企业带来的贡献,进一步扣除企业的固定成本总额后,剩余部分就是企业的利润,相关计算公式如下:

$$边际贡献总额=销售收入-变动成本总额=销售量×单位边际贡献=销售收入×边际贡献率$$
$$单位边际贡献=单价-单位变动成本=单价×边际贡献率$$

边际贡献率,是指边际贡献在销售收入中所占的百分比,表示每1元销售收入中边际贡献所占的比重。

$$边际贡献率=边际贡献总额÷销售收入×100\%=单位边际贡献÷单价×100\%$$

另外,还可以根据变动成本率计算边际贡献率:

$$变动成本率=变动成本总额÷销售收入×100\%$$
$$边际贡献率=1-变动成本率$$

根据本量利基本关系,利润、边际贡献及固定成本之间的关系可以用以下公式表示:

$$利润=边际贡献-固定成本=销售量×单位边际贡献-固定成本=销售收入×边际贡献率-固定成本$$

从上述公式可以看出,企业的边际贡献与营业利润有着密切的关系:边际贡献首先用于补偿企业的固定成本,只有当边际贡献大于固定成本时才能为企业提供利润,否则企业将亏损。

(二)安全边际分析

安全边际,是指实际销售量(销售额)或预期销售量(销售额)超过盈亏平衡点销售量(销售额)的差额,体现企业营运的安全程度。它表明销售量、销售额下降多少,企业仍不至于亏损。

安全边际分析,是指通过分析正常销售量(销售额)超过盈亏平衡点销售量(销售额)的差额,衡量企业在盈亏平衡的前提下,能够承受因销售量(销售额)下降带来的不利影响的程度和企业抵御营运风险的能力。安全边际分析主要包括安全边际和安全边际率两个指标。有关公式如下:

安全边际=实际销售量(销售额)或预期销售量(销售额)-盈亏平衡点的销售量(销售额)

安全边际率,是指安全边际与实际销售量(销售额)或预期销售量(销售额)的比值,公式如下:

安全边际率=安全边际÷实际销售量(销售额)或预期销售量(销售额)×100%

(三)盈亏平衡作业率与安全边际率的关系

盈亏平衡作业率与安全边际率的关系如下图所示。

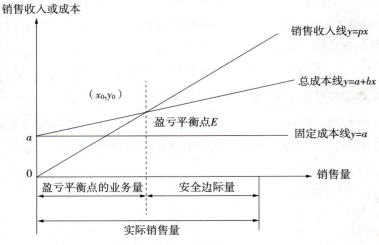

盈亏平衡作业率与安全边际率的关系

根据上图,盈亏平衡点把销售量分为两部分:一部分是盈亏平衡点的销售量;另一部分是安全边际量。

盈亏平衡点的销售量+安全边际量=实际销售量

上述公式两端同时除以销售量:

盈亏平衡作业率+安全边际率=1

根据上图,只有安全边际才能为企业提供利润,而盈亏平衡点的销售额扣除变动成本后只为企业收回固定成本。安全边际销售额减去其自身变动成本后成为企业利润,即安全边际中的边际贡献等于企业利润。这个结论可以通过下式推出:

利润=边际贡献-固定成本=销售收入×边际贡献率-盈亏平衡点的销售额×边际贡献率

所以:

利润=安全边际额×边际贡献率

若将上式两端同时除以销售收入:

销售利润率=安全边际率×边际贡献率

从上述关系式可以看出,要提高企业的销售利润率水平主要有两种途径:一是扩大现有销售水平,提高安全边际率;二是降低变动成本水平,提高边际贡献率。

第二节　责任成本

责任成本管理是指将企业内部划分成不同的责任中心,明确责任成本,并根据各责任中心的权、责、利关系来考核其工作业绩的一种成本管理模式。

按照企业内部责任中心的权责范围以及业务活动的不同特点,责任中心一般可以划分为成本中心、利润中心和投资中心三类。

一、成本中心

成本中心是指有权发生并控制成本的单位,是责任中心中应用最为广泛的一种形式,只要是对成本的发生负有责任的单位或个人都可以成为成本中心。

成本中心的特点和考核指标如下表所示:

项目	内容
特点	(1)不考核收入,只考核成本 (2)只对可控成本负责,不负责不可控成本 (3)责任成本是成本中心考核和控制的主要内容
考核指标	预算成本节约额＝实际产量预算责任成本－实际责任成本 预算成本节约率＝预算成本节约额÷实际产量预算责任成本×100%

例题

下列各项中,属于可控成本必须同时具备的条件有(　　　)。

A. 可以预见　　　　　　　　　　　　　B. 可以计量

C. 可以调节　　　　　　　　　　　　　D. 可以控制

【答案】ABCD。**解析:**可控成本应具备三个条件:①该成本的发生是成本中心可以预见的;②该成本是成本中心可以计量的;③该成本是成本中心可以调节和控制的。故本题选ABCD。

二、利润中心

利润中心是指既能控制成本,又能控制收入和利润的责任单位,同时对成本、收入以及收入成本的差额即利润负责。

利润中心的分类和考核指标如下表所示:

项目		内容
分类	自然利润中心	自然形成的,直接对外提供劳务或销售产品以取得收入的责任中心
	人为利润中心	人为设定的,通过企业内部各责任中心之间使用内部结算价格结算半成品内部销售收入的责任中心
考核指标	边际贡献	销售收入总额－变动成本总额
	可控边际贡献	边际贡献－该中心负责人可控固定成本
	部门边际贡献	可控边际贡献－该中心负责人不可控固定成本

【提示】利润中心与成本中心相比,其权利和责任相对较大,它不仅要降低绝对成本,更要寻求收

入的增长使之超过成本的增长,即更要强调相对成本的降低。

例题

下列各项指标中,根据责任中心权责利关系,适用于利润中心业绩评价的有(　　)。

A. 部门边际贡献　　　　　　　　B. 可控边际贡献

C. 投资收益率　　　　　　　　　D. 剩余收益

【答案】AB。解析:利润中心的业绩考核指标分为边际贡献、可控边际贡献和部门边际贡献。C、D两项,投资收益率和剩余收益是投资中心的考核指标。故本题选AB。

三、投资中心

投资中心是指既能控制成本、收入和利润,又能对投资及其投入的资金进行控制的责任中心。

投资中心的考核指标包括投资收益率和剩余收益。

(一)投资收益率

投资收益率的计算公式如下:

$$投资收益率=息税前利润÷平均经营资产$$
$$平均经营资产=(期初经营资产+期末经营资产)÷2$$

投资收益率的优点:①根据现有的会计资料计算,比较客观,可用于部门之间,以及不同行业之间的比较;②可以促使经理人员关注经营资产运用效率,并有利于资产存量的调整,优化资源配置。

投资收益率的缺点是过于关注投资利润率会引起短期行为的产生。

(二)剩余收益

剩余收益的计算公式如下:

$$剩余收益=息税前利润-平均经营资产×最低投资收益率$$

其中:最低投资收益率是根据资本成本来确定的,它一般等于或大于资本成本,通常可以采用企业整体的最低期望投资收益率,也可以是企业为该投资中心单独规定的最低投资收益率。

剩余收益指标的优点是弥补了投资收益率指标会使局部利益与整体利益相冲突的不足。

剩余收益指标的缺点:①由于其是绝对指标,难以在不同规模的投资中心之间进行业绩比较;②剩余收益仅反映当期业绩,单纯使用这一指标会导致投资中心管理者的短期行为。

例题

下列各项中,最适用于评价投资中心业绩的指标是(　　)。

A. 边际贡献　　　　　　　　　　B. 部门毛利

C. 剩余收益　　　　　　　　　　D. 部门净利润

【答案】C。解析:对投资中心的业绩进行评价时,不仅要适用利润指标,还需要计算、分析利润与投资的关系,主要有投资收益率和剩余收益指标。故本题选C。

四、内部转移价格的制定

内部转移定价是企业内部转移价格的制定和应用方法。

内部转移定价通常分为价格型、成本型和协商型三种,具体内容如下表所示:

种类	确定方法	适用
价格型内部转移定价	以市场价格为基础、由成本和毛利构成	一般适用于内部利润中心
成本型内部转移定价	以标准成本等相对稳定的成本数据为基础制定	一般适用于内部成本中心
协商型内部转移定价	通过内部供求双方协商制定的内部转移价格	适用于分权程度较高的企业，上限是市场价，下限是单位变动成本

第三节　产品成本计算的基本方法

产品成本计算的基本方法包括品种法、分批法和分步法。

产品成本计算的品种法，也称简单法，是以产品品种为产品成本计算对象，归集和分配生产费用的方法。适用于大量大批单步骤生产的企业。

产品成本计算的分批法，是按照产品批别归集生产费用、计算产品成本的方法。适用于单件小批类型的生产，如造船业，重型机器设备制造业，一般企业中的新产品试制或试验生产、在建工程以及设备修理作业等。

产品成本计算的分步法，是以产品生产步骤为成本计算对象，归集和分配生产费用、计算产品成本的方法。适用于大量大批多步骤生产的企业，如纺织、冶金、汽车制造等大量大批的制造企业。

第四节　作业成本法

一、作业成本法的相关概念

作业成本法以"作业消耗资源、产出消耗作业"为原则，按照资源动因将资源费用追溯或分配至各项作业，计算出作业成本，然后再根据作业动因，将作业成本追溯或分配至各成本对象，最终完成成本计算的过程。

资源费用是指企业在一定期间内开展经济活动所发生的各项资源耗费，也就是计入产品成本的各项费用。

作业是指企业基于特定目的重复执行的任务或活动，是连接资源和成本对象的桥梁。

成本对象是指企业追溯或分配资源费用、计算成本的对象物，是成本的承担者，是可分配费用的对象。

成本动因亦称成本驱动因素，是指诱导成本发生的动因，是成本对象与其直接关联的作业和最终关联的资源之间的中介。按其在资源流动中所处的位置和作用，成本动因可分为资源动因和作业动因。

资源动因是引起作业成本变动的驱动因素，反映作业量与耗费之间的因果关系，是将作业成本分配到流程、产品、分销渠道、客户等成本对象的依据。作业动因是引起产品成本变动的驱动因素，反映产品产量与作业成本之间的因果关系。

作业中心又称成本库,是指构成一个业务过程的相互联系的作业集合,用来汇集业务过程及其产出的成本。

作业成本法一般适用于具备以下特征的企业:①作业类型较多且作业链较长;②同一生产线生产多种产品;③企业规模较大且管理层对产品成本准确性要求较高;④产品、客户和生产过程多样化程度较高;⑤间接或辅助资源费用所占比重较大等。

二、作业成本法的应用程序

(1)资源识别及资源费用的确认与计量。

(2)成本对象选择。

(3)作业认定。

(4)作业中心设计。包括产量级作业、批别级作业、品种级作业、顾客级作业、设施级作业。

(5)资源动因选择与计量。

(6)作业成本汇集。

(7)作业动因选择与计量。

(8)作业成本分配。

三、作业成本法的优缺点

作业成本法的主要优点:①能够提供更加准确的各维度成本信息,有助于企业提高产品定价、作业与流程改进、客户服务等决策的准确性;②改善和强化成本控制,促进绩效管理的改进和完善;③推进作业基础预算,提高作业、流程、作业链(或价值链)管理的能力。

作业成本法的主要缺点:部分作业的识别、划分、合并与认定,成本动因的选择以及成本动因计量方法的选择等均存在较大的主观性,操作较为复杂,开发和维护费用较高。

第八章　股利分配理论与政策

知识体系

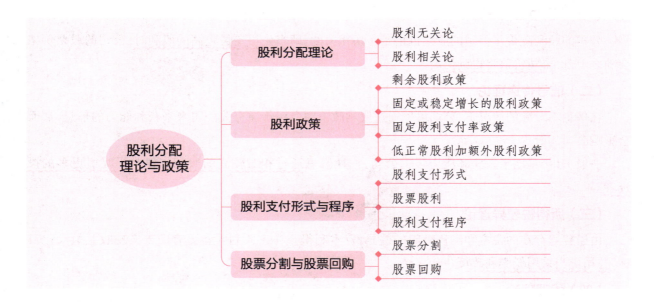

本章导学

从近几年考试来看,银保监财会类职位专业科目考试对于本章知识着重考查股利分配理论、股利政策、股票分割与股票回购。本章重难点是股利相关论、各种股利政策的优缺点、股票分割与股票回购的内容,考生需要理解并掌握。

第一节　股利分配理论

股利分配理论的核心问题是股利政策与公司价值的关系问题。

一、股利无关论

股利无关论认为,在一定的假设条件限制下,股利政策不会对公司的价值或股票的价格产生任何影响,投资者不关心公司股利的分配。公司市场价值的高低,是由公司所选择的投资决策的获利能力和风险组合所决定的,而与公司的利润分配政策无关。

该理论是建立在完全资本市场理论之上的,假定条件包括以下内容:

（1）市场具有强式效率，没有交易成本。

（2）不存在任何公司或个人所得税。

（3）不存在任何筹资费用。

（4）公司的投资决策与股利决策彼此独立。

（5）股东对股利收入和资本增值之间并无偏好。

二、股利相关论

股利相关论的理论观点是企业的股利政策会影响股票价格和公司价值。

（一）"手中鸟"理论

公司的股利政策与公司的股票价格是密切相关的，即当公司支付较高的股利时，公司的股票价格会随之上升，公司价值将得到提高。

（二）信号传递理论

在信息不对称的情况下，公司可以通过股利政策向市场传递有关公司未来获利能力的信息，从而会影响公司的股价。

一般来讲，预期未来获利能力强的公司，往往愿意通过相对较高的股利支付水平吸引更多的投资者。

（三）所得税差异理论

由于普遍存在的税率和纳税时间的差异，资本利得收益比股利收益更有助于实现收益最大化目标，公司应当采用低股利政策。

（四）代理理论

股利政策是协调股东与管理者之间代理关系的一种约束机制，股利的支付能够有效地降低代理成本。高水平的股利政策降低了企业的代理成本，但同时增加了外部融资成本，理想的股利政策应当使两种成本之和最小。

例题

股利的支付可减少管理层可支配的自由现金流量，在一定程度上可抑制管理层的过度投资或在职消费行为。这种观点体现的股利理论是(　　)。

A. 股利无关理论

B. 信号传递理论

C. "手中鸟"理论

D. 代理理论

【答案】D。解析：代理理论认为股利政策有助于缓解管理者与股东之间的代理冲突。股利的支付能够有效地降低代理成本。首先，股利的支付减少了管理者对自由现金流量的支配权，这在一定程度上可以抑制公司管理者的过度投资或在职消费行为；其次，较多的现金股利发放，减少了内部融资，导致公司进入资本市场寻求外部融资，从而公司将接受资本市场上更多的、更严格的监督，这样便通过资本市场的监督减少了代理成本。故本题选D。

第二节 股利政策

一、剩余股利政策

剩余股利政策是指公司在有良好的投资机会时,根据目标资本结构,测算出投资所需的权益资本额,先从盈余中留用,然后将剩余的盈余作为股利来分配,即净利润首先满足公司的权益资金需求,如果还有剩余,就派发股利;如果没有,则不派发股利。剩余股利政策一般适用于公司初创阶段。剩余股利政策的理论依据是股利无关理论。

剩余股利政策的优点:留存收益优先满足再投资的需要,有助于降低再投资的资金成本,保持最佳的资本结构,实现企业价值的长期最大化。

剩余股利政策的缺点:①股利发放额会每年随着投资机会和盈利水平的波动而波动;②不利于投资者安排收入与支出,也不利于公司树立良好的形象。

二、固定或稳定增长的股利政策

固定或稳定增长的股利政策是指公司将每年派发的股利额固定在某一特定水平或是在此基础上维持某一固定比率逐年稳定增长。公司只有在确信未来盈余不会发生逆转时才会宣布实施固定或稳定增长的股利政策。固定或稳定增长的股利政策适用于经营比较稳定或正处于成长期的企业。

固定或稳定增长的股利政策的优点:①有利于树立公司的良好形象,增强投资者对公司的信心,稳定股票的价格;②有助于投资者安排股利收入和支出,有利于吸引那些打算进行长期投资并对股利有很高依赖性的股东;③固定或稳定增长的股利政策可能会不符合剩余股利理论,但也可能比降低股利或股利增长率更为有利。

固定或稳定增长的股利政策的缺点:①股利的支付与企业的盈利相脱节,可能会导致企业资金紧缺,财务状况恶化;②在企业无利可分的情况下,若依然实施固定或稳定增长的股利政策,是违反《中华人民共和国公司法》的行为。

三、固定股利支付率政策

固定股利支付率政策是指公司将每年净利润的某一固定百分比作为股利分派给股东。这一百分比通常称为股利支付率,股利支付率一经确定,一般不得随意变更。比较适用于那些处于稳定发展且财务状况也较稳定的公司。

固定股利支付率政策的优点:①股利与公司盈余紧密地配合,体现了"多盈多分、少盈少分、无盈不分"的股利分配原则;②公司每年按固定的比例从税后利润中支付现金股利,从企业的支付能力的角度看,这是一种稳定的股利政策。

固定股利支付率政策的缺点:①波动的股利很容易给投资者带来经营状况不稳定、投资风险较大的不良印象,成为影响股价的不利因素;②容易使公司面临较大的财务压力;③合适的固定股利支付率的确定难度比较大。

四、低正常股利加额外股利政策

低正常股利加额外股利政策是指公司事先设定一个较低的正常股利额,每年除了按正常股利额向股东发放股利外,还在公司盈余较多、资金较为充裕的年份向股东发放额外股利。

低正常股利加额外股利政策的优点:①赋予公司较大的灵活性,使公司在股利发放上留有余地,并具有较大的财务弹性;②使那些依靠股利度日的股东每年至少可以得到虽然较低但比较稳定的股利收入,从而吸引住这部分股东。

低正常股利加额外股利政策的缺点:①由于各年度之间公司盈利的波动使得额外股利不断变化,造成分派的股利不同,容易给投资者收益不稳定的感觉;②当公司在较长时间持续发放额外股利后,可能会被股东误认为"正常股利",一旦取消,传递出的信号可能会使股东认为这是公司财务状况恶化的表现,进而导致股价下跌。

例题

依据股利无关论制定股利分配政策的是(　　　　)。

A. 剩余股利政策

B. 固定或稳定增长的股利政策

C. 固定股利支付率政策

D. 低正常股利加额外股利政策

【答案】A。解析:A项,剩余股利政策的理论依据是股利无关论;B、C、D三项,固定或稳定增长的股利政策、固定股利支付率政策、低正常股利加额外股利政策的理论依据是股利相关理论。故本题选 A。

第三节　股利支付形式与程序

一、股利支付形式

股利支付形式包括以下四种,如下表所示:

形式	内容
现金股利	股利支付最常见的方式
财产股利	以现金以外的其他资产支付的股利,主要是以公司所拥有的其他公司的有价证券作为股利支付给股东
负债股利	通常以公司的应付票据支付给股东,有时也以发放公司债券的方式支付股利
股票股利	公司以增发股票的方式所支付的股利,我国实务中通常也称其为"红股"

【提示】财产股利和负债股利实际上都是现金股利的替代方式,但目前这两种股利方式在我国公司实务中极少使用。

二、股票股利

发放股票股利对公司来说,没有现金流出,也不会导致公司的财产减少;股票权利会增加流通在外的股票数量,同时降低股票的每股价值;它不改变公司股东权益总额,但会改变股东权益的构成;股

票股利不直接增加股东的财富,也不增加公司的价值。

股票股利的优点如下表所示:

对象	内容
对于股东	(1)发放股票股利往往预示着公司会有较大的发展和成长,这样的信息传递会稳定股价或使股价下降比例减小甚至不降反升,股东便可以获得股票价值相对上升的好处 (2)由于股利收入和资本利得税率的差异,如果股东把股票股利出售,还会带来资本利得纳税上的好处
对于公司	(1)发放股票股利不需要向股东支付现金 (2)发放股票股利可以降低公司股票的市场价格,既有利于促进股票的交易和流通,又有利于吸引更多的投资者成为公司股东,进而使股权更为分散,有效地防止公司被恶意控制 (3)股票股利的发放可以传递公司未来发展前景良好的信息,从而增强投资者的信心,在一定程度上稳定股票价格

三、股利支付程序

公司股利的发放需要按照以下日程来进行,如下表所示:

日程	主要任务
股利宣告日	股东大会决议通过并由董事会将股利支付情况予以公告的日期。公告中将宣布每股应支付的股利、股权登记日、除息日以及股利支付日
股权登记日	有权领取本期股利的股东资格登记截止日期。在此指定日期收盘之前取得公司股票,成为公司在册股东的投资者都可以作为股东享受公司本期分派的股利
除息日	领取股利的权利与股票分离的日期。除息日的股票失去了"收息"的权利,价格会下跌
股利发放日	公司按照公布的分红方案向股东实际支付股利的日期

第四节 股票分割与股票回购

一、股票分割

股票分割又称拆股,即将一股股票拆分成多股股票的行为。

(一)股票分割的特点

股票分割的特点:①股票分割一般只会增加发行在外的股票总数,但不会对公司的资本结构产生任何影响;②股票分割之后,股东权益总额及其内部结构都不会发生任何变化,变化的只是股票面值。

(二)股票分割的作用

股票分割的作用:①降低股票价格;②向市场和投资者传递"公司发展前景良好"的信号,有助于提高投资者对公司股票的信心。

二、股票回购

股票回购是指上市公司出资将其发行在外的普通股以一定价格购买回来予以注销或作为库存股的一种资本运作方式。

（一）股票回购的方式

股票回购的方式主要包括公开市场回购、要约回购和协议回购三种，具体内容如下表所示：

方式	内容
公开市场回购	指公司在公开交易市场上以当前市价回购股票
要约回购	公司在特定期间向股东发出以高出当前市价的某一价格回购既定数量股票的要约，并根据要约内容进行回购
协议回购	公司以协议价格直接向一个或几个主要股东回购股票

（二）股票回购的动机

（1）现金股利的替代。

（2）改变公司的资本结构。公司认为权益资本在资本结构中所占比例较大时，为了调整资本结构而进行股票回购，可以在一定程度上降低整体资本成本。

（3）传递公司信息。一般情况下，投资者会认为股票回购意味着公司认为其股票价值被低估而采取的应对措施。

（4）基于控制权的考虑。控股股东为了保证其控制权不变，往往采取直接或间接的方式回购股票，从而巩固既有的控制权。另外，股票回购使流通在外的股份数变少，股价上升，从而可以有效地防止敌意收购。

（三）股票回购的影响

（1）符合股票回购条件的多渠道回购方式允许公司选择适当时机回购本公司股份，将进一步提升公司调整股权结构和管理风险的能力，提高公司整体质量和投资价值。

（2）当市场不理性，公司股价严重低于股票内在价值时，为了避免投资者损失，适时进行股份回购，减少股份供应量，有助于稳定股价，增强投资者信心。

（3）股票回购若用大量资金支付回购成本，一方面容易造成资金紧张，降低资产流动性，影响公司的后续发展；另一方面在公司没有合适的投资项目又持有大量现金的情况下，回购股份也能更好地发挥货币资金的作用。

（4）上市公司通过履行信息披露义务和公开的集中交易方式进行股份回购有利于防止操纵市场、内幕交易等利益输送行为。

（5）因实施持股计划和股权激励的股票回购，形成资本所有者和劳动者的利益共同体，有助于提高投资者回报能力；将股份用于转换上市公司发行的可转换为股票的公司债券实施的股票回购，也有助于拓展公司融资渠道，改善公司资本结构。

第九章　财务分析与评价

知识体系

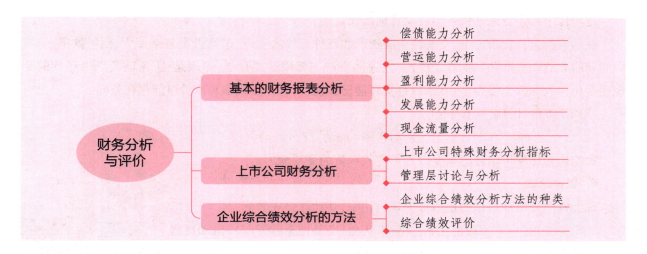

本章导学

从近几年考试来看,银保监财会类职位专业科目考试对于本章知识着重考查基本的财务报表分析。本章重难点是偿债能力分析、营运能力分析、盈利能力分析涉及的各种比率,考生要熟记各种比率的计算公式。

第一节　基本的财务报表分析

一、偿债能力分析

(一)短期偿债能力分析

短期偿债能力衡量的是企业对于流动负债的清偿能力,衡量指标主要有营运资金、流动比率、速动比率和现金比率。

1. 营运资金

营运资金是指流动资产超过流动负债的部分,其计算公式如下:

$$营运资金=流动资产-流动负债$$

营运资金为正,说明企业财务状况稳定,不能偿债的风险较小。营运资金为负,企业部分非流动资产以流动负债作为资金来源,企业不能偿债的风险很大。

2. 流动比率

流动比率是企业流动资产与流动负债之比,其计算公式如下:

$$流动比率=流动资产÷流动负债$$

不同行业的流动比率,通常有明显差别。营业周期短、应收账款和存货的周转速度快的企业,其流动比率低一些也可以接受。

一般情况下,营业周期、流动资产中的应收账款和存货的周转速度是影响流动比率的主要因素。

3. 速动比率

速动比率是企业速动资产与流动负债之比。

速动资产包括货币资金、交易性金融资产和各种应收款项;非速动资产包括存货、预付款项、一年内到期的非流动资产和其他流动资产等;速动资产主要剔除了存货,原因是:①流动资产中存货的变现速度比应收账款要慢得多;②部分存货可能已被抵押;③存货成本和市价可能存在差异。

速动比率的计算公式如下:

$$速动比率=速动资产÷流动负债$$

影响速动比率可信性的重要因素是应收账款的变现能力。

4. 现金比率

现金资产与流动负债的比值称为现金比率,其计算公式如下:

$$现金比率=(货币资金+交易性金融资产)÷流动负债$$

经研究表明,0.2的现金比率就可以接受。这一比率过高,意味着企业过多资源占用在盈利能力较低的现金资产上从而影响企业盈利能力。

(二)长期偿债能力分析

长期偿债能力衡量的是对企业所有负债的清偿能力。其财务指标主要有资产负债率、产权比率、权益乘数和利息保障倍数。

1. 资产负债率

资产负债率是企业负债总额与资产总额之比,其计算公式如下:

$$资产负债率=负债总额÷资产总额×100\%$$

这一比率越低,表明企业资产对负债的保障能力越高,企业的长期偿债能力越强。

2. 产权比率

产权比率又称资本负债率,是负债总额与所有者权益之比,它是企业财务结构稳健与否的重要标志,其计算公式如下:

$$产权比率=负债总额÷所有者权益×100\%$$

产权比率反映了由债权人提供的资本与所有者提供的资本的相对关系,即企业财务结构是否稳定;而且反映了债权人资本受股东权益保障的程度,或者是企业清算时对债权人利益的保障程度。产权比率高,是高风险、高收益的财务结构;产权比率低,是低风险、低收益的财务结构。

3. 权益乘数

权益乘数是总资产与股东权益的比值,其计算公式如下:

$$权益乘数=总资产÷股东权益$$

权益乘数表明股东每投入 1 元钱可实际拥有和控制的金额,是常用的反映财务杠杆水平的指标。

4. 利息保障倍数

利息保障倍数是指企业息税前利润与应付利息之比,又称已获利息倍数,用以衡量偿付借款利息的能力,其计算公式如下:

利息保障倍数=息税前利润÷应付利息=(净利润+利润表中的利息费用+所得税)÷应付利息

公式中的被除数"息税前利润"是指利润表中扣除利息费用和所得税前的利润。公式中的除数"应付利息"是指本期发生的全部应付利息,不仅包括财务费用中的利息费用,还应包括计入固定资产成本的资本化利息。

5. 影响偿债能力的其他因素

(1)可动用的银行贷款指标或授信额度。当企业存在可动用的银行贷款指标或授信额度时,可以提高企业偿债能力。

(2)资产质量。如果企业存在很快变现的长期资产,会增加企业的短期偿债能力。

(3)或有事项和承诺事项。如果企业存在债务担保或未决诉讼等或有事项,会增加企业的潜在偿债压力。

(4)经营租赁。如果企业存在经营租赁,应考虑租赁费用对偿债能力的影响。

二、营运能力分析

(一)流动资产营运能力分析

反映流动资产营运能力的指标主要有应收账款周转率、存货周转率和流动资产周转率。

1. 应收账款周转率

反映应收账款周转情况的比率有应收账款周转率(次数)和应收账款周转天数,其计算公式如下:

应收账款周转次数=营业收入÷应收账款平均余额=营业收入÷[(期初应收账款+期末应收账款)÷2]

应收账款周转天数=计算期天数÷应收账款周转次数=计算期天数×应收账款平均余额÷营业收入

计算时应注意的问题包括以下内容:

(1)营业收入是指扣除销售折扣和折让后的销售净额。

(2)应收账款包括会计报表中"应收账款"和"应收票据"等项目全部赊销账款。

(3)应收账款应为未扣除坏账准备的金额。

(4)应收账款是特定时点的存量,容易受季节性、偶然性和人为因素的影响。在用应收账款周转率进行业绩评价时,最好使用多个时点的平均数,以减少这些因素的影响。

2. 存货周转率

存货周转率的分析可以通过存货周转次数和存货周转天数反映,其计算公式如下:

存货周转次数=营业成本÷存货平均余额

存货平均余额=(期初存货+期末存货)÷2

存货周转天数是指存货周转一次(即存货取得到存货销售)所需要的时间,其计算公式如下:

存货周转天数=计算期天数÷存货周转次数=计算期天数×存货平均余额÷营业成本

具体分析时,应注意以下内容:①存货周转率的高低与企业的经营特点有密切联系,应注意行业的可行性;②该比率反映的是存货整体的周转情况,不能说明企业经营各环节的存货周转情况和管理水平;③应结合应收账款周转情况和信用政策进行分析。

3.流动资产周转率

流动资产周转率(次数)是反映企业流动资产周转速度的指标,其计算公式如下:

$$流动资产周转次数=营业收入÷流动资产平均余额$$

$$流动资产周转天数=计算期天数÷流动资产周转次数=计算期天数×流动资产平均余额÷营业收入$$

$$流动资产平均余额=(期初流动资产+期末流动资产)÷2$$

(二)固定资产营运能力分析

反映固定资产营运能力的指标为固定资产周转率(次数)。固定资产周转率是指企业年营业收入与固定资产平均额的比率,其计算公式如下:

$$固定资产周转率=营业收入÷平均固定资产$$

$$平均固定资产=(期初固定资产+期末固定资产)÷2$$

(三)总资产营运能力分析

反映总资产营运能力的指标是总资产周转率。总资产周转率(次数)是企业营业收入与企业资产平均总额的比率,其计算公式如下:

$$总资产周转率=营业收入÷平均资产总额$$

如果企业各期资产总额比较稳定,波动不大,则:

$$平均总资产=(期初总资产+期末总资产)÷2$$

如果资金占用的波动性较大,则:

$$月平均资产总额=(月初资产总额+月末资产总额)÷2$$

$$季平均占用额=(1/2季初+第一月末+第二月末+1/2季末)÷3$$

$$年平均占用额=(1/2年初+第一季末+第二季末+第三季末+1/2年末)÷4$$

例题

某企业营业收入为 36 000 万元,流动资产平均余额为 4 000 万元,固定资产平均余额为 8 000 万元。假定没有其他资产,则该企业的总资产周转率为(　　)。

A.3 B.3.4

C.2.9 D.3.2

【答案】A。解析:总资产周转率=营业收入÷平均资产总额=营业收入÷(流动资产平均余额+固定资产平均余额)=36 000÷(4 000+8 000)=3。故本题选 A。

三、盈利能力分析

(一)营业毛利率

营业毛利率是营业毛利与营业收入之比,其计算公式如下:

$$营业毛利率=营业毛利÷营业收入×100\%$$

$$营业毛利=营业收入-营业成本$$

营业毛利率反映产品每 1 元营业收入所包含的毛利润是多少,即营业收入扣除营业成本后还有多少剩余可用于各期费用和形成利润。营业毛利率越高,表明产品的盈利能力越强。

（二）营业净利率

营业净利率是净利润与营业收入之比，其计算公式如下：

$$营业净利率＝净利润÷营业收入×100\%$$

营业净利率反映每 1 元营业收入最终赚取了多少利润，用于反映产品最终的盈利能力。

（三）总资产净利率

总资产净利率是净利润与平均总资产的比率，反映每 1 元资产创造的净利润，其计算公式如下：

$$总资产净利率＝净利润÷平均总资产×100\%＝（净利润÷营业收入）×（营业收入÷平均总资产）$$
$$＝营业净利率×总资产周转率$$

因此，企业可以通过提高营业净利率、加速资产周转来提高总资产净利率。

（四）净资产收益率

净资产收益率又称权益净利率或权益报酬率，是净利润与平均所有者权益的比值，表示每 1 元权益资本赚取的净利润，反映权益资本经营的盈利能力，其计算公式如下：

$$净资产收益率＝净利润÷平均所有者权益×100\%$$

净资产收益率是企业盈利能力指标的核心，也是杜邦财务指标体系的核心，更是投资者关注的重点。

例题

某股份有限公司资产负债率为 40%，平均资产总额为 2 000 万元，利润总额为 300 万元，所得税为 87 万元，则该企业的净资产收益率为（　　）。

A. 13.4%

B. 14.67%

C. 17.75%

D. 22%

【答案】C。解析：净利润＝利润总额－所得税＝300－87＝213（万元），平均净资产＝平均资产总额×（1－资产负债率）＝2 000×（1－40%）＝1 200（万元），净资产收益率＝213÷1 200×100%＝17.75%。故本题选 C。

四、发展能力分析

衡量企业发展能力的指标主要有营业收入增长率、总资产增长率、营业利润增长率、资本保值增值率和所有者权益增长率等。

（一）营业收入增长率

该指标反映的是相对化的营业收入增长情况，是衡量企业经营状况和市场占有能力、预测企业经营业务拓展趋势的重要指标，其计算公式如下：

$$营业收入增长率＝本年营业收入增长额÷上年营业收入×100\%$$
$$本年营业收入增长额＝本年营业收入－上年营业收入$$

营业收入增长率大于零，表明企业本年营业收入有所增长。该指标值越高，企业营业收入的增长速度越快，市场前景越好。

（二）总资产增长率

总资产增长率是企业本年资产增长额同年初资产总额的比率，反映企业本期资产规模的增长情况。其计算公式如下：

$$总资产增长率＝本年资产增长额÷年初资产总额×100\%$$

总资产增长率越高，表明企业一定时期内资产经营规模扩张的速度越快。但在分析时，需要关注资产规模扩张时质和量的关系，以及企业的后续发展能力，避免盲目扩张。

（三）营业利润增长率

营业利润增长率是企业本年营业利润增长额与上年营业利润总额的比率，反映企业营业利润的增减变动情况，其计算公式如下：

$$营业利润增长率＝本年营业利润增长额÷上年营业利润总额×100\%$$

$$本年营业利润增长额＝本年营业利润-上年营业利润$$

（四）资本保值增值率

资本保值增值率是指扣除客观增减因素后所有者权益的期末总额与期初总额的比率。主要反映企业资本的运营效益与安全状况。该指标越高，表明企业的资本保全状况越好，所有者权益增长越快，债权人的债务越有保障，企业发展后劲越强。这一指标还受企业利润分配政策的影响。

（五）所有者权益增长率

所有者权益增长率是企业本年所有者权益增长额与年初所有者权益的比率，反映企业当年资本的积累能力，其计算公式如下：

$$所有者权益增长率＝本年所有者权益增长额÷年初所有者权益×100\%$$

$$本年所有者权益增长额＝年末所有者权益-年初所有者权益$$

五、现金流量分析

现金流量分析一般包括现金流量的结构分析、流动性分析、获取现金能力分析、财务弹性分析及收益质量分析。本书重点讲解获取现金能力分析和收益质量分析。

（一）获取现金能力的分析

获取现金的能力可通过经营活动现金流量净额与投入资源之比来反映。投入资源可以是营业收入、资产总额、营运资金、净资产或普通股股数等。

1. 营业现金比率

营业现金比率是指企业经营活动现金流量净额与企业营业收入的比值，其计算公式如下：

$$营业现金比率＝经营活动现金流量净额÷营业收入$$

该指标反映每1元营业收入得到的经营活动现金流量净额，其数值越大越好。

2. 每股营业现金净流量

每股营业现金净流量是通过企业经营活动现金流量净额与普通股股数之比来反映的，其计算公式如下：

$$每股营业现金净流量＝经营活动现金流量净额÷普通股股数$$

该指标反映企业分派股利最大的能力，超过此限度，可能就要借款分红。

3. 全部资产现金回收率

全部资产现金回收率是通过企业经营活动现金流量净额与企业平均总资产之比来反映的，它说

明企业全部资产产生现金的能力,其计算公式如下:

$$全部资产现金回收率=经营活动现金流量净额÷平均总资产×100\%$$

（二）收益质量分析

收益质量分析,主要包括净收益营运指数分析与现金营运指数分析。

1. 净收益营运指数

净收益营运指数是指经营净收益与净利润之比,其计算公式如下:

$$净收益营运指数=经营净收益÷净利润$$

$$经营净收益=净利润-非经营净收益$$

净收益营运指数越小,非经营收益所占比重越大,收益质量越差,因为非经营收益不反映公司的核心能力及正常的收益能力,可持续性较低。

2. 现金营运指数

现金营运指数反映企业经营活动现金流量净额与企业经营所得现金的比值,其计算公式如下:

$$现金营运指数=经营活动现金流量净额÷经营所得现金$$

现金营运指数小于1,说明收益质量差。

例题

现金流量分析包括的内容有(　　　)。

A. 现金流量的结构分析 　　　　 B. 流动性分析

C. 获取现金能力分析 　　　　 D. 财务弹性分析

【答案】ABCD。解析:现金流量分析一般包括现金流量的结构分析、流动性分析、获取现金能力分析、财务弹性分析及收益质量分析。故本题选ABCD。

第二节　上市公司财务分析

一、上市公司特殊财务分析指标

（一）每股收益

每股收益是综合反映企业盈利能力的重要指标,可以用来判断和评价管理层的经营业绩。

1. 基本每股收益

基本每股收益的计算公式如下:

$$基本每股收益=归属于公司普通股股东的净利润÷发行在外的普通股加权平均数$$

$$发行在外的普通股加权平均数=期初发行在外的普通股股数+当期新发行的普通股股数×$$
$$已发行时间÷报告期时间-当期回购的普通股股数×已回购时间÷报告期时间$$

2. 稀释每股收益

潜在普通股主要包括可转换公司债券、认股权证和股份期权等。

（1）可转换公司债券。计算稀释每股收益时,分子的调整项目为可转换公司债券当期已确认为费用的利息等的税后影响额;分母的调整项目为假定可转换公司债券当期期初或发行日转换为普通股股数的加权平均数。

（2）认股权证和股份期权。计算稀释每股收益时,作为分子的净利润金额一般不变;分母的调整项目为增加的普通股股数,同时还应考虑时间权数。

（二）每股股利

每股股利是企业股利总额与普通股股数的比值,其计算公式如下:

$$每股股利 = 现金股利总额 \div 期末发行在外的普通股股数$$

（三）市盈率

市盈率是股票每股市价与每股收益的比率,其计算公式如下:

$$市盈率 = 每股市价 \div 每股收益$$

（四）每股净资产

每股净资产又称每股账面价值,是指企业期末普通股净资产与期末发行在外的普通股股数之间的比率,其计算公式如下:

$$每股净资产 = 期末普通股净资产 \div 期末发行在外的普通股股数$$
$$期末普通股净资产 = 期末股东权益 - 期末优先股股东权益$$

（五）市净率

市净率是指每股市价与每股净资产的比率,其计算公式如下:

$$市净率 = 每股市价 \div 每股净资产$$

二、管理层讨论与分析

管理层讨论与分析是上市公司定期报告中管理层对于本企业过去经营状况的评价分析以及对企业未来发展趋势的前瞻性判断,是对企业财务报表中所描述的财务状况和经营成果的解释,是对经营中固有风险和不确定性的揭示,同时也是对企业未来发展前景的预期。

管理层讨论与分析是上市公司定期报告的重要组成部分。

西方国家的披露原则是强制与自愿相结合,企业可以自主决定如何披露这类信息。我国也基本实行这种原则,如中期报告中的"管理层讨论与分析"部分以及年度报告中的"董事会报告"部分,都是规定某些管理层讨论与分析信息必须披露,而另一些管理层讨论与分析信息鼓励企业自愿披露。

上市公司"管理层讨论与分析"主要包括两部分:报告期间经营业绩变动的解释与企业未来发展的前瞻性信息。

例题

我国上市公司"管理层讨论与分析"信息披露遵循的原则是（   ）。

A. 自愿原则   B. 强制原则

C. 不定期披露原则   D. 强制与自愿相结合原则

【答案】D。解析:我国基本实行强制与自愿相结合的披露原则,如中期报告中的"管理层讨论与分析"部分以及年度报告中的"董事会报告"部分,都是规定某些管理层讨论与分析信息必须披露,而另一些管理层讨论与分析信息鼓励企业自愿披露。故本题选D。

第三节　企业综合绩效分析的方法

一、企业综合绩效分析方法的种类

（一）杜邦分析法

杜邦分析法是利用各主要财务比率指标间的内在联系,对企业财务状况及经济效益进行综合系统分析评价的方法。该体系是以净资产收益率为起点,以总资产净利率和权益乘数为基础,重点揭示企业盈利能力及权益乘数对净资产收益率的影响,以及各相关指标间的相互影响和作用关系,其计算公式如下:

净资产收益率=营业净利率×总资产周转率×权益乘数=总资产净利率×权益乘数

运用杜邦分析法时要注意以下四点:

(1)净资产收益率是一个综合性最强的财务分析指标,是杜邦分析体系的起点。净资产收益率高低的决定因素包括营业净利率、总资产周转率和权益乘数。

(2)营业净利率反映了企业净利润与营业收入的关系,它的高低取决于营业收入与成本总额的高低。提高营业净利率的途径有扩大营业收入、降低成本费用及提高其他利润。

(3)影响总资产周转率的一个重要因素是资产总额。一般来说,流动资产直接体现企业的偿债能力和变现能力,而长期资产则体现了企业的经营规模、发展潜力。

(4)权益乘数主要受资产负债率指标的影响。资产负债率越高,权益乘数就越高,说明企业的负债程度比较高,给企业带来了较多的杠杆利益,同时,也带来了较大的风险。

（二）沃尔评分法

沃尔评分法指的是把若干个财务比率用线性关系结合起来,以此来评价企业的信用水平。选择七种财务比率,分别给定了其在总评价中所占的比重,总和为 100 分;然后,确定标准比率,并与实际比率相比较,评出每项指标的得分,求出总评分。

沃尔评分法的缺点包括以下两点:①未能证明为什么要选择这七个指标,而不是更多些或更少些,或者选择别的财务比率;②未能证明每个指标所占比重的合理性。

（三）经济增加值法

经济增加值=税后净营业利润–平均资本占用×加权平均资本成本

经济增加值为正,表明经营者在为企业创造价值;经济增加值为负,表明经营者在损毁企业价值。

在计算经济增加值时,需进行相应的会计科目调整,如营业外收支、递延税金等都要从税后净营业利润中扣除,以消除财务报表中不能准确反映企业价值创造的部分。

二、综合绩效评价

综合绩效评价是指运用数理统计和运筹学的方法,通过建立综合评价指标体系,对照相应的评价标准,定量分析与定性分析相结合,对企业一定经营期间的盈利能力、资产质量、债务风险以及经营增长等经营业绩和努力程度等各方面进行的综合评判。

企业综合绩效评价由财务绩效定量评价和管理绩效定性评价两部分组成。

第十章　　相对价值评估模型

知识体系

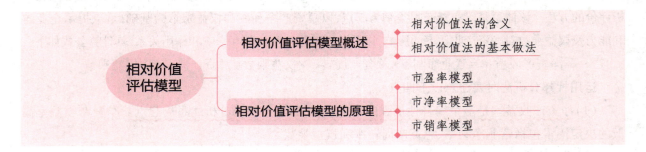

本章导学

从近几年考试来看,银保监财会类职位专业科目对于本章知识着重考查相对价值评估模型的关键驱动因素,考生需熟记。

第一节　相对价值评估模型概述

一、相对价值法的含义

相对价值法是将目标企业与可比企业对比,用可比企业的价值衡量目标企业的价值。如果可比企业的价值被高估了,则目标企业的价值也会被高估。实际上,所得结论是相对于可比企业来说的,以可比企业价值为基准,是一种相对价值,而非目标企业的内在价值。

二、相对价值法的基本做法

相对价值法的假设前提是存在一个支配企业市场价值的主要变量(如净利)。市场价值与该变量的比值,各企业是类似的、可以比较的。其基本做法如下:首先,寻找一个影响企业价值的关键变量(如净利);其次,确定一组可以比较的类似企业,计算可比企业的市价/关键变量的平均值(如平均市盈率);最后,根据目标企业的关键变量(如净利)乘以得到的平均值(如平均市盈率),计算目标企业的评估价值。

第二节 相对价值评估模型的原理

一、市盈率模型

（一）基本模型

$$市盈率＝每股市价÷每股收益$$

$$目标企业每股价值＝可比企业市盈率×目标企业每股收益$$

（二）模型原理

$$本期市盈率＝股利支付率×（1+增长率）÷（股权成本－增长率）$$

$$内在市盈率＝股利支付率÷（股权成本－增长率）$$

【提示】（1）市盈率的驱动因素：增长潜力、股利支付率和风险（股权成本的高低与其风险有关），其中关键因素是增长潜力。

（2）在估价时目标企业的本期净利必须乘以可比企业本期市盈率；目标企业的预期净利必须乘以可比企业预期市盈率，两者必须匹配。

（三）特点

市盈率模型的特点如下表所示：

特点	内容
优点	（1）计算市盈率的数据容易取得，并且计算简单 （2）市盈率把价格和收益联系起来，直观反映投入和产出的关系 （3）市盈率涵盖了风险、增长率、股利支付率的影响，具有很高的综合性
局限性	如果收益是0或负值，市盈率就失去了意义
适用性	市盈率模型最适用于连续盈利的企业

二、市净率模型

（一）基本模型

$$市净率＝每股市价÷每股净资产$$

$$目标企业每股价值＝可比企业市净率×目标企业每股净资产$$

（二）模型原理

$$本期市净率＝股利支付率×权益净利率×（1+增长率）÷（股权成本－增长率）$$

$$内在市净率＝股利支付率×权益净利率÷（股权成本－增长率）$$

【提示】市净率的驱动因素：权益净利率、股利支付率、增长潜力和风险，其中关键因素是权益净利率。

（三）特点

市净率模型的特点如下表所示：

特点	内容
优点	(1)市净率极少为负值,可用于大多数企业 (2)净资产账面价值的数据容易取得,并且容易理解 (3)净资产账面价值比净利稳定,也不像利润那样经常被人为操纵 (4)如果会计标准合理并且各企业会计政策一致,市净率的变化可以反映企业价值的变化
局限性	(1)账面价值受会计政策选择的影响,如果各企业执行不同的会计标准或会计政策,市净率会失去可比性 (2)固定资产很少的服务性企业和高科技企业,净资产与企业价值的关系不大,其市净率比较没有什么实际意义 (3)少数企业的净资产是0或负值,市净率没有意义,无法用于比较
适用性	主要适用于拥有大量资产、净资产为正值的企业

三、市销率模型

(一)基本模型

$$市销率=每股市价÷每股营业收入$$

$$目标企业每股价值=可比企业市销率×目标企业每股营业收入$$

(二)模型原理

$$本期市销率=股利支付率×营业净利率×(1+增长率)÷(股权成本-增长率)$$

$$内在市销率=股利支付率×营业净利率÷(股权成本-增长率)$$

【提示】市销率的驱动因素:营业净利率、股利支付率、增长潜力和风险,其中关键因素是营业净利率。

(三)特点

市销率模型的特点如下表所示:

特点	内容
优点	(1)它不会出现负值,对于亏损企业和资不抵债的企业,也可以计算出一个有意义的市销率 (2)它比较稳定、可靠,不容易被操纵 (3)市销率对价格政策和企业战略变化敏感,可反映这种变化后果
局限性	不能反映成本的变化,而成本是影响企业现金流量和价值的重要因素之一
适用性	主要适用于销售成本率较低的服务类企业,或者销售成本率趋同的传统行业的企业

第六篇

审计

第一章 审计基本原理

知识体系

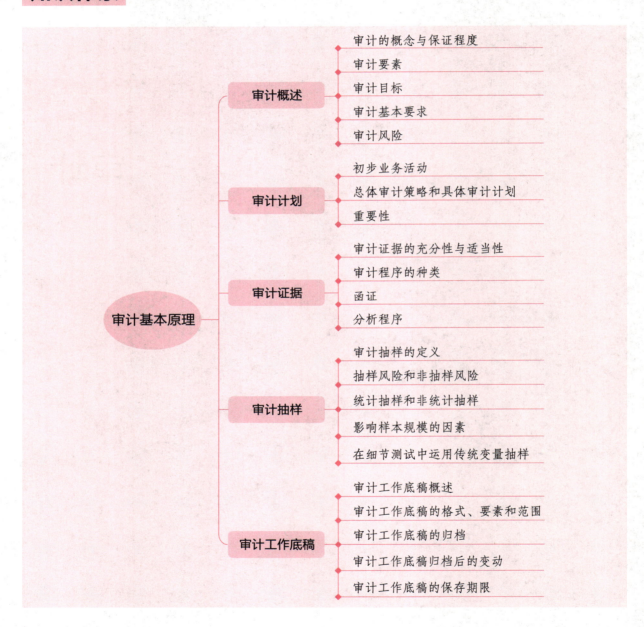

审计基本原理
- 审计概述
  - 审计的概念与保证程度
  - 审计要素
  - 审计目标
  - 审计基本要求
  - 审计风险
- 审计计划
  - 初步业务活动
  - 总体审计策略和具体审计计划
  - 重要性
- 审计证据
  - 审计证据的充分性与适当性
  - 审计程序的种类
  - 函证
  - 分析程序
- 审计抽样
  - 审计抽样的定义
  - 抽样风险和非抽样风险
  - 统计抽样和非统计抽样
  - 影响样本规模的因素
  - 在细节测试中运用传统变量抽样
- 审计工作底稿
  - 审计工作底稿概述
  - 审计工作底稿的格式、要素和范围
  - 审计工作底稿的归档
  - 审计工作底稿归档后的变动
  - 审计工作底稿的保存期限

本章导学

从近几年考试来看,银保监财会类职位专业科目考试对于本章的考查较多。本章属于重点章节,

主要阐述了审计的概念、审计计划、审计目标、审计风险、审计证据、审计抽样以及审计工作底稿等内容。考生在学习时需要熟练掌握相关概念,理解审计原理,为后续的学习打好基础。

第一节　审计概述

一、审计的概念与保证程度

(一)审计的概念

财务报表审计是指注册会计师对财务报表是否不存在重大错报提供合理保证,以积极方式提出意见,增强除管理层之外的预期使用者对财务报表信赖的程度。

(二)保证程度

注册会计师执行的业务分为鉴证业务和相关服务两类。鉴证业务包括审计、审阅和其他鉴证业务。相关服务包括代编财务信息、对财务信息执行商定程序、税务咨询和管理咨询等。

鉴证业务的保证程度分为合理保证和有限保证。审计属于合理保证(高水平保证),审阅属于有限保证(低于审计业务的保证水平)。对于审计和审阅以外的其他鉴证业务,保证程度既可能是合理保证,也可能是有限保证。合理保证与有限保证的区别如下表所示:

区别项目	合理保证	有限保证
目标	在可接受的低审计风险下,以积极方式对财务报表整体发表审计意见,提供高水平的保证	在可接受的审阅风险下,以消极方式对财务报表整体发表审阅意见,提供低于高水平的保证。其保证水平低于审计业务的保证水平
证据收集程序	通过检查记录或文件、检查有形资产、观察、询问、函证、重新计算、重新执行、分析程序等获取证据	主要采用询问和分析程序获取证据
所需证据数量	较多	较少
检查风险	较低	较高
财务报表的可信性	较高	较低
提出结论的方式	以积极方式提出结论	以消极方式提出结论

(三)注册会计师审计、政府审计和内部审计

注册会计师审计和政府审计共同发挥作用,维护市场经济秩序,强化经济监督,二者都是国家治理体系及治理能力现代化建设的重要方面,但也存在以下几方面的区别,如下表所示:

区别	注册会计师审计	政府审计
审计目的和对象	审计企业财务报表,确定其是否符合会计准则和相关会计制度,是否公允反映了财务状况、经营成果和现金流量	审计政府的财政收支、国有金融机构和企事业单位财务收支,确定其是否真实、合法和有效

区别	注册会计师审计	政府审计
审计的标准	《中华人民共和国注册会计师法》和注册会计师审计准则	《中华人民共和国审计法》和国家审计准则
经费或收入来源	市场行为，属于有偿服务，费用由注册会计师和审计客户协商确定	行政行为，列入同级财政预算，由同级人民政府予以保证
取证权限	不具备行政强制力，很大程度上依赖于企业及相关单位配合和协助	具有更大的强制力，各有关单位和个人应当支持、协助审计机关工作，如实反映情况，提供证明材料
对问题的处理方式	提请企业调整有关数据或披露，若企业拒绝，根据情况出具保留意见或否定意见的审计报告	作出审计决定或者向有关主管机关提出处理、处罚意见

注册会计师在执行业务时可以利用被审计单位的内部审计工作，内部审计应当做好与注册会计师审计的沟通和合作等协调工作，以提高审计效率和效果。内部审计与注册会计师审计的主要区别如下表所示：

区别	注册会计师审计	内部审计
审计独立性	具有较强的独立性	内审机构受所在单位的直接领导，独立性受到一定限制
审计方式	接受委托进行	单位根据自身经营管理的需要安排进行
审计程序	严格按照执业准则的规定程序进行	根据所执行业务的目的和需要选择并实施必要程序
审计职责	不仅对被审计单位负责，而且对社会负责	只对本单位负责
审计作用	审计结论对外公开并起鉴证作用	审计结论只作为本单位改善工作的参考，对外不起鉴证作用，并对外保密

二、审计要素

审计业务要素包括审计业务的三方关系人、财务报表、财务报告编制基础、审计证据和审计报告。

审计业务的三方关系人是注册会计师、被审计单位管理层（责任方）和财务报表预期使用者。

管理层可能是预期使用者，但不能是唯一预期使用者；管理层和预期使用者可能来自于同一企业，但并不意味着两者就是同一方。

财务报表审计的对象是历史的财务状况、经营业绩和现金流量，审计对象的载体是财务报表。

财务报告通用目的编制基础主要是指企业会计准则和相关会计制度。

三、审计目标

审计目标分为审计的总体目标和具体审计目标。

（一）审计的总体目标

在执行财务报表审计工作时，注册会计师的总体目标如下：

（1）对财务报表整体是否不存在由于舞弊或错误导致的重大错报获取合理保证，使得注册会计师

能够对财务报表是否在所有重大方面按照适用的财务报告编制基础编制发表审计意见。

(2)按照审计准则的规定,根据审计结果对财务报表出具审计报告,并与管理层和治理层沟通。

（二）认定和具体审计目标

1. 认定的含义

认定是指管理层在财务报表中作出的明确或隐含的表达,注册会计师将其用于考虑可能发生的不同类型的潜在错报。通过考虑可能发生的不同类型的潜在错报,注册会计师运用认定评估风险,并据此设计审计程序以应对评估的风险。

认定与具体审计目标密切相关,注册会计师的基本职责就是确定被审计单位管理层对财务报表的认定是否恰当。注册会计师了解认定,就是要确定每个项目的具体审计目标。

2. 与所审计期间各类交易、事项及相关披露相关的审计目标

与所审计期间各类交易、事项及相关披露相关的审计目标如下表所示:

认定分类	具体审计目标
发生	已记录的交易是真实的
完整性	已发生的交易确实已经记录,所有应包括在财务报表中的相关披露均已包括
准确性	已记录的交易是按正确金额反映的,相关披露已得到恰当计量和描述
截止	接近于资产负债表日的交易记录于恰当的期间
分类	被审计单位记录的交易经过适当分类
列报	被审计单位的交易和事项已被恰当地汇总或分解且清楚表述,相关披露在适用的财务报告编制基础下是相关的、可理解的

3. 与期末账户余额及相关披露相关的审计目标

与期末账户余额及相关披露相关的审计目标如下表所示:

认定分类	具体审计目标
存在	记录的金额确实存在
权利和义务	资产归属于被审计单位,负债属于被审计单位的义务
完整性	已存在的金额均已记录,所有应包括在财务报表中的相关披露均已包括
准确性、计价和分摊	资产、负债和所有者权益以恰当的金额包括在财务报表中,与之相关的计价或分摊调整已恰当记录,相关披露已得到恰当计量和描述
分类	资产、负债和所有者权益已记录于恰当的账户
列报	资产、负债和所有者权益已被恰当汇总或分解且表述清楚,相关披露在适用的财务报告编制基础下是相关的、可理解的

四、审计基本要求

审计的基本要求包括遵守审计准则、遵守职业道德守则、保持职业怀疑和合理运用职业判断。

注册会计师职业道德守则基本原则包括六个方面,即诚信、独立性、客观公正、专业胜任能力和勤勉尽责、保密、良好职业行为。

在计划和实施审计工作时,注册会计师应当保持职业怀疑,认识到可能存在导致财务报表发生重大错报的情形。

职业怀疑是指注册会计师执行审计业务的一种态度,包括采取质疑的思维方式,对可能表明由于舞弊或错误导致错报的情况保持警觉,以及对审计证据进行审慎评价。

职业判断是指在审计准则、财务报告编制基础和职业道德要求的框架下,注册会计师综合运用相关知识、技能和经验,作出适合审计业务具体情况、有根据的行动决策。

五、审计风险

审计风险是指当财务报表存在重大错报时,注册会计师发表不恰当审计意见的可能性。审计风险取决于重大错报风险和检查风险。重大错报风险与被审计单位的风险相关,且独立于财务报表审计而存在。在设计审计程序以确定财务报表整体是否存在重大错报时,注册会计师应当从财务报表层次和各类交易、账户余额和披露认定层次方面考虑重大错报风险。

(一)重大错报风险

重大错报风险是指财务报表在审计前存在重大错报的可能性。

1. 财务报表层次重大错报风险

财务报表层次重大错报风险与财务报表整体存在广泛联系,可能影响多项认定。

财务报表层次重大错报风险通常与控制环境有关,但也可能与其他因素有关,如经济萧条。

财务报表层次重大错报风险难以界定于某类交易、账户余额和披露的具体认定;相反,此类风险增大了认定层次发生重大错报的可能性,与注册会计师考虑由舞弊引起的风险尤其相关。

2. 认定层次重大错报风险

注册会计师应当同时考虑各类交易、账户余额和披露认定层次的重大错报风险,考虑的结果直接有助于注册会计师确定认定层次上实施的进一步审计程序的性质、时间安排和范围。

注册会计师在各类交易、账户余额和披露认定层次获取审计证据,以便能够在审计工作完成时,以可接受的低审计风险水平对财务报表整体发表审计意见。

认定层次的重大错报风险又可以进一步细分为固有风险和控制风险,具体如下表所示:

种类	定义	注意事项
固有风险	在考虑相关的内部控制之前,某类交易、账户余额或披露的某一认定易于发生错报(该错报单独或连同其他错报可能是重大的)的可能性	(1)某些类别的交易、账户余额和披露及其认定,固有风险较高。例如,复杂的计算比简单计算更可能出错;受重大计量不确定性影响的会计估计发生错报的可能性较大 (2)产生经营风险的外部因素也可能影响固有风险,例如,技术进步可能导致某项产品陈旧,进而导致存货易于发生高估错报(计价认定) (3)被审计单位及其环境中的某些因素还可能与多个甚至所有类别的交易、账户余额和披露有关,进而影响多个认定的固有风险。这些因素包括维持经营的流动资金匮乏、被审计单位处于夕阳行业等
控制风险	某类交易、账户余额或披露的某一认定发生错报,该错报单独或连同其他错报是重大的,但没有被内部控制及时防止或发现并纠正的可能性	控制风险取决于与财务报表编制有关的内部控制的设计和运行的有效性。由于控制的固有局限性,某种程度的控制风险始终存在

（二）检查风险

检查风险是指如果存在某一错报,该错报单独或连同其他错报可能是重大的,注册会计师为将审计风险降至可接受的低水平而实施程序后没有发现这种错报的风险。

检查风险取决于审计程序设计的合理性和执行的有效性。由于注册会计师通常并不对所有交易、账户余额和披露进行检查,以及其他原因,不可能将检查风险降低为零。

（三）检查风险与重大错报风险的反向关系

在既定的审计风险水平下,可接受的检查风险水平与认定层次重大错报风险的评估结果呈反向关系。评估的重大错报风险越高,可接受的检查风险越低;评估的重大错报风险越低,可接受的检查风险越高。

审计风险模型如下:

$$审计风险 = 重大错报风险 \times 检查风险$$

（四）审计的固有限制

审计的固有限制源于以下三个方面:

（1）财务报告的性质。

（2）审计程序的性质。

（3）在合理的时间内以合理的成本完成审计的需要。

第二节　审计计划

一、初步业务活动

（一）初步业务活动的目的和内容

初步业务活动的目的包括三方面:①具备执行业务所需的独立性和能力;②不存在因管理层诚信问题而可能影响注册会计师保持该项业务的意愿的事项;③与被审计单位之间不存在对业务约定条款的误解。

初步业务活动的内容包括以下三项:①针对保持客户关系和具体审计业务实施相应的质量管理程序;②评价遵守相关职业道德要求的情况;③就审计业务约定条款达成一致意见。

（二）审计的前提条件

审计的前提条件包括存在可接受的财务报告编制基础以及就管理层的责任达成一致意见。

管理层的责任包括以下三项:

（1）按适用的财务报告编制基础编制财务报表,并使其实现公允反映(如适用)。

（2）设计、执行和维护必要的内部控制,以使财务报表不存在由于舞弊或错误导致的重大错报。

（3）向注册会计师提供必要的工作条件,包括允许注册会计师接触与编制财务报表相关的所有信息(如记录、文件和其他事项),向注册会计师提供审计所需要的其他信息,允许注册会计师在获取审计证据时不受限制地接触其认为必要的内部人员和其他相关人员。

（三）审计业务约定书

审计业务约定书的具体内容可能因被审计单位的不同而不同,但应当包括以下主要内容:

(1)财务报表审计的目标与范围。

(2)注册会计师的责任。

(3)管理层的责任。

(4)指出用于编制财务报表所适用的财务报告编制基础。

(5)提及注册会计师拟出具的审计报告的预期形式和内容,以及对在特定情况下出具的审计报告可能不同于预期形式和内容的说明。

二、总体审计策略和具体审计计划

审计计划分为总体审计策略和具体审计计划两个层次。

（一）总体审计策略

总体审计策略用以确定审计范围、时间安排和方向,并指导具体审计计划的制定。

在制定总体审计策略时,应当考虑:①审计范围;②报告目标、时间安排及所需沟通的性质;③审计方向;④审计资源。

（二）具体审计计划

具体审计计划的核心是确定审计程序的性质、时间安排和范围。具体审计计划包括风险评估程序、计划实施的进一步审计程序和其他审计程序。

三、重要性

重要性概念可从以下三个方面进行理解:

(1)如果合理预期错报(包括漏报)单独或汇总起来可能影响财务报表使用者依据财务报表作出的经济决策,则通常认为错报是重大的。

(2)对重要性的判断是根据具体环境作出的,并受错报的金额或性质的影响,或受两者共同作用的影响。

(3)判断某事项对财务报表使用者是否重大,是在考虑财务报表使用者整体共同的财务信息需求的基础上作出的。由于不同财务报表使用者对财务信息的需求可能差异很大,因此不考虑错报对个别财务报表使用者可能产生的影响。

在制定总体审计策略时,注册会计师就必须对重大错报的金额和性质作出一个判断,包括确定财务报表整体的重要性水平和适用于特定类别交易、账户余额和披露的一个或多个重要性水平。注册会计师还应当确定实际执行的重要性,以评估重大错报风险并确定进一步审计程序的性质、时间安排和范围。

（一）财务报表整体的重要性

注册会计师在制定总体审计策略时,应当考虑财务报表整体的重要性。

确定重要性需要运用职业判断。通常先选定一个基准,再乘以某一百分比作为财务报表整体的重要性。在选择基准时,需要考虑的因素如下:

(1)财务报表要素(如资产、负债、所有者权益、收入和费用)。

（2）是否存在特定会计主体的财务报表使用者特别关注的项目（如为了评价财务业绩，使用者可能更关注利润、收入或净资产）。

（3）被审计单位的性质、所处的生命周期阶段以及所处行业和经济环境。

（4）被审计单位的所有权结构和融资方式（例如，如果被审计单位仅通过债务而非权益进行融资，财务报表使用者可能更关注资产及资产的索偿权，而非被审计单位的收益）。

（5）基准的相对波动性。

注册会计师需要运用职业判断为选定的基准确定百分比，实务中通常为 1%～5%。

（二）特定类别交易、账户余额或披露的重要性水平

根据被审计单位的特定情况，下列因素可能表明存在一个或多个特定类别的交易、账户余额或披露，其发生的错报金额虽然低于财务报表整体的重要性，但合理预期将影响财务报表使用者依据财务报表作出的经济决策：

（1）法律法规或适用的财务报告编制基础是否影响财务报表使用者对特定项目（如关联方交易、管理层和治理层的薪酬及对具有较高估计不确定性的公允价值会计估计的敏感性分析）计量或披露的预期。

（2）与被审计单位所处行业相关的关键性披露（如制药企业的研究与开发成本）。

（3）财务报表使用者是否特别关注财务报表中单独披露的业务的特定方面（如关于分部或重大企业合并的披露）。

在根据被审计单位的特定情况考虑是否存在上述交易、账户余额或披露时，了解治理层和管理层的看法和预期通常是有用的。

（三）实际执行的重要性

实际执行的重要性，是指注册会计师确定的低于财务报表整体重要性的一个或多个金额，旨在将未更正和未发现错报的汇总数超过财务报表整体的重要性的可能性降至适当的低水平。如果适用，实际执行的重要性还指注册会计师确定的低于特定类别的交易、账户余额或披露的重要性水平的一个或多个金额。

通常而言，实际执行的重要性通常为财务报表整体重要性的 50%～75%。具体情况和百分比的选取如下表所示：

比例	情形
选择较低的百分比 （接近50%）	（1）首次接受委托的审计项目 （2）连续审计项目，以前年度审计调整较多 （3）项目总体风险较高 （4）存在或预期存在值得关注的内控缺陷
选择较高的百分比 （接近75%）	（1）连续审计项目，以前年度审计调整较少 （2）项目总体风险为低到中等 （3）以前期间的审计经验表明内控运行有效

（四）错报

1. 错报的概念

错报是指某一财务报表项目的金额、分类或列报，与按照适用的财务报告编制基础应当列示的金

额、分类或列报之间存在的差异;或根据注册会计师的判断,为使财务报表在所有重大方面实现合法、公允反映,需要对金额、分类或列报作出的必要调整。错报可能是由于错误或舞弊导致的。

错报可能由下列事项导致:

(1)收集或处理用以编制财务报表的数据时出现错误。

(2)遗漏某项金额或披露,包括不充分或不完整的披露,以及为满足特定财务报告编制基础的披露目标而被要求作出的披露(如适用)。

(3)由于疏忽或明显误解有关事实导致作出不正确的会计估计。

(4)注册会计师认为管理层对会计估计作出不合理的判断或对会计政策作出不恰当的选择和运用。

(5)信息的分类、汇总或分解不恰当。

2. 累积识别出的错报

注册会计师可能将低于某一金额的错报界定为明显微小的错报,对这类错报不需要累积,因为注册会计师认为这些错报的汇总数明显不会对财务报表产生重大影响。"明显微小"不等同于"不重大"。这些明显微小的错报,无论单独或者汇总起来,无论从金额、性质或其发生的环境来看都是明显微不足道的。如果不确定一个或多个错报是否明显微小,就不能认为这些错报是明显微小的。

注册会计师可能将明显微小错报的临界值确定为财务报表整体重要性的3%~5%,也可能低一些或高一些,但通常不超过财务报表整体重要性的10%,除非注册会计师认为有必要单独为重分类错报确定一个更高的临界值。

3. 错报的类型

为了帮助注册会计师评价审计过程中累积的错报的影响以及与管理层和治理层沟通错报事项,将错报区分为事实错报、判断错报和推断错报。具体内容如下表所示:

错报类型	内容
事实错报	产生于被审计单位收集和处理数据的错误,对事实的忽略或误解,或故意舞弊行为
判断错报	判断错报产生于两种情况: (1)管理层和注册会计师对会计估计值的判断差异 (2)管理层和注册会计师对选择和运用会计政策的判断差异
推断错报	注册会计师对总体存在的错报作出的最佳估计数,涉及根据在审计样本中识别出的错报来推断总体的错报

第三节　审计证据

审计证据是指注册会计师为了得出审计结论和形成审计意见而使用的所有信息。审计证据包括构成财务报表基础的会计记录所含有的信息和其他的信息。

一、审计证据的充分性与适当性

(一)审计证据的充分性

1. 审计证据充分性的含义

审计证据的充分性是对审计证据数量的衡量,主要与注册会计师确定的样本量有关。

2. 影响审计证据充分性的因素

注册会计师需要获取的审计证据的数量受其对重大错报风险评估的影响(评估的重大错报风险越高,需要的审计证据可能越多),并受审计证据质量的影响(审计证据质量越高,需要的审计证据可能越少)。

(二)审计证据的适当性

审计证据的适当性是对审计证据质量的衡量,即审计证据在支持审计意见所依据的结论方面具有的相关性和可靠性。相关性和可靠性是审计证据适当性的核心内容,只有相关且可靠的审计证据才是高质量的。

1. 审计证据的相关性

审计证据的相关性是指用作审计证据的信息与审计程序的目的和所考虑的相关认定之间的逻辑联系。

确定审计证据相关性时应当考虑的因素如下:

(1)特定的审计程序可能只为某些认定提供相关的审计证据,而与其他认定无关。

(2)有关某一特定认定(如存货的存在认定)的审计证据,不能替代与其他认定(如该存货的计价认定)相关的审计证据。

(3)不同来源或不同性质的审计证据可能与同一认定相关。

2. 审计证据的可靠性

审计证据的可靠性是指证据的可信程度。审计证据的可靠性受其来源和性质的影响,并取决于获取审计证据的具体环境。注册会计师在判断审计证据的可靠性时,通常考虑下列原则:

(1)从外部独立来源获取的审计证据比从其他来源获取的审计证据更可靠。

(2)内部控制有效时内部生成的审计证据比内部控制薄弱时内部生成的审计证据更可靠。

(3)直接获取的审计证据比间接获取或推论得出的审计证据更可靠。

(4)以文件、记录形式(无论是纸质、电子或其他介质)存在的审计证据比口头形式的审计证据更可靠。

(5)从原件获取的审计证据比从传真件或复印件获取的审计证据更可靠。

(三)审计证据充分性与适当性的关系

充分性和适当性是审计证据的两个重要特征,两者缺一不可,只有充分且适当的审计证据才是有证明力的。

注册会计师需要获取的审计证据的数量受审计证据质量的影响。审计证据质量越高,需要的审计证据数量可能越少,即审计证据的适当性会影响审计证据的充分性。但是,如果审计证据的质量存在缺陷,那么注册会计师仅靠获取更多的审计证据可能无法弥补其质量上的缺陷。

例题

一般而言,当审计证据的相关性与可靠程度较高时,所需要的审计证据的数量(　　)。

A. 不变　　　　　　　　　　　　　　B. 较少

C. 较多　　　　　　　　　　　　　　D. 视情况而定

【答案】B。解析:一般而言,当审计证据的相关性与可靠程度较高时,所需要的审计证据的数量较少;反之,所需要的审计证据的数量较多。故本题选B。

（四）评价审计证据充分性和适当性时的特殊考虑

1. 对文件记录可靠性的考虑

审计工作通常不涉及鉴定文件记录的真伪，注册会计师也不是鉴定文件记录真伪的专家，但应当考虑用作审计证据的信息的可靠性，并考虑与这些信息生成和维护相关控制的有效性。

如果在审计过程中识别出的情况使其认为文件记录可能是伪造的，或文件记录中的某些条款已发生变动，注册会计师应当作出进一步调查，包括直接向第三方询证，或考虑利用专家的工作以评价文件记录的真伪。

2. 使用被审计单位生成信息时的考虑

注册会计师为获取可靠的审计证据，实施审计程序时使用的被审计单位生成的信息需要足够完整和准确。例如，通过用标准价格乘以销售量来对收入进行审计时，其有效性受到价格信息的准确性与销售量数据完整性和准确性的影响。

3. 审计证据相互矛盾时的考虑

如果针对某项认定从不同来源获取的审计证据或获取的不同性质的审计证据能够相互印证，与该项认定相关的审计证据则具有更强的说服力。

如果从不同来源获取的审计证据或获取的不同性质的审计证据不一致，表明某项审计证据可能不可靠，注册会计师应当追加必要的审计程序。

4. 获取审计证据时对成本的考虑

注册会计师可以考虑获取审计证据的成本与所获取信息的有用性之间的关系，但不应以获取审计证据的困难和成本为由减少不可替代的审计程序。

二、审计程序的种类

在审计过程中，注册会计师可根据需要单独或综合运用下表中所示的审计程序，以获取充分、适当的审计证据。

程序	含义或注意事项
检查	注册会计师对被审计单位内部或外部生成的，以纸质、电子或其他介质形式存在的记录和文件进行审查，或对资产进行实物审查 【提示】（1）检查记录或文件获得的审计证据的可靠程度取决于记录或文件的性质和来源、相关内部控制的有效性 （2）检查有形资产可为其存在提供可靠的证据，但不一定能为权利和义务或计价等认定提供可靠的证据
观察	注册会计师查看相关人员正在从事的活动或实施的程序，例如，对被审计单位执行的存货盘点或控制活动进行观察 【提示】观察可以提供执行有关过程或程序的审计证据，但观察所提供的审计证据仅限于观察发生的时点，而且被观察人员的行为可能因被观察而受到影响，这也会使观察提供的审计证据受到限制
询问	注册会计师以书面或口头方式，向被审计单位内部或外部的知情人员获取财务信息和非财务信息，并对答复进行评价的过程 【提示】询问本身不足以发现认定层次存在的重大错报，也不足以测试内部控制运行的有效性

（续表）

程序	含义或注意事项
函证	注册会计师直接从第三方（被询证者）获取书面答复以作为审计证据的过程,书面答复可以采用纸质、电子或其他介质等形式 【提示】函证不必仅仅局限于账户余额,注册会计师可能要求对被审计单位与第三方之间的协议和交易条款进行函证
重新计算	注册会计师对记录或文件中的数据计算的准确性进行核对
重新执行	注册会计师独立执行原本作为被审计单位内部控制组成部分的程序或控制
分析程序	注册会计师通过分析不同财务数据之间以及财务数据与非财务数据之间的内在关系,对财务信息作出评价 还包括在必要时对识别出的、与其他相关信息不一致或与预期值差异重大的波动或关系进行调查

【提示】在不同环节运用何种审计程序容易混淆,考生应通过后续章节的学习掌握下表的内容。

环节	运用审计程序的种类
风险评估程序	询问、观察、检查和分析程序
控制测试（选择做）	询问、观察、检查和重新执行
实质性程序	询问、观察、检查、分析程序、函证和重新计算

三、函证

（一）函证决策应考虑的因素

1. 评估的认定层次的重大错报风险

评估的认定层次重大错报风险水平越高,注册会计师对通过实质性程序获取的审计证据的相关性和可靠性的要求越高,反之则相反。

2. 函证程序针对的认定

函证可以为某些认定提供审计证据,但是对不同的认定,函证的证明力是不同的。例如,对应收账款实施函证程序,可能为应收账款的存在认定、权利和义务认定提供相关可靠的审计证据,但是不能为应收账款的准确性、计价和分摊认定（应收账款涉及的计提坏账准备）提供证据。

对特定认定,函证的相关性受注册会计师选择函证信息的影响。例如,在审计应付账款完整性认定时,注册会计师需要获取没有重大未记录负债的证据。相应地,向被审计单位主要供应商函证,即使记录显示应付金额为零,相对于选择大金额的应付账款进行函证,这在检查未记录负债方面通常更有效。

3. 实施除函证以外的其他审计程序

注册会计师应当考虑被审计单位的经营环境、内部控制的有效性、账户或交易的性质、被询证者处理询证函的习惯做法及回函的可能性等,以确定函证的内容、范围、时间和方式。

注册会计师可以考虑以下因素以确定是否选择函证程序作为实质性程序:①被询证者对函证事项的了解;②预期被询证者回复询证函的能力或意愿;③预期被询证者的客观性。

（二）函证的对象

1. 银行存款、借款及与金融机构往来的其他重要信息

注册会计师应当对银行存款（包括零余额账户和在本期内注销的账户）、借款及与金融机构往来

的其他重要信息实施函证程序,除非有充分证据表明某一银行存款、借款及与金融机构往来的其他重要信息对财务报表不重要且与之相关的重大错报风险很低。如果不对这些项目实施函证程序,注册会计师应当在审计工作底稿中说明理由。

2. 应收账款

注册会计师应当对应收账款实施函证程序,除非有充分证据表明应收账款对财务报表不重要,或函证很可能无效。如果认为函证很可能无效,注册会计师应当实施替代审计程序,获取相关、可靠的审计证据。如果不对应收账款函证,注册会计师应当在审计工作底稿中说明理由。

3. 函证的其他内容

注册会计师可以根据具体情况和实际需要对下列内容(包括但不限于)实施函证:①交易性金融资产;②应收票据;③其他应收款;④预付账款;⑤由其他单位代为保管、加工或销售的存货;⑥长期股权投资;⑦应付账款;⑧预收账款;⑨保证、抵押或质押;⑩或有事项;⑪重大或异常的交易。

(三)函证程序实施的范围

根据对被审计单位的了解、评估的重大错报风险以及所测试总体的特征等,注册会计师可以确定从总体中选取特定项目进行测试。可能选取的特定项目包括:①金额较大的项目;②账龄较长的项目;③交易频繁但期末余额较小的项目;④重大关联方交易;⑤重大或异常的交易;⑥可能存在争议、舞弊或错误的交易。

(四)函证的时间

注册会计师通常以资产负债表日为截止日,在资产负债表日后适当时间内实施函证。

如果重大错报风险评估为低水平,注册会计师可选择资产负债表日前适当日期为截止日实施函证,并对所函证项目自该截止日起至资产负债表日止发生的变动实施实质性程序。

(五)管理层要求不实施函证时的处理

当被审计单位管理层要求对拟函证的某些账户余额或其他信息不实施函证时,注册会计师应当考虑该项要求是否合理,并获取审计证据予以支持。

如果认为管理层的要求合理,注册会计师应当实施替代审计程序,以获取与这些账户余额或其他信息相关的充分、适当的审计证据。如果认为管理层的要求不合理,且被其阻挠而无法实施函证,注册会计师应当视为审计范围受到限制,并考虑对审计报告可能产生的影响。

分析管理层要求不实施函证的原因时,注册会计师应当保持职业怀疑态度,并考虑以下内容:①管理层是否诚信;②是否可能存在重大的舞弊或错误;③替代审计程序能否提供与这些账户余额或其他信息相关的充分、适当的审计证据。

(六)积极式函证与消极式函证

注册会计师可采用积极式函证或消极式函证,也可将两种方式结合使用。

1. 积极式函证

如果采用积极式函证,注册会计师应当要求被询证者在所有情况下都必须回函,确认询证函所列示信息是否正确,或填列询证函要求的信息。积极式函证的类别和优缺点如下表所示:

类别	优点	缺点
列明拟函证的账户余额及其他信息	对这种询证函的回复能够提供可靠的审计证据	被询证者可能对所列示信息根本不加以验证就予以回函确认
不列明账户余额及其他信息	避免被询证者对所列示信息根本不加以验证就予以回函确认	可能会导致回函率降低，进而导致注册会计师执行更多的替代程序

在采用积极式函证时，只有注册会计师收到回函，才能为财务报表认定提供审计证据；注册会计师没有收到回函，就无法证明所函证信息是否正确。

2. 消极式函证

消极式函证的具体内容如下表所示：

项目	内容
含义	注册会计师只要求被询证者仅在不同意询证函列示信息的情况下才予以回函
特点	在消极式询证函下，未收到回函并不能明确表明预期的被询证者已经收到询证函或已经核实了询证函中包含的信息的准确性。因此，未收到消极式询证函的回函提供的审计证据，远不如积极式询证函的回函提供的审计证据有说服力
适用情形	当同时存在下列情况时，注册会计师可以考虑采用消极式函证：①重大错报风险评估为低水平；②涉及大量余额较小的账户；③预期不存在大量的错误；④没有理由相信被询证者不认真对待函证

（七）对函证过程的控制

注册会计师应对函证的全过程保持控制。

（八）积极式函证未收到回函时的处理

如果在合理的时间内没有收到询证函回函时，注册会计师应当考虑必要时再次向被询证者寄发询证函。

如果未能得到被询证者的回应，注册会计师应当实施替代审计程序。在某些情况下，注册会计师可能识别出认定层次重大错报风险，且取得积极式函证回函是获取充分、适当的审计证据的必要程序。这些情况可能包括：①可获取的佐证管理层认定的信息只能从被审计单位外部获得；②存在特定舞弊风险因素，例如，管理层凌驾于内部控制之上、员工和（或）管理层串通使注册会计师不能信赖从被审计单位获取的审计证据。

如果注册会计师认为取得积极式函证回函是获取充分、适当的审计证据的必要程序，则替代程序不能提供注册会计师所需要的审计证据。在这种情况下，如果未获取回函，注册会计师应当确定其对审计工作和审计意见的影响。

（九）对不符事项的处理

注册会计师应当调查不符事项，以确定是否表明存在错报。

某些不符事项并不表明存在错报。例如，注册会计师可能认为询证函回函的差异是由于函证程序的时间安排、计量或书写错误造成的。

四、分析程序

（一）分析程序的目的

注册会计师实施分析程序的目的如下：①用作风险评估程序，以了解被审计单位及其环境；②当使用分析程序比细节测试能更有效地将认定层次的检查风险降至可接受的水平时,分析程序可以用作实质性程序;③在审计结束或临近结束时对财务报表进行总体复核。

（二）用作风险评估程序

用作风险评估程序的分析程序的具体要求和特点包括以下内容:

（1）在风险评估程序中,注册会计师应当运用分析程序,但无须在每一环节均实施,如了解被审计单位内部控制时,注册会计师一般不运用分析程序。

（2）重点关注关键的账户余额、趋势和财务比率关系等方面,对其形成一个合理的预期,并与被审计单位记录的金额、依据记录金额计算的比率或趋势相比较,以判断是否表明财务报表存在重大错报风险。

（3）所使用的数据汇总性比较强,其对象主要是财务报表中账户余额及其相互之间的关系。

（4）与实质性分析程序相比,在风险评估过程中使用的分析程序所进行比较的性质、预期值的精确程度,以及分析和调查的范围都并不足以提供充分、适当的审计证据。

（三）用作实质性程序

1. 总体要求

注册会计师应当针对评估的认定层次重大错报风险设计和实施实质性程序。实质性程序包括对各类交易、账户余额和披露的细节测试以及实质性分析程序。

当使用分析程序比细节测试能更有效地将认定层次的检查风险降至可接受的水平时,可以单独或结合细节测试运用实质性分析程序,但并未要求注册会计师在实质性程序中必须使用分析程序。

实质性分析程序通常更适用于在一段时间内存在预期关系的大量交易,相对于细节测试而言,实质性分析程序能够达到的精确度可能受到种种限制,所提供的证据在很大程度上是间接证据,证明力相对较弱。

2. 确定实质性分析程序对特定认定的适用性

对特定实质性分析程序适用性的确定,受到认定的性质和注册会计师对重大错报风险评估的影响。

在针对同一认定实施细节测试时,特定的实质性分析程序也可能视为是适当的。

3. 数据的可靠性

数据的可靠性受其信息来源和性质的影响,并取决于获取该数据的环境。因此,在确定数据的可靠性是否能够满足实质性分析程序的需要时,下列因素是相关的:

（1）可获得信息的来源。

（2）可获得信息的可比性。

（3）可获得信息的性质和相关性。

（4）与信息编制相关的控制。

4. 评价预期值的准确程度

准确程度是对预期值与真实值之间接近程度的度量,预期值越准确,分析程序越有效。影响预期值的准确程度的因素包括:

（1）对实质性分析程序的预期结果作出预测的准确性。

（2）信息可分解的程度。

（3）财务和非财务信息的可获得性。

5. 可接受的差异额

在设计和实施实质性分析程序时，注册会计师应当确定已记录金额与预期值之间可接受的差异额。

注册会计师在确定已记录金额与预期值之间可接受的，且无须做进一步调查的差异额时，受重要性和计划的保证水平的影响。在确定该差异额时，注册会计师需要考虑一项错报单独或连同其他错报导致财务报表发生重大错报的可能性。

（四）用作总体复核

在审计结束或临近结束时，注册会计师运用分析程序的目的是确定财务报表整体是否与其对被审计单位的了解一致。这时运用分析程序是强制要求，即注册会计师在这个阶段应当运用分析程序。

在运用分析程序进行总体复核时，如果识别出以前未识别的重大错报风险，注册会计师应当重新考虑对全部或部分各类交易、账户余额和披露评估的风险是否恰当，并在此基础上重新评价之前计划的审计程序是否充分，是否有必要追加审计程序。

第四节　审计抽样

一、审计抽样的定义

审计抽样是指注册会计师对具有审计相关性的总体中低于百分之百的项目实施审计程序，使所有抽样单元都有被选取的机会，为注册会计师针对整个总体得出结论提供合理基础。

（一）审计抽样的基本特征

审计抽样应当同时具备三个基本特征：①对具有审计相关性的总体中低于百分之百的项目实施审计程序；②所有抽样单元都有被选取的机会；③可以根据样本项目的测试结果推断出有关抽样总体的结论。

（二）审计抽样的适用范围

审计抽样的适用范围如下表所示：

项目	具体程序
适用审计抽样的程序	（1）留下运行轨迹的控制测试 （2）细节测试
不适用审计抽样的程序	（1）风险评估程序 （2）实质性分析程序 （3）未留下运行轨迹的控制测试 （4）信息系统

二、抽样风险和非抽样风险

（一）抽样风险

抽样风险是指注册会计师根据样本得出的结论，不同于对整个总体实施与样本相同的审计程序得出的结论的可能性。抽样风险是由抽样引起的,与样本规模和抽样方法相关。

1. 控制测试中的抽样风险

控制测试中的抽样风险包括信赖过度风险和信赖不足风险。

信赖过度风险是指注册会计师推断的控制有效性高于其实际有效性的风险。信赖过度风险与审计的效果有关。

信赖不足风险是指注册会计师推断的控制有效性低于其实际有效性的风险。信赖不足风险与审计的效率有关。

2. 细节测试中的抽样风险

细节测试中的抽样风险包括误受风险和误拒风险。

误受风险是指注册会计师推断某一重大错报不存在而实际上存在的风险。误受风险影响审计效果。

误拒风险是指注册会计师推断某一重大错报存在而实际上不存在的风险。误拒风险影响审计效率。

抽样风险与样本规模是反向变动关系:样本规模越小,抽样风险越大;样本规模越大,抽样风险越小。无论是控制测试还是细节测试,注册会计师都可以通过扩大样本规模降低抽样风险。如果对总体中的所有项目都实施检查,就不存在抽样风险,此时审计风险完全由非抽样风险产生。

(二)非抽样风险

非抽样风险是指注册会计师由于任何与抽样风险无关的原因而得出错误结论的可能性。

非抽样风险是由人为因素造成的,虽然难以量化非抽样风险,但通过采取适当的质量管理政策和程序,对审计工作进行适当的指导、监督和复核,仔细设计审计程序,以及对审计实务的适当改进,注册会计师可以将非抽样风险降至可接受的水平。

例题

下列有关非抽样风险的说法中,正确的有( )。

A. 注册会计师可以通过扩大样本规模降低非抽样风险

B. 注册会计师保持职业怀疑有助于降低非抽样风险

C. 注册会计师实施控制测试和实质性程序时均可能产生非抽样风险

D. 注册会计师可以通过加强对审计项目组成员的监督和指导降低非抽样风险

【答案】BCD。解析:A项,注册会计师通过扩大样本规模能够降低抽样风险,而不是非抽样风险。B项,注册会计师保持职业怀疑有助于减少人为失误,进而降低非抽样风险。C项,注册会计师实施控制测试和实质性程序时均可能出现人为失误,导致非抽样风险的产生。D项,注册会计师通过加强对审计项目组成员的监督和指导能够降低人为失误发生的可能性,进而降低非抽样风险。故本题选BCD。

三、统计抽样和非统计抽样

注册会计师在审计抽样时,既可以使用统计抽样方法,也可以使用非统计抽样方法,具体内容如下表所示:

项目	统计抽样	非统计抽样
含义	同时具备以下两个特征的抽样方法： （1）随机选取样本项目 （2）运用概率论评价样本结果,包括计量抽样风险	不同时具备统计抽样两个基本特征的抽样方法
特点	（1）定量评价样本结果 （2）高效地设计样本 （3）计量所获取证据的充分性	（1）无法精确地测定抽样风险(定性评价) （2）如果设计适当,也能提供与统计抽样同样有效的结果

四、控制测试中影响样本规模的因素

控制测试中影响样本规模的因素如下表所示：

影响因素	与样本规模的关系
可接受的信赖过度风险	反向变动
可容忍偏差率	反向变动
预计总体偏差率	同向变动
总体规模	影响很小

五、细节测试中影响样本规模的因素

细节测试中影响样本规模的因素如下表所示：

影响因素	与样本规模的关系
可接受的误受风险	反向变动
可容忍错报	反向变动
预计总体错报	同向变动
总体规模	影响很小
总体的变异性	同向变动

六、在细节测试中运用传统变量抽样

在细节测试中运用传统变量抽样时,常见的方法有三种,具体内容如下表所示：

方法	计算
均值法	样本审定金额的平均值＝样本审定金额÷样本规模 估计的总体金额＝样本审定金额的平均值×总体规模 推断的总体错报＝总体账面金额－估计的总体金额
差额法	样本平均错报＝（样本账面金额－样本审定金额）÷样本规模 推断的总体错报＝样本平均错报×总体规模 估计的总体金额＝总体账面金额－推断的总体错报
比率法	比率＝样本审定金额÷样本账面金额 估计的总体金额＝总体账面金额×比率 推断的总体错报＝总体账面金额－估计的总体金额

第五节　审计工作底稿

一、审计工作底稿概述

（一）审计工作底稿的含义

审计工作底稿是指注册会计师对制定的审计计划、实施的审计程序、获取的相关审计证据，以及得出的审计结论作出的记录。审计工作底稿是审计证据的载体。

（二）审计工作底稿的编制要求

编制的审计工作底稿应当使未曾接触该项审计工作的有经验的专业人士清楚地了解：

（1）按照审计准则和相关法律法规的规定实施的审计程序的性质、时间安排和范围。

（2）实施审计程序的结果和获取的审计证据。

（3）审计中遇到的重大事项和得出的结论，以及在得出结论时作出的重大职业判断。

（三）审计工作底稿的性质

审计工作底稿可以以纸质、电子或其他介质形式存在。

审计工作底稿不包括已被取代的审计工作底稿的草稿或财务报表的草稿、反映不全面或初步思考的记录、存在印刷错误或其他错误而作废的文本、重复的文件记录等。

二、审计工作底稿的格式、要素和范围

（一）确定审计工作底稿的格式、要素和范围时考虑的因素

确定审计工作底稿的格式、要素和范围时应当考虑下列因素：

（1）被审计单位的规模和复杂程度。

（2）拟实施审计程序的性质。

（3）识别出的重大错报风险。

（4）已获取的审计证据的重要程度。

（5）识别出的例外事项的性质和范围。

（6）当从已执行审计工作或获取审计证据的记录中不易确定结论或结论的基础时，记录结论或结论基础的必要性。

（7）审计方法和使用的工具。

（二）审计工作底稿的要素

审计工作底稿包括下列全部或部分要素：①审计工作底稿的标题；②审计过程记录；③审计结论；④审计标识及其说明；⑤索引号及编号；⑥编制者姓名及编制日期；⑦复核者姓名及复核日期；⑧其他应说明事项。

三、审计工作底稿的归档

在审计报告日后将审计工作底稿归整为最终审计档案是一项事务性的工作，不涉及实施新的审

计程序或得出新的结论。

在归档期间对审计工作底稿作出的事务性变动主要包括以下内容：

（1）删除或废弃被取代的审计工作底稿。

（2）对审计工作底稿进行分类、整理和交叉索引。

（3）对审计档案归整工作的完成核对表签字认可。

（4）记录在审计报告日前获取的、与项目组相关成员进行讨论并取得一致意见的审计证据。

审计工作底稿的归档期限为审计报告日后60天内。如果注册会计师未能完成审计业务，审计工作底稿的归档期限为审计业务中止后的60天内。

四、审计工作底稿归档后的变动

注册会计师发现有必要修改现有审计工作底稿或增加新的审计工作底稿的情形主要有以下两种：

（1）注册会计师已实施了必要的审计程序，取得了充分、适当的审计证据并得出了恰当的审计结论，但审计工作底稿的记录不够充分。

（2）审计报告日后，发现例外情况要求注册会计师实施新的或追加审计程序，或导致注册会计师得出新的结论。

变动审计工作底稿时，注册会计师应当记录下列事项：①修改或增加审计工作底稿的理由；②修改或增加审计工作底稿的时间和人员，以及复核的时间和人员。

五、审计工作底稿的保存期限

会计师事务所应当自审计报告日起，对审计工作底稿至少保存10年。如果注册会计师未能完成审计业务，会计师事务所应当自审计业务中止日起，对审计工作底稿至少保存10年。

在完成最终审计档案的归整工作后，注册会计师不应在规定的保存期届满前删除或废弃任何性质的审计工作底稿。

第二章　审计测试流程

知识体系

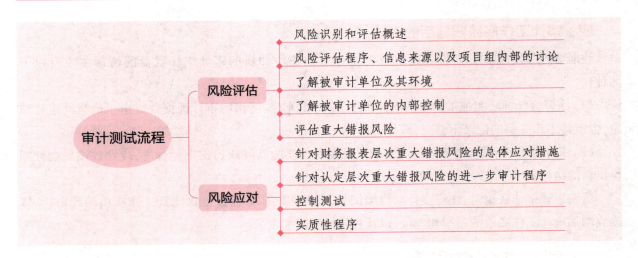

本章导学

　　从近几年考试来看,银保监财会类职位专业科目考试对于本章的考查比较常规,2021年、2020年均对风险评估程序进行了考查。本章属于重点章节,主要介绍如何对重大错报风险进行识别、评估和应对,并最终将审计风险降至可接受的低水平。本章知识点细碎,记忆难度较大,考生要在理解的基础上,掌握核心理论。

第一节　风险评估

一、风险识别和评估概述

　　风险识别和评估是指注册会计师通过实施风险评估程序,识别和评估财务报表层次和认定层次的重大错报风险。其中,风险识别是指找出财务报表层次和认定层次的重大错报风险;风险评估是指对重大错报发生的可能性和后果严重程度进行评估。

二、风险评估程序、信息来源以及项目组内部的讨论

(一)风险评估程序和信息来源

　　注册会计师应当实施下列风险评估程序,以了解被审计单位及其环境:①询问管理层和被审计单

位内部其他人员;②分析程序;③观察和检查。

例题

在了解被审计单位及其环境时,注册会计师可能实施的风险评估程序不包括(　　)。

A. 询问管理层和被审计单位内部其他人员

B. 实地查看被审计单位生产经营场所和厂房设备

C. 重新执行内部控制

D. 阅读由管理层和治理层编制的报告

【答案】C。解析:C项,重新执行是控制测试的程序,旨在测试内部控制运行的有效性,而非风险评估程序。A项属于询问程序,B、D两项属于观察和检查程序,均属于注册会计师可能实施的风险评估程序。故本题选C。

(二)项目组内部的讨论

1. 讨论的内容

项目组应当讨论被审计单位面临的经营风险、财务报表容易发生错报的领域以及发生错报的方式,特别是由于舞弊导致重大错报的可能性。

2. 参与讨论的人员

注册会计师应当运用职业判断确定项目组内部参与讨论的成员。项目组的关键成员应当参与讨论,如果项目组需要拥有信息技术或其他特殊技能的专家,这些专家也可根据需要参与讨论。项目合伙人应当确定向未参与讨论的项目组成员通报哪些事项。

3. 讨论的时间和方式

项目组应当根据审计的具体情况,在整个审计过程中持续交换有关财务报表发生重大错报可能性的信息。

三、了解被审计单位及其环境

(一)总体要求

注册会计师应当从下列几个方面了解被审计单位及其环境:①相关行业状况、法律环境和监管环境及其他外部因素;②被审计单位的性质;③被审计单位对会计政策的选择和运用;④被审计单位的目标、战略以及可能导致重大错报风险的相关经营风险;⑤对被审计单位财务业绩的衡量和评价;⑥被审计单位的内部控制。

(二)行业状况、法律环境和监管环境及其他外部因素

1. 行业状况

了解行业状况有助于注册会计师识别与被审计单位所处行业有关的重大错报风险。注册会计师应当了解的被审计单位的行业状况如下:

(1)所处行业的市场与竞争,包括市场需求、生产能力和价格竞争。

(2)生产经营的季节性和周期性。

(3)与被审计单位产品相关的生产技术。

(4)能源供应与成本。

（5）行业的关键指标和统计数据。

2. 法律环境和监管环境

注册会计师应当了解被审计单位所处的法律环境和监管环境，主要包括以下内容：

（1）会计原则和行业特定惯例。

（2）受管制行业的法规框架，包括披露要求。

（3）对被审计单位经营活动产生重大影响的法律法规，包括直接的监管活动。

（4）税收政策（关于企业所得税和其他税种的政策）。

（5）目前对被审计单位开展经营活动产生影响的政府政策。

（6）影响行业和被审计单位经营活动的环保要求。

3. 其他外部因素

注册会计师应当了解影响被审计单位经营的其他外部因素，主要包括总体经济情况、利率、融资的可获得性、通货膨胀水平或币值变动等。

（三）被审计单位的性质

被审计单位的性质包括所有权结构、治理结构、组织结构、经营活动、投资活动、筹资活动、财务报告等。

（四）被审计单位对会计政策的选择和运用

被审计单位对会计政策的选择和运用主要包含以下几个方面的内容：①重大和异常交易的会计处理方法；②在缺乏权威性标准或共识、有争议的或新兴领域采用重要会计政策产生的影响；③会计政策的变更；④新颁布的财务报告准则、法律法规以及被审计单位何时采用、如何采用这些规定。

（五）被审计单位的目标、战略以及相关经营风险

多数经营风险最终都会产生财务后果，从而影响财务报表，了解被审计单位面临的经营风险可以提高识别出重大错报风险的可能性。

并非所有的经营风险都与财务报表相关，注册会计师没有责任识别或评估所有的经营风险。

经营风险可能对某类交易、账户余额和披露的认定层次重大错报风险或财务报表层次重大错报风险产生直接影响。

（六）被审计单位财务业绩的衡量和评价

在了解被审计单位财务业绩衡量和评价情况时，注册会计师应当关注下列信息：①关键业绩指标（财务或非财务的）、关键比率、趋势和经营统计数据；②同期财务业绩比较分析；③预算、预测、差异分析，分部信息与分部、部门或其他不同层次的业绩报告；④员工业绩考核与激励性报酬政策；⑤被审计单位与竞争对手的业绩比较。

注册会计师在对被审计单位进行业绩衡量和评价时，还应该关注内部财务业绩衡量的结果、财务业绩衡量指标的可靠性。

四、了解被审计单位的内部控制

（一）内部控制的含义和要素

内部控制是被审计单位为了合理保证财务报告的可靠性、经营的效率和效果以及对法律法规的

遵守,由治理层、管理层和其他人员设计与执行的政策及程序。

内部控制要素包括控制环境、风险评估过程、与财务报告相关的信息系统和沟通、控制活动、对控制的监督。

（二）与审计相关的控制

内部控制的目标旨在合理保证财务报告的可靠性、经营的效率和效果以及对法律法规的遵守。注册会计师需要了解和评价的内部控制只是与财务报表审计相关的内部控制,并非被审计单位所有的内部控制。

（三）内部控制的局限性

内部控制实现目标的可能性受其固有限制的影响。这些限制包括下列内容:

（1）在决策时人为判断可能出现错误和由于人为失误而导致内部控制失效。

（2）控制可能由于两个或更多的人员进行串通或管理层不当地凌驾于内部控制之上而被规避。

影响内部控制的其他因素:人员素质、成本效益问题、业务性质。

（四）控制环境

控制环境包括治理职能和管理职能,以及治理层和管理层对内部控制及其重要性的态度、认识和措施。良好的控制环境是实施有效内部控制的基础。控制环境对重大错报风险的评估具有广泛影响,如果认为控制环境薄弱,可能导致财务报表层次的重大错报风险,很难认定某一流程的控制是有效的。

良好的控制环境不能绝对防止舞弊,但有助于降低发生舞弊的风险。控制环境本身并不能防止或发现并纠正认定层次的重大错报。在评估重大错报风险时,注册会计师应当将控制环境连同其他内部控制要素产生的影响一并考虑。

（五）被审计单位的风险评估过程

风险评估过程的作用是识别、评估和管理影响被审计单位实现经营目标能力的各种风险。

被审计单位的风险评估过程包括识别与财务报告相关的经营风险,以及针对这些风险所采取的措施。注册会计师应当了解被审计单位的风险评估过程和结果。

在审计过程中,如果发现与财务报表有关的风险因素,注册会计师可以通过向管理层询问和检查有关文件确定被审计单位的风险评估过程是否也发现了该风险;如果识别出管理层未能识别的重大错报风险,注册会计师应当考虑被审计单位的风险评估过程为何没有识别出这些风险,以及评估过程是否适合于具体环境,或者确定与风险评估过程相关的内部控制是否存在值得关注的内部控制缺陷。

（六）信息系统与沟通

与财务报告相关的信息系统,包括用以生成、记录、处理和报告交易、事项和情况,对相关资产、负债和所有者权益履行经营管理责任的程序和记录。

与财务报告相关的信息系统具有以下职能:①识别与记录所有的有效交易;②及时、详细地描述交易,以便在财务报告中对交易作出恰当分类;③恰当计量交易,以便在财务报告中对交易的金额作出准确记录;④恰当确定交易生成的会计期间;⑤在财务报表中恰当列报交易。

（七）控制活动

控制活动是指有助于确保管理层的指令得以执行的政策和程序。包括与授权、业绩评价、信息处理、实物控制和职责分离等相关的活动。

（八）对控制的监督

对控制的监督是指被审计单位评价内部控制在一段时间内运行有效性的过程。

管理层通过持续的监督活动、单独的评价活动或两者相结合实现对控制的监督。持续的监督活动通常贯穿于被审计单位日常重复的活动中，包括常规管理和监督工作；被审计单位可能使用内部审计人员或具有类似职能的人员对内部控制的设计和执行进行专门的评价，以找出内部控制的优点和不足，并提出改进建议。

（九）在整体层面和业务流程层面了解内部控制

1. 整体层面的控制和业务流程层面的控制

整体层面的控制和业务流程层面的控制的具体内容如下表所示：

两种层面的控制	内容
整体层面的控制	（1）控制环境 （2）管理层凌驾于内部控制之上的控制 （3）信息技术的一般控制 （4）风险评估 （5）对控制的监督 （6）财务报告流程
业务流程层面的控制	（1）信息系统与沟通 （2）控制活动 （3）对工薪、销售和采购等交易的控制 （4）信息技术的应用控制

2. 预防性控制和检查性控制

通常将业务流程中的控制划分为预防性控制和检查性控制，具体内容如下表所示：

名称	含义	举例
预防性控制	预防性控制通常用于正常业务流程的每一项交易，以防止错报的发生	（1）计算机程序自动生成收货报告，同时也更新采购档案，防止出现购货漏记账的情况 （2）在更新采购档案之前要有收货报告，防止记录了未收到购货的情况 （3）销货发票上的价格根据价格清单上的信息确定，防止销货计价错误 （4）系统将各凭证上的账户号码与会计科目表对比，然后进行一系列的逻辑测试，防止出现分类错报
检查性控制	建立检查性控制的目的是发现流程中可能发生的错报（尽管有预防性控制还是会发生的错报）	（1）定期编制银行存款余额调节表，跟踪调查挂账的项目 （2）将预算与实际费用间的差异列入计算机编制的报告中并由部门经理复核。记录所有超过预算2%的差异情况和解决措施 （3）系统每天比较运出货物的数量和开票数量。如果发现差异，产生报告，由开票主管复核和追查 （4）每季度复核应收账款贷方余额并找出原因

五、评估重大错报风险

（一）识别两个层次的重大错报风险

在对重大错报风险进行识别和评估后，注册会计师应当确定，识别的重大错报风险是与特定的某

类交易、账户余额和披露的认定相关,还是与财务报表整体广泛相关,进而影响多项认定。

两个层次可能存在的重大错报风险如下表所示:

风险类型	举例
财务报表层次	(1)在经济不稳定的国家和地区开展业务、资产的流动性出现问题、重要客户流失、融资能力受到限制等,可能导致注册会计师对被审计单位的持续经营能力产生重大疑虑 (2)管理层缺乏诚信或承受异常的压力可能引发舞弊风险,这些风险与财务报表整体相关 (3)信息技术一般控制/控制环境存在缺陷 (4)关键岗位的人员出现频繁更换的迹象
认定层次	(1)被审计单位存在复杂的联营或合资,这一事项表明长期股权投资账户的认定可能存在重大错报风险 (2)被审计单位存在重大的关联方交易,该事项表明关联方及关联方交易的披露认定可能存在重大错报风险

例题

下列各项中,通常可能导致财务报表层次重大错报风险的有(　　　)。

A. 被审计单位的长期资产减值准备存在高度的估计不确定性

B. 被审计单位的某项销售交易涉及复杂的安排

C. 被审计单位管理层缺乏诚信

D. 被审计单位新聘任的财务总监缺乏必要的胜任能力

【答案】CD。解析:A 项,被审计单位的长期资产减值准备存在高度的估计不确定性,影响的是长期资产的准确性、计价和分摊认定,属于认定层次的重大错报风险;B 项,被审计单位的某项销售交易涉及复杂的安排,该项交易可能是虚构的,影响的是营业收入的发生认定,属于认定层次的重大错报风险;C 项,管理层缺乏诚信可能引发舞弊风险,这些风险与财务报表整体相关;D 项,财务总监缺乏必要的胜任能力,会导致财务报表层次重大错报风险。故本题选 CD。

(二)需要特别考虑的重大错报风险

特别风险,是指注册会计师识别和评估的、根据判断认为需要特别考虑的重大错报风险。

在判断哪些风险是特别风险时,注册会计师应当至少考虑下列事项:①风险是否属于舞弊风险;②风险是否与近期经济环境、会计处理方法或其他方面的重大变化相关;③交易的复杂程度;④风险是否涉及重大的关联方交易;⑤财务信息计量的主观程度,特别是计量结果是否具有高度不确定性;⑥风险是否涉及异常或超出正常经营过程的重大交易。

在判断哪些风险是特别风险时,注册会计师不应考虑识别出的控制对相关风险的抵销效果。

对特别风险,注册会计师应当评价相关控制的设计情况,并确定其是否已经得到执行。如果管理层未能实施控制以恰当应对特别风险,注册会计师应当认为内部控制存在值得关注的内部控制缺陷,并考虑其对风险评估的影响。

(三)仅通过实质性程序无法应对的重大错报风险

如果认为仅通过实质性程序获取的审计证据无法应对认定层次的重大错报风险,注册会计师应当评价被审计单位针对这些风险设计的控制,并确定其执行情况。

在被审计单位对日常交易采用高度自动化处理的情况下,审计证据可能仅以电子形式存在,其充分性和适当性通常取决于自动化信息系统相关控制的有效性,注册会计师应当考虑仅通过实施实质性程序不能获取充分、适当审计证据的可能性。

（四）对风险评估的修正

注册会计师对认定层次重大错报风险的评估，可能随着审计过程中不断获取审计证据而作出相应的变化。

评估重大错报风险与了解被审计单位及其环境一样，也是一个连续和动态地收集、更新与分析信息的过程，贯穿于整个审计过程的始终。

第二节　风险应对

一、针对财务报表层次重大错报风险的总体应对措施

（一）财务报表层次重大错报风险与总体应对措施

注册会计师应当针对评估的财务报表层次重大错报风险确定下列总体应对措施：

（1）向项目组强调保持职业怀疑的必要性。

（2）指派更有经验或具有特殊技能的审计人员，或利月专家的工作。

（3）提供更多的督导。

（4）在选择拟实施的进一步审计程序时融入更多的不可预见的因素。

（5）对拟实施审计程序的性质、时间安排或范围作出总体修改。包括通过实施实质性程序获取更广泛的审计证据；在期末而非期中实施更多的审计程序；增加拟纳入审计范围的经营地点的数量等。

（二）增加审计程序不可预见性的方法

注册会计师可以通过以下方法提高审计程序的不可预见性：

（1）对某些以前未测试的低于设定的重要性水平或风险较小的账户余额和认定实施实质性程序。

（2）调整实施审计程序的时间，使其超出被审计单位的预期。

（3）采取不同的审计抽样方法，使当年抽取的测试样本与以前有所不同。

（4）选取不同的地点实施审计程序，或预先不告知被审计单位所选定的测试地点。

增加审计程序不可预见性的实施要点包括以下内容：

（1）注册会计师需要与被审计单位的管理层事先沟通，要求实施具有不可预见性的审计程序，但不能告知其具体内容。注册会计师可以在签订审计业务约定书时明确提出这一要求。

（2）审计项目组可根据对舞弊风险的评估等确定具有不可预见性的审计程序。审计项目组可以汇总那些具有不可预见性的审计程序，并记录在审计工作底稿中。

（3）项目合伙人需要安排项目组成员有效地实施具有不可预见性的审计程序，但同时要避免使项目组成员处于困难境地。

（三）总体应对措施对拟实施进一步审计程序的总体审计方案的影响

总体审计方案包括实质性方案和综合性方案。其中，实质性方案是指注册会计师实施的进一步审计程序以实质性程序为主；综合性方案是指注册会计师在实施进一步审计程序时，将控制测试与实

质性程序结合使用。

当评估的财务报表层次重大错报风险属于高风险水平时,拟实施进一步审计程序的总体方案往往更倾向于实质性方案。

二、针对认定层次重大错报风险的进一步审计程序

(一)进一步审计程序的含义和要求

1. 进一步审计程序的含义

进一步审计程序相对于风险评估程序而言,是指注册会计师针对评估的各类交易、账户余额和披露认定层次重大错报风险实施的审计程序,包括控制测试和实质性程序。

2. 设计进一步审计程序时的考虑因素

在设计进一步审计程序时,注册会计师应当考虑下列因素:

(1)风险的重要性,即风险造成的后果的严重程度。

(2)重大错报发生的可能性。

(3)涉及的各类交易、账户余额和披露的特征。

(4)被审计单位采用的特定控制的性质。

(5)注册会计师是否拟获取审计证据,以确定内部控制在防止或发现并纠正重大错报方面的有效性。

(二)进一步审计程序的性质

1. 进一步审计程序的性质的含义

进一步审计程序的性质是指进一步审计程序的目的和类型。在应对评估的风险时,合理确定审计程序的性质是最重要的。

进一步审计程序的目的包括通过实施控制测试以确定内部控制运行的有效性,通过实施实质性程序以发现认定层次的重大错报;进一步审计程序的类型包括检查、观察、询问、函证、重新计算、重新执行和分析程序。

2. 进一步审计程序的性质的选择

注册会计师在确定进一步程序的性质时,应考虑认定层次重大错报风险的评估结果和评估的认定层次重大错报风险产生的原因。

(三)进一步审计程序的时间

1. 进一步审计程序的时间的含义

进一步审计程序的时间是指注册会计师何时实施进一步审计程序,或审计证据适用的期间或时点。

2. 进一步审计程序的时间的选择

注册会计师可以在期中或期末实施控制测试或实质性程序。当重大错报风险较高时,注册会计师应当考虑在期末或接近期末实施实质性程序,或采用不通知的方式,或在管理层不能预见的时间实施审计程序。

注册会计师在确定何时实施审计程序时应当考虑的重要因素如下:①控制环境;②何时能得到相关信息;③错报风险的性质;④审计证据适用的期间或时点;⑤编制财务报表的时间,尤其是编制某些

披露的时间。

（四）进一步审计程序的范围

1. 进一步审计程序的范围的含义

进一步审计程序的范围是指实施进一步审计程序（含控制测试和实质性程序）所涉及的数量多少，包括抽取的样本量，对某项控制活动的观察次数等。

2. 确定进一步审计程序的范围时考虑的因素

确定进一步审计程序的范围时应当考虑下列因素：

（1）确定的重要性水平。确定的重要性水平越低，注册会计师实施进一步审计程序的范围越广。

（2）评估的重大错报风险。评估的重大错报风险越高，对拟获取审计证据的相关性、可靠性的要求越高，因此注册会计师实施的进一步审计程序的范围也越广。

（3）计划获取的保证程度。计划获取的保证程度是指注册会计师计划通过所实施的审计程序对测试结果可靠性所获取的信心。计划获取的保证程度越高，对测试结果可靠性要求越高，注册会计师实施的进一步审计程序的范围越广。

三、控制测试

（一）控制测试的含义和要求

1. 控制测试的含义

控制测试是指用于评价内部控制在防止或发现并纠正认定层次重大错报方面的运行有效性的审计程序。

在测试控制运行的有效性时，注册会计师应当从下列几个方面获取关于控制是否有效运行的审计证据：①控制在所审计期间的相关时点是如何运行的；②控制是否得到一贯执行；③控制由谁或以何种方式执行。

2. 控制测试的要求

当存在下列情形之一时，注册会计师应当实施控制测试：①在评估认定层次重大错报风险时，预期控制的运行是有效的；②仅实施实质性程序并不能够提供认定层次充分、适当的审计证据。

（二）控制测试的性质

1. 控制测试的性质的含义

控制测试的性质是指控制测试所使用的审计程序的类型及其组合。控制测试采用的审计程序包括询问、观察、检查、重新执行。

（1）询问。询问本身并不足以测试控制运行的有效性，注册会计师应将询问与其他审计程序结合使用，以获取有关控制运行有效性的审计证据。

（2）观察。观察是测试不留下书面记录的控制（如职责分离）的运行情况的有效方法，观察提供的证据仅限于观察发生的时点。

（3）检查。对运行情况留有书面证据的控制，检查非常适用。

（4）重新执行。

2. 确定控制测试的性质时的要求

确定控制测试的性质时的要求如下：

（1）考虑特定控制的性质。

（2）考虑测试与认定直接相关和间接相关的控制。

（3）如何对一项自动化的应用控制实施控制测试。

3. 实施控制测试时对双重目的的实现

控制测试的目的是评价控制是否有效运行；细节测试的目的是发现认定层次的重大错报。尽管两者目的不同，但注册会计师可以考虑针对同一交易同时实施控制测试和细节测试，以实现双重目的。

4. 实施实质性程序的结果对控制测试结果的影响

注册会计师应当考虑实施实质性程序发现的错报对评价相关控制运行有效性的影响。如果实施实质性程序未发现某项认定存在错报，不能说明相关的控制运行有效；如果实施实质性程序发现某项认定存在错报，应当考虑对相关控制运行有效性的影响，例如降低对相关控制的信赖程度、调整实质性程序的性质、扩大实质性程序的范围等；如果实施实质性程序发现被审计单位没有识别出的重大错报，通常表明内部控制存在值得关注的缺陷，注册会计师应当就这些缺陷与管理层和治理层进行沟通。

（三）控制测试的时间

1. 控制测试的时间的含义

控制测试的时间包含两层含义：一是何时实施控制测试；二是测试所针对的控制适用的时点或期间。注册会计师应当根据控制测试的目的确定控制测试的时间，并确定拟信赖的相关控制的时点或期间。

2. 如何考虑期中审计证据

对于控制测试，注册会计师在期中实施此类程序具有更积极的作用。但是，即使注册会计师已获取有关控制在期中运行有效性的审计证据，仍然需要考虑如何能够将控制在期中运行有效性的审计证据合理延伸至期末。如果已获取有关控制在期中运行有效性的审计证据，并拟利用该证据，注册会计师应当实施下列审计程序：①获取这些控制在剩余期间发生重大变化的审计证据；②确定针对剩余期间还需要获取的补充审计证据。

如果这些控制在剩余期间没有发生变化，注册会计师可能决定信赖期中获取的审计证据；如果这些控制在剩余期间发生了变化（如信息系统、业务流程或人事管理等方面发生变动），注册会计师需要了解并测试控制的变化对期中审计证据的影响。

确定针对剩余期间需要获取的补充审计证据时，注册会计师应当考虑的因素如下表所示：

影响因素	变动方向
评估的认定层次重大错报风险的重要程度	同向变动
在期中测试的特定控制，以及自期中测试后发生的重大变动	—
期中获取的控制运行有效性证据的程度	反向变动
剩余期间的长度	同向变动
在信赖控制的基础上拟缩小实质性程序的范围	同向变动
控制环境	反向变动

3. 如何考虑以前审计获取的审计证据

关于如何考虑以前审计获取的有关控制运行有效性的审计证据,应当考虑以下几个方面:

(1)考虑拟信赖的以前审计中测试的控制在本期是否发生变化。如果拟信赖以前审计获取的有关控制运行有效性的审计证据,注册会计师应当通过实施询问并结合观察或检查程序,获取这些控制是否已经发生变化的审计证据。

(2)如果控制在本期发生变化,注册会计师应当考虑以前审计获取的有关控制运行有效性的审计证据是否与本期审计相关。如果拟信赖的控制自上次测试后已发生实质性变化,以致影响以前审计所获取证据的相关性,注册会计师应当在本期审计中测试这些控制的运行有效性。

(3)如果拟信赖的控制自上次测试后未发生变化,且不属于旨在减轻特别风险的控制,注册会计师应当运用职业判断确定是否在本期审计中测试其运行有效性,以及本次测试与上次测试的时间间隔,但每三年至少对控制测试一次。

(4)鉴于特别风险的特殊性,对于旨在减轻特别风险的控制,不论该控制在本期是否发生变化,注册会计师都不应依赖以前审计获取的证据,注册会计师应当在每次审计中都测试这类控制。

(四)控制测试的范围

1. 控制测试的范围的含义

控制测试的范围是指某项控制活动的测试次数。注册会计师应当设计控制测试,以获取控制在整个拟信赖的期间有效运行的充分、适当的审计证据。

2. 确定控制测试范围的考虑因素

确定控制测试范围的考虑因素包括以下内容:

(1)在拟信赖期间,被审计单位执行控制的频率。控制执行的频率越高,控制测试的范围越大。

(2)在所审计期间,注册会计师拟信赖控制运行有效性的时间长度。拟信赖期间越长,控制测试的范围越大。

(3)控制的预期偏差。控制的预期偏差率越高,需要实施控制测试的范围越大。如果控制的预期偏差率过高,注册会计师应当考虑控制可能不足以将认定层次的重大错报风险降至可接受的低水平,从而针对某一认定实施的控制测试可能是无效的。

(4)通过测试与认定相关的其他控制获取的审计证据的范围。当针对其他控制获取审计证据的充分性和适当性较高时,测试该控制的范围可适当缩小。

(5)拟获取有关认定层次控制运行有效性的审计证据的相关性和可靠性。如拟获取的有关证据的相关性和可靠性较高,测试该控制的范围可适当缩小。

四、实质性程序

(一)实质性程序的含义和要求

1. 实质性程序的含义

实质性程序是指用于发现认定层次重大错报的审计程序。实质性程序包括对各类交易、账户余额和披露的细节测试以及实质性分析程序。

2. 针对特别风险实施的实质性程序

如果认为评估的认定层次重大错报风险是特别风险,注册会计师应当专门针对该风险实施实质性程序。如果针对特别风险实施的程序仅为实质性程序,这些程序应当包括细节测试,或将细节测试和实质性分析程序结合使用,以获取充分、适当的审计证据。为应对特别风险需要获取具有高度相关性和可靠性的审计证据,仅实施实质性分析程序不足以获取有关特别风险的充分、适当的审计证据。

（二）实质性程序的性质

实质性程序的性质是指实质性程序的类型及其组合。实质性程序的两种基本类型是细节测试和实质性分析程序。

细节测试适用于对各类交易、账户余额和披露认定的测试,尤其是对存在、准确性、计价认定的测试;对在一段时期内存在可预期关系的大量交易,注册会计师可以考虑实施实质性分析程序。

（三）实质性程序的时间

1. 如何考虑是否在期中实施实质性程序

注册会计师在考虑是否在期中实施实质性程序时应当考虑下列因素:①控制环境和其他相关的控制;②实施审计程序所需信息在期中之后的可获得性;③实质性程序的目的;④评估的重大错报风险;⑤特定类别交易或账户余额以及相关认定的性质;⑥针对剩余期间,能否通过实施实质性程序或将实质性程序与控制测试相结合,降低期末存在错报而未被发现的风险。

2. 如何考虑期中审计证据

如果在期中实施了实质性程序,注册会计师应当针对剩余期间实施进一步的实质性程序,或将实质性程序和控制测试结合使用,以将期中测试得出的结论合理延伸至期末。在将期中实施的实质性程序得出的结论合理延伸至期末时,注册会计师有两种选择:其一是针对剩余期间实施进一步的实质性程序;其二是将实质性程序和控制测试结合使用。

例题

下列有关实质性程序时间安排的说法中,错误的是(　　　)。

A. 控制环境和其他相关的控制越薄弱,注册会计师越不宜在期中实施实质性程序

B. 如在期中实施了实质性程序,应针对剩余期间实施控制测试,以将期中测试得出的结论合理延伸至期末

C. 如果实施实质性程序所需信息在期中之后难以获取,注册会计师应考虑在期中实施实质性程序

D. 注册会计师评估的某项认定的重大错报风险越高,越应当考虑将实质性程序集中在期末或接近期末实施

【答案】B。解析:B项,为将期中测试得出的结论合理延伸至期末,注册会计师可以针对剩余期间实施进一步的实质性程序,或将实质性程序与控制测试结合使用。故本题选B。

3. 如何考虑以前审计获取的审计证据

在以前审计中实施实质性程序获取的审计证据,通常对本期只有很弱的证据效力或没有证据效力,不足以应对本期的重大错报风险。只有当以前获取的审计证据及其相关事项未发生重大变动时

（例如，以前审计通过实质性程序测试过的某项诉讼在本期没有任何实质性进展），以前获取的审计证据才可能用做本期的有效审计证据。

（四）实质性程序的范围

在确定实质性程序的范围时，注册会计师应当考虑评估的认定层次重大错报风险和实施控制测试的结果。注册会计师评估的认定层次的重大错报风险越高，需要实施实质性程序的范围越广。如果对控制测试结果不满意，注册会计师可能需要考虑扩大实质性程序的范围。

第三章 各类交易和账户余额的审计

知识体系

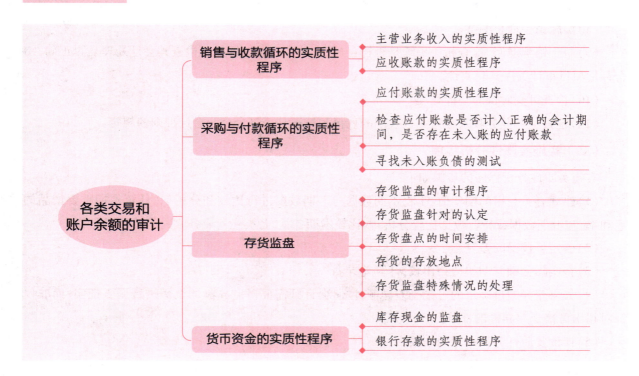

本章导学

从近几年考试来看,银保监财会类职位专业科目考试对于本章的考查比较常规。本章主要内容有主营业务收入的实质性程序、应收账款的实质性程序、应付账款的实质性程序、存货监盘、货币资金的实质性程序。本章知识点细碎,考生要在理解的基础上熟练掌握。

第一节 销售与收款循环的实质性程序

一、主营业务收入的实质性程序

(一)主营业务收入的常规实质性程序

主营业务收入的常规实质性程序如下:

（1）获取主营业务收入明细表。

（2）实施实质性分析程序。

（3）检查主营业务收入确认方法是否符合企业会计准则的规定。

（4）检查交易价格。

（5）检查与收入交易相关的原始凭证与会计分录。

（6）从出库单（客户签收联）中选取样本,追查至主营业务收入明细账,以确定是否存在遗漏事项（"完整性"认定）。

（7）结合对应收账款实施的函证程序,选择客户函证本期销售额。

（8）实施销售截止测试。

（9）对于销售退回,检查相关手续是否符合规定,结合原始销售凭证检查其会计处理是否正确,结合存货项目审计关注其真实性。

（10）检查可变对价的会计处理。

（11）检查主营业务收入在财务报表中的列报和披露是否符合企业会计准则的规定。

（二）实施实质性分析程序

实施实质性分析程序的步骤如下:

（1）建立有关数据的期望值:①将本期数据与上期数据进行比较和分析;②计算本期重要产品的毛利率,与上期数据或行业数据比较分析;③比较本期各月、各类主营业务收入的波动情况等。

（2）确定可接受的差异额。

（3）将实际金额与期望值相比较,计算差异。

（4）如果差异超过确定的可接受差异额,注册会计师需要对差异额的全额进行调查证实,而非仅针对超出可接受差异额的部分。

（5）评价实质性分析程序的结果。

（三）实施销售截止测试

销售截止测试的内容如下表所示:

项目	具体内容
目的	确定被审计单位主营业务收入的会计记录归属期是否正确:应记入本期或下期的主营业务收入是否被推延至下期或提前至本期
截止测试的程序	（1）选取资产负债表日前后若干天的出库单,与应收账款和收入明细账进行核对;同时,从应收账款和收入明细账选取在资产负债表日前后若干天的凭证,与出库单核对,以确定销售是否存在跨期现象 （2）复核资产负债表日前销售和发货水平,确定业务活动水平是否异常,并考虑是否有必要追加实施截止测试程序 （3）取得资产负债表日后所有的销售退回记录,检查是否存在提前确认收入的情况 （4）结合对资产负债表日应收账款/合同资产的函证程序,检查有无未取得对方认可的销售
截止测试的两条审计路径	（1）以账簿记录为起点。从资产负债表日前后若干天的账簿记录追查至记账凭证和客户签收的出库单,目的是证实已入账收入是否在同一期间已发货并由客户签收,有无多记收入 （2）以出库单为起点。从资产负债表日前后若干天的已经客户签收的出库单查至账簿记录,确定主营业务收入是否已记入恰当的会计期间

二、应收账款的实质性程序

（一）应收账款的实质性程序

应收账款的实质性程序如下：

（1）取得应收账款明细表。

（2）分析与应收账款相关的财务指标。

（3）对应收账款实施函证程序。

（4）对应收账款余额实施函证以外的细节测试。

（5）检查坏账的冲销和转回。

（6）确定应收账款的列报是否恰当。

（二）对未回函项目实施替代程序

如果未收到被询证方的回函，注册会计师应当实施替代审计程序，具体内容如下表所示：

替代程序	具体内容
检查资产负债表日后收回的货款	注册会计师不能仅查看应收账款的贷方发生额，而是要查看相关的收款单据，以证实付款方确为该客户且确与资产负债表日的应收账款相关
检查相关的销售合同、销售单、出库单等文件	注册会计师需要根据被审计单位的收入确认条件和时点，确定能够证明收入发生的凭证
检查被审计单位与客户之间的往来邮件	例如有关发货、对账、催款等事宜邮件

第二节　采购与付款循环的实质性程序

一、应付账款的实质性程序

应付账款的实质性程序如下：

（1）获取应付账款明细表，并执行相关工作。

（2）对应付账款实施函证程序。

（3）检查应付账款是否计入了正确的会计期间，是否存在未入账的应付账款。

（4）寻找未入账负债的测试。

（5）检查应付账款长期挂账的原因并作出记录，对确实无须支付的应付账款的会计处理是否正确。

（6）检查应付账款是否已经按照企业会计准则的规定在财务报表中作出恰当列报和披露。

二、检查应付账款是否计入正确的会计期间，是否存在未入账的应付账款

通过下列程序，检查应付账款是否计入了正确的会计期间，是否存在未入账的应付账款：

（1）对本期发生的应付账款增减变动，检查至相关支持性文件，确认会计处理是否正确。

（2）检查资产负债表日后应付账款明细账贷方发生额的相应凭证，关注其验收单、供应商发票的日期，确认其入账时间是否合理。

（3）获取并检查被审计单位与其供应商之间的对账单以及被审计单位编制的差异调节表,确定应付账款金额的准确性。

（4）针对资产负债表日后付款项目,检查银行对账单及有关付款凭证(银行汇款通知、供应商收据等),询问被审计单位内部或外部的知情人员,查找有无未及时入账的应付账款。

（5）结合存货监盘程序,检查被审计单位在资产负债日前后的存货入库资料(验收报告或入库单),检查相关负债是否计入了正确的会计期间。

三、寻找未入账负债的测试

获取期后收取、记录或支付的发票明细,包括获取银行对账单、入账的发票和未入账的发票等,从中选取项目(尽量接近审计报告日)进行测试并实施以下程序:

（1）检查支持性文件,如相关的发票、采购合同、验收单以及接受服务明细,以确定收到商品或接受服务的日期,以及应在期末之前入账的日期。

（2）追踪已选取项目至应付账款明细账、货到票未到的暂估入账、预提费用明细表等,关注费用所计入的会计期间。

（3）评价费用是否被记录于正确的会计期间,并相应确定是否存在期末未入账负债。

第三节　存货监盘

一、存货监盘的审计程序

在存货盘点现场实施监盘时,注册会计师应当实施下列审计程序:

（1）评价管理层用以记录和控制存货盘点结果的指令和程序。

（2）观察管理层制定的盘点程序(如对盘点时及其前后的存货移动的控制程序)的执行情况。

（3）检查存货。

（4）执行抽盘。

二、存货监盘针对的认定

注册会计师监盘存货的目的在于获取有关存货数量和状况的充分、适当的审计证据,因此:

（1）存货监盘针对的主要是存货的"存在"认定。

（2）对存货的"完整性"认定及"准确性、计价和分摊"认定,也能提供部分审计证据。

（3）注册会计师还可能在存货监盘中获取有关存货所有权的部分审计证据。例如,如果注册会计师在监盘中注意到某些存货已经被法院查封,需要考虑被审计单位对这些存货的所有权是否受到了限制。

（4）存货监盘本身并不足以供注册会计师确定存货的所有权,注册会计师可能需要执行其他实质性审计程序以应对"权利和义务"认定的相关风险。

三、存货盘点的时间安排

如果存货盘点在财务报表日以外的其他日期进行,注册会计师除实施存货监盘相关审计程序外,

还应当实施其他审计程序,以获取审计证据确定存货盘点日与财务报表日之间的存货变动是否已得到恰当的记录。

四、存货的存放地点

(一)存货存放地点清单

如果被审计单位的存货存放在多个地点,注册会计师可以要求被审计单位提供一份完整的存货存放地点清单(包括期末存货量为零的仓库、租赁的仓库,以及第三方代被审计单位保管存货的仓库等),并考虑其完整性。

(二)存货监盘地点的选择

在获取完整的存货存放地点清单的基础上,注册会计师可以根据不同地点所存放存货的<u>重要性</u>以及对各个地点与存货相关的<u>重大错报风险</u>的评估结果(例如,以往审计中可能注意到某些地点存在存货相关的错报),选择适当的地点进行监盘,并记录选择这些地点的原因。

如果识别出由于舞弊导致的影响存货数量的重大错报风险,注册会计师在检查被审计单位存货记录的基础上,可能决定在不预先通知的情况下对特定存放地点的存货实施监盘,或在同一天对所有存放地点的存货实施监盘。

在连续审计中,注册会计师可以考虑在不同期间的审计中变更所选择实施监盘的地点。

五、存货监盘特殊情况的处理

存货监盘特殊情况的处理如下表所示:

项目	内容
存货盘点日不是资产负债表日	(1)如果存货盘点日不是资产负债表日,注册会计师应当实施适当的审计程序,确定盘点日与资产负债表日之间存货的变动是否已得到恰当的记录 (2)注册会计师可以实施的程序列举如下:①比较盘点日和资产负债表日之间的存货信息以识别异常项目,并对其执行适当的审计程序(例如实地查看等);②对存货周转率或存货销售周转天数等实施实质性分析程序;③对盘点日至财务报表日之间的存货采购和存货销售分别实施双向检查;④测试存货销售和采购在盘点日和财务报表日的截止是否正确
在存货盘点现场实施存货监盘不可行	(1)属于不可行的情形:由于存货的性质和存放地点等因素造成注册会计师不能在现场实施存货监盘。例如,存货存放在对注册会计师的安全有威胁的地点 【提示】审计中的困难、时间或成本等事项本身,不能作为注册会计师省略不可替代的审计程序或满足于说服力不足的审计证据的正当理由 (2)如果在存货盘点现场实施存货监盘不可行,注册会计师应实施替代审计程序,以获取有关存货的存在和状况的充分、适当的审计证据 (3)如果不能实施替代审计程序,或者实施替代审计程序可能无法获取有关存货的存在和状况的充分、适当的审计证据,注册会计师需要发表非无保留意见
因不可预见的情况导致无法在存货盘点现场实施监盘	(1)无法在预定日期存货盘点现场实施监盘的情形:①由于不可抗力导致注册会计师无法到达存货存放地实施存货监盘;②由于恶劣的天气导致注册会计师无法实施存货监盘程序,或无法观察存货,如木材被积雪覆盖 (2)应对措施:注册会计师应另择日期监盘,并对间隔期内发生的交易实施审计程序

（续表）

项目	内容
由第三方保管或控制的存货	（1）如果由第三方保管或控制的存货对财务报表是重要的，注册会计师应当实施下列一项或两项审计程序，以获取有关该存货存在和状况的充分、适当的审计证据：①向持有被审计单位存货的第三方函证存货的数量和状况；②实施检查或其他适合具体情况的审计程序 （2）其他审计程序的示例如下：①实施或安排其他注册会计师实施对第三方的存货监盘（如可行）；②获取其他注册会计师或服务机构注册会计师针对用以保证存货得到恰当盘点和保管的内部控制的适当性而出具的报告；③检查与第三方持有的存货相关的文件记录，如仓储单；④当存货被作为抵押品时，要求其他机构或人员进行确认；⑤考虑由第三方保管存货的商业理由的合理性，检查被审计单位和第三方所签署的存货保管协议的相关条款、复核被审计单位调查及评价第三方工作的程序等

第四节　货币资金的实质性程序

一、库存现金的监盘

监盘库存现金的相关内容如下表所示：

项目	内容
监盘性质	监盘程序是用作控制测试还是实质性程序，取决于注册会计师对风险评估结果、审计方案和实施的特定程序的判断。如果注册会计师可能基于风险评估的结果判断无须对现金盘点实施控制测试，仅实施实质性程序
监盘范围	（1）一般包括企业各部门经管的所有现金（已收到但尚未存入银行的现金、零用金、找换金等） （2）如企业库存现金存放部门有两处或两处以上的，应同时进行盘点
监盘人员	必须有现金出纳员和被审计单位会计主管人员参加，并由注册会计师进行监盘
监盘时间	最好选择在上午上班前或下午下班时进行
监盘方式	最好实施突击性的检查
监盘步骤	（1）查看被审计单位制定的盘点计划，以确定监盘时间 （2）查阅库存现金日记账并同时与现金收付凭证相核对 （3）检查被审计单位现金实存数，并将该监盘金额与库存现金日记账余额进行核对：①如有差异，应要求被审计单位查明原因，必要时应提请被审计单位作出调整；②如无法查明原因，应要求被审计单位按管理权限批准后作出调整；③应在"库存现金监盘表"中注明冲抵库存现金的借条、未提现支票、未作报销的原始凭证，必要时应提请被审计单位作出调整 （4）在非资产负债表日进行监盘时，应将监盘金额调整至资产负债表日的金额，并对变动情况实施程序

二、银行存款的实质性程序

（一）检查银行存款账户发生额

注册会计师可以考虑对银行存款账户的发生额实施以下程序：

（1）结合银行账户性质，分析不同账户发生银行日记账漏记银行交易的可能性，获取相关账户相

关期间的全部银行对账单。注册会计师通常选择以下银行账户进行核对：基本户，余额较大的银行账户，发生额较大且收付频繁的银行账户，发生额较大但余额较小、零余额或当期注销的银行账户，募集资金账户等。

（2）利用数据分析等技术，对比银行对账单上的收付款流水与被审计单位银行存款日记账的收付款信息是否一致，对银行对账单及被审计单位银行存款日记账记录进行双向核对。

（3）浏览资产负债表日前后的银行对账单和被审计单位银行存款账簿记录，关注是否存在大额、异常资金变动以及大量大额红字冲销或调整记录，如存在，需要实施进一步的审计程序。

（二）取得并检查银行对账单和银行存款余额调节表

取得并检查银行对账单和银行存款余额调节表是证实资产负债表中所列银行存款是否存在的重要程序。

1.取得并检查银行对账单

取得并检查银行对账单的具体内容如下：

（1）取得被审计单位加盖银行印章的银行对账单，必要时，亲自到银行获取对账单，并对获取过程保持控制。

（2）将获取的银行对账单余额与银行存款日记账余额进行核对，如存在差异，获取银行存款余额调节表。

（3）将被审计单位资产负债表日的银行对账单与银行询证函回函核对，确认是否一致。

2.取得并检查银行存款余额调节表

检查银行存款余额调节表的具体内容如下：

（1）检查调节表中加计数是否正确，调节后银行存款日记账余额与银行对账单余额是否一致。

（2）检查调节事项。

（3）关注长期未达账项，查看是否存在挪用资金等事项。

（4）特别关注银付企未付、企付银未付中支付异常的领款事项，包括没有载明收款人、签字不全等支付事项，确认是否存在舞弊。

第四章 对特殊事项的考虑

知识体系

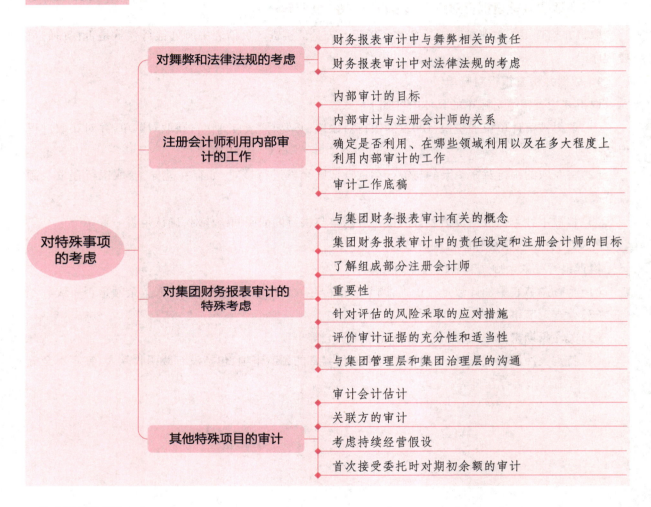

本章导学

从近几年考试来看,银保监财会类职位专业科目考试对于本章的考查比较常规。本章主要内容有对舞弊和法律法规的考虑、对集团财务报表审计的特殊考虑以及其他特殊事项的审计。本章知识点细碎,记忆难度较大,考生要在理解的基础上掌握核心理论。

第一节　对舞弊和法律法规的考虑

一、财务报表审计中与舞弊相关的责任

（一）舞弊的含义和种类

1. 舞弊的含义

舞弊是指被审计单位的管理层、治理层、员工或第三方使用欺骗手段获取不当或非法利益的故意行为。

2. 舞弊的种类

舞弊包括编制虚假财务报告导致的错报和侵占资产导致的错报。具体方式如下表所示：

种类	方式
编制虚假财务报告	（1）对编制财务报表所依据的会计记录或支持性文件进行操纵、弄虚作假（包括伪造）或篡改 （2）在财务报表中错误表达或故意漏记事项、交易或其他重要信息 （3）故意地错误使用与金额、分类、列报或披露相关的会计原则
侵占资产	（1）贪污收到的款项 （2）盗窃实物资产或无形资产 （3）使被审计单位对未收到的商品或未接受的劳务付款 （4）将被审计单位资产挪为私用 【提示】侵占资产通常伴随着虚假或误导性的记录或文件，其目的是隐瞒资产丢失或未经适当授权而被抵押的事实

（二）治理层、管理层的责任和注册会计师的责任

1. 治理层、管理层的责任

被审计单位治理层和管理层对防止或发现舞弊负有主要责任。管理层在治理层的监督下，高度重视对舞弊的防范和遏制是非常重要的。

2. 注册会计师的责任

注册会计师对发现舞弊方面的责任可以从正反两个方面界定：

一方面，在按照审计准则的规定执行审计工作时，注册会计师有责任对财务报表整体是否不存在由于舞弊或错误导致的重大错报获取合理保证。

另一方面，由于审计的固有限制，即使注册会计师按照审计准则的规定恰当计划和执行了审计工作，也不可避免地存在财务报表中的某些重大错报未被发现的风险。注册会计师不能对财务报表整体不存在重大错报获取绝对保证。

（三）风险评估程序和相关活动

1. 询问

询问程序对于注册会计师获取信息、评估舞弊风险十分有用。询问对象以及询问内容具体如下表所示：

分类	具体内容
询问对象	注册会计师应当询问治理层、管理层、内部审计人员,以确定其是否知悉任何舞弊事实、舞弊嫌疑或舞弊指控。注册会计师还应当考虑向被审计单位内部的下列人员询问: (1)不直接参与财务报告过程的业务人员 (2)拥有不同级别权限的人员 (3)参与生成、处理或记录复杂或异常交易的人员及对其进行监督的人员 (4)内部法律顾问 (5)负责道德事务的主管人员或承担类似职责的人员 (6)负责处理舞弊指控的人员
询问内容	在了解被审计单位及其环境时,注册会计师应当向管理层询问下列事项: (1)管理层对财务报表可能存在由于舞弊导致的重大错报风险的评估,包括评估的性质、范围和频率等 (2)管理层对舞弊风险的识别和应对过程,包括管理层识别出的或注意到的特定舞弊风险,或可能存在舞弊风险的各类交易、账户余额或披露 (3)管理层就其对舞弊风险的识别和应对过程向治理层的通报 (4)管理层就其经营理念和道德观念向员工的通报

2. 评价舞弊风险因素

舞弊风险因素主要有以下三类:①实施舞弊的动机或压力;②实施舞弊的机会;③为舞弊行为寻找借口的能力。

与编制虚假财务报告导致的错报相关的舞弊风险因素如下表所示:

舞弊发生的因素	具体内容
动机或压力	(1)财务稳定性或盈利能力受到经济环境、行业状况或被审计单位经营情况的威胁 (2)管理层为满足第三方要求或预期而承受过度的压力 (3)管理层或治理层的个人财务状况受到被审计单位财务业绩的影响 (4)管理层或经营者受到更高级管理层或治理层对财务或经营指标过高要求的压力
机会	(1)被审计单位所在行业或其业务的性质为编制虚假财务报告提供了机会 (2)组织结构复杂或不稳定 (3)对管理层的监督失效 (4)内部控制要素存在缺陷
态度或借口	(1)管理层态度不端或缺乏诚信 (2)管理层与现任或前任注册会计师之间的关系紧张

与侵占资产导致的错报相关的舞弊风险因素如下表所示:

舞弊发生的因素	具体内容
动机或压力	(1)个人的生活方式或财务状况问题 (2)接触现金或其他易被盗窃资产的员工与被审计单位之间存在的紧张关系
机会	(1)资产的某些特性或特定情形可能增加其被侵占的可能性 (2)与资产相关的不恰当的内部控制可能增加资产被侵占的可能性
态度或借口	(1)管理层或员工不重视相关控制 (2)对被审计单位存在不满甚至敌对情绪

（四）识别和评估由于舞弊导致的重大错报风险

由于舞弊导致的重大错报风险属于需要注册会计师特别考虑的重大错报风险,即特别风险。在识别和评估财务报表层次以及各类交易、账户余额、披露的认定层次的重大错报风险时,注册会计师应当识别和评估由于舞弊导致的重大错报风险。

审计准则规定,在识别和评估由于舞弊导致的重大错报风险时,注册会计师应当基于收入确认存在舞弊风险的假定,评价哪些类型的收入、收入交易或认定导致舞弊风险。

被审计单位通常采用的收入确认舞弊手段如下表所示:

目的	手段
为粉饰报表而虚增收入或提前确认收入	（1）虚构销售交易 （2）实施显失公允的交易 （3）在客户取得相关商品控制权前确认销售收入 （4）通过隐瞒退货条款,在发货时全额确认销售收入 （5）通过隐瞒不符合收入确认条件的售后回购或售后租回协议,而将以售后回购或售后租回方式发出的商品作为销售商品确认收入 （6）在被审计单位属于代理人的情况下,被审计单位按主要责任人确认收入 （7）通过高估履约进度的方法实现当期多确认收入 （8）随意变更所选择的会计政策或会计估计方法 （9）选择与销售模式不匹配的收入确认会计政策 （10）通过调整与单独售价或可变对价等相关的会计估计,多计或提前确认收入 （11）未对各项履约义务进行恰当核算
为降低税负或转移利润而少计收入或推迟确认收入	（1）被审计单位在满足收入确认条件后,不确认收入,而将收到的货款作为负债挂账,或转入本单位以外的其他账户 （2）被审计单位采用以旧换新的方式销售商品时,以新旧商品的差价确认收入 （3）对于应采用总额法确认收入的销售交易,被审计单位采用净额法确认收入 （4）对于属于在某一时段内履约的销售交易,被审计单位未按实际履约进度确认收入,或采用时点法确认收入 （5）对于属于在某一时点履约的销售交易,被审计单位未在客户取得相关商品或服务控制权时确认收入,推迟收入确认时点 （6）通过调整与单独售价或可变对价等相关的会计估计,达到少计或推迟确认收入的目的

（五）应对舞弊导致的重大错报风险

舞弊导致的重大错报风险属于特别风险,注册会计师应当按照审计准则的规定予以应对。

1. 总体应对措施

针对评估的由于舞弊导致的财务报表层次重大错报风险,注册会计师应确定以下总体应对措施:

（1）在分派和督导项目组成员时,考虑承担重要业务职责的项目组成员所具备的知识、技能和能力,并考虑由于舞弊导致的重大错报风险的评估结果。

（2）评价被审计单位对会计政策（特别是涉及主观计量和复杂交易的会计政策）的选择和运用,是否可能表明管理层通过操纵利润对财务信息作出虚假报告。

（3）在选择审计程序的性质、时间安排和范围时,增加审计程序的不可预见性。

2. 针对舞弊导致的认定层次重大错报风险实施的审计程序

为应对评估的由于舞弊导致的认定层次重大错报风险,注册会计师采取的具体措施可能包括通过一定方式改变审计程序的性质、时间安排和范围,具体如下表所示:

方式	审计程序
改变拟实施审计程序的性质	(1)对特定资产进行实地观察或检查 (2)设计询证函时,增加交易日期、退货权、交货条款等销售协议的细节 (3)向被审计单位的非财务人员询问销售协议和交货条款的变化等
调整实施审计程序的时间安排	(1)在期末或接近期末实施实质性程序 (2)针对本期较早时间发生的交易事项或整个报告期内的交易事项实施实质性程序
调整实施审计程序的范围	(1)扩大样本规模 (2)在更详细的层次上实施分析程序 (3)利用计算机辅助审计技术对电子交易和会计文档实施更广泛的测试

例题

下列各项中,通常可以应对舞弊导致的认定层次重大错报风险的有(　　　)。

A. 改变审计程序的性质

B. 改变审计程序的时间

C. 改变审计程序的范围

D. 改变控制测试的时间

【答案】ABC。解析:当存在舞弊导致的认定层次重大错报风险时,注册会计师可以通过改变审计程序的性质、时间安排和范围来予以应对。D项,在存在舞弊导致的认定层次重大错报风险的情况下,注册会计师很可能无法信赖内部控制,将主要依赖实施实质性程序获取审计证据,即改变控制测试的时间不足以应对该风险。故本题选ABC。

3. 针对管理层凌驾于控制之上的风险实施的程序

管理层凌驾于控制之上的风险属于特别风险。无论对管理层凌驾于控制之上的风险评估结果如何,注册会计师都应当设计和实施下列审计程序:

(1)测试日常会计核算过程中作出的会计分录以及编制财务报表过程中作出的其他调整是否适当。

(2)复核会计估计是否存在偏向,并评价产生这种偏向的环境是否表明存在由于舞弊导致的重大错报风险。

(3)对于超出被审计单位正常经营过程的重大交易,或基于对被审计单位及其环境的了解以及在审计过程中获取的其他信息而显得异常的重大交易,评价其商业理由(或缺乏商业理由)是否表明被审计单位从事交易的目的是对财务信息作出虚假报告或掩盖侵占资产的行为。

(六)评价审计证据

如果识别出某项错报,注册会计师应当评价该项错报是否表明存在舞弊。即使识别出的错报的累积影响并不重大,但仍可能表明存在由于舞弊导致的重大错报风险。

如果认为错报是舞弊或可能是舞弊导致的,且涉及管理层,尤其是高层,无论该错报是否重大,注册会计师都应当重新评价对由于舞弊导致的重大错报风险的评估结果,以及该结果对旨在应对评估的风险的审计程序的性质、时间安排和范围的影响。

(七)与管理层、治理层和监管机构的沟通

1. 与管理层的沟通

当已获取的证据表明存在或可能存在舞弊时,除非法律法规禁止,注册会计师应当及时提请适当

层级的管理层关注这一事项,即使该事项可能被认为不重要。通常情况下,适当层级的管理层比涉嫌舞弊人员至少高出一个级别。

2. 与治理层的沟通

如果确定或怀疑管理层、在内部控制中承担重要职责的员工涉嫌舞弊,应尽早与治理层沟通。

3. 与监管机构的沟通

如果识别出舞弊或怀疑存在舞弊,注册会计师应当确定是否有责任向被审计单位以外的适当机构报告。

二、财务报表审计中对法律法规的考虑

违反法律法规是指被审计单位、治理层、管理层或者为被审计单位工作或受其指导的其他人,有意或无意违背除适用的财务报告编制基础以外的现行法律法规的行为,违反法律法规不包括与被审计单位经营活动无关的个人不当行为。

(一)管理层遵守法律法规的责任

管理层有责任在治理层的监督下确保被审计单位的经营活动符合法律法规的规定。

(二)注册会计师的责任

注册会计师有责任对财务报表整体不存在由于舞弊或错误导致的重大错报获取合理保证。

注册会计师没有责任防止被审计单位违反法律法规行为,也不能期望其发现所有的违反法律法规行为。

(三)对被审计单位遵守法律法规的考虑

1. 对法律法规框架的了解

在了解被审计单位及其环境时,注册会计师应当总体了解下列事项:

(1)适用于被审计单位及其所处行业或领域的法律法规框架。

(2)被审计单位如何遵守这些法律法规框架。

2. 对决定财务报表中的重大金额和披露有直接影响的法律法规

针对通常对决定财务报表中的重大金额和披露有直接影响的法律法规的规定,注册会计师应当获取被审计单位遵守这些规定的充分、适当的审计证据。

3. 识别违反其他法律法规的行为的程序

其他法律法规可能因其对被审计单位的经营活动具有至关重要的影响,需要注册会计师予以特别关注。

注册会计师应当实施下列审计程序,以有助于识别可能对财务报表产生重大影响的违反其他法律法规的行为:

(1)向管理层和治理层(如适用)询问被审计单位是否遵守了这些法律法规。

(2)检查被审计单位与许可证颁发机构或监管机构的往来函件。

4. 实施其他审计程序使注册会计师注意到违反法律法规行为

为形成审计意见所实施的审计程序,可能使注册会计师注意到识别出的或怀疑存在的违反法律法规行为。这些审计程序可能包括的内容如下:

(1)阅读会议纪要。

（2）向被审计单位管理层、内部或外部法律顾问询问诉讼、索赔及评估情况。

（3）对某类交易、账户余额和披露实施细节测试。

5. 书面声明

由于法律法规对财务报表的影响差异很大，对于管理层识别出的或怀疑存在的、可能对财务报表产生重大影响的违反法律法规行为，书面声明可以提供必要的审计证据。然而，书面声明本身并不提供充分、适当的审计证据，因此，不影响注册会计师拟获取的其他审计证据的性质和范围。

（四）识别出或怀疑存在违反法律法规行为时实施的审计程序

1. 关注到与识别出的或怀疑存在的违反法律法规行为相关的信息时的审计程序

如果关注到与识别出的或怀疑存在的违反法律法规行为相关的信息，注册会计师应当：

（1）了解违反法律法规行为的性质及其发生的环境。

（2）获取进一步的信息，以评价对财务报表可能产生的影响。

2. 怀疑被审计单位存在违反法律法规行为时的审计程序

如果怀疑被审计单位存在违反法律法规行为，注册会计师应当就此与适当层级的管理层和治理层（如适用）进行讨论，因其可能能够提供额外的审计证据，除非法律法规禁止。

如果管理层或治理层（如适用）不能提供充分的信息，可以考虑向被审计单位内部或外部的法律顾问咨询。

3. 评价识别出的或怀疑存在的违反法律法规行为的影响

注册会计师应当评价识别出的或怀疑存在的违反法律法规行为对审计的其他方面可能产生的影响，包括对注册会计师风险评估和被审计单位书面声明可靠性的影响。

在某些情况下，当管理层或治理层没有采取注册会计师认为适合具体情况的补救措施，或者识别出的或怀疑存在的违反法律法规行为导致管理层或治理层的诚信产生怀疑，注册会计师可能考虑在法律法规允许的情况下解除业务约定。

（五）对识别出的或怀疑存在的违反法律法规行为的沟通与报告

1. 与治理层沟通

除非治理层全部成员参与管理被审计单位，因而知悉注册会计师已沟通的、涉及识别出的或怀疑存在的违反法律法规行为的事项，注册会计师应当与治理层沟通审计过程中注意到的有关违反法律法规的事项（除非法律法规禁止），但不必沟通明显不重要的事项。

如果根据判断认为需要沟通的违反法律法规行为是故意和重大的，注册会计师应当就此尽快与治理层沟通。

如果怀疑违反法律法规行为涉及管理层或治理层，注册会计师应当向被审计单位审计委员会或监事会等更高层级的机构通报。如果不存在更高层级的机构，或者注册会计师认为被审计单位可能不会对通报作出反应，或者注册会计师不能确定向谁报告，注册会计师应当考虑是否需要向外部监管机构（如有）报告或征询法律意见。

2. 出具审计报告

如果认为识别出的或怀疑存在的违反法律法规行为对财务报表具有重大影响，注册会计师应当要求被审计单位在财务报表中予以恰当反映。

如果认为识别出的或怀疑存在的违反法律法规行为对财务报表有重大影响，且未能在财务报表

中得到恰当反映,注册会计师应当出具保留意见或否定意见的审计报告。

如果因管理层或治理层阻挠而无法获取充分、适当的审计证据,以评价是否存在或可能存在对财务报表产生重大影响的违反法律法规行为,注册会计师应当根据审计范围受到限制的程度,发表保留意见或无法表示意见。

如果由于审计范围受到管理层或治理层以外的其他方面的限制而无法确定被审计单位是否存在违反法律法规行为,注册会计师应当评价这一情况对审计意见的影响。

3. 向监管机构和执法机构报告违反法律法规行为

如果识别出或怀疑存在违反法律法规行为,注册会计师应当考虑是否有责任向被审计单位以外的适当机构报告。

第二节　注册会计师利用内部审计的工作

一、内部审计的目标

被审计单位内部审计的目标是由其管理层和治理层确定的。

内部审计包括但不限于以下活动:①与公司治理有关的活动;②与风险管理有关的活动;③与内部控制有关的活动。

二、内部审计与注册会计师的关系

(一)内部审计与注册会计师审计的联系

内部审计与注册会计师审计的联系主要表现在以下两个方面:

(1)两者用以实现各自目标的某些方式通常是相似的。

(2)内部审计对象与注册会计师审计的对象密切相关,甚至存在部分重叠。

注册会计师在审计中利用内部审计人员的工作包括:①在获取审计证据的过程中利用内部审计的工作;②在注册会计师的指导、监督和复核下利用内部审计人员提供直接协助。

(二)利用内部审计工作不能减轻注册会计师的责任

通常,审计过程中涉及的职业判断,如重大错报风险的评估、重要性水平的确定、样本规模的确定、对会计政策和会计估计的评估等,均应由注册会计师负责执行。

注册会计师对发表的审计意见独立承担责任,这种责任并不因利用内部审计工作或利用内部审计人员对该项审计业务提供直接协助而减轻。

三、确定是否利用、在哪些领域利用以及在多大程度上利用内部审计的工作

当存在下列情形之一时,注册会计师不得利用内部审计的工作:①内部审计在被审计单位的地位以及相关政策和程序不足以支持内部审计人员的客观性;②内部审计人员缺乏足够的胜任能力;③内部审计没有采用系统、规范化的方法(包括质量控制)。

当存在下列情形之一时,注册会计师应当计划较少地利用内部审计工作,而更多地直接执行审计

工作：

（1）在下列方面涉及较多判断时：①计划和实施相关的审计程序；②评价收集的审计证据。

（2）评估的认定层次重大错报风险较高，需要对识别出的特别风险予以特殊考虑。

（3）内部审计在被审计单位中的地位以及相关政策和程序对内部审计人员客观性的支持程度较弱。

（4）内部审计人员的胜任能力较低。

四、审计工作底稿

如果利用内部审计工作，注册会计师应当在审计工作底稿中记录：

（1）对下列事项的评价：①内部审计在被审计单位中的地位、相关政策和程序是否足以支持内部审计人员的客观性；②内部审计人员的胜任能力；③内部审计是否采用系统、规范化的方法。

（2）利用内部审计工作的性质和范围以及作出该决策的基础。

（3）注册会计师为评价利用内部审计工作的适当性而实施的审计程序。

第三节 对集团财务报表审计的特殊考虑

一、与集团财务报表审计有关的概念

（一）集团

集团是指由所有组成部分构成的整体，并且所有组成部分的财务信息包括在集团财务报表中。集团至少拥有一个以上的组成部分。

（二）组成部分

组成部分是指某一实体或某项业务活动，其财务信息由集团或组成部分管理层编制并应包括在集团财务报表中。

（三）重要组成部分

重要组成部分是指集团项目组识别出的具有下列特征之一的组成部分：①单个组成部分对集团具有财务重大性；②由于单个组成部分的特定性质或情况，可能存在导致集团财务报表发生重大错报的特别风险。

（四）集团财务报表

集团财务报表是指包括一个以上组成部分财务信息的财务报表。集团财务报表也指没有母公司但处在同一控制下的各组成部分编制的财务信息所汇总生成的财务报表。

（五）集团审计和集团审计意见

集团审计是指对集团财务报表进行的审计。

集团审计意见是指对集团财务报表发表的审计意见。

（六）集团项目合伙人和集团项目组

集团项目合伙人是指会计师事务所中负责某项集团审计业务及其执行，并代表会计师事务所在

对集团财务报表出具的审计报告上签字的合伙人。

集团项目组是指参与集团审计的,包括集团项目合伙人在内的所有合伙人和员工。

（七）组成部分注册会计师

组成部分注册会计师是指基于集团审计目的,按照集团项目组的要求,对组成部分财务信息执行相关工作的注册会计师。

（八）集团管理层和组成部分管理层

集团管理层是指负责编制集团财务报表的管理层。

组成部分管理层是指负责编制组成部分财务信息的管理层。

（九）集团层面控制

集团层面控制是指集团管理层设计、执行和维护的与集团财务报告相关的控制。

二、集团财务报表审计中的责任设定和注册会计师的目标

（一）集团财务报表审计中的责任设定

集团项目组对整个集团财务报表审计工作及审计意见负全部责任,这一责任不因利用组成部分注册会计师的工作而减轻。

尽管组成部分注册会计师基于集团审计目的对组成部分财务信息执行相关工作,并对所有发现的问题、得出的结论或形成的意见负责,集团项目合伙人及其所在的会计师事务所仍对集团审计意见负全部责任。

（二）注册会计师的目标

在集团财务报表审计中,担任集团审计的注册会计师的目标:①就组成部分注册会计师对组成部分财务信息执行工作的范围、时间安排和发现的问题,与组成部分注册会计师进行清晰地沟通;②针对组成部分财务信息和合并过程,获取充分、适当的审计证据,以对集团财务报表是否在所有重大方面按照适用的财务报告编制基础编制发表审计意见。

三、了解组成部分注册会计师

只有当基于集团审计目的,计划要求由组成部分注册会计师执行组成部分财务信息的相关工作时,集团项目组才需要了解组成部分注册会计师。

（一）了解的内容

集团项目组应当了解下列事项:

（1）组成部分注册会计师是否了解并将遵守与集团审计相关的职业道德要求,特别是独立性要求。

（2）组成部分注册会计师是否具备专业胜任能力。

（3）集团项目组参与组成部分注册会计师工作的程度是否足以获取充分、适当的审计证据。

（4）组成部分注册会计师是否处于积极的监管环境中。

（二）对组成部分注册会计师存在疑虑的处理

如果组成部分注册会计师不符合与集团审计相关的独立性要求,或集团项目组对下列事项存有重大疑虑,集团项目组应当就组成部分财务信息亲自获取充分、适当的审计证据,而不应要求组成部

分注册会计师对组成部分财务信息执行相关工作:①组成部分注册会计师是否了解并将遵守与集团审计相关的职业道德要求;②组成部分注册会计师是否具备专业胜任能力;③集团项目组参与组成部分注册会计师工作的程度是否足以获取充分、适当的审计证据。

如果组成部分注册会计师不符合集团审计的独立性要求,集团项目组不能通过参与组成部分注册会计师的工作、实施追加的风险评估程序或对组成部分财务信息实施进一步程序,以消除组成部分注册会计师不具有独立性的影响。

集团项目组可以通过参与组成部分注册会计师的工作、实施追加的风险评估程序或对组成部分财务信息实施进一步审计程序,消除对其专业胜任能力的并非重大的疑虑,或未处于积极有效监管环境的影响。

四、重要性

在对集团财务报表审计时,集团项目组应当确定与重要性相关的下列事项。

(一)集团财务报表整体的重要性

在制定集团总体审计策略时,集团项目组确定集团财务报表整体的重要性。

(二)适用于特定类别的交易、账户余额或披露的一个或多个重要性水平

根据集团的特定情况,如果集团财务报表中存在特定类别的交易、账户余额或披露,其发生的错报金额低于集团财务报表整体的重要性,但合理预期将影响财务报表使用者依据集团财务报表作出的经济决策,则确定适用于这些交易、账户余额或披露的一个或多个重要性水平。

(三)组成部分重要性

如果组成部分注册会计师对组成部分财务信息实施审计或审阅,集团项目组则需要基于集团审计目的,为这些组成部分确定组成部分重要性。

为将未更正和未发现错报的汇总数超过集团财务报表整体的重要性的可能性降至适当的低水平,集团项目组应将组成部分重要性设定为低于集团财务报表整体的重要性。

在确定组成部分重要性时,无须采用将集团财务报表整体重要性按比例分配的方式,因此,对不同组成部分确定的重要性的汇总数,有可能高于集团财务报表整体重要性。

在审计组成部分财务信息时,组成部分注册会计师(或集团项目组)需要确定组成部分层面实际执行的重要性。

如果基于集团审计目的,由组成部分注册会计师对组成部分财务信息执行审计工作,集团项目组应当评价在组成部分层面确定的实际执行的重要性的适当性。

(四)明显微小错报的临界值

注册会计师需要设定临界值,不能将超过该临界值的错报视为对集团财务报表明显微小的错报。组成部分注册会计师需要将在组成部分财务信息中识别出的超过临界值的错报通报给集团项目组。

五、针对评估的风险采取的应对措施

对于组成部分财务信息,集团项目组应当确定由其亲自执行或由组成部分注册会计师代为执行的相关工作的类型。集团项目组还应当确定参与组成部分注册会计师工作的性质、时间安排和范围。集团项目组确定对组成部分财务信息拟执行工作的类型以及参与组成部分注册会计师工作的程度,

受下列因素影响：

（1）组成部分的重要程度。

（2）识别出的导致集团财务报表发生重大错报的特别风险。

（3）对集团层面控制的设计的评价，以及其是否得到执行的判断。

（4）集团项目组对组成部分注册会计师的了解。

（一）对重要组成部分需执行的工作

就集团而言，对于具有财务重大性的单个组成部分，集团项目组或代表集团项目组的组成部分注册会计师应当运用该组成部分的重要性，对组成部分财务信息实施审计。

对由于其特定性质或情况，可能存在导致集团财务报表发生重大错报的特别风险的重要组成部分，集团项目组或代表集团项目组的组成部分注册会计师应当执行下列一项或多项工作：

（1）使用组成部分重要性对组成部分财务信息实施审计。

（2）针对与可能导致集团财务报表发生重大错报的特别风险相关的一个或多个账户余额、一类或多类交易或披露事项实施审计。

（3）针对可能导致集团财务报表发生重大错报的特别风险实施特定的审计程序。

（二）对不重要的组成部分所需执行的工作

对于不重要的组成部分，集团项目组应当在集团层面实施分析程序。

（三）已执行的工作仍不能提供充分、适当审计证据时的处理

如果集团项目组认为对重要组成部分财务信息执行的工作、对集团层面控制和合并过程执行的工作以及在集团层面实施的分析程序还不能获取形成集团审计意见所需要的充分、适当的审计证据，集团项目组应当选择某些不重要的组成部分，并对已选择的组成部分财务信息执行或要求组成部分注册会计师执行下列一项或多项工作：

（1）使用该组成部分重要性对组成部分财务信息实施审计。

（2）对一个或多个账户余额、一类或多类交易或披露实施审计。

（3）使用组成部分重要性对组成部分财务信息实施审阅。

（4）实施特定程序。

（四）参与组成部分注册会计师的工作

如果组成部分注册会计师对重要组成部分财务信息执行审计，集团项目组应当参与组成部分注册会计师实施的风险评估程序，以识别导致集团财务报表发生重大错报的特别风险。集团项目组参与的性质、时间安排和范围受其对组成部分注册会计师所了解情况的影响，但至少应当包括以下内容：

（1）与组成部分注册会计师或组成部分管理层讨论对集团而言重要的组成部分业务活动。

（2）与组成部分注册会计师讨论由于舞弊或错误导致组成部分财务信息发生重大错报的可能性。

（3）复核组成部分注册会计师对识别出的导致集团财务报表发生重大错报的特别风险形成的审计工作底稿。

六、评价审计证据的充分性和适当性

如果认为未能获取充分、适当的审计证据作为形成集团审计意见的基础，集团项目组可以要求组

成部分注册会计师对组成部分财务信息实施追加的程序。如果不可行，集团项目组可以直接对组成部分财务信息实施程序。

七、与集团管理层和集团治理层的沟通

（一）与集团管理层的沟通

在确定识别出的内部控制缺陷需要通报的内容时，集团项目组应当考虑：

（1）集团项目组识别出的集团层面内部控制缺陷。

（2）集团项目组识别出的组成部分层面内部控制缺陷。

（3）组成部分注册会计师提请集团项目组关注的内部控制缺陷。

如果集团项目组识别出舞弊或组成部分注册会计师提请集团项目组关注舞弊，或者有关信息表明可能存在舞弊，集团项目组应当及时向适当层级的集团管理层通报，以便管理层告知主要负责防止和发现舞弊事项的人员。

（二）与集团治理层的沟通

集团项目组向集团治理层通报的事项，可能包括组成部分注册会计师提请集团项目组关注，并且集团项目组根据职业判断认为与集团治理层责任相关的重大事项。

集团项目组还应当与集团治理层沟通下列事项：

（1）对组成部分财务信息拟执行工作的类型的概述。

（2）在组成部分注册会计师对重要组成部分财务信息拟执行的工作中，集团项目组计划参与其工作的性质的概述。

（3）对组成部分注册会计师的工作作出的评价，引起集团项目组对其工作质量产生疑虑的情形。

（4）集团审计受到的限制，如集团项目组接触某些信息受到的限制。

（5）涉及集团管理层、组成部分管理层、在集团层面控制中承担重要职责的员工以及其他人员（在舞弊行为导致集团财务报表出现重大错报的情况下）的舞弊或舞弊嫌疑。

第四节　其他特殊项目的审计

一、审计会计估计

（一）会计估计的性质

会计估计通常是被审计单位在不确定情况下作出的，其准确程度取决于管理层对不确定的交易或事项的结果作出的主观判断。由于会计估计的主观性、复杂性和不确定性，管理层作出的会计估计发生重大错报的可能性较大，注册会计师应确定会计估计的重大错报风险是否属于特别风险。

（二）识别和评估重大错报风险

注册会计师应当评价与会计估计相关的估计不确定性的程度，并根据职业判断确定识别出的具有高度估计不确定性的会计估计是否会导致特别风险。

可能存在高度估计不确定性的会计估计的情形包括：

（1）高度依赖判断的会计估计。

（2）未采用经认可的计量技术计算的会计估计。

（3）注册会计师对上期财务报表中类似会计估计进行复核的结果表明最初会计估计与实际结果之间存在很大差异，在这种情况下管理层作出的会计估计。

（4）采用高度专业化的、由被审计单位自主开发的模型，或在缺乏可观察到的输入数据的情况下作出的公允价值会计估计。

（三）应对评估的重大错报风险

基于评估的重大错报风险，注册会计师应当确定：①管理层是否恰当运用与会计估计相关的适用的财务报告编制基础的规定；②作出会计估计的方法是否恰当，并得到一贯运用，以及会计估计或作出会计估计的方法不同于上期的变化是否适合于具体情况。

在应对评估的重大错报风险时，注册会计师应当考虑会计估计的性质，并实施下列一项或多项程序：

（1）确定截至审计报告日发生的事项是否提供有关会计估计的审计证据。

（2）测试管理层如何作出会计估计以及会计估计所依据的数据。

（3）测试与管理层如何作出会计估计相关的控制运行的有效性，并实施恰当的实质性程序。

（4）作出注册会计师的点估计或区间估计，以评价管理层的点估计。

（四）实施进一步实质性程序以应对特别风险

在审计导致特别风险的会计估计时，注册会计师在实施进一步实质性程序时需要重点评价：①管理层是如何评估估计不确定性对会计估计的影响，以及这种不确定性对财务报表中会计估计的确认的恰当性可能产生的影响；②相关披露的充分性。

1. 估计不确定性

对导致特别风险的会计估计，除准则规定程序外，注册会计师还应实施以下程序：

（1）评价管理层如何考虑替代性的假设或结果，以及拒绝采纳的原因，或者在管理层没有考虑替代性的假设或结果的情况下，评价管理层在作出会计估计时如何处理估计不确定性。

（2）评价管理层使用的重大假设是否合理。

（3）当管理层实施特定措施的意图和能力与其使用的重大假设的合理性或对适用的财务报告编制基础的恰当应用相关时，评价这些意图和能力。

2. 作出区间估计

如果根据职业判断认为管理层没有适当处理估计不确定性对导致特别风险的会计估计的影响，注册会计师应当在必要时作出用于评价会计估计合理性的区间估计。

3. 确认和计量的标准

对导致特别风险的会计估计，注册会计师应当获取充分、适当的审计证据，以确定下列两个方面是否符合适用的财务报告编制基础的规定：

（1）管理层对会计估计在财务报表中予以确认或不予确认的决策。

（2）作出会计估计所选择的计量基础。

（五）评价会计估计的合理性并确定错报

注册会计师应当根据获取的审计证据，评价财务报表中的会计估计在适用的财务报告编制基础下是合理的还是存在错报。根据获取的审计证据,注册会计师可能认为这些证据指向与管理层的点估计不同的会计估计。

二、关联方的审计

(一)风险评估程序和相关工作

注册会计师应当向管理层询问下列事项:

(1)关联方的名称和特征,包括关联方自上期以来发生的变化。

(2)被审计单位和关联方之间关系的性质。

(3)被审计单位在本期是否与关联方发生交易,如发生,交易的类型、定价政策和目的。

(二)应对超出被审计单位正常经营过程的重大关联方交易导致的重大错报风险

对于识别出的超出正常经营过程的重大关联方交易,注册会计师应当实施下列程序。

1. 检查相关合同或协议(如有)

如果检查相关合同或协议,注册会计师应当评价:

(1)交易的商业理由(或缺乏商业理由)是否表明被审计单位从事交易可能是为了对财务信息作出虚假报告或为了隐瞒侵占资产的行为。

(2)交易条款是否与管理层的解释一致。

(3)关联方交易是否已按照适用的财务报告编制基础得到恰当会计处理和披露。

2. 获取交易已经恰当授权和批准的审计证据

如果超出正常经营过程的重大关联方交易经管理层、治理层或股东(如适用)授权和批准,可以为注册会计师提供审计证据,表明该项交易已在被审计单位内部的适当层面进行了考虑,并在财务报表中恰当披露了交易的条款和条件。

授权和批准本身不足以就是否不存在由于舞弊或错误导致的重大错报风险得出结论,原因在于如果被审计单位与关联方串通舞弊或关联方对被审计单位具有支配性影响,被审计单位与授权和批准相关的控制可能是无效的。

例题

下列有关超出被审计单位正常经营过程的重大关联方交易的说法,错误的是(　　)。

A. 注册会计师应当检查与此类交易相关的合同或协议,以评价交易的商业理由

B. 此类交易导致的风险可能不是特别风险

C. 注册会计师应当评价此类交易是否已经按照适用的财务报告编制基础得到恰当的处理和披露

D. 此类交易通过恰当的授权和批准,不足以就其存在由于舞弊或错误导致的重大错报风险得出结论

【答案】B。解析:注册会计师应当将识别出的、超出被审计单位正常经营过程中的重大关联方交易导致的重大错报风险确定为特别风险。故本题选B。

(三)应对存在具有支配性影响的关联方导致的重大错报风险

如果存在具有支配性影响的关联方,并且因此存在由于舞弊导致的重大错报风险,注册会计师将其评估为一项特别风险。除了遵守《中国注册会计师审计准则第1141号——财务报表审计中与舞弊

相关的责任》的总体要求外,注册会计师还可以实施诸如下列审计程序,以了解关联方与被审计单位直接或间接建立的业务关系,并确定是否有必要实施进一步的恰当的实质性程序:

(1)询问管理层和治理层,并与之讨论。

(2)询问关联方。

(3)检查与关联方之间的重要合同。

(4)通过互联网或某些外部商业信息数据库,进行适当的背景调查。

(5)如果被审计单位保留了员工的举报报告,查阅该报告。

（四）应对管理层未能识别出或未向注册会计师披露的关联方关系或重大关联方交易导致的重大错报风险

如果识别出可能表明存在管理层以前未识别出或未向注册会计师披露的关联方关系或关联方交易的安排或信息,注册会计师应当确定相关情况是否能够证实关联方关系或关联方交易的存在。

如果注册会计师认为必要且可行,可以考虑实施下列程序:

(1)访谈被审计单位的控股股东、实际控制人、治理层以及关键管理人员等,必要时就访谈内容获取书面确认或执行函证程序。

(2)以被审计单位控股股东、实际控制人、治理层以及关键管理人员为起点,通过实施背景调查,用以识别与这些个人或机构有关联方关系或受其控制的实体,评估这些实体与被审计单位的关系。

(3)运用数据分析工具,设置特定分析条件对被审计单位的交易信息进行分析,识别是否存在管理层未向注册会计师披露的关联方关系和关联方交易。

(4)亲自获取被审计单位的企业信用报告,关注企业信用报告内容的完整性,检查企业信用报告中显示的内容,包括对外担保等,是否已经完整包含在被审计单位管理层披露的信息中。

(5)检查被审计单位银行对账单中与疑似关联方的大额资金往来交易,关注对账单中是否存在异常的资金流动,关注资金或商业汇票往来是否以真实、合理的交易为基础。

(6)识别被审计单位银行对账单中与实际控制人,控股股东或高级管理人员的大额资金往来交易,关注是否存在异常的资金流动,关注资金往来是否以真实、合理的交易为基础。

(7)在获得被审计单位授权后,向为被审计单位提供过税务和咨询服务的有关人员询问其对关联方的了解。

(8)在获得被审计单位授权后,通过律师或其他调查机构获取被审计单位的诉讼信息、关注其中是否存在涉及由于被审计单位对外提供担保而引起的诉讼以及诉讼的内容、性质,评价相关对外担保是否涉及关联方。如果涉及关联方,关联方关系和关联方交易是否已在财务报表中恰当披露。

（五）应对管理层披露关联方交易是公平交易时可能存在的重大错报风险

如果管理层在财务报表中作出认定,声明关联方交易是按照等同于公平交易中通行的条款执行的,注册会计师应当就该项认定获取充分、适当的审计证据。

如果无法获取充分、适当的审计证据,合理确信管理层关于关联方交易是公平交易的披露,注册会计师可以要求管理层撤销此披露。如管理层不同意撤销,注册会计师应当考虑其对审计报告的影响。

（六）应对管理层未能按照适用的财务报告编制基础对特定关联方关系及其交易进行恰当会计处理和披露导致的重大错报风险

当按照规定对财务报表形成审计意见时，注册会计师应当评价：

（1）识别出的关联方关系及其交易是否已按照适用的财务报告编制基础得到恰当会计处理和披露。

（2）关联方关系及其交易是否导致财务报表未实现公允反映。

三、考虑持续经营假设

（一）风险评估程序和相关活动

注册会计师应当考虑是否存在可能导致对被审计单位持续经营能力产生重大疑虑的事项或情况，并确定管理层是否已对被审计单位持续经营能力作出初步评估。

被审计单位在财务、经营以及其他方面存在的某些事项或情况可能导致经营风险，这些事项或情况单独或连同其他事项或情况可能导致对持续经营假设产生重大疑虑。

（二）识别出事项或情况时实施追加的审计程序

识别出可能导致对持续经营能力产生重大疑虑的事项或情况时，注册会计师实施追加的审计程序的内容如下：

（1）如果管理层尚未对被审计单位持续经营能力作出评估，提请其进行评估。

（2）评价管理层与持续经营能力评估相关的未来应对计划，这些计划的结果是否可能改善目前的状况，以及管理层的计划对于具体情况是否可行。

（3）如果被审计单位已编制现金流量预测，且对预测的分析是评价管理层未来应对计划时所考虑的事项或情况的未来结果的重要因素，评价用于编制预测的基础数据的可靠性，并确定预测所基于的假设是否具有充分的支持。

（4）考虑自管理层作出评估后是否存在其他可获得的事实或信息。

（5）要求管理层和治理层（如适用）提供有关未来应对计划及其可行性的书面声明。

（三）审计结论与报告

1. 被审计单位运用持续经营假设适当但存在重大不确定性

运用持续经营假设适当但存在重大不确定性的相关规定如下：

如果财务报表对重大不确定性已作出充分披露，注册会计师应当发表无保留意见，并在审计报告中增加以"与持续经营相关的重大不确定性"为标题的单独部分，以：

（1）提醒财务报表使用者关注财务报表附注中对所述事项的披露。

（2）说明这些事项或情况表明存在可能导致对被审计单位持续经营能力产生重大疑虑的重大不确定性，并说明该事项并不影响发表的审计意见。

在极少数情况下，当存在多项对财务报表整体具有重要影响的重大不确定性时，注册会计师可能认为发表无法表示意见而非增加以"与持续经营相关的重大不确定性"为标题的单独部分是适当的。

如果财务报表未作出充分披露，注册会计师应当发表保留意见或否定意见。

2. 运用持续经营假设不适当

无论财务报表中对管理层运用持续经营假设的不适当性是否作出披露，注册会计师均应发表否

定意见。

如果在具体情况下运用持续经营假设是不适当的,但管理层被要求或自愿选择编制财务报表,则可以采用替代基础(如清算基础)编制财务报表。注册会计师可以对财务报表进行审计,前提是注册会计师确定替代基础在具体情况下是可接受的编制基础。如果财务报表对此作出了充分披露,注册会计师可以发表无保留意见,但也可能认为在审计报告中增加强调事项段是适当或必要的,以提醒财务报表使用者注意替代基础及其使用理由。

(四)与治理层的沟通

注册会计师应当与治理层就识别出的可能导致对被审计单位持续经营能力产生重大疑虑的事项或情况进行沟通,除非治理层全部成员参与管理被审计单位。

与治理层的沟通包括以下内容:

(1)这些事项或情形是否构成重大不确定性。

(2)管理层在编制财务报表时运用持续经营假设是否适当。

(3)财务报表中的相关披露是否充分。

(4)对审计报告的影响(如适用)。

四、首次接受委托时对期初余额的审计

期初余额是指期初存在的账户余额。期初余额以上期期末余额为基础,反映了以前期间的交易和事项以及上期采用会计政策的结果。

(一)审计程序

注册会计师对期初余额实施的审计程序如下:

(1)注册会计师应当阅读被审计单位最近期间的财务报表和相关披露,以及前任注册会计师出具的审计报告(如有),获取与期初余额相关的信息。

(2)确定上期期末余额是否已正确结转至本期,或在适当的情况下已作出重新表述。

(3)确定期初余额是否反映对恰当会计政策的运用。如果发现会计政策发生变更,应确定其变更理由是否充分,是否按规定予以变更;如果被审计单位上期适用的会计政策不恰当或与本期不一致,注册会计师在实施期初余额审计时应提请被审计单位进行调整或予以披露。

(4)实施一项或多项审计程序,主要包括:①查阅前任注册会计师的工作底稿;②评价本期实施的审计程序是否提供了有关期初余额的审计证据;③实施其他专门的审计程序。

(二)审计结论和审计报告

1. 审计后不能获取有关期初余额的充分、适当的审计证据

(1)发表适合具体情况的保留意见或无法表示意见。

(2)除非法律法规禁止,对经营成果和现金流量(如相关)发表保留意见或无法表示意见,而对财务状况发表无保留意见。

2. 期初余额存在对本期财务报表产生重大影响的错报

(1)如果期初余额存在对本期财务报表产生重大影响的错报,注册会计师应当告知管理层。

(2)如果上期财务报表由前任注册会计师审计,注册会计师还应当提请管理层告知前任注册会计师。

（3）如果错报的影响未能得到正确的会计处理和恰当的列报与披露,注册会计师应当对财务报表发表保留意见或否定意见。

3. 会计政策变更对审计报告的影响

如果认为按照适用的财务报告编制基础与期初余额相关的会计政策未能在本期得到一贯运用,或者会计政策的变更未能得到恰当的会计处理或适当的列报与披露,注册会计师应当对财务报表发表保留意见或否定意见。

4. 前任注册会计师对上期财务报表发表了非无保留意见

（1）如果前任注册会计师对上期财务报表发表了非无保留意见,并且导致发表非无保留意见的事项对本期财务报表仍然相关和重大,注册会计师应当按照规定,对本期财务报表发表非无保留意见。

（2）在某些情况下,导致前任注册会计师发表非无保留意见的事项可能与对本期财务报表发表的意见既不相关也不重大,注册会计师在本期审计时无须因此而发表非无保留意见。

第五章 审计报告

知识体系

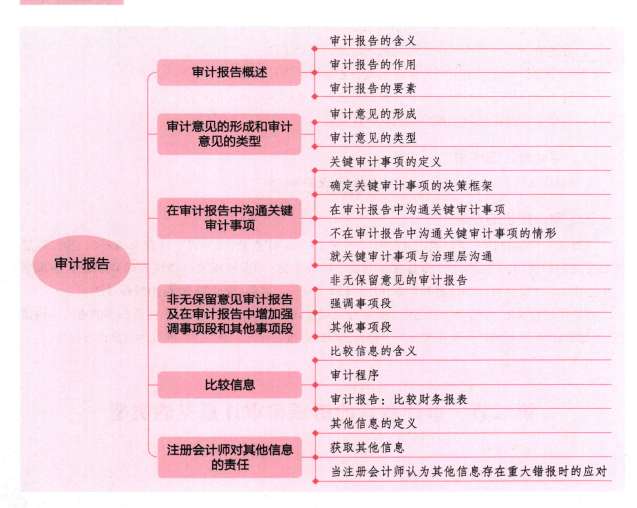

本章导学

从近几年考试来看,银保监财会类职位专业科目考试对于本章的考查比较频繁,主要集中在审计意见的类型、不同情况的审计意见以及审计报告的类型。本章是重点章节,知识点细碎,考生要在理解的基础上熟练掌握。

第一节　审计报告概述

一、审计报告的含义

审计报告是指注册会计师根据审计准则的规定,在执行审计工作的基础上,对财务报表发表审计意见的书面文件。

审计报告是注册会计师在完成审计工作后向委托人提交的最终产品,具有以下特征:

(1)注册会计师应当按照审计准则的规定执行审计工作。

(2)注册会计师在实施审计工作的基础上才能出具审计报告。

(3)注册会计师通过对财务报表发表意见履行业务约定书约定的责任。

(4)注册会计师应当以书面形式出具审计报告。

二、审计报告的作用

注册会计师签发的审计报告,主要具有鉴证、保护和证明三方面的作用。

三、审计报告的要素

审计报告应当包括下列要素:①标题;②收件人;③审计意见;④形成审计意见的基础;⑤管理层对财务报表的责任;⑥注册会计师对财务报表审计的责任;⑦按照相关法律法规的要求报告的事项(如适用);⑧注册会计师的签名和盖章;⑨会计师事务所的名称、地址和盖章;⑩报告日期。

在适用的情况下,注册会计师还应当按照相关规定,在审计报告中对与持续经营相关的重大不确定性、关键审计事项、被审计单位年度报告中包含的除财务报表和审计报告之外的其他信息进行报告。

第二节　审计意见的形成和审计意见的类型

一、审计意见的形成

注册会计师应当就财务报表是否在所有重大方面按照适用的财务报告编制基础编制并实现公允反映形成审计意见。在对财务报表形成审计意见时,注册会计师应当根据已获取的审计证据,评价是否已对财务报表整体不存在重大错报获取合理保证。

在得出结论时,注册会计师应当考虑以下方面:

(1)按照相关规定,是否已获取充分、适当的审计证据。

(2)按照相关规定,未更正错报单独或汇总起来是否构成重大错报。

(3)评价财务报表是否在所有重大方面按照适用的财务报告编制基础编制。

(4)评价财务报表是否实现公允反映。

(5)评价财务报表是否恰当提及或说明适用的财务报告编制基础。

二、审计意见的类型

审计意见主要包括无保留意见和非无保留意见两种类型。

（1）如果认为财务报表在所有重大方面按照适用的财务报告编制基础编制并实现公允反映，注册会计师应当发表无保留意见。

（2）当存在下列情形之一时，注册会计师应当按照相关规定在审计报告中发表非无保留意见：①根据获取的审计证据，得出财务报表整体存在重大错报的结论；②无法获取充分、适当的审计证据，不能得出财务报表整体不存在重大错报的结论。

非无保留意见，是指对财务报表发表的保留意见、否定意见或无法表示意见。

第三节　在审计报告中沟通关键审计事项

一、关键审计事项的定义

关键审计事项是指注册会计师根据职业判断认为对当期财务报表审计最为重要的事项。

二、确定关键审计事项的决策框架

根据关键审计事项的定义，注册会计师在确定关键审计事项时，需要遵循的决策框架如下：

（1）以"与治理层沟通的事项"为起点选择关键审计事项。

（2）从"与治理层沟通的事项"中选出"在执行审计工作时重点关注过的事项"。

（3）从"在执行审计工作时重点关注过的事项"中确定对本期财务报表审计"最为重要的事项"，从而构成关键审计事项。

三、在审计报告中沟通关键审计事项

（一）在审计报告中单设关键审计事项部分

关键审计事项部分的引言需要说明下列事项：

（1）关键审计事项是指注册会计师根据职业判断，认为对本期财务报表审计最为重要的事项。

（2）关键审计事项的应对以对财务报表整体进行审计并形成审计意见为背景，注册会计师对财务报表整体形成审计意见，而不对关键审计事项单独发表意见。

关键审计事项部分披露的关键审计事项是已经得到满意解决的事项，即不存在审计范围受到限制，也不存在注册会计师与被审计单位管理层意见分歧的情况。

（二）描述单一关键审计事项

注册会计师应当在审计报告中逐项描述每一关键审计事项，同时说明下列内容：

（1）该事项被认定为审计中最为重要的事项之一。

（2）该事项在审计中是如何应对的。

在描述关键审计事项时，注册会计师需要避免不恰当地提供与被审计单位相关的原始信息。

四、不在审计报告中沟通关键审计事项的情形

除非存在下列情形之一,注册会计师应当在审计报告中逐项描述关键审计事项:

(1)法律法规禁止公开披露某事项;

(2)在极少数的情况下,如果合理预期在审计报告中沟通某事项造成的负面后果超过产生的公众利益方面的益处,注册会计师确定不应在审计报告中沟通该事项。

五、就关键审计事项与治理层沟通

注册会计师应就下列事项与治理层沟通:

(1)注册会计师确定的关键审计事项。

(2)根据被审计单位和审计业务的具体情况,注册会计师确定不存在需要在审计报告中沟通的关键审计事项(如适用)。

例题

下列有关关键审计事项的说法中,错误的是(　　　)。

A. 注册会计师应当以"与治理层沟通的事项"为起点选择关键审计事项

B. 关键审计事项可能并非只有一项

C. 注册会计师不对关键审计事项单独发表意见

D. 关键审计事项的描述中应包含注册会计师与被审计单位管理层对该事项的意见分歧

【答案】D。解析:在关键审计事项部分披露的关键审计事项必须是已经得到满意解决的事项,即不存在审计范围受到限制,也不存在注册会计师与被审计单位管理层意见分歧的情况。故本题选D。

第四节　非无保留意见审计报告及在审计报告中增加强调事项段和其他事项段

一、非无保留意见的审计报告

(一)非无保留意见的含义

非无保留意见是指对财务报表发表的保留意见、否定意见或无法表示意见。

存在下列情形之一时,注册会计师应当在审计报告中发表非无保留意见。

1. 根据获取的审计证据,得出财务报表整体存在重大错报的结论

财务报表的重大错报可能源于以下方面:

(1)选择的会计政策的恰当性,主要包括以下几点:①选择的会计政策与适用的财务报告编制基础不一致;②财务报表没有正确描述与资产负债表、利润表、所有者权益变动表或现金流量表中的重大项目相关的会计政策;③财务报表没有按照公允反映的方式列报交易和事项。

(2)对所选择的会计政策的运用,主要包括以下两点:①管理层没有按照适用的财务报告编制基础的要求一贯运用所选择的会计政策;②不当运用所选择的会计政策(如运用中的无意错误)。

（3）财务报表披露的恰当性或充分性,主要包括以下内容:①财务报表没有包括适用的财务报告编制基础要求的所有披露;②财务报表的披露没有按照适用的财务报告编制基础列报;③财务报表没有作出适用的财务报告编制基础特定要求之外的其他必要的披露以实现公允反映。

2. 无法获取充分、适当的审计证据

无法获取充分、适当的审计证据分为三种情形:

（1）超出被审计单位控制的情形:①被审计单位的会计记录已被毁坏;②重要组成部分的会计记录已被政府有关机构无限期地查封。

（2）与注册会计师工作的性质或时间安排相关的情形:①被审计单位需要使用权益法对联营企业进行核算,注册会计师无法获取有关联营企业财务信息的充分、适当的审计证据以评价是否恰当运用了权益法;②注册会计师接受审计委托的时间安排,使注册会计师无法实施存货监盘;③注册会计师确定仅实施实质性程序是不充分的,但被审计单位的控制是无效的。

（3）管理层对审计范围施加限制的情形:①管理层阻止注册会计师实施存货监盘;②管理层阻止注册会计师对特定账户余额实施函证。

（二）确定非无保留意见的类型

非无保留意见类型的确定如下表所示:

导致发表非无保留意见的事项的性质	这些事项对财务报表产生或可能产生影响的广泛性	
	重大但不具有广泛性	重大且具有广泛性
财务报表存在重大错报	保留意见	否定意见
无法获取充分、适当的审计证据	保留意见	无法表示意见

1. 发表保留意见

当由于财务报表存在重大错报而发表保留意见时,注册会计师应当在审计意见部分说明:注册会计师认为,除形成保留意见的基础部分所述事项产生的影响外,后附的财务报表在所有重大方面按照适用的财务报告编制基础编制,公允反映了……。

当无法获取充分、适当的审计证据而导致发表保留意见时,注册会计师应当在审计意见部分使用"除……可能产生的影响外"等措辞。

当注册会计师发表保留意见时,在审计意见部分使用"由于上述解释"或"受……影响"等措辞是不恰当的,因为这些措辞不够清晰或没有足够的说服力。

2. 发表否定意见

当发表否定意见时,注册会计师应当在审计意见部分说明:注册会计师认为,由于形成否定意见的基础部分所述事项的重要性,后附的财务报表没有在所有重大方面按照适用的财务报告编制基础编制,未能公允反映……。

3. 发表无法表示意见

当由于无法获取充分、适当的审计证据而发表无法表示意见时,注册会计师应当在审计意见部分说明注册会计师不对后附的财务报表发表审计意见,并说明:由于形成无法表示意见的基础部分所述事项的重要性,注册会计师无法获取充分、适当的审计证据以为发表审计意见提供基础。同时,注册会计师应当将有关财务报表已经审计的说明,修改为注册会计师接受委托审计财务报表。

【提示】审计报告分为标准审计报告和非标准审计报告。当注册会计师出具的无保留意见的审计报告不附加说明段、强调事项段或任何修饰性用语时,该报告称为标准审计报告。非标准审计报告,是指标准审计报告以外的其他审计报告,包括带强调事项段的无保留意见的审计报告和非无保留意见的审计报告。

二、强调事项段

强调事项段是指审计报告中含有的一个段落,该段落提及已在财务报表中恰当列报或披露的事项(该事项在财务报表中不存在重大错报),且根据注册会计师的职业判断,该事项对财务报表使用者理解财务报表至关重要。

增加强调事项段的情形和应对措施如下表所示:

事项	内容
满足条件	在同时满足下列条件时,注册会计师应当在审计报告中增加强调事项段: (1)按照审计准则的规定,该事项不会导致注册会计师发表非无保留意见 (2)当审计准则适用时,该事项未被确定为在审计报告中沟通的关键审计事项
应对措施	如果在审计报告中包含强调事项段,注册会计师应当采取下列措施: (1)将强调事项段作为单独的一部分置于审计报告中,并使用包含"强调事项"这一术语的适当标题 (2)明确提及被强调事项以及相关披露的位置 (3)指出审计意见没有因该强调事项而改变 强调事项段不能代替下列情形:①发表非无保留意见;②适用的财务报告编制基础要求管理层在财务报表中作出的披露,或为实现公允列报所需的其他披露;③当可能导致对被审计单位持续经营能力产生重大疑虑的事项或情况存在重大不确定性时作出的报告

三、其他事项段

(一)其他事项段的含义

其他事项段是指审计报告中含有的一个段落,该段落提及未在财务报表中列报或披露的事项,且根据注册会计师的职业判断,该事项与财务报表使用者理解审计工作、注册会计师的责任或审计报告相关。

(二)需要在审计报告中增加其他事项段的情形

需要在审计报告中增加其他事项段的情形:

(1)与使用者理解审计工作相关的情形。

(2)与使用者理解注册会计师的责任或审计报告相关的情形。

(3)对两套以上财务报表出具审计报告的情形。

(4)限制审计报告分发和使用的情形。

(三)增加其他事项段的要求

注册会计师应当将该段落作为单独的一部分,并使用"其他事项"或其他适当标题。

增加其他事项段不涉及以下两种情形:

(1)除根据审计准则的规定有责任对财务报表出具审计报告外,注册会计师还有其他报告责任。

(2)注册会计师可能被要求实施额外的规定的程序并予以报告,或对特定事项发表意见。

第五节　比较信息

一、比较信息的含义

比较信息是指包含于财务报表中的、符合适用的财务报告编制基础的、与一个或多个以前期间相关的金额和披露。包括对应数据和比较财务报表。

对应数据是指作为本期财务报表组成部分的上期金额和相关披露，这些金额和披露只能和本期数据联系起来阅读。

比较财务报表是指为了与本期财务报表相比较而包含的上期金额和相关披露。

比较信息的审计目标：

（1）获取充分、适当的审计证据，确定在财务报表中包含的比较信息是否在所有重大方面按照适用的财务报告编制基础有关比较信息的要求进行列报。

（2）按照注册会计师的报告责任出具审计报告。

二、审计程序

（一）一般审计程序

注册会计师应当确定财务报表中是否包括适用的财务报告编制基础要求的比较信息，以及比较信息是否得到恰当分类。基于上述目的，注册会计师应当评价：

（1）比较信息是否与上期财务报表列报的金额和相关披露一致，如果必要，比较信息是否已经重述。

（2）在比较信息中反映的会计政策是否与本期采用的会计政策一致，如果会计政策已发生变更，这些变更是否得到恰当处理并得到充分列报与披露。

（二）注意到比较信息可能存在重大错报时的审计要求

在实施本期审计时，如果注意到比较信息可能存在重大错报，注册会计师应当根据实际情况追加必要的审计程序，获取充分、适当的审计证据，以确定是否存在重大错报。

如果上期财务报表已经审计，且上期财务报表已经得到更正，注册会计师应当确定比较信息与更正后的财务报表是否一致。

（三）获取书面声明

对于管理层作出的、更正上期财务报表中影响比较信息的重大错报的任何重述，注册会计师还应当获取特定书面声明。

三、审计报告：比较财务报表

（一）总体要求

当列报比较财务报表时，审计意见应当提及列报财务报表所属的各期，以及发表的审计意见涵盖的各期。

（二）对上期财务报表发表的意见与以前发表的意见不同

当因本期审计而对上期财务报表发表审计意见时,如果对上期财务报表发表的意见与以前发表的意见不同,注册会计师应在其他事项段中披露导致不同意见的实质性原因。

（三）上期财务报表已经由前任注册会计师审计

如果上期财务报表已由前任注册会计师审计,除非前任注册会计师对上期财务报表出具的审计报告与财务报表一同对外提供,注册会计师除对本期财务报表发表意见外,还应当在其他事项段中说明:

（1）上期财务报表已由前任注册会计师审计。

（2）前任注册会计师发表的意见的类型（如果是非无保留意见,还应当说明发表非无保留意见的理由）。

（3）前任注册会计师出具审计报告的日期。

（四）认为存在影响上期财务报表的重大错报

如果认为存在影响上期财务报表的重大错报,而前任注册会计师以前出具了无保留意见的审计报告,注册会计师应当就此与适当层级的管理层沟通,并要求告知前任注册会计师。注册会计师还应当与治理层进行沟通,除非治理层全部成员参与管理被审计单位。如果上期财务报表已经更正,且前任注册会计师同意对更正后的上期财务报表出具新的审计报告,注册会计师应当仅对本期财务报表出具审计报告。

（五）上期财务报表未经审计

如果上期财务报表未经审计,注册会计师应当在其他事项段中说明比较财务报表未经审计。但这种说明并不减轻注册会计师获取充分、适当的审计证据,以确定期初余额不含有对本期财务报表产生重大影响的错报的责任。

第六节　注册会计师对其他信息的责任

一、其他信息的定义

其他信息是指在被审计单位年度报告中包含的除财务报表和审计报告以外的财务信息和非财务信息。

二、获取其他信息

注册会计师应当:

（1）通过与管理层讨论,确定哪些文件组成年度报告,以及被审计单位计划公布这些文件的方式和时间安排。

（2）就及时获取组成年度报告的文件的最终版本与管理层作出适当安排。若有可能,在审计报告日之前获取。

（3）如果组成年度报告的部分或全部文件在审计报告日后才能取得，要求管理层提供书面声明，声明上述文件的最终版本将在可获取时并且在被审计单位公布前提供给注册会计师，以使注册会计师可以完成准则要求的程序。

三、当注册会计师认为其他信息存在重大错报时的应对

如果注册会计师认为其他信息存在重大错报，应当要求管理层更正其他信息：

（1）如果管理层同意更正，注册会计师应当确定更正已经完成。

（2）如果管理层拒绝更正，注册会计师应当就该事项与治理层进行沟通，并要求作出更正。

如果注册会计师认为审计报告日前获取的其他信息存在重大错报，且在与治理层沟通后其他信息仍未得到更正，注册会计师应当采取如下措施：

（1）考虑对审计报告的影响，并就注册会计师计划如何在审计报告中处理重大错报与治理层进行沟通。

（2）在法律法规允许的情况下，解除业务约定。

如果注册会计师认为审计报告日后获取的其他信息存在重大错报，注册会计师应当采取如下措施：

（1）如果其他信息得到更正，根据具体情形实施必要的程序。

（2）如果其他信息未得到更正，应当考虑其权利和义务，采取恰当措施，提醒审计报告使用者恰当关注未更正的错报。

第六章 企业内部控制审计与质量管理体系

知识体系

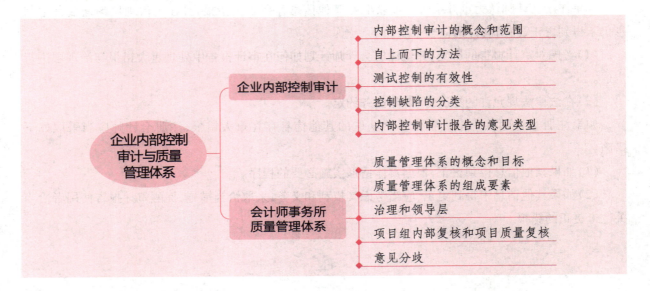

本章导学

从近几年考试来看,银保监财会类职位专业科目考试对于本章的考查频率较低。本章主要阐述了企业内部控制审计、会计师事务所质量管理体系和项目质量复核的相关内容。本章知识点细碎,考生要在理解的基础上掌握核心理论。

第一节 企业内部控制审计

一、内部控制审计的概念和范围

内部控制审计,是指会计师事务所接受委托,对特定基准日内部控制设计与运行的有效性进行审计。其中,财务报告内部控制审计是服务的核心要求。

财务报告内部控制,是指公司的董事会、监事会、管理层及全体员工实施的旨在合理保证财务报告及相关信息真实、完整而设计和运行的内部控制,以及用于保护资产安全的内部控制中与财务报告可靠性目标相关的控制。财务报告内部控制以外的其他内部控制,属于非财务报告内部控制。

针对财务报告内部控制,注册会计师对其有效性发表审计意见;针对非财务报告内部控制,注册

会计师对内部控制审计过程中注意到的非财务报告内部控制的重大缺陷,在内部控制审计报告中增加"非财务报告内部控制重大缺陷描述段"予以披露。

二、自上而下的方法

注册会计师应当采用自上而下的方法选择拟测试的控制。自上而下的方法分为以下步骤:

（1）从财务报表层次初步了解内部控制整体风险。

（2）识别、了解和测试企业层面控制。

（3）识别重要账户、列报及其相关认定。

（4）了解潜在错报的来源并识别相应的控制。

（5）选择拟测试的控制。

三、测试控制的有效性

（一）内部控制的有效性

内部控制的有效性包括内部控制设计的有效性和内部控制运行的有效性。

（1）测试控制设计的有效性。如果某项控制由拥有有效执行控制所需的授权和专业胜任能力的人员按规定的程序和要求执行,能够实现控制目标,从而有效地防止或发现并纠正可能导致财务报表发生重大错报的错误或舞弊,则表明该项控制的设计是有效的。

（2）测试控制运行的有效性。如果某项控制正在按照设计运行、执行人员拥有有效执行控制所需的授权和专业胜任能力,能够实现控制目标,则表明该项控制的运行是有效的。

（二）与控制相关的风险

与控制相关的风险包括一项控制可能无效的风险,以及如果该控制无效,可能导致重大缺陷的风险。与控制相关的风险越高,注册会计师需要获取的审计证据就越多。

（三）控制测试的性质

测试控制有效性的审计程序包括询问、观察、检查和重新执行。具体内容如下表所示:

程序	说明
询问	仅实施询问程序不能为某一特定控制的有效性提供充分、适当的证据,必须与其他测试手段结合使用才能发挥作用
观察	观察是测试运行不留下书面记录的控制的有效方法,也可运用于测试对实物的控制
检查	检查记录和文件可以提供可靠程度不同的审计证据,审计证据的可靠性取决于记录或文件的性质和来源,而在检查内部记录和文件时,其可靠性则取决于生成该记录或文件的内部控制的有效性
重新执行	通常只有当综合运用询问、观察和检查程序仍无法获取充分、适当的证据时,注册会计师才会考虑重新执行程序重新执行的目的是评价控制的有效性,而不是测试特定交易或余额的存在或准确性,即定性而非定量,因此一般不必选取大量的项目,也不必特意选取金额重大的项目进行测试

（四）控制测试的时间安排

对于内部控制审计业务,注册会计师应当获取内部控制在基准日之前一段足够长的期间内有效运行的审计证据。

对控制有效性测试的实施时间越接近基准日,提供的控制有效性的审计证据越有力。

四、控制缺陷的分类

控制缺陷的分类如下表所示：

分类标准	类别	含义
按缺陷产生的原因和性质	设计缺陷	设计缺陷是指缺少为实现控制目标所必需的控制，或现有的控制设计不适当、即使正常运行也难以实现预期的控制目标
	运行缺陷	运行缺陷是指现存设计适当的控制没有按设计意图运行，或执行人员没有获得必要授权或缺乏胜任能力，无法有效地实施内部控制
按内部控制缺陷的严重程度	重大缺陷	重大缺陷是内部控制中存在的、可能导致不能及时防止或发现并纠正财务报表出现重大错报的一项控制缺陷或多项控制缺陷的组合
	重要缺陷	重要缺陷是内部控制中存在的、其严重程度不如重大缺陷但足以引起负责监督被审计单位财务报告的人员（如审计委员会或类似机构）关注的一项控制缺陷或多项控制缺陷的组合
	一般缺陷	一般缺陷是内部控制中存在的、除重大缺陷和重要缺陷之外的控制缺陷

五、内部控制审计报告的意见类型

（一）无保留意见

如果符合下列所有条件，注册会计师应当对财务报告内部控制出具无保留意见的内部控制审计报告：

（1）在基准日，被审计单位按照适用的内部控制标准的要求，在所有重大方面保持了有效的内部控制。

（2）注册会计师已经按照《企业内部控制审计指引》的要求计划和实施审计工作，在审计过程中未受到限制。

（二）否定意见

如果认为财务报告内部控制存在一项或多项重大缺陷，除非审计范围受到限制，注册会计师应当对财务报告内部控制发表否定意见。否定意见的内部控制审计报告还应当包括重大缺陷的定义、重大缺陷的性质及其对内部控制的影响程度。注册会计师应当就这些情况以书面形式与治理层沟通。

（三）无法表示意见

注册会计师只有实施了必要的审计程序，才能对内部控制的有效性发表意见。如果审计范围受到限制，注册会计师应当解除业务约定或出具无法表示意见的内部控制审计报告。

第二节　会计师事务所质量管理体系

一、质量管理体系的概念和目标

质量管理体系是会计师事务所为实施质量管理而设计、实施和运行的系统，其目标是在以下两个

方面提供合理保证：

（1）会计师事务所及其人员按照适用的法律法规和职业准则的规定履行职责，并根据这些规定执行业务。

（2）会计师事务所和项目合伙人出具适合具体情况的业务报告。

会计师事务所应当在全所范围内（包括分所或分部）统一设计、实施和运行质量管理体系，实现人事、财务、业务、技术标准和信息管理五方面的统一管理。

二、质量管理体系的组成要素

会计师事务所质量管理体系应当包括针对下列八个要素制定的政策和程序：①会计师事务所的风险评估程序；②治理和领导层；③相关职业道德要求；④客户关系和具体业务的接受与保持；⑤业务执行；⑥资源；⑦信息与沟通；⑧监控和整改程序。

三、治理和领导层

（一）相关质量目标

针对治理和领导层，会计师事务所应当设定下列质量目标：

（1）会计师事务所在全所范围内形成一种"质量至上"的文化，树立质量意识。

（2）会计师事务所的领导层对质量负责，并通过实际行动展示出其对质量的重视。

（3）会计师事务所的领导层向会计师事务所人员传递"质量至上"的执业理念，培育以质量为导向的文化。

（4）会计师事务所的组织结构以及对相关人员角色、职责、权限的分配是恰当的，能够满足质量管理体系设计、实施和运行的需要。

（5）会计师事务所的资源（包括财务资源）需求得到恰当的计划，并且资源的取得和分配能够为会计师事务所持续高质量地执行业务提供保障。

（二）会计师事务所质量管理领导层

会计师事务所应当在其质量管理领导层中设定以下三种角色，以保障该体系能够得以恰当地设计、实施和运行：

（1）会计师事务所主要负责人（如首席合伙人、主任会计师或者同等职位的人员）应当对质量管理体系承担最终责任。

（2）会计师事务所应当指定专门的合伙人（或类似职位的人员）对质量管理体系的运行承担责任。

（3）会计师事务所应当指定专门的合伙人（或类似职位的人员）对质量管理体系特定方面的运行承担责任。例如，会计师事务所可以指定专门的合伙人对相关职业道德要求、监控和整改等特定方面的运行承担责任。

（三）合伙人管理

会计师事务所有必要加强对合伙人晋升、培训、考核、分配、转入、退出的管理，体现以质量为导向的文化，确保合伙人能够按照质量管理体系的要求，切实履行其在质量管理方面的责任，防范执业风险。

在晋升时，建立以质量为导向的晋升机制，不得以承接和执行业务的收入或利润作为晋升合伙人的首要指标。会计师事务所应当针对合伙人的晋升建立和实施质量一票否决制度。

在进行考核和收益分配时,应当综合考虑合伙人的执业质量、管理能力、经营业绩、社会声誉等指标,不得以承接和执行业务的收入或利润作为首要指标,不应直接或变相以分所、部门、合伙人所在团队作为利润中心进行收益分配。

四、项目组内部复核和项目质量复核

(一)项目组内部复核

项目组,是指执行某项业务的所有合伙人和员工,以及为该项业务实施程序的所有其他人员,但不包括外部专家,也不包括为项目组提供直接协助的内部审计人员。

项目组内部复核,是指在项目组内部实施的复核。

会计师事务所应当制定与内部复核相关的政策和程序,对内部复核的层级、各层级的复核范围、执行复核的具体要求以及对复核的记录要求等作出规定。

(二)项目质量复核

项目质量复核,是指在报告日或报告日之前,项目质量复核人员对项目组作出的重大判断及据此得出的结论作出的客观评价。

项目质量复核人员,是指会计师事务所中实施项目质量复核的合伙人或其他类似职位的人员,或者由会计师事务所委派实施项目质量复核的外部人员。

会计师事务所应当就项目质量复核制定政策和程序,并对下列业务实施项目质量复核:

(1)上市实体财务报表审计业务。

(2)法律法规要求实施项目质量复核的审计业务或其他业务。

(3)会计师事务所认为,为应对一项或多项质量风险,有必要实施项目质量复核的审计业务或其他业务。

(三)项目质量复核和项目组内部复核的对比

项目质量复核和项目组内部复核对比如下表所示:

不同点	项目质量复核	项目组内部复核
复核的主体不同	独立于项目组的项目质量复核人员执行	项目组内部人员执行的复核
适用的业务范围不同	仅适用于上市实体财务报表审计业务、法律法规要求实施项目质量复核的审计业务或其他业务,以及会计师事务所政策和程序要求实施项目质量复核的审计业务或其他业务	适用于所有业务
复核的内容不同	项目质量复核主要聚焦于复核两个方面的内容: (1)项目组作出的重大判断 (2)根据重大判断得出的结论	内容比较宽泛,涉及项目的各个方面

例题

下列各项参与审计项目的人员中,属于审计项目组成员的有(　　)。

A. 审计项目合伙人

B. 作为内部专家的实习生

C. 在审计报告上签字的项目经理

D. 为审计项目组提供直接协助的被审计单位内部审计人员

【答案】ABC。解析：A、C 两项，审计项目合伙人和在审计报告上签字的项目经理均为执行审计业务的合伙人或员工。B 项，该实习生属于内部专家，而非外部专家，因而属于审计项目组成员。D 项，项目组不包括外部专家和为项目组提供直接协助的被审计单位内部审计人员。故本题选 ABC。

五、意见分歧

会计师事务所应当制定与解决意见分歧相关的政策和程序,包括下列方面:

(1)明确要求项目合伙人和项目质量复核人员(如有)复核并评价项目组是否已就疑难问题或涉及意见分歧的事项进行适当咨询,以及咨询得出的结论是否得到执行。

(2)明确要求在业务工作底稿中适当记录意见分歧的解决过程和结论。

(3)确保所执行的项目在意见分歧解决后才能出具业务报告。

第七章　职业道德基本原则和概念框架

知识体系

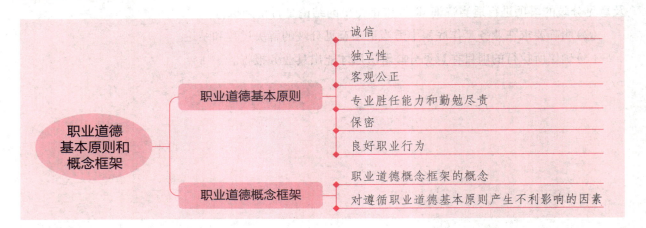

本章导学

从近几年考试来看,银保监财会类职位专业科目考试对于职业道德的考查频率较低。2021年、2020年对与职业道德有关的基本原则进行了考查。本章主要阐述了职业道德基本原则和概念框架及对遵循职业道德基本原则产生不利影响的因素。考生在学习时需要熟练掌握相关知识点。

第一节　职业道德基本原则

职业道德基本原则包括:①诚信;②独立性;③客观公正;④专业胜任能力和勤勉尽责;⑤保密;⑥良好职业行为。

一、诚信

诚信原则要求所有会员应当在所有的职业活动中保持正直、诚实可信。

不得与下列有问题的信息发生关联:①含有虚假记载、误导性的陈述;②含有缺乏充分依据的陈述或信息;③存在遗漏或含糊其辞的信息,而这种遗漏或含糊其辞可能会产生误导。

会员如果注意到已与有问题的信息发生关联,应当采取措施消除关联。

二、独立性

注册会计师执行审计和审阅业务以及其他鉴证业务时,应当从实质上和形式上保持独立性,不得

因任何利害关系影响其客观公正。

会计师事务所在承接审计和审阅业务、其他鉴证业务时，应当从会计师事务所整体层面和具体业务层面采取措施，以保持会计师事务所和项目团队的独立性。

三、客观公正

客观和公正原则要求会员应当公正处事、实事求是，不得由于偏见、利益冲突或他人的不当影响而损害自己的职业判断。

四、专业胜任能力和勤勉尽责

在应用专业知识和技能时，会员应当合理运用职业判断。

专业胜任能力可分为获取和保持两个独立阶段。

勤勉尽责，要求会员遵守法律法规、相关职业准则的要求并保持应有的职业怀疑，认真、全面、及时地完成工作任务。

五、保密

根据保密原则，会员应当遵守下列要求：

（1）警觉无意中泄密的可能性，包括在社会交往中无意中泄密的可能性，特别要警觉无意中向关系密切的商业伙伴或近亲属泄密的可能性，近亲属是指配偶、父母、子女、兄弟姐妹、祖父母、外祖父母、孙子女、外孙子女。

（2）对所在会计师事务所、工作单位内部的涉密信息保密。

（3）对职业活动中获知的涉及国家安全的信息保密。

（4）对拟承接的客户、拟受雇的工作单位向其披露的涉密信息保密。

（5）在未经客户、工作单位授权的情况下，不得向会计师事务所、工作单位以外的第三方披露其所获知的涉密信息，除非法律法规或职业准则规定会员在这种情况下有权利或义务进行披露。

（6）不得利用因职业关系而获知的涉密信息为自己或第三方谋取利益。

（7）不得在职业关系结束后利用或披露因该职业关系获知的涉密信息。

（8）采取适当措施，确保下级员工以及为会员提供建议和帮助的人员履行保密义务。

会员在下列情况下可以披露涉密信息：

（1）法律法规允许披露，并且取得客户或工作单位的授权。

（2）根据法律法规的要求，为法律诉讼、仲裁准备文件或提供证据，以及向有关监管机构报告发现的违法行为。

（3）法律法规允许的情况下，在法律诉讼、仲裁中维护自己的合法权益。

（4）接受注册会计师协会或监管机构的执业质量检查，答复其询问和调查。

（5）法律法规、执业准则和职业道德规范规定的其他情形。

六、良好职业行为

会员应当诚实、实事求是，不得有下列行为：①夸大宣传提供的服务、拥有的资质或获得的经验；②贬低或无根据地比较他人的工作。

第二节　职业道德概念框架

一、职业道德概念框架的概念

职业道德概念框架,是指解决职业道德问题的思路和方法,用以指导会员:

(1)识别对职业道德基本原则的不利影响。

(2)评价不利影响的严重程度。

(3)必要时采取防范措施消除不利影响或将其降低至可接受的水平。

二、对遵循职业道德基本原则产生不利影响的因素

对遵循职业道德基本原则产生不利影响的因素主要包括以下方面:

(1)因自身利益导致的不利影响。

(2)因自我评价导致的不利影响。

(3)因过度推介导致的不利影响。

(4)因密切关系导致的不利影响。

(5)因外在压力导致的不利影响。

第七篇

英语

第一章　考情分析

知识体系

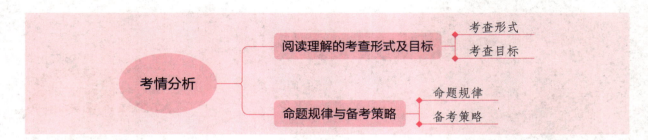

本章导学

从近几年银保监财会类专业科目考试的真题来看，英语部分的考查形式为阅读理解。本章分为两节，第一节介绍了阅读理解的考查形式及目标，第二节分析了阅读理解的命题规律并提供了相应的备考策略。考生在学完本章内容后，可以进一步了解阅读理解的考情，更好地把握阅读理解的命题规律，并能借助备考策略提高作答能力。

第一节　阅读理解的考查形式及目标

一、考查形式

阅读理解通常位于试卷的最后部分，要求考生阅读文章并从每小题的四个选项中选出一个符合题干要求的正确选项。这部分由四篇文章组成，共 20 小题，每小题 0.5 分，共 10 分，占总分值的 10%。每篇文章长度不等，一般为 200~500 词，四篇文章的总词数为 1 600 左右。每篇文章一般包括三至五个自然段，难度与大学英语四、六级考试相当，但考查题材侧重商业经济类，包括经济、管理、社会等；体裁多为说明文和议论文。

二、考查目标

阅读理解主要考查考生理解文章、获取信息、猜测词义、推断内容等方面的能力。具体要求：通过阅读文章，考生应能领悟文章的主旨要义，理解文章的细节信息，理清文章的脉络结构，掌握上下文的逻辑关系，并能推断出重要生词或词组的含义，以及作者的意图、观点和态度等。

第二节　命题规律与备考策略

一、命题规律

（一）命题顺序

在一般情况下,阅读理解的题目顺序与文章的段落顺序基本一致,但并非完全一致。在实际解题过程中,考生要在考虑题目与文章段落顺序关系的同时,结合题干关键词定位信息,这样才能更准确地确定答案。

（二）命题形式

一般来说,阅读理解有五种常考题型:细节题、推断题、主旨题、含义题和态度题。考试中出现频率较高的是细节题和推断题。

细节题要求考生从阅读材料中直接查找细节信息,如 2021 年第 111 题"What is French Paradox according to this passage?"。做此类题目时,考生要抓住题干中的关键词语,快速从文章中找到相关的段落、语句,通过对照比较选项,确定正确答案。推断题要求考生根据文章中的信息进行推理和分析。有的推断题在题干中会给出一些信息,如 2021 年第 115 题"What can we infer from this passage?"这里的"infer from"就是推断题的典型信号词。推断题的答案往往无法从文章的字面上找出,考生必须依据已有信息来进行推理,但不能脱离原文去主观臆断。

（三）命题位置

一般来说,阅读理解常见的命题位置有以下几种。

1. 首段处命题

很多议论文会在首段开门见山地提出全文的主要观点,因此命题者通常在此处命题。

2. 转折处命题

一般而言,转折后的内容常常是重点,因此命题者常对转折处的内容进行提问。表示转折关系的词语有 but, however, nevertheless, although, despite, in spite of, otherwise, whereas, on the contrary, yet 等,这些词语表示下文会出现新信息,考生应特别注意这些词后面的内容。

3. 连接处命题

适当的连接词可使文章层次清晰,结构紧凑,有利于考生把握文章结构。常见的词语有 firstly, to begin with, in the first place, above all, and then, apart from, in addition, besides, furthermore, moreover, more importantly, crucially, finally, at last, last but not least 等。

4. 比较处命题

文章中表示比较的信息也颇受命题者的青睐。比较处容易设置干扰项,且干扰项一般是原文没有进行的比较、与原文表述相反的比较或偷换对象的比较等。表示比较的词语有 like, unlike, likewise, similarly 等。

5. 例证处命题

为了使自己的观点更加明确或更有说服力,作者经常举例说明,因此例子所论证的观点往往是考查的重点。表示例证的词语有 such as，a case in point，for example，take … as an example，for instance，as follows，that is to say，in other words 等。

6. 比喻处命题

比喻常使文章"锦上添花"，比喻处命题常常考查考生是否理解了该比喻。此类题目的答案多与比喻句前后的观点、文章或段落的主旨等相关，通常不会是比喻句的字面意思。

7. 引言处命题

引言就是在文章中直接或间接地引用他人的话或观点。有时作者为了表明自己的立场或观点，或使论点更有依据，常常引用重要人物的论断。命题者常在此处命题，考生要格外注意题目考查的是作者的观点，还是作者引用的人物的观点。

8. 指代处命题

命题者对指代处的考查，实际是要求考生透彻理解上下文之间的关系。如果文章重要段落或题干含有代词，那么考生就必须找出代词指代的具体对象，这样才能确定答案。

9. 因果处命题

命题者常常针对原文中存在因果关系的句子命题，考查考生对原文中因果关系的理解，一般以细节题或推断题的形式出现。表示因果关系的词语有 because，for，since，as，thus，therefore，for this reason，accordingly，consequently，hence，so，due to，owing to，thanks to，result from，originate from，attribute to，ascribe to，as a result，result in，lead to，contribute to 等。

10. 结论处命题

作者在前文进行了深入分析后，很可能在文章末尾给出总结，这个结论无论是对作者还是对读者来说都是重要信息，命题人自然不会轻易放过，且此处最容易出主旨题或态度题。表示结论性的词语有 as a result，in short，in conclusion，to conclude，in a word，in brief，so，in sum，therefore，to sum up，thus，consequently 等。

二、备考策略

在了解了阅读理解的考查形式及命题规律后，考生应该就如何复习备考进行规划，本书为大家提供了四种备考策略。

（一）巩固高频词汇

逐步提高阅读理解能力的前提是具有一定的词汇量。虽然考试大纲并未规定常考词汇及常用词组，但是银保监财经类专业科目考试英语部分的难度与大学英语四、六级考试相当，因此考生可以参考专业英语四级或者大学英语六级的常考词汇，熟练掌握一定量的英语词汇及常见搭配，为理解句意和文章大意打好基础。

此外，考生在做练习题时可以摘抄文章的重点词汇、短语，这也是扩大词汇量的好方法。至于在阅读中碰到的一些生僻词和难词，大多是专业术语，对理解文章大意影响不大，考生可以结合上下文推断词义，无需刻意背诵。

（二）掌握核心语法

虽然英语部分没有专门的语法题，但是对语法的考查却无处不在。考生如果不懂语法，阅读时便读不懂长难句，很难提高答题准确率。其实，语法知识点虽多，但阅读理解中涉及的却不多，因此考生

下功夫掌握核心语法便可从容应对阅读理解。此外,本书的第五篇第三章也为考生提供了部分基础的英语语法知识,为考生复习备考助力。

考生要想理解并熟记语法规则,最好通过做一定数量的练习题加以巩固,并在遇到长难句时试着分析句子结构,活学活用语法规则。

（三）研究历年真题

考生要将历年真题研究透彻,因为真题具有科学性、严谨性及权威性,它能够帮助考生在短时间内熟悉阅读理解的语言风格,了解命题者的出题思路,从而对考试难度和自己的答题水平有一个大致的了解,然后再针对自己的薄弱环节进行专门的提高训练,并根据自身情况总结出相应的做题方法,这对缓解备考时的紧张心情及按计划推进复习进度都大有帮助。考生要精读真题文章,尽量识记重点词汇和短语,并弄懂每一道题的正确答案是如何分析出来的。

（四）做适量模拟题

考生可以进行适量的模拟练习来检验自己的复习效果。考生可按照真题形式,以四篇文章为一组进行练习,在考试规定的时间内完成所有题目,之后再对照答案和解析把文章及题目研究透彻。在考前,考生可以选择一、两套高质量的冲刺试卷进行模拟训练,仿真程度高,复习备考也会事半功倍。

"运用之妙,存乎一心"。考生需结合自身的学习习惯,灵活运用以上四种策略,并脚踏实地,付诸实践。

第二章 题型分类讲解

知识体系

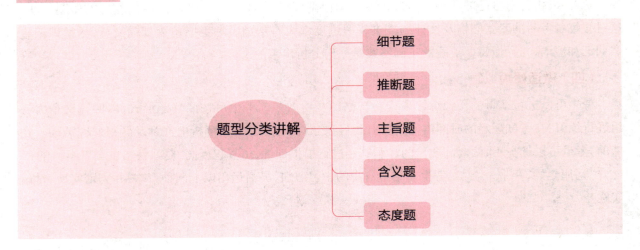

本章导学

　　从近几年银保监财会类专业科目考试的真题来看,英语部分的阅读理解题型一般包括细节题、推断题、主旨题、含义题和态度题。本章主要介绍了这五种题型的解题策略、选项特点和常见词等。考生要在掌握本章内容的基础上勤加练习,在平时的训练中分析出错的原因,总结答题经验,以提升答题正确率。

第一节 细节题

　　文章中的细节通常是指作者为论证文章主题特别是论证段落大意而使用的具体信息。就议论文和说明文而言,作者在阐明准备论述的问题或观点后,通常会用大量具体的细节信息去论证或说明。这些细节信息可能是人名、地名、时间、数字、加引号的词、专业术语等,也可能通过下定义、作比较、打比方等方式体现。根据题干标志词的不同,细节题主要可以分为 according 题型、because 题型、example 题型、except 题型。

一、题型分类

(一) according 题型

according 题型考查考生对具体信息(如时间、地点、事件)的查找、理解和判断能力。题干标志词

就是 according to。常见的提问方式有以下几种：

According to the author，...

According to the passage，...

According to Paragraph 3，...

（二）because 题型

because 题型主要考查文章中某一事件的因果关系，针对原因进行提问。题干标志词一般为表示原因的连接词，如 because，in that，due to，result from 等。常见的提问方式有以下几种：

The main reason for ... is _____ .

... is mainly because _____ .

Which of the following may lead to ...?

（三）example 题型

example 题型一般针对原文中举例的地方进行提问，考查某个例子的作用。在议论文中，例子一般充当论据以证明论点，因此考生弄清楚例子证明了什么论点即可。题干中一般含有表示"证明"的动词，如 prove，show，exemplify，demonstrate，illustrate 等。常见的提问方式有以下几种：

In the first paragraph，the author mentions ... example to _____ .

The case of ... demonstrated that _____ .

The ... is used to illustrate _____ .

（四）except 题型

except 题型主要考查考生对多个细节信息的查找与判断能力。题干标志词是 except，not true 等，该类题型适合使用排除法解题。常见的提问方式有以下几种：

All of the following is true except that _____ .

The measures taken include all the following except _____ .

Which of the following is NOT true?

二、解题策略

考生要根据题目中的细节信息回到原文去定位，然后再将选项与原文进行对比，选出正确答案。

（一）回文定位的两种方法

1. 根据关键词返回原文

例如：The selection of ... are currently based on _____ .

题干中的 selection 和 currently 是关键词。考生需要到原文中出现这些词语的地方去寻找答案。

例如：According to the first paragraph，... often emerges as _____ .

题干关键词是 first paragraph，often 和 emerges，因此可以把答案信息定位到原文第一段。如果没有 first paragraph 的提示，我们也可以通过关键词的同义词或近义词来定位到原文中相应的段落，从中寻找答案信息。

2. 根据出题顺序返回原文

有些题目顺序与文章段落顺序基本一致。如果第 1 题的信息来自第一段，第 3 题的信息来自第四段,那么第 2 题的答案信息就可在第二、三段中寻找。

（二）对比选项的两种情况

1. 选项中有原文词汇

在选项中有原文词汇的情况下,考生需将选项与原文进行简单的对比,从而判断选项的正误。

2. 选项中有原文词汇的同义词或近义词

在选项中有原文词汇的同义词或近义词的情况下,考生要将选项与原文进行仔细的对比,从而判断选项的正误。

三、正确选项的特点

1. 一般来说,正确选项的共同特点是其与原文中的相关部分可以进行同义、近义替换,或结构转换。

2. 选项内容一般与文章观点一致,而且观点多为正面的、积极的。

3. 部分答案需要稍加推理。

四、错误选项的特点

1. 死:整句照抄原文。

2. 无:原文中未提及选项内容。

3. 反:选项内容与原文内容正好相反。

4. 混:原文中说甲事物有某特征,但选项却张冠李戴,说乙事物有该特征。

5. 偏:原文中说某事物有诸多特征,而选项不符合题干要求,只列举了一个特征。

6. 变:改变了原文中的词义或指代内容。

例题

Brandon, 25, is a software engineer in San Francisco, California. San Francisco is home to the most expensive rental market in the US, with the average rental for one-bedroom apartment coming to ＄3590（24900 yuan）a month.

"I realized I was paying an exorbitant amount of money for the apartment I was staying in, and I was almost never home," he told a newspaper. "It's really hard to justify throwing that kind of money away. You are essentially burning it—you are not putting money into anything and you are not building it up for a future."

What can we learn about the rental market in San Francisco?

A. It's a hard situation.   B. Renters' future is very bright.

C. It favors house hunters.   D. House rent is unreasonably high.

【答案】D。解析:根据题干关键词 rental market in San Francisco 定位到例题中的第一、二段。根据第一段中的"San Francisco is home to the most expensive rental market in the US"及第二段中的"I realized I was paying an exorbitant amount of money for the apartment I was staying in"可知,旧金山的房租高得离谱。故本题选 D。

第二节　推断题

推断题主要考查考生根据文章的字面意思或已知信息判断作者的暗指或隐含意思的能力。它要求考生在理解原文观点或事实的基础上,进行合乎逻辑的推断,领悟作者的言外之意。其推断范围包括对全文内容的推断、某一段落的推断、作者某一观点的推断等。推断题题干中常见的标志词有 infer，imply，suggest，conclude，assume，deduce，indicate，inference，implication，suggestion，conclusion，assumption 等。常见的提问方式有以下几种:

It can be inferred from the last paragraph that _____ .

We can infer（assume，deduce）that _____ .

Which of the following can be inferred from the passage?

It is implied（indicated，suggested）in the third paragraph that _____ .

一、解题策略

考生解答推断题时,首先要根据题干关键词迅速定位答案信息所在段落;然后利用语法、词汇等知识,结合上下文的逻辑关系,进行合理推断;最后选出正确选项。解答推断题要把握以下三个原则:

1. 全面分析,切忌片面思考,得出片面结论。

2. 不要选择表层信息答案,要立足于由已知推断未知。

3. 忠实于原文,切忌脱离原文,主观臆断。

二、正确选项的特点

1. 选项内容具有中庸性或折中性。常见的表示中性色彩的词汇有 sometimes，usually，not necessarily，not always，though 等。

2. 选项内容通常无法直接在原文中找到,但与原文内容有逻辑关系。

3. 选项内容具有一定的概括性和抽象性。

三、错误选项的特点

1. 选项内容为文章中直接呈现出来的细节信息。

2. 选项的观点绝对化,其标志词有 only，never，absolutely 等。

3. 选项结论与文章内容或观点相反。

4. 选项结论不合常理或不合逻辑。

例题

My parents were born in Vancouver—dad in 1909, mom in 1911—and married during the Great Depression. It was a difficult time that shaped their values and outlooks, which they taught my sisters and me again and again. "Save some for tomorrow." "Live within your means." Their most important was, "Don't run after money as if having fancy clothes or big cars make you a better or more important person." I often think of my parents during the craze of Christmas shopping.

When we moved to Ontario after the Second World War, we were destitute and purchasing me a new coat for winter was a big expense for my family. As I quickly outgrew the coat, it was passed on to my twin sister. When she also outgrew it, it was given to our younger sister. How many children would accept hand-me-downs from siblings in today's world?

What does the author intend to express in the first and second paragraph?

A. How the Great Depression affected the life of her family.

B. Her consumption view was greatly influenced by her parents.

C. Her parents had a habit of lecturing to their children.

D. Hand-me-downs from siblings were of good quality.

【答案】B。解析:根据这两段内容可知,美国大萧条(the Great Depression)这段艰难时期影响了作者父母的价值观和人生观,他们教导孩子要节俭,要量入为出。作者举例说自己长大了把穿不上的旧衣服给妹妹们穿,这体现了作者的消费观深受其父母的影响。故本题选B。

第三节　主旨题

主旨题主要考查考生概括、归纳和分析问题的能力,要求考生通过阅读文章,迅速把握文章或段落的大意。主旨题一般以两种形式呈现:一种是考查文章的 main idea,选项通常为完整的句子;另一种是考查文章的 main topic 或者 best title,选项通常为短语。主旨题题干中常见的标志词一般有 main idea, subject, best title, topic, purpose, summary 等。常见的提问方式有以下几种:

The passage is mainly about _____.

What is the main point the author makes in the passage?

Which of the following best reflects the main idea of the passage?

What is the main topic for this passage?

The proper subject of this article is _____.

The best title for this passage might be _____.

The passage was written to explain _____.

一、解题策略

1. 着重理解首段或末段

一篇思维缜密、结构严谨的文章,中心思想一般出现在文章首段或末段,因此考生要着重理解首末两段,通过这两段来概括中心思想。当然也有例外,有的文章开头是引子,引子之后才是文章主旨,这样的文章一般会在引子处设题,以推断题的形式呈现。

2. 重视承上启下段

文章主旨出现在中间段落的情况比较少见。这种情况下,主题句一般起着承上启下的作用。如果文章中间的前后段意思转折较明显,考生应格外警惕,因为其往往是文章主旨所在。

3. 归纳各段主要内容

如果文章中没有明确的主题句,考生则应归纳各段主要内容从而概括出主旨。考生应着重理解

每段的首句和末句,另外注意文章中反复提到的词,其一般是中心思想的核心词。

二、正确选项的特点

1. 选项内容具有概括性,能恰如其分地概括文章阐述的内容。

2. 选项内容通常与作者的观点和态度一致。

3. 选项主旨突出,不注重细节信息。

三、错误选项的特点

1. 选项内容以偏概全,不能概括文章全部内容。

2. 选项涉及的范围太宽泛,超出了文章阐述的内容。

例题

Cassandra Feeley finds it hard to manage on her husband's income. So this year she did something more than a hobby: she planted vegetables in her yard. For her first garden, Ms. Feeley has put in 15 tomato plants, and five rows of a variety of vegetables. The family's old farmhouse has become a chicken house, its residents arriving next month. Last year, Ms. Rita Gartin kept a small garden. This year she has made it much larger because, she said, "The cost of everything is going up and I was looking to lose a few pounds, too; so it's a win-win situation all around."

They are among the growing number of Americans who, driven by higher living costs and a falling economy, have taken up vegetable gardening for the first time. Others have increased the size of their existing gardens. Seed companies and garden shops say not since the 1970s have there been such an increase in interest in growing food at home. Now many gardens across the country have been sold out for several months. In Austin, Tex., some of the gardens have a three-year waiting list.

George C. Ball Jr, owner of a company, said sales of vegetable seeds and plants are up by 40% over last year, double the average growth of last five years. Mr. Ball argues that some of the reasons have been building for the last few years. The big one is striking rise in the cost on food like bread and milk, together with the increases in the price of fruits and vegetables. Food prices have increased because of higher oil prices. People are driving less, taking fewer vacations, so there is more time to garden.

Which of the following might be the best title for the text?

A. Family Food Planning　　　　　　B. Banking on Gardening

C. A Belt-tightening Move　　　　　　D. Gardening as a Hobby

【答案】B。解析:文章第一段提到 Cassandra Feeley 开始自己种植蔬菜,第二段介绍了蔬菜园艺在美国受欢迎的原因,最后一段分析了由生活成本增加所带来的蔬菜种子和植物的销量增加,所以全文围绕“为节省开支在家里庭院种菜”这一主题展开叙述,B 项“依靠园艺”正确。A 项“家庭食物计划”和 C 项“一项勒紧裤腰带的行动(省吃俭用过日子)”均未涉及文章关键词“gardening”,可排除。D 项“把园艺当作爱好”是对原文第一段中的“So this year she did something more than a hobby: she planted vegetables in her yard”的曲解,与文意不符,可排除。故本题选 B。

第四节　含义题

含义题侧重考查考生根据不同的语境判断、猜测单词、短语或句子含义的能力。出题形式主要有三种：一是考查生词（多属于非常用词）；二是考查熟词僻义（或词的多义）；三是考查代词具体的指代内容或某个短句的含义。常见的提问方式有以下几种：

The word "…"（Para. 2）probably means _____ .

By "…", the author probably means _____ .

Which of the following is closest in meaning to "…"?

The pronoun "it"（Para. 3）refers to _____ .

一、解题策略

考生要根据题干关键词确定答案信息所在段落，利用前后文之间的对照关系或文中给出的定义等来推测词义，或利用文中列举的相关事例来归纳词义；如果没有把握，可将所选词代入原文，看是否通顺合理，最后得出正确答案。考生需明确，不管所考词汇有多生僻，一般都能够通过上下文得出其含义；不管这个词有多熟悉，都须通过上下文得出其在特定情景下的含义。考生要避免直接用自己熟悉的含义去理解词汇。

二、正确选项的特点

1. 选项能准确、通顺地表达原文的意思，且语法结构正确。
2. 非常用词的答案比较简单，比较熟悉的词的答案一般为第二层或第三层词义。

三、错误选项的特点

1. 语法结构错误。
2. 词义与原文不吻合，或词义过于表面。

例题

People who want more economic growth, on the other hand, argue that even at the present growth rate there are still many poor people in the world. These proponents of economic growth believe that only more growth can create the capital needed to improve the quality of life in the world. Furthermore, they argue that only continued growth can provide the financial resources required to protect our natural surroundings from industrialization.

The underlined word "proponents" most probably means _____ .

A. arguments in support of something

B. disagreements on something

C. people who argue for something

D. people who argue against something

【答案】C。解析：由画线词所在句的谓语动词 believe 可知，proponents 应该指人，因此 A、B 两项

可排除。该段描述的是支持经济增长的人的看法,proponents of economic growth 的观点是经济增长能够提升生活质量,故 proponents of economic growth 应该是支持经济增长的人,"proponent"表示"支持……的人"。故本题选 C。

第五节　态度题

态度题考查考生把握作者对某一问题所持的态度和观点的能力,选项一般为与态度有关的词汇。在一篇文章中,不管作者对某一观点是支持、反对还是保持中立,是批评还是赞扬,都表达了作者一定的态度。只是这些态度有的表现得直截了当,有的隐含在字里行间,有的通过词语的褒贬来体现,有的则需要考生通读全文、把握主旨才能领会。态度题题干中常见的标志词有 attitude,opinion,tone 等。常见的提问方式有以下几种:

What is the tone of the passage?

The author's attitude towards ... seems to be _____ .

Which of the following best describes the author's attitude towards ...?

一、解题策略

1. 表示"客观"的词多为正确选项。

2. 作者的态度一般不会是漠不关心的,所以此类词一般不是正确选项。

3. 好还是坏,支持还是反对,这样的态度一般会比较明确。相对而言,带有中立色彩的词很少是正确答案。

4. 切忌将自己的好恶掺杂其中,取代作者的态度。

5. 注意区分作者本人的态度和作者所引用的观点的态度。

二、表示态度的常见词

1. 表示积极、肯定的意义

positive 肯定的	favorable 赞成的
supportive 支持的	enthusiastic 热情的
optimistic 乐观的	confident 自信的
admiring 赞赏的	concerned 关心的
sympathetic 同情的	tolerant 容忍的
approval 赞成	wonderful 令人赞叹的

2. 表示消极、否定的意义

negative 否定的	pessimistic 悲观的
critical 批判的	worried 焦虑的
opposed 反对的	suspicious 可疑的
doubtful 怀疑的	ironic 讽刺的

skeptical 怀疑的	hostile 有敌意的
sarcastic 讽刺的	disappointed 失望的
radical 激进的	biased 有偏见的
confused 困惑的	subjective 主观的
disapproval 不赞成	objection 反对
criticism 批评	discontent 不满

3. 表示客观的意义

objective 客观的	impartial 公平的,不偏不倚的
unbiased 无偏见的	unprejudiced 无偏见的
disinterested 公正的	cautious 谨慎的

4. 表示中立、不关心的意义

neutral 中立的	ambiguous 含糊的,模棱两可的
impassive 冷漠的	uninterested 冷淡的,不感兴趣的
indifferent 漠不关心的	unconcerned 冷漠的,不关心的

例题

And as they grow up, this generation will benefit from huge technological innovations which will have an impact on almost every aspect of their lives, from entertainment to transport. They will see medical advances which could eradicate diseases like malaria and rid the world of AIDS. They will live longer, work smarter and they will even have a greater understanding of the universe.

What is the author's attitude toward technological innovations in the 21st century?

A. Negative.   B. Affirmative.

C. Objective.   D. Doubtful.

【答案】B。解析:negative"消极的",affirmative"肯定的,同意的",objective"客观的,不带个人感情的",doubtful"怀疑的"。根据本段可知,作者认为科技创新会对这代人生活的各个方面产生影响。他们会见证医疗的进步,变得更加长寿、会更迅捷地工作,甚至对宇宙有进一步的认识。由此可见,作者是在说科技创新带来的积极影响,即作者对科技创新持积极的、肯定的态度。故本题选B。

第三章　语法知识讲解

知识体系

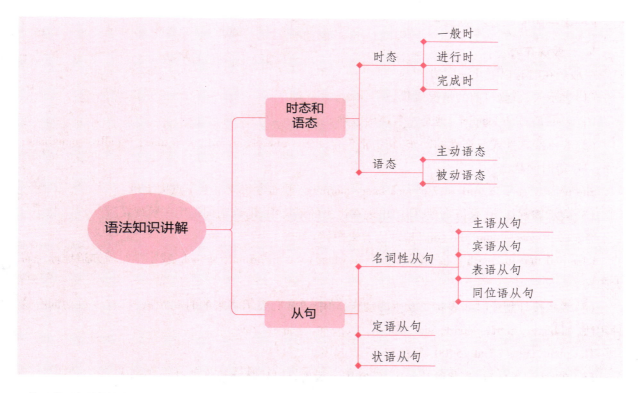

本章导学

从近几年银保监财会类专业科目考试真题来看,英语部分的阅读理解一般都会涉及基础的英语语法知识。本章分为两节,分别讲解了语法知识中的时态和语态,以及从句的重点内容。考生要理解、掌握时态和语态,以及从句的基础知识,能够读懂文章中的英语长难句,从而正确理解文意。

第一节　时态和语态

一、时态

时态指一定时间内动作的状态。英语中的时态主要靠动词的变化和时间状语来体现。英语共有16种时态,如下表所示(以 do 为例):

表 5-3-1　英语中的时态

时间	形式			
	一般时	进行时	完成时	完成进行时
现在	do/does	am/is/are doing	have/has done	have/has been doing
过去	did	was/were doing	had done	had been doing
将来	shall/will do	shall/will be doing	shall/will have done	shall/will have been doing
过去将来	should/would do	should/would be doing	should/would have done	should/would have been doing

接下来介绍其中 9 种常用的时态。

（一）一般时

1．一般现在时

一般现在时有以下几种用法。

（1）表示人、事物目前的情况或状态。

He is an English teacher. 他是一名英语教师。

（2）表示经常性或习惯性的动作,句中常包含 often, always, from time to time, usually, sometimes, every day 等时间状语。

She usually goes to work at 7 o'clock every morning. 她通常每天早上 7 点去上班。

（3）表示客观规律、永恒真理,即使出现在过去的语境中,谓语动词仍用一般现在时。

The earth goes around the sun. 地球绕着太阳转。

I learned that the earth goes around the sun when I was in primary school. 我小学时就知道地球绕着太阳转。

（4）表示按计划或时间表将要发生的动作,句中通常有表示将来的时间状语,只有少数动词有这种用法,如 begin, start, depart, end, finish, stop, go, come, leave 等。

The plane takes off at 15:00. 飞机于 15 点起飞。

（5）在时间、条件、让步状语从句中,经常用一般现在时代替一般将来时。

If he accepts the job, he will get more money soon. 如果他接受这份工作,他很快就会赚到更多的钱。

（6）在"the +比较级 … the +比较级 …"句型中,前一个"the +比较级"结构通常用一般现在时代替一般将来时。

The harder you study, the better results you will get. 你学习越努力,成绩就会越好。

2．一般过去时

一般过去时表示在过去某个特定时间发生且完成的动作,或过去习惯性的动作,不强调对现在的影响,只说明过去;一般过去时常与明确的表示过去的时间状语连用,如 yesterday, last week, in 1945, at that time, once, before, a few days ago 等。

（1）在时间状语从句和条件状语从句中,经常用一般过去时代替过去将来时。

He promised to buy me a computer if he got a rise. 他答应如果加薪就给我买台电脑。

（2）注意 used to do 和 be/become/get used to doing 的区别:used to do 表示过去经常做但现在已不再继续的习惯性动作;be/become/get used to doing 表示习惯于做某事。

He used to smoke a lot. 他过去经常抽烟。

My grandfather has got used to getting up early. 我祖父习惯了早起。

3. 一般将来时

一般将来时表示将来某个时间会发生的动作或存在的状态,常与 tomorrow, next year, in 2050 等表示将来的时间状语连用。一般将来时常见的表达有以下几种,有时可以互换使用。

(1)"will/shall +动词原形"可表示将来发生的事,如说出人们设想会发生的事,或者请对方预言将要发生什么事;也可表示意愿、决心,或临时的打算。

It will rain tomorrow. 明天将会下雨。

(2)"be going to +动词原形"可表示说话人根据已有的迹象判断将要发生的某种情况;或者表示主语现在的意图或现已做出的决定,即打算在最近或将来进行某事,这种意图或决定往往是事先经过考虑的。

There is going to be a football match in our school tomorrow afternoon. (已有通知)明天下午我们学校将有一场足球赛。

(3)"be about to +动词原形"可表示就要做或正好要做的事情,往往暗含一种时间上的巧合。

The plane is about to take off. 飞机马上就要起飞了。

(4)"be to +动词原形"可表示按计划或安排要做的事情。

They are to be married this May. 他们计划今年五月结婚。

（二）进行时

1. 现在进行时

现在进行时主要有以下几种用法:

(1)表示说话的同时正在进行的动作。通常由表示"此刻"的时间状语(如 now, at this moment 等),或通过 Look/Listen！等提示语来表明此时此刻动作正在进行。

Listen! She is singing in the classroom. 听！她正在教室里唱歌。

(2)表示现阶段正在进行的动作。

They are planting trees on the hill these days. 这几天他们正在山上种树。

(3)表示按计划或安排将要发生的动作,句子多包含表示将来的时间状语。

Mary is leaving on Friday. 玛丽将在周五离开。

(4)强调动作的重复,带有赞叹、厌烦、不满、埋怨等感情色彩,常与 always, constantly, continually, again 等连用。

The little boy is always making trouble. 这个小男孩总是闯祸。

2. 过去进行时

过去进行时表示过去某个时刻或某段时间内正在进行的动作,常和表示过去的时间状语 then, at that time/moment 等连用。

What were you doing at nine o'clock last night? 你昨晚九点在干什么?

3. 将来进行时

将来进行时表示将来某个时间正在进行的动作,或按计划一定会发生的事情,常与表示将来的时间状语连用。

I'll be doing my homework this time tomorrow. 明天这个时候我将在做作业。

The president will be meeting the foreign delegation at the airport. 总统将在机场迎接外国代表团。

（三）完成时

1. 现在完成时

现在完成时表示动作发生在过去,但对现在造成了某种影响或留下了某种结果,往往同不确定的表示过去的时间状语(before, recently, yet, lately, in/over the past years/decades/centuries 等)连用。现在完成时也可以表示从过去某一时刻开始一直持续到现在的动作或状态,并可能延续下去,常与"for +时间段"或"since +时间点"连用。

They have lived in Beijing for five years. 他们已经在北京住了五年了。

They have lived in Beijing since 2000. 他们自 2000 年以来一直住在北京。

2. 过去完成时

过去完成时表示在过去某个时间之前已经完成的动作,即过去完成时的动作发生在"过去的过去",句中有明显的参照动作或时间状语(before, after, by, up till 等)。过去完成时还可以表示某一动作或状态在过去某时之前已经开始,一直延续到这一过去时间,而且动作尚未结束,仍然有继续下去的可能。

They had got everything ready before the teacher came. 在教师到来之前,他们已经把一切准备好了。

By the end of last year, my mother had worked in the hospital for 20 years. 到去年年底,我母亲已经在这家医院工作 20 年了。

3. 将来完成时

将来完成时表示将来某时刻之前已经完成的动作,并对将来某一时间产生影响,常与"before +将来时间"或"by +将来时间"连用,也可与 before 或 by the time 引导的现在时的从句连用。将来完成时也可以表示某种状态一直持续到说话人所提及的时间,还可以表示推测,相当于"must have done"结构。

By the end of this term, we will have learned 12 units. 到本学期末,我们将学完 12 个单元。

We will have been married a year on June 25th. 到 6 月 25 日我们结婚将满一年。

You will have heard of this, I guess. 我想你已经听说过这件事了。

二、语态

语态是动词的一种形式,表示主语和谓语动词之间的关系,分为主动语态和被动语态。主动语态表示主语是谓语动词所表示的动作的执行者、施动者。被动语态表示主语是谓语动词所表示的动作的承受者、受动者。一般来说,及物动词或相当于及物动词的动词短语有被动语态。常见的 9 种时态的被动语态如下表所示(以 do 为例):

表 5-3-2　常见的 9 种时态的被动语态

时间	形式		
	一般时	进行时	完成时
现在	am/is/are done	am/is/are being done	have/has been done
过去	was/were done	was/were being done	had been done
将来	shall/will be done	—	shall/will have been done

1. 一般不能用于被动语态的动词和词组:come true, consist of, take place, break out, happen,

become，rise，occur，belong，appear，arrive，die，fall，last，exist，fail，succeed。

2. 常见的用主动形式表示被动含义的动词：lock，break，wash，sell，read，wear，blame，ride，write，这些动词常与 well，easily，badly 等副词连用。

Glass breaks easily. 玻璃易碎。

The book sells well. 这本书很畅销。

3. 被动语态常用于一些经典句型。

It is said that ...据说······

It is reported that ...据报道······

It is widely believed that ...人们普遍认为······

It is expected that ...预计······

It is estimated that ...据估计······

It is said that this medicine can relieve pain. 据说这种药物能够镇痛。

第二节　从句

一、名词性从句

名词性从句是在句子中起名词作用的句子,包括主语从句、宾语从句、表语从句和同位语从句。名词性从句要用陈述语序。

（一）主语从句

用作主语的从句叫主语从句。

1. 连接词

从属连词：that，whether，if 等。

连接代词：who，what，which 等。

连接副词：when，where，how，why 等。

（1）that 引导主语从句时只起引导作用,无实义,在主语从句中不充当任何成分。主语从句在句首时,要由 that 引导,此时 that 不能省略。

That our team had won the match made us excited. 我们队赢了比赛,这让我们很激动。

（2）whether 和 if 都能引导主语从句。但 if 引导主语从句时,一般不能位于句首。

It was not known whether/if he would come. 不知他是否会来。

（3）连接代词可在主语从句中作主语、宾语、表语、定语等,连接副词在主语从句中作状语,一般不可省略。

Which side wins makes no difference to him. 哪一方获胜对他来说都无关紧要。

How he manages to finish the job is of interest to us all. 我们都对他是如何设法完成这项工作的很感兴趣。

2. It 作形式主语

主语从句位于句首会使句子"头重脚轻"，因此可把 It 置于句首作形式主语，把真正的主语放在句末。常用句型有"It +及物动词(被动语态)+主语从句""It +不及物动词+主语从句""It + be +表语(名词、形容词、分词)+主语从句"。

It made us excited that our team had won the match. 让我们很激动的是我们队赢了比赛。

It doesn't matter whether she will come or not. 她来不来都无关紧要。

It is clear that Mr. Green has arrived in Beijing. 显然，格林先生已经抵达北京。

（二）宾语从句

用作宾语的从句叫宾语从句。

1. 连接词

从属连词：that，whether，if 等。

连接代词：who，whom，whose，whoever，whomever，what，whatever，which，whichever 等。

连接副词：when，where，how，why，whenever，wherever，however 等。

（1）that 引导宾语从句时只起连接作用，无实义，在宾语从句中不充当任何成分。that 引导宾语从句时在多数情况下可省略。

He told us that they would help us through the whole work. 他告诉我们在整个工作中，他们都会帮忙的。

（2）whether 和 if 引导宾语从句时表示"是否"，两者通常可以互换，但是在介词之后、动词不定式之前、句首或者用 if 会引起歧义时，只能用 whether。

I don't know if/whether they like me. 我不知道他们是否喜欢我。

I don't care about whether they like me. 我不在乎他们是否喜欢我。

（3）连接代词可在宾语从句中作主语、宾语、表语、定语等，连接副词在宾语从句中作状语，一般不可省略。

Do you know who has won the game? 你知道是谁赢了这个游戏吗？

Could you please tell me how you use the new panel? 您能告诉我怎么使用这个新的操作面板吗？

2. it 作形式宾语

在宾语从句中，可用 it 作形式宾语，把作为真正宾语的从句放在句尾。

（1）动词 find，feel，think，consider，make，believe 等后有宾语补足语时，需要用 it 作形式宾语。

We all find it important that we (should) make a quick decision about this matter. 我们都认为对这件事马上做出决定很重要。

I feel it a pity that I haven't been to the party. 我非常遗憾没能参加聚会。

I think it necessary that we drink some water every day. 我认为我们每天喝一些水很有必要。

（2）动词（短语）hate，like，appreciate，depend on，see to，take … for granted 等后跟宾语从句时，常用 it 作形式宾语。

I hate it when they talk with their mouths full of food. 我讨厌他们满嘴食物时说话。

When you start the engine, you must see to it that car is in neutral. 开启发动机时，一定要让汽车的离合器处于空挡状态。

（3）若宾语从句是 wh-类，一般不用 it 作形式宾语。

We all consider what you said to be unbelievable. 我们都认为你所说的不可信。

（三）表语从句

用作表语的从句叫表语从句。

1. 连接词

从属连词：that，whether，as though，as if 等。

连接代词：who，what，which，whom，whose，whoever，whomever，whatever，whichever 等。

连接副词：when，where，how，why，whenever，wherever，however 等。

注意，if 不引导表语从句。

（1）that 引导表语从句时只起连接作用，无实义，在表语从句中不充当任何成分，在口语中有时可省略。

The question is（that）he has lost his money. 问题是他把钱弄丢了。

（2）连接代词引导表语从句时，在从句中作主语、宾语、表语、定语，一般不能省略；连接副词引导表语从句时，在从句中作状语。

He has become what he wanted to be ten years ago. 他已经成为了他 10 年前想要成为的人。

She has remained where I stood yesterday for an hour. 她在我昨天站的地方待了一个小时。

2. 接表语从句的系动词

（1）be（being，been，am，is，are，was，were）

（2）feel，seem，look，appear，sound，taste，smell

（3）stand，lie，remain，keep，stay

（4）become，get，grow，turn，go，come，run，fall

（5）prove，turn out

His suggestion is that we should stay calm. 他的建议是，我们应该保持冷静。

It sounds to me as though there's a tap running somewhere. 我好像听到某处水龙头流水的声音。

The statistics prove that about 15% of people lose their jobs every year. 数据表明，每年大约有 15% 的人失业。

（四）同位语从句

用作同位语的从句叫同位语从句。

1. 引导词

从属连词：that，whether。

连接代词：who，what，whose 等。

连接副词：how，when，where 等。

注意，if 和 which 不能引导同位语从句。

The general gave the order that the soldiers should cross the river at once. 将军命令士兵立即过河。

I had a pretty good idea what she was going to do. 我很清楚她打算做什么。

I have no idea when he will be back. 我不知道他什么时候回来。

2. 接同位语从句的抽象名词

常见的可以接同位语从句的抽象名词包括 news，idea，fact，rumor，promise，question，doubt，problem，thought，hope，message，suggestion，possibility，word（消息）等。同位语从句跟在这些抽象名词后面，说明该名词的具体内容。换言之，同位语从句和所修饰的名词在内容上为同一关系。

He made a promise that he would help me with my homework. 他答应会帮我做作业。

二、定语从句

定语从句在句中作定语，修饰名词或代词。被修饰的名词或代词是先行词，定语从句通常出现在先行词之后，由关系词（关系代词或关系副词）引出，分为限制性定语从句和非限制性定语从句。

（一）关系词

关系代词：who，whom，whose，that，which，as，than 等。

关系副词：when，where，why 等。

注意，what 一般不能引导定语从句。

1. 在定语从句中，用 that 而不用 which 的情况通常如下：

（1）先行词既有人又有物。

（2）先行词是 all，few，little，much，none，everything，anything，nothing 等不定代词。

（3）先行词被 all，every，no，little，few，one，the only，the very，the right（恰当的），the same 或序数词（包括 last，next 等）、形容词最高级等修饰。

（4）关系代词在限制性定语从句中作表语。

The scientist and his achievements that you told me about are admired by us all. 我们所有人都钦佩你告诉我的那位科学家和他所取得的成就。

All that you want are here. 你想要的都在这里。

There is no person that doesn't make mistakes. 没有人不犯错误。

2. who，whom 可代替指人的名词或代词，在从句中可作主语、宾语。whose 用来指人或物，在从句中只用作定语，可表示所属关系；若指物，whose 还可以和 of which 互换。

Peter，whom you met in London，is now back in Paris. 彼得现在回巴黎了，你在伦敦见过他。

The boy，whose father is an engineer，studies very hard. 父亲是工程师的那个男孩学习很努力。

3. as 和 which 在引导非限制性定语从句时，两者都可指代整个主句，相当于 and this 或 and that。as 引导的非限制性定语从句位置灵活，可位于主句前、中或后；which 引导的非限制性定语从句通常位于主句之后。

As we know，smoking is banned in public. 众所周知，公共场所禁止吸烟。

The sun heats the earth，which is very important to us. 太阳给地球带来热量，这对我们来说很重要。

4. 关系副词可代替的先行词是表示时间、地点或理由等的名词，在从句中作状语。关系副词 when，where，why 的含义相当于"介词+ which"结构，因此常和"介词+ which"结构交替使用。

（1）当 situation，condition，point，stage，case 等词表示抽象意义的地点时，可接 where 引导的定语从句，表示"在……情况下，在……中"等。

She showed me the point where I failed. 她指出了我失败的地方。

（2）当 occasion"时刻，时候"表示抽象意义的时间时，可接 when 引导的定语从句。

There are occasions when/on which one must yield. 任何人都有不得不屈服的时候。

（二）限制性定语从句和非限制性定语从句

1. 限制性定语从句对先行词而言是不可或缺的部分，去掉限制性定语从句后，主语的意思往往不完整或不明确。

This is the house which we bought last month. 这是我们上个月买的房子。

2. 非限制性定语从句是对先行词的附加说明，去掉非限制性定语从句后不会影响主句的意思，它与主句之间通常用逗号隔开。

The house, which we bought last month, is very nice. 这幢房子很漂亮，它是我们上个月买的。

（三）定语从句和同位语从句的区别

1. 定语从句与先行词是修饰与被修饰关系，是从句对其先行词的修饰或限制，属于形容词性从句的范畴。同位语从句与其前面的名词是同位关系，是从句对前面抽象名词的进一步说明和解释，属于名词性从句的范畴。

The news that he told me just now is true. （定语从句）他刚才告诉我的消息是真的。

The news that I have passed the exam is true. （同位语从句）我已经通过考试的消息是真的。

2. 引导定语从句的 that 是关系代词，除了起引导作用外，还在从句中充当主语、宾语或表语等成分。引导同位语从句的 that 是连词，在从句中不充当任何成分。

The idea that he gave surprises many people. （定语从句）他提出的观点令许多人感到惊讶。

The idea that computers can recognize human voices surprises many people. （同位语从句）计算机能够识别人类声音的想法使许多人感到惊奇。

三、状语从句

用作状语的从句叫状语从句。状语从句主要用来修饰主句或主句的谓语。一般可分为九大类，分别表示时间、地点、原因、目的、结果、条件、让步、比较和方式。

（一）时间状语从句

常用引导词：when, as, while, as soon as, before, after, since, till, until。

特殊引导词：the minute, the moment, the second, every time, next time, the day, the instant, immediately, instantly, directly, no sooner … than, hardly … when, scarcely … when, not … until。

I didn't realize how special my mother was until I became an adult. 我直到成年后，才意识到母亲有多么特别。

No sooner had I arrived home than it began to rain. 我一到家就下雨了。

（二）地点状语从句

常用引导词：where。

特殊引导词：wherever, anywhere, everywhere。

Generally, air will be heavily polluted where there are factories. 一般来说，有工厂的地方空气污染会很严重。

Wherever you go, you should work hard. 不管你去哪里，都应该努力工作。

（三）原因状语从句

常用引导词：because, since, as, for。

特殊引导词：seeing that（鉴于，因为），now that（既然，由于），in that（因为，由于），considering that（考虑到，鉴于），given that（假定，考虑到）。

Since we don't have class tomorrow, why not go out for a picnic? 既然我们明天不上课，为什么不出去野餐呢？

Seeing that it's raining hard, we'll have to stay here for the night. 因为现在雨下得太大了，我们将不得不在这里过夜。

（四）目的状语从句

常用引导词：so that, in order that。

特殊引导词：lest（以免，唯恐），in case, for fear that（以免，唯恐），in the hope that（希望），for the purpose that, to the end that（为……起见）。

The boss asked the secretary to hurry up with the letters so that he could sign them. 老板让秘书快点把信写完，以便他在上面签名。

I'm doing this in the hope that it will be helpful to others. 我这样做是希望对他人有帮助。

（五）结果状语从句

常用引导词：so … that, such … that。

特殊引导词：such that, to the degree that, to the extent that, to such a degree that（到……程度，达到……程度）。

He got up so early that he caught the first bus. 他起得很早，赶上了首班车。

To such a degree was he excited that he couldn't sleep last night. 他太激动了，昨晚都没睡着。

（六）条件状语从句

常用引导词：if, unless。

特殊引导词：as/so long as, only if, providing/provided that（如果，假设），suppose/supposing that, in case that, on condition that（在……的条件下，条件是）。

We'll start our project if the president agrees. 如果总裁同意，我们将开始我们的项目。

You will certainly succeed so long as you keep on trying. 只要你一直努力，你一定会成功的。

（七）让步状语从句

常用引导词：though, although, even if, even though。

特殊引导词：as（引导的让步状语从句须用倒装），while（一般位于句首），no matter …, in spite of the fact that, whatever, whoever, wherever, whenever, however, whichever。

The old man always enjoys swimming even though the weather is rough. 尽管天气不好，这位老人还是喜欢去游泳。

No matter how hard he tried, she could not change her mind. 不管他怎么努力，她都不肯改变自己的主意。

（八）比较状语从句

常用引导词：as（同级比较），than（不同程度的比较）。

特殊引导词：the more …, the more …（越……越……），just as …, so …, A is to B what X is to Y（A 与 B 的关系就如 X 与 Y 的关系），no … more than, not A so much as B（与其说是 A，倒不如说是 B）。

She works harder in the study than Tom does. 她在学习上比汤姆更努力。

Food is to men what oil is to machine. 食物之于人，犹如油之于机器。

（九）方式状语从句

常用引导词：as, as if, how。

特殊引导词：the way。

When in Rome, do as the Romans do. 入乡随俗。

Sometimes we teach our children the way our parents have taught us. 有时我们用父母教育我们的方式来教育自己的孩子。

中公教育·全国分部一览表

分部	地址	联系方式
中公教育总部	北京市海淀区学清路 23 号汉华世纪大厦 B 座	400-6300-999 / http://www.offcn.com
北京中公教育	北京市海淀区学清路 38 号金码大厦 B 座 910 室	010-51657188 / http://bj.offcn.com
上海中公教育	上海市杨浦区锦建路 99 号	021-35322220 / http://sh.offcn.com
天津中公教育	天津市和平区卫津路云琼大厦底商	022-23520328 / http://tj.offcn.com
重庆中公教育	重庆市江北区观音桥步行街未来国际大厦 7 楼	023-67121699 / http://cq.offcn.com
辽宁中公教育	沈阳市沈河区北顺城路 129 号(招商银行西侧)	024-23241320 / http://ln.offcn.com
吉林中公教育	长春市朝阳区辽宁路 2338 号中公教育大厦	0431-81239600 / http://jl.offcn.com
黑龙江中公教育	哈尔滨市南岗区西大直街 374-2 号	0451-85957080 / http://hlj.offcn.com
内蒙古中公教育	呼和浩特市赛罕区呼伦贝尔南路东达广场写字楼 702 室	0471-6532264 / http://nm.offcn.com
河北中公教育	石家庄市建设大街与范西路交叉口众鑫大厦中公教育	0311-87031886 / http://hb.offcn.com
山西中公教育	太原市坞城路师范街交叉口龙珠大厦 5 层(山西大学对面)	0351-8330622 / http://sx.offcn.com
山东中公教育	济南市工业南路 61 号 9 号楼	0531-86557088 / http://sd.offcn.com
江苏中公教育	南京市秦淮区中山东路 532-2 号金蝶软件园 E 栋 2 楼	025-86992955 / http://js.offcn.com
浙江中公教育	杭州市石祥路 71-8 号杭州新天地商务中心望座东侧 4 幢 4 楼	0571-86483577 / http://zj.offcn.com
江西中公教育	南昌市东湖区阳明东路 66 号央央春天 1 号楼投资大厦 9 楼	0791-86823131 / http://jx.offcn.com
安徽中公教育	合肥市南一环路与肥西路交叉口汇金大厦 7 层	0551-66181890 / http://ah.offcn.com
福建中公教育	福州市八一七北路东百大厦 19 层	0591-87515125 / http://fj.offcn.com
河南中公教育	郑州市经三路丰产路向南 150 米路西 融丰花苑 C 座(河南省财政厅对面)	0371-86010911 / http://he.offcn.com
湖南中公教育	长沙市芙蓉区五一大道 800 号中隆国际大厦 4、5 层	0731-84883717 / http://hn.offcn.com
湖北中公教育	武汉市洪山区鲁磨路中公教育大厦(原盈龙科技创业大厦)9、10 层	027-87596637 / http://hu.offcn.com
广东中公教育	广州市天河区五山路 371 号中公教育大厦 9 楼	020-35641330 / http://gd.offcn.com
广西中公教育	南宁市青秀区民族大道 12 号丽原天际 4 楼	0771-2616188 / http://gx.offcn.com
海南中公教育	海口市大同路 24 号万国大都会写字楼 17 楼 (从西侧万国大都会酒店招牌和工行附近的入口上电梯)	0898-66736021 / http://hi.offcn.com
四川中公教育	成都市武侯区科华北路 62 号力宝大厦北区 3 楼	028-87018758 / http://sc.offcn.com
贵州中公教育	贵阳市云岩区延安东路 230 号贵盐大厦 8 楼(荣和酒店楼上)	0851-85805808 / http://gz.offcn.com
云南中公教育	昆明市东风西路 121 号中公大楼(三合营路口,艺术剧院对面)	0871-65177700 / http://yn.offcn.com
陕西中公教育	西安市未央区文景路与凤城四路十字西南角中公教育大厦	029-87448899 / http://sa.offcn.com
青海中公教育	西宁市城西区胜利路 1 号招银大厦 6 楼	0971-4292555 / http://qh.offcn.com
甘肃中公教育	兰州市城关区静宁路十字西北大厦副楼 2 层	0931-8470788 / http://gs.offcn.com
宁夏中公教育	银川市兴庆区清和北街 149 号(清和街与湖滨路交汇处)	0951-5155560 / http://nx.offcn.com
新疆中公教育	乌鲁木齐市沙依巴克区西北路 731 号中公教育	0991-4531093 / http://xj.offcn.com
西藏中公教育	拉萨市城关区藏大中路市外事办东侧嘎玛商务楼二楼	0891-6349972 / http://xz.offcn.com